Problemas gerais de linguística

Coleção de Linguística

Coordenadores
Gabriel de Ávila Othero – Universidade Federal do Rio Grande do Sul (UFRGS)
Sérgio de Moura Menuzzi – Universidade Federal do Rio Grande do Sul (UFRGS)

Conselho consultivo
Alina Villalva – Universidade de Lisboa
Carlos Alberto Faraco – Universidade Federal do Paraná (UFPR)
Dante Lucchesi – Universidade Federal Fluminense (UFF)
Leonel Figueiredo Alencar – Universidade Federal do Ceará (UFC)
Letícia M. Sicuro Correa – Pontifícia Universidade Católica do Rio de Janeiro (PUC-Rio)
Luciani Ester Tenani – Universidade Estadual de São Paulo (Unesp)
Maria Cristina Figueiredo Silva – Universidade Federal do Paraná (UFPR)
Roberta Pires de Oliveira – Universidade Federal de Santa Catarina (UFSC)
Roberto Gomes Camacho – Universidade Estadual de São Paulo (Unesp)
Valdir Flores – Universidade Federal do Rio Grande do Sul (UFRGS)

Dados Internacionais de Catalogação na Publicação (CIP)
(Câmara Brasileira do Livro, SP, Brasil)

Flores, Valdir do Nascimento
    Problemas gerais de linguística / Valdir do Nascimento Flores. – Petrópolis, RJ : Vozes, 2019. – (Coleção de Linguística)

    Bibliografia.
    ISBN 978-85-326-6194-4

    1. Linguagem e línguas 2. Linguística I. Título. II. Série.

19-27131   CDD-410

Índices para catálogo sistemático:
1. Linguística   410

Cibele Maria Dias – Bibliotecária – CRB-8/9427

VALDIR DO NASCIMENTO FLORES

Problemas gerais
de linguística

EDITORA
VOZES

Petrópolis

© 2019, Editora Vozes Ltda.
Rua Frei Luís, 100
25689-900 Petrópolis, RJ
www.vozes.com.br
Brasil

Todos os direitos reservados. Nenhuma parte desta obra poderá ser reproduzida ou transmitida por qualquer forma e/ou quaisquer meios (eletrônico ou mecânico, incluindo fotocópia e gravação) ou arquivada em qualquer sistema ou banco de dados sem permissão escrita da editora.

CONSELHO EDITORIAL

Diretor
Gilberto Gonçalves Garcia

Editores
Aline dos Santos Carneiro
Edrian Josué Pasini
Marilac Loraine Oleniki
Welder Lancieri Marchini

Conselheiros
Francisco Morás
Ludovico Garmus
Teobaldo Heidemann
Volney J. Berkenbrock

Secretário executivo
João Batista Kreuch

Editoração: Elaine Mayworm
Diagramação: Sheilandre Desenv. Gráfico
Revisão gráfica: Nilton Braz da Rocha / Nivaldo S. Menezes
Capa: Editora Vozes
Revisão técnica: Gabriel de Ávila Othero

ISBN 978-85-326-6194-4

Editado conforme o novo acordo ortográfico.

Este livro foi composto e impresso pela Editora Vozes Ltda.

Apresentação da coleção

Esta publicação é parte da **Coleção de Linguística** da Vozes, retomada pela editora em 2014, num esforço de dar continuidade à coleção coordenada, até a década de 1980, pelas professoras Yonne Leite, Miriam Lemle e Marta Coelho. Naquele período, a coleção teve um papel importante no estabelecimento definitivo da Linguística como área de pesquisa regular no Brasil e como disciplina fundamental da formação universitária em áreas como as Letras, a Filosofia, a Psicologia e a Antropologia. Para isso, a coleção não se limitou à publicação de autores fundamentais para o desenvolvimento da Linguística, como Chomsky, Langacker e Halliday, ou de linguistas brasileiros já então reconhecidos, como Mattoso Câmara; buscou também veicular obras de estudiosos brasileiros que então surgiam como lideranças intelectuais e que, depois, se tornaram referências para a disciplina no Brasil – como Anthony Naro, Eunice Pontes e Mário Perini. Dessa forma, a **Coleção de Linguística** da Vozes participou ativamente da história da Linguística brasileira, tendo ajudado a formar as gerações de linguistas que ampliaram a disciplina nos anos de 1980 e 1990 – alguns dos quais ainda hoje atuam intensamente na vida acadêmica nacional.

Com a retomada da **Coleção de Linguística** pela Vozes, a editora quer voltar a participar decisivamente das novas etapas de desenvolvimento da disciplina no Brasil. Agora, trata-se de oferecer um veículo de disseminação da informação e do debate em um novo ambiente: a Linguística é hoje uma disciplina estabelecida nas universidades brasileiras; é também um dos setores de pós-graduação que mais crescem no Brasil; finalmente, o próprio quadro geral das universidades e da pesquisa brasileira atingiu uma dimensão muito superior à que se testemunhava nos anos de 1970 a 1990. Dentro desse quadro, a **Coleção de Linguística** da Vozes tem novas missões a cumprir:

- em primeiro lugar, é preciso oferecer aos cursos de graduação em Letras, Filosofia, Psicologia e áreas afins material renovador, que permita aos alunos integrarem-se ao atual patamar de conhecimento da área de Linguística;
- em segundo lugar, é preciso continuar com a tarefa de colocar à disposição do público de língua portuguesa obras decisivas do desenvolvimento, passado e recente, da Linguística;
- finalmente, é preciso oferecer ao setor de pós-graduação em Linguística e ao novo e amplo conjunto de pesquisadores que nele atua um veículo adequado à disseminação de suas contribuições: um veículo sintonizado, de um lado, com o que se produz na área de Linguística no Brasil; e, de outro, que identifique, nessa produção, aquelas contribuições cuja relevância exija uma disseminação e atinja um público mais amplo, para além da comunidade dos especialistas e dos pesquisadores de pós-graduação.

Em suma, com esta **Coleção de Linguística**, esperamos publicar títulos relevantes, cuja qualidade venha a contribuir de modo decisivo não apenas para a formação de novas gerações de linguistas brasileiros, mas também para o progresso geral dos estudos das Humanidades neste início do século XXI.

Gabriel de Ávila Othero
Sérgio de Moura Menuzzi
Organizadores

Mas é no interior da linguagem dada que conduzimos nossas vidas, tanto enquanto seres humanos comuns como enquanto linguistas. Não temos outra. E o perigo é que os modelos linguísticos formais, na sua vagamente formulada analogia com a estrutura axiomática das ciências matemáticas, tenham um efeito de bloqueamento sobre a nossa percepção (George Steiner. *Depois de Babel*).

Uma tese que permite rejeitar uma problemática sem exame detalhado das proposições que essa problemática autoriza é sempre, em si mesma, perigosa (Jean-Claude Milner. *Introduction a une science du langage*).

Tal como eu a compreendo, a linguística geral é a linguística que se interroga sobre si mesma (Émile Benveniste. Aula de 02/12/1968 no Collège de France).

Para o Murilo.

Agradecimentos

Um livro como este não é feito na solidão. É preciso ter com quem falar, com quem estudar, com quem debater, com quem concordar e mesmo com quem discordar. É preciso, também, apoio institucional. Há, portanto, muito a agradecer.

A multiplicidade de temas aqui tratados adquiriu a consistência de uma formulação passível de ser generalizada na ideia dos "problemas gerais de linguística" somente a partir dos muitos cursos de pós-graduação que ministrei no Programa de Pós-graduação em Letras da Universidade Federal do Rio Grande do Sul (UFRGS). A esta instituição, por intermédio desse programa, sou grato pela acolhida ininterrupta. Se não fosse o zelo pela liberdade de pensamento que conduz seus ideais, não teriam sido reunidas as condições mínimas para que eu ofertasse inúmeros seminários, cursos e disciplinas, dos quais deriva boa parte do que é aqui apresentado. Agradeço, também, ao CNPq pelos auxílios concedidos em forma de bolsas de produtividade em pesquisa e de apoio à pesquisa.

Sou imensamente grato aos meus colegas de trabalho – os da UFRGS, sem dúvida, mas também os de outras instituições – pela parceria manifestada em grupos de estudo, em pesquisas conjuntas, na docência compartilhada, enfim, na convivência acadêmica generosa que têm comigo.

Em especial, sou grato a todos os meus alunos e/ou orientandos – os de ontem e os de hoje – de graduação, mestrado e doutorado. Devo a eles a manutenção, por tanto tempo, da sala de aula como um espaço fértil de discussões, o que viabilizou a leitura de autores não raras vezes esquecidos na realidade atual da área de Letras. É em meus alunos e orientandos que encontro força argumentativa para defender a necessidade de uma formação geral ampla e sólida em Letras e Linguística. É pelo respeito profundo que tenho por eles que escrevi este livro.

Não posso, enfim, deixar de mencionar os nomes de dois amigos e colegas, por ter consciência do quanto me beneficiei das leituras que empreenderam do manuscrito deste livro: Gabriel de Ávila Othero e Sara Luiza Hoff. As contribuições que generosamente fizeram são, para mim, inestimáveis, motivo pelo qual – em alguns casos, mas não sempre – busquei indicá-las em notas, como uma maneira de atestar para o leitor o reconhecimento do muito que há deles nas reflexões que faço. Desnecessário dizer que, apesar do esforço por eles empreendido, muito há para ser revisto e repensado, o que é de minha inteira responsabilidade.

V.N.F.

Porto Alegre, março de 2019.

Sumário

§ *Apresentação* – A linguística como reflexão antropológica, 15
  § I – Os problemas gerais de linguística, 18
  § II – O *Homo loquens*, 24
  § III – A língua no homem, 32
  § IV – Efeitos, 34

§ 1 A linguagem e as línguas, 37
  § 1.1 Introdução, 37
  § 1.2 A linguagem é uma propriedade humana, 43
    § 1.2.1 Humboldt, 48
    § 1.2.2 Saussure, 52
    § 1.2.3 Benveniste, 56
    § 1.2.4 Síntese, 61
  § 1.3 A linguagem se realiza nas línguas – O falante entre o universal e o particular, 62
    § 1.3.1 A enunciação, 66
      § 1.3.1.1 A posição na linguagem, 70
      § 1.3.1.2 A autorreferência, 73
      § 1.3.1.3 As formas específicas da enunciação, 75
  § 1.4 Conclusão, 80

§ 2 A língua e a realidade – O mundo da autorreferência, 83
  § 2.1 Introdução, 83
  § 2.2 A autorreferência – Delimitação do campo, 85
    § 2.2.1 Primeira clivagem fundamental – A autorreferência do "eu" e o cognitivo da língua, 86
    § 2.2.2 Segunda clivagem fundamental – Pessoa e não pessoa, 89

§ 2.2.3 Terceira clivagem fundamental – O indicador "eu" e os demais indicadores, 93

§ 2.2.4 O escopo da autorreferência, 97

§ 2.3 A categoria da presença, 103

§ 2.4 Conclusão, 108

§ 3 Língua, sociedade e cultura, 109

§ 3.1 Introdução, 109

§ 3.2 A língua *contém* a sociedade, 116

§ 3.2.1 A língua e as instituições, 121

§ 3.2.2 O método, 123

§ 3.3 Uma abertura – O homem não nasce na natureza, mas na cultura, 128

§ 3.4 Conclusão, 132

§ 4. A língua e o pensamento, 137

§ 4.1 Introdução, 137

§ 4.2 Categorias de pensamento e categorias de língua, 142

§ 4.3 O símbolo e o pensamento, 152

§ 4.3.1 A linguagem serve para *viver*, 156

§ 4.3.2 A língua, o universal, o mundo, 157

§ 4.3.3 As línguas, os universais, os mundos – A tradução, 160

§ 4.4 Conclusão, 165

§ 5 Do *infans* ao *Homo loquens* – Sobre o nascimento de um falante no universo de uma língua, 169

§ 5.1 Introdução, 169

§ 5.2 Não há..., 174

§ 5.3 Não é..., 181

§ 5.4 O quê?, 187

§ 5.5 As línguas; uma língua..., 197

§ 5.6 O *universo* da língua, 201

§ 5.7 No universo de uma língua nasce um falante, 208

§ 5.8 Conclusão, 211

§ 6 O falante e a tradução – A condição tradutória, 213

§ 6.1 Introdução, 213

§ 6.2 Os aspectos linguísticos da tradução, 215

§ 6.3 A classificação das "espécies de tradução", 223

§ 6.3.1 A interpretação como operação metalinguística, 226

§ 6.3.2 A tradução como interpretação – O que isso quer dizer?, 229

§ 6.3.3 Equivalência e interpretação, 231

§ 6.4 A condição tradutória, 235

    § 6.4.1 A tradução como experiência de metalinguagem, 236

    § 6.4.2 A língua e as línguas, 241

§ 6.5 Conclusão, 244

§ 7 O falante e a voz – Uma antropologia da enunciação, 245

    § 7.1 Introdução, 245

    § 7.2 A voz humana, uma desconhecida, 247

       § 7.2.1 O mutismo da voz no campo da linguística, 250

    § 7.3 A língua no homem – Uma antropologia da enunciação, 258

    § 7.4 A voz no contexto de uma antropologia da enunciação, 265

    § 7.5 Conclusão, 271

§ 8 *O escafandro e a borboleta* ou o testemunho da fala que falta ao falante, 273

    § 8.1 Introdução, 273

    § 8.2 A testemunha e o testemunho, 279

    § 8.3 Entre o semiótico e o semântico – O hiato e a dissociação, 287

    § 8.4 A afasia de Benveniste, 295

    § 8.5 Conclusão – Uma linguística que fala da falha, 299

§ 9 O falante e o paradoxo da metalinguagem, 301

    § 9.1 Prólogo – "O paradoxo do gramático", 301

    § 9.2 Introdução, 304

    § 9.3 A interpretância da língua, 308

    § 9.4 O comentário – O falante com etnógrafo de si na língua, 316

    § 9.5 As três línguas maternas de George Steiner, 320

§ 10 A língua, o falante e os outros problemas gerais, 329

    § 10.1 Introdução, 329

    § 10.2 Da linguística geral aos problemas gerais, 332

    § 10.3 Outros problemas gerais, 337

       § 10.3.1 Universal ou universais?, 338

       § 10.3.2 Origem das línguas e origem da linguagem, 345

       § 10.3.3 A língua no homem, a comunicação no animal, 347

       § 10.3.4 O problema do signo linguístico, 355

       § 10.3.5 A língua e os demais sistemas semiológicos, 359

       § 10.3.6 As relações entre a forma e o sentido, 365

    § 10.4 Conclusão, 369

§ *Anexo 1* – Amostra da produção em Linguística Geral (1870-1933), 371

§ *Anexo 2* – Breve cronologia de estudos sobre a origem das línguas e da linguagem (séc. XVII-XX), 373

Índice de assuntos por capítulo, 375

Referências, 381

Apresentação
A LINGUÍSTICA COMO REFLEXÃO ANTROPOLÓGICA

Os animais vivem, o homem existe.
Victor Hugo. *Critique.*

Um livro carrega um pouco e, não raras vezes, o pouco de outros livros lidos. Há a leitura atestada, a lembrada, a esquecida... Este livro é sobre o *falante e a língua*, sobre, mais precisamente, o fato, aparentemente banal, de o homem falar – de ser dotado de linguagem manifestada no uso que faz das línguas, âmbito no qual, em um discurso particular, se singulariza – e traz, nas suas linhas e entrelinhas, leituras, nem sempre convergentes, a respeito dessa ideia e do que nela considerei envolvido. É, portanto, um livro de reflexões sobre o homem e a língua; ele pertence a um gênero muito específico, que talvez possa ser definido, à moda saussuriana, em função daquilo que não é: nem introdução a um conjunto de assuntos, nem revisão de literatura, nem coletânea de resumos, nem exposição das principais teses acerca de temas da linguística. É simplesmente um livro de opinião.

O campo aberto pela admissão do *falante*, do *Homo loquens*[1], na linguística é de grande amplitude. Por esse motivo, achei prudente fazer acompanhar

---

1. A expressão latina "*Homo loquens*" não é estranha ao campo dos estudos da linguagem. Ela se encontra, por exemplo, em Hagège (1985, p. 8) – "se é o *Homo sapiens* é também, e antes de mais nada, o *Homo loquens*, homem de palavras"; em Crystal (1991, p. 303) – "a linguagem [...] é um traço distintivo da natureza humana (há quem fale do *Homo loquens* afirmando que esse é o traço distintivo)"; e no décimo capítulo da obra de George Gusdorf (1977), *La parole*, que é exatamente intitulado pela expressão.

este livro uma introdução mais robusta do que comumente se espera das "introduções". Estou persuadido de que o leitor – para que possa fazer suas escolhas, emitir seus juízos etc. – deve ser informado, em detalhe, das razões que levaram às propostas presentes em cada ensaio adiante. Evidentemente, o leitor pode preterir a mediação destas páginas introdutórias em favor da leitura imediata dos textos cuja temática o interesse mais. Isso, porém não me exime de apresentá-las.

O livro tem dez capítulos e aborda algumas das relações que vejo implicadas na propriedade *loquens*: as relações entre a linguagem e as línguas (cap. 1); entre a língua e a realidade (cap. 2); entre a língua, a cultura e a sociedade (cap. 3); entre a língua e o pensamento (cap. 4); e entre a língua e o *infans* (cap. 5). Além dessas relações, alguns fenômenos também são contemplados: a tradução (cap. 6), a voz (cap. 7), a patologia de linguagem (cap. 8) e a metalinguagem (cap. 9). Finalmente, apresento alguns temas que não receberam um capítulo especial no livro, mas que merecem integrar o conjunto da discussão aqui proposta (cap. 10).

Há relativa independência entre os ensaios. Digo isso porque, ao tocar em um tema específico em cada capítulo, abre-se a possibilidade de lê-lo em sua imanência. No entanto, todos estão ligados entre si por princípios, que serão explicitados a seguir, e que podem ser resumidos na expressão "*Homo loquens*".

Assim distribuídos os temas, penso ilustrar a proposta de uma linguística como reflexão antropológica, no sentido de conhecimento geral do homem[2]. A partir deles, creio que é possível, de um lado, sustentar que, sendo a lin-

---

2. A reflexão antropológica visada aqui – de inspiração kantiana (cf. LALANDE, 1996, p. 73) – diz respeito ao homem em geral. Ou também, como lembra Todorov (2014, p. 9), a respeito da expressão "antropologia geral": "a palavra pode também ser tomada em seu sentido literal de 'conhecimento do homem' para designar o conceito que temos acerca do humano e que estaria subjacente às diversas explorações das ciências humanas assim como aos discursos morais ou políticos, ou, ainda, à filosofia". O linguista Émile Benveniste (1989, p. 38) também utiliza o termo nesse sentido: "Vemos todo o conjunto das ciências humanas se desenvolver, formar-se toda uma grande antropologia (no sentido de 'ciência geral do homem')".

guagem por excelência a faculdade simbólica constitutiva do *Homo loquens*, seu estudo deve contribuir para dizer algo sobre a natureza simbólica do homem; de outro lado, demonstrar que uma linguística que vise à propriedade *loquens* deve, necessariamente, colocar o falante no centro da discussão.

Claude Hagège (1985, p. 8), no prefácio que faz ao seu *L'homme de paroles* [*O homem dialogal*][3], formula uma questão fundamental a esse respeito: "Que lugar cabe [...] à linguagem na definição de homem?" A tal questão, numa inversão, eu acrescentaria: Que lugar cabe ao homem na definição de linguagem?

O conjunto formado pelas duas questões produz, em minha opinião, uma linguística como reflexão antropológica, quer dizer, uma linguística que pensa os temas destacados acima como *experiências* do homem em sua condição de falante. Nesse sentido, não se trata de requerer filiação a algum quadro disciplinar já existente – sociologia da linguagem, sociolinguística, etnolinguística, antropologia linguística e linguística antropológica, entre outros –, já que não busco defender este ou aquele aparato metodológico. Ao contrário disso, trata-se de assentar as bases de uma (outra?) linguística. Viabilizá-la não é tarefa fácil. Para tanto, é fundamental que a experiência do falante acerca da sua natureza *loquens* seja alçada ao estatuto de objeto, o que apenas pode ser feito quando ela é colocada no centro da fenomenologia linguística.

Acredito, então, que se impõe quase a (re)fundação de um campo para que as duas questões acima, em conjunto, façam algum sentido e encontrem algum abrigo, uma vez que não é nem evidente nem unânime que a linguística possa dizer algo sobre o homem; há, inclusive, quem a coloque a uma distância considerável do homem, esse objeto sobre o qual se edificaram as ditas ciências humanas.

---

3. Por apreço à fruição da leitura, sempre que são mencionados títulos em língua estrangeira, de bibliografia não traduzida no Brasil, coloca-se entre colchetes, subsequentemente, uma tradução livre desses títulos. No caso acima, utiliza-se o título dado ao livro de Hagège em uma tradução portuguesa.

Certamente, este *Problemas gerais de linguística* não tem a pretensão de proceder a tal refundação, mas pretende – e isso somente pode advir do conjunto dos ensaios – ao menos esboçá-la em alguns aspectos. Assim, a linguística que busco tornar viável se sustenta no antropológico porque procura dizer algo sobre o homem e faz isso pela consideração do *Homo loquens.*

Tudo o que foi dito até o momento – admito que de maneira um pouco abrupta – merece ainda atenção detalhada para que o leitor possa melhor se situar. Tentarei, portanto, expor em detalhe, a seguir, as grandes linhas de pensamento que sustentam o livro.

§ I – OS PROBLEMAS GERAIS DE LINGUÍSTICA

O título *Problemas gerais de linguística* faz referência textual ao título dos dois tomos de *Problemas de linguística geral,* do linguista Émile Benveniste (1902-1976)[4]. As alterações nas posições das palavras – e as consequentes modificações gramaticais – não são nem mero recurso retórico nem mera homenagem ao maior linguista da França. Há, nessas escolhas, uma tomada de posição teórica, crítica e ética em relação ao campo da linguística.

As mudanças formais que se fazem notar relativamente ao título da obra de Benveniste podem ser assim detalhadas: posposição de "geral" a "problemas", com alteração da flexão do adjetivo para fins de concordância. As consequências semânticas que proporcionam são bastante significativas; elas permitem mudar o escopo das palavras, e isso indica uma visão teórica muito específica.

Em primeiro lugar, há "problemas". Isso quer dizer que existem assuntos linguísticos, temas, que são controversos e que ainda merecem ser "problematizados" porque ensejam respostas até agora não formuladas.

---

4. Assim Benveniste (2006) se manifesta no "Prefácio" de seu livro: "Se os apresentamos sob a denominação de problemas isso se deve ao fato de trazerem em conjunto, e cada um em particular, uma contribuição à grande problemática da linguagem, que se formula nos principais temas tratados".

Em segundo lugar, os "problemas" são gerais "de" linguística e não gerais "da" linguística, nem mesmo "de linguística geral". Isso quer dizer que tais assuntos são de um tipo específico e não de uma área do conhecimento específica.

A passagem do "da" ao "de", em especial, tem valor teórico e indica a base epistemológica de tudo o que será adiante apresentado: os "problemas" são "gerais" "de" linguística porque, do ponto de vista aqui adotado, são *transversais* a toda e qualquer linguística e não estão circunscritos a uma linguística específica (*a* geral, *a* teórica, *a* aplicada...). Para usar uma metáfora espacial, pode-se dizer que os *problemas gerais de linguística* "atravessam" as linguísticas, percorrem-nas de ponta a ponta, de lado a lado, de extremidade a extremidade.

A noção de transversalidade é, portanto, essencial no livro, pois permite vislumbrar algumas possibilidades de superação de profundas cisões do campo da linguística. Mesmo que os temas tratados nos capítulos tenham recebido, historicamente, configurações distintas, em diferentes quadros – procedimento o qual, como se verá, corroboro –, supor que há assuntos transversais a todas as linguísticas resguarda certa afinidade entre cada uma, na medida em que pesquisas distintas, com origens distintas, com objetos declaradamente distintos, podem sentar à mesa de negociações e, mesmo sem um núcleo epistemológico compartilhado, produzir repercussões, uma sobre a outra.

Certamente, alguns teriam a inclinação de ver, nesse entendimento, ou uma ingênua esperança de reconciliação entre posições antagônicas ou uma não menos ingênua pretensão de amalgamar quadros teóricos distantes. Não creio que admitir a existência de *problemas gerais de linguística* – transversais à linguística como um todo e às linguísticas em particular – possa conduzir a um relativismo desmedido. E tenho três motivos para defender esse meu ponto de vista.

Incialmente, cabe ver que a complexidade da linguagem impede que seu estudo seja desvinculado dos mecanismos nos quais ela se manifesta. Logo, os temas – entendidos aqui como esses mecanismos – são considerados transversais porque sua fenomenologia se impõe a todos os que buscam fazer linguística.

Isso significa – o segundo motivo – que as orientações teóricas de estudo da linguagem não são um fim em si mesmo, motivo pelo qual dificilmente ela poderia ser integralmente abordada de um único ponto de vista. Admitir temas transversais implica resguardar a parcialidade das respostas. Este livro não foge a isso; também aqui as respostas são parciais, já que ancoradas no entendimento da linguística como reflexão antropológica.

Finalmente, presumir a transversalidade dos temas não é planificar diferenças nem ignorar o alcance e os limites de quadros teórico-metodológicos específicos.

Em síntese, a ideia mestra que o título do livro encerra é que há "problemas" com os quais todas as perspectivas teóricas do heterogêneo campo[5] linguístico têm de se importar. Tenho consciência de que essa ideia nem é óbvia nem é unânime; no entanto, ao se olhar para o vasto conjunto do que já se produziu na linguística no mundo, facilmente se pode argumentar a seu favor.

Dou um exemplo: creio que todas as teorias linguísticas – e quando digo "todas" estou, ao mesmo tempo, referindo as que conheço e estendendo a afirmação, em forma de hipótese, às que não conheço –, em algum momento de seu desenvolvimento, tiveram de dizer algo sobre o "problema" da aquisição da língua/linguagem. O fato de o homem passar da condição de *infans* a falante não é trivial, e duvido que algum linguista ou estudioso da linguagem não se deixe tocar pelo tema.

Obviamente, não estou querendo dizer que "todas" as teorias linguísticas do mundo produziram (ou podem produzir) uma "teoria" da aquisição. Isso seria absurdo! Minha afirmação é mais modesta: tão somente

---

5. Essa heterogeneidade se evidencia, inclusive, nas denominações que o campo recebe. Além de *linguística*, é possível encontrar *estudos da linguagem, estudos linguísticos, ciências da linguagem* e *ciências linguísticas,* entre outras.

creio que o tema da aquisição da língua/linguagem se impõe a qualquer pesquisador que queira refletir sobre a linguagem, independentemente da corrente teórica com a qual se identifica, o que lhe confere o caráter da transversalidade[6].

É verdade que nem todos os grandes autores da linguística chegaram a se manifestar explicitamente acerca do fato de a criança ascender à condição de falante. Mas, insisto: se o pesquisador é linguista, o assunto, em algum momento, indagou-o.

Em última análise, estou considerando que temas transversais estão presentes – mesmo que pela negação – no fazer do linguista, o qual deveria sempre – ao menos idealmente (ou seria melhor dizer utopicamente?) – se interrogar a respeito de cada um. Esse raciocínio se estende aos temas abordados em cada um dos capítulos deste livro: são *transversais* à linguística; portanto, são *problemas gerais de linguística*, uma vez que qualquer teoria linguística deve, em um dado momento, se posicionar acerca deles, até mesmo para dizer – como é o caso legítimo de muitas teorias – que tal ou tal tema está além ou aquém de seu horizonte teórico-metodológico.

A esse respeito, eu gostaria de fazer um pequeno deslocamento de uma ideia de Henri Meschonnic (2010, p. XXII), apresentada logo na "Introdução" de sua *Poética do traduzir*. Segundo ele, a tradução "é o melhor posto

---

6. Não muito distante dessa ideia está a observação de Maria Cristina Figueiredo Silva, na contracapa do livro *Os fundamentos da teoria linguística de Chomsky*, de Guimarães (2017): "A rigor, não merece respeito uma teoria linguística que não tenha nada a dizer sobre como as crianças chegam a aprender a falar uma língua num espaço tão curto de tempo e com tanta perfeição (qualquer que seja a definição de 'perfeição' aqui)". Evidentemente, a autora fala do ponto de vista da gramática gerativa, o que explica os termos pelos quais ela coloca o problema da aquisição da linguagem. Procedimento semelhante tem Carmem Luci da Costa Silva (2009) em seu trabalho fundador *A criança na linguagem – Enunciação e aquisição*, no qual a autora busca apresentar uma abordagem enunciativa da aquisição de linguagem. Para ela, a aquisição de linguagem "[...] tem sua gênese teórica marcada nos quadros da Linguística, porque consideramos haver uma discussão sobre o tema em suas diferentes perspectivas" (SILVA, 2009, p. 25). Excetuando-se a especificidade da formulação feita em função do quadro teórico mobilizado por cada uma das pesquisadoras, o princípio do que chamo transversalidade parece estar contido na observação que ambas fazem sobre a aquisição da linguagem em relação às teorias linguísticas.

de observação sobre as estratégias da linguagem". Para mim, os assuntos abordados neste livro são, todos, postos de observação da linguagem, *a partir dos quais* se pode olhar a linguagem, ao mesmo tempo em que são postos *nos quais* se pode olhar a linguagem. Cada um dos fenômenos permite surpreender a experiência do homem na sua condição de falante.

Especificamente sobre a organização de cada ensaio, cabe advertir que não se encontrará, neles, nada que remeta ao "estado da arte" do assunto em tela ou mesmo à indicação exaustiva da pesquisa especializada. Isso excederia a modesta intenção que os origina.

Desaconselho a leitura àqueles que buscam o saber enciclopédico sobre os "postos". Nada há, nos ensaios, que os autorize a ocupar o lugar de fonte referenciável, pois não vi pertinência em apresentar ao leitor um conjunto extenso de resenhas de uma literatura heterogênea, convencido que estou da superfluidade do procedimento[7]. Faço aqui valer, *pari passu*, o argumento do filósofo Paul Ricoeur (2007, p. 19):

> evoco e cito, muitas vezes, autores que pertencem a épocas diferentes, mas não faço uma história do problema. Convoco um autor ou outro de acordo com a necessidade do argumento, sem atentar para a época. Este me parece ser o direito de todo leitor diante do qual todos os livros estão abertos ao mesmo tempo.

Assim, estou certo de que aquele que almeja conhecer profundamente algum tratamento específico dos temas contemplados terá mais proveito se aplicar seu tempo na leitura direta do autor de seu interesse e não na leitura de resenhas. Logo, eximi-me de elaborar substitutos astutos aos originais, normalmente responsáveis por deformações simplificadoras.

Apresento, em cada ensaio, apenas o que eu entendo sobre os "problemas". Além disso, valho-me de uma literatura e de um estilo nem sempre

---

7. Todas as traduções presentes no livro, quando não expressamente identificadas, são de minha autoria. Há algumas obras (p. ex., os livros de Benveniste) em que se utiliza, concomitantemente, a tradução brasileira e o original. O sistema de referências permite ao leitor fazer a distinção, quando for o caso.

comuns na linguística. Enfim, os ensaios são o esforço para trazer à luz indagações – problematizações – que podem ser úteis aos que se interessam pela linguagem humana. E, creio, isso não é pouco.

Porém, por apreço ao leitor, optei por mostrar, sempre que necessário, o caminho que fiz para circunscrever meu ponto de vista de estudo e a maneira como lanço mão dos vários trabalhos das ciências humanas. Busco, então, na medida do possível, evidenciar os pontos de ancoragem da leitura e os fins que pretendo alcançar a partir de um ou de outro procedimento.

Enfim, os trabalhos adiante apresentados constituem, no seu conjunto, exercícios de investigação que não visam à positividade do saber, mas à reiteração de "problemas" cuja formulação não necessariamente implica uma resposta do tipo absoluto[8].

---

8. Sylvain Auroux, em seu livro *A filosofia da linguagem*, assim se pronuncia a respeito da ideia de problema: "Todo o conhecimento é uma resposta a um problema (ou, como se diz, uma questão)" (AUROUX, 1998, p. 19). O autor acrescenta, mais adiante, que há diferentes maneiras de responder a um problema: há os que são respondidos a partir de um procedimento conhecido (p. ex., o divisor comum de dois números naturais); há os que ainda não têm os métodos adequados para respondê-los; há os que têm várias possibilidades de respostas etc. Noam Chomsky (2018a, p. 58), por sua vez, em um importante livro cujo título é emblemático – *Que tipo de criatura somos nós?* –, formula uma distinção interessante entre "problemas" e "mistérios": "Problemas [...] recaem sob o escopo de nossas capacidades cognitivas, e mistérios [...] não são apreensíveis por nossas capacidades cognitivas". Muitos anos antes, Chomsky (1980, p. 111-112), em "Problemas e mistérios no estudo da linguagem humana", segunda parte do livro *Reflexões sobre a linguagem*, já explicitava e exemplificava essa distinção. A explicitação: "Gostaria de distinguir, de um modo geral, dois tipos de discussões no estudo da linguagem e do pensamento: aquelas que parecem estar dentro do âmbito das abordagens e dos conceitos que compreendemos relativamente bem – chamá-las-ei 'problemas'; e as outras que hoje permanecem tão obscuras para nós quanto o eram na primeira formulação – chamá-las-ei 'mistérios'". A exemplificação: "Entre os problemas citarei: quais são os tipos de estruturas cognitivas desenvolvidas pelo homem com base em suas experiências e, especificamente, no caso da aquisição da linguagem? Qual é a base da aquisição destas estruturas, e como elas se desenvolvem? [...] Por outro lado, quando abordamos assuntos como o da causalidade do comportamento, parece-me que nenhum progresso foi feito, que estamos no escuro tanto quanto no passado, e que nos falta um certo número de intuições fundamentais". De minha parte, o interesse que tenho na ideia de "problema" formulada acima recai mais sobre o fato de haver problema – de admitir a sua existência – do que propriamente sobre as respostas possíveis a ele, visto que tais respostas, segundo penso, são sempre dependentes de métodos específicos.

§ II – O *HOMO LOQUENS*

Homo agilis, Homo erectus, Homo faber, Homo habilis, Homo ludens, Homo novus, Homo economicus, Homo rationalis, Homo sacer, Homo sapiens etc. Quantas designações o homem já mereceu? Desde a mais famosa – oriunda da racionalidade do século XVIII, *Homo sapiens* –, a ciência acabou por se convencer de que o culto à razão talvez fosse o caminho mais seguro para garantir ao *Homo* sua propriedade humana. Porém, o filósofo Giorgio Agamben (2008b, p. 14) adverte: "O homem não *sabe* simplesmente, nem simplesmente *fala*, não é *Homo sapiens* ou *Homo loquens*, mas *Homo sapiens loquendi*, homem que sabe e pode falar (e, portanto, também não falar)".

A advertência é clara: o assunto é denso e não se deixa esgotar facilmente. Por exemplo, o *Dictionnaire de la philosophie* [*Dicionário da filosofia*] dedica inúmeras páginas ao tema do homem, em um verbete genericamente designado "Humain" e parte de questionamentos fundamentais: é suficiente definir o homem pela racionalidade? O homem é apenas um ser racional que se encontra em perfeita continuidade com a natureza? Levadas em consideração as muitas páginas que sucedem essas perguntas no *Dictionnaire*, pode-se concluir que há mais a ser dito sobre o homem do que a sua racionalidade.

O filósofo alemão Ernst Cassirer (1874-1945) publicou, em 1944, uma obra cujo título, *Ensaio sobre o homem – Introdução a uma filosofia da cultura humana*, já permite entrever a envergadura do propósito. A pergunta "O que é o homem?" serve de título à primeira parte do livro. E o fio de Ariadne que possibilita a Cassirer conduzir-se no labirinto que a questão enseja é o símbolo. Eis a "chave" para abrir a compreensão da natureza do homem: ele é um ser simbólico: "Em vez de definir o homem como *animal rationale*, deveríamos defini-lo como *animal symbolicum*", diz o filósofo, acrescentando que, "ao fazê-lo, podemos designar sua diferença específica, e entender o novo caminho aberto para o homem – o caminho para a civilização" (CASSIRER, 2012, p. 50)[9].

---

9. É nítida, aqui, a inspiração humboldtiana de Cassirer.

Ora, quando o homem emprega um símbolo qualquer ou o identifica, ele exerce a faculdade simbolizante que o permite formular um conceito. É uma capacidade altamente abstrata, de natureza criadora, representativa, que individualiza o homem em relação aos outros animais. Cassirer (2012, p. 371) vai encontrar no mito, na religião, na linguagem, na arte, na história e na ciência as formas simbólicas nas quais "o homem descobre e experimenta um novo poder – o poder de construir um mundo só dele".

Eu voltarei ao pensamento de Cassirer – "uma abordagem paralinguística digna de nota", na opinião de Mattoso Câmara (1986, p. 190) – em vários ensaios mais adiante. Por enquanto, porém, gostaria apenas de tomá-lo como caucionante de uma formulação própria.

Para mim, existe um elemento que se verifica como essencial e incontornável na vida humana, que está atrelado ao homem como *animal symbolicum*: a propriedade de ser falante, a natureza de *Homo loquens*. Cassirer (2012, p. 181) confirma isso ao afirmar que, graças à natureza simbólica, "sempre que encontramos o homem, vemo-lo em possessão da faculdade da fala", em que "fala" significa, numa clara remissão a Wilhelm von Humboldt (1767-1835), *energeia*, uma atividade se fazendo, e não *ergon*, um produto acabado.

Neste livro, considero que a propriedade *loquens* do homem inclui a ideia de *energeia* na medida em que uma *atividade se fazendo* supõe o homem que é constitutivo dela, o que leva a repensar o lugar que este tem na reflexão acerca da linguagem.

Na verdade, quando se está frente ao *Homo loquens* – ao *homem falando com outro homem*, nas belas palavras de Benveniste (1988, p. 285) –, está-se frente ao homem que se apresenta como tal por falar. Essa evidência deveria interessar mais à linguística. No entanto, é sabido de todos, o homem transcende[10] o(s) objeto(s) da(s) linguística(s) e, como disse acima, seria

---

10. Claudia de Lemos (2008) é uma das linguistas mais contundentes a problematizar o lugar do linguista e do falante na reflexão linguística.

necessário refundar o olhar da linguística sobre a linguagem para, nele, incluir o homem falante, o que permitiria advir uma linguística como reflexão antropológica.

Para explicar, com algum rigor, como penso que essa linguística teria lugar e como penso que este *Problemas gerais de linguística* poderia minimamente contribuir para isso, gostaria de recorrer parcialmente ao raciocínio feito pelo linguista Jean-Claude Milner (1941-), em um livro de contribuição única para o pensamento sobre a linguagem, *Introduction a une science du langage*[11] [*Introdução a uma ciência da linguagem*]. A partir das páginas iniciais do livro, espero derivar os termos da presença do homem no escopo da linguística, o que pode erigi-la a uma reflexão antropológica, no sentido de conhecimento geral do homem, como disse acima.

Há, para Milner, quatro fatos primitivos que estão na base de todo o conhecimento linguístico: o *factum loquendi*, o *factum linguae*, o *factum linguarium* e, finalmente, o *factum grammaticae*.

O *factum loquendi* afirma a existência da linguagem e, por conseguinte, dos seres falantes:

> O nome corrente desse fato bruto é *a linguagem*. Notaremos que ele supõe uma única coisa: que existam seres falantes. Nesse sentido, falar de linguagem é apenas falar do fato de que existem seres falantes. No entanto, para falar dela de um modo mais interessante, é preciso pôr em questão essa existência; ora, é justamente isso que a linguística não pode fazer: para ela, essa existência não pode ser deduzida nem, em geral, explicada. Compreendemos em que sentido a linguística não tem por objeto a linguagem: é que ela a toma como axioma (MILNER, 1995, p. 42).

A conclusão de Milner é aqui preciosa: o termo *linguagem*, quando designa o *factum loquendi*, coloca-se fora do objeto da linguística, uma vez que esta não problematiza a existência da linguagem e dos seres que a falam, apenas os pressupõe.

---

11. Utilizo aqui a edição resumida, de 1995, que apresenta a primeira parte do livro publicado em 1989. Segundo o que diz o autor no "Prefácio", a diferença de estatuto epistemológico entre as partes do livro autoriza a sua publicação em partes (MILNER, 1995).

O *factum linguae* designa, para Milner, o fato de que os seres falantes falam algo e que esse algo pode ser nomeado *línguas*. Cabe ler com atenção:

> Para concluir que a linguagem existe, é suficiente constatarmos que há seres que falam. A questão de saber quais são as propriedades do que eles falam não é, nessa perspectiva, pertinente. Ora, a linguística não pode se deter aí; ela deve, portanto, admitir mais que a simples e bruta existência da linguagem: ela admite que os seres falam línguas (MILNER, 1995, p. 44).

Assim, "dizer que as realizações da linguagem são línguas é supor, no mínimo, que o conjunto das produções de linguagem merece ser designado por um nome comum [...]. É supor, enfim, que podemos dizer o que é *uma* língua particular" (MILNER, 1995, p. 44)[12]. Consequentemente,

> é supor, enfim, (I) que podemos distinguir uma língua de uma não língua e (II) que podemos distinguir uma língua de outra. É preciso, para isso, que se possa pensar em termos de propriedades: que se possa, dito de outro modo, distinguir as propriedades de uma língua das propriedades de uma não língua, as propriedades de uma língua das propriedades de outra língua (MILNER, 1995, p. 44).

Nesse ponto, é importante compreender que Milner traça uma distinção muito clara entre o fato de existirem seres falantes (*factum loquendi*) e o fato de aquilo que esses seres falantes falam merecer o nome de *língua* (*factum linguae*). O primeiro é um pressuposto sobre o qual a linguística não incide; o segundo é a suposição de uma classe, a classe do que vem a ser *a* língua.

O *factum linguarum*, por sua vez, diz respeito ao fato de, apesar da diversidade, as línguas constituírem uma classe homogênea: "essa multiplicidade-homogeneidade é verdadeiramente atestada pelo fato da tradução" (MILNER, 1995, p. 45).

---

12. O Professor Gabriel Othero, em conversa pessoal, me fez observar que, embora não de maneira exaustiva, podemos listar algumas propriedades formais e estruturais *das* línguas; logo, de *uma* língua. Pode-se, inclusive, ter acesso a algum dado negativo. Por exemplo: sequências de palavras que não são frases bem formadas em qualquer língua que se conheça ou a constatação de nenhuma língua natural humana seguir princípios de linearidade, mas de estrutura sintagmática. Isso, de certa forma, nos permitiria dizer o que é, e o que não é, uma língua. É possível ver, também, que há critérios diversos – muitas vezes difusos e obscuros, é verdade – para se distinguir uma língua de outras: alguns de natureza lexical, sintática, fonológica; outros de natureza política, culturais etc.

Finalmente, há o *factum grammaticae*, quer dizer, "o fato de que as línguas sejam descritíveis em termos de propriedades" (MILNER, 1995, p. 45). O *factum grammaticae* é, por excelência, o objeto da linguística:

> Se existe uma ciência da linguagem, ela deve atribuir propriedades à linguagem; isso supõe que ela atribui propriedades a cada língua; e isso, por sua vez, supõe que ela atribui propriedades a cada fragmento de uma língua. Mas o que garante que seja simplesmente possível, de maneira geral, atribuir propriedades a dados de língua? A resposta sobre esse ponto é simples: a garantia consiste somente na existência do que chamamos as gramáticas. Toda e qualquer gramática consiste em atribuir propriedades a um dado de língua. Se as gramáticas existem de fato, então, é preciso concluir que uma tal atribuição é possível. Dito de outra maneira, a linguística como ciência se apoia sobre o *factum grammaticae* (MILNER, 1995, p. 54-55).

O livro de Milner é, evidentemente, muito mais rico do que a minha resumida leitura faz crer, além de tratar de inúmeras outras noções tão ou mais complexas do que as apresentadas acima. No entanto, meu interesse na obra de Milner, neste momento, é bastante pontual e não ultrapassa os quatro fatos primitivos acima descritos. Adiante se verá o porquê.

Essa mesma série de fatos interessou sobremaneira o filósofo italiano Giorgio Agamben (1942-) que, em uma "recensão filosófica" da obra de Milner, vale-se da série para, em um primeiro momento, diferenciar o objeto da filosofia – entendida como ciência do "existente puro" – do objeto da linguística – entendida como ciência em sentido estrito, a *episteme* (AGAMBEN, 2015).

De acordo com Agamben, a proposta de Milner permite desfazer a homonímia do termo "linguagem" e esclarecer o que cabe ao objeto da filosofia e o que cabe ao objeto da linguística. A "linguagem" dos linguistas não é a "linguagem" dos filósofos.

A filosofia se ocupa do *factum loquendi*; a linguística, por sua vez, apenas o pressupõe: "a filosofia é a tentativa de *expor* esse pressuposto, de tomar consciência do significado do fato que é falar" (AGAMBEN, 2015, p. 57). A filosofia se "ocupa [...] da pura existência da linguagem independentemente de suas propriedades reais" (p. 57). A linguística, como o próprio Milner esclarece, trata do *factum grammaticae*. O *factum loquendi* é, para a linguística, apenas um pressuposto das propriedades gramaticais de seu objeto.

Em resumo, a filosofia contempla o *factum loquendi* em sua existência; a linguística o pressupõe e busca conhecer as suas reais propriedades, ou seja, o *factum grammaticae*. Assim, o limite que separa o campo da *episteme* do campo da filosofia, quando o que está em pauta é a linguagem, fica bastante claro, na leitura de Agamben. A linguística é entendida como "a ciência em sentido estrito" ou, ainda, como "a que conhece as propriedades do existente"; a filosofia "é a ciência que contempla o existente como existente, [...] isto é, independentemente de suas propriedades reais" (AGAMBEN, 2015, p. 58).

Bem entendida a interpretação de Agamben sobre a série de quatro fatos proposta por Milner, facilmente se compreende que o *factum loquendi* está excluído do(s) objeto(s) da(s) linguística(s) porque dele somente seria possível, como diz o próprio Milner (1995, p. 41), "uma espécie de linguística primeira e ingênua". Os demais fatos – *linguae, linguarum* e *grammaticae* – estariam, de alguma maneira, contidos no objeto da linguística, visto que este – o *factum grammaticae* – seria uma espécie de representação estenográfica de tais fatos.

Agamben, por sua vez, após mostrar que é a natureza do objeto que separa a filosofia da linguística, apresenta uma proximidade entre as duas áreas, uma via de acesso aos objetos. Em ambas as áreas, a via de acesso se faz a partir do que Agamben (2015) chama de "experiência com a linguagem", embora advirta que essa experiência com a linguagem, tanto para o filósofo como para o linguista, não pode se situar no exterior da linguagem. A caracterização que Milner (1995, p. 139) faz da linguística como "uma ciência experimental sem observatório" serve também, na opinião de Agamben, para a filosofia. Não há, para ambas, posição exterior à linguagem para falar da linguagem[13].

---

13. Esse imperativo, como bem lembra Auroux (1998), já recebeu diferentes versões. Martin Heidegger (1889-1976), Jacques Lacan (1901-1981) e Ludwig Wittgenstein (1889-1951) são apenas alguns dos mais célebres: é a recusa da metalinguagem.

E como cada uma – filosofia e linguística – constrói uma *experiência com a linguagem*? A experimentação, tanto para a filosofia como pela linguística, viria dos exemplos. A experimentação que ambas têm da linguagem é constituída por exemplos.

Quanto à filosofia, consideram-se exemplos as interrogações que ela apresenta em que o *factum loquendi* é tematizado. Quer dizer, o filósofo só tem acesso ao seu objeto refletindo sobre ele. É a vocação da filosofia.

Quanto à linguística, cabe uma discussão com mais vagar. Milner dedica uma vasta seção de seu livro, intitulada "A linguística como ciência experimental", à reflexão acerca do exemplo e da experimentação em linguística à defesa da ideia, de grande consequência, de que a "ciência linguística é uma ciência experimental *sem observatório*" (MILNER, 1995, p. 139). Quer dizer, em linguística, o dado submetido à experimentação contém sempre algo da teoria linguística à qual serve para testar alguma proposição teórica. Em suma:

> O uso do exemplo em linguística está estritamente correlacionado a seu caráter de ciência empírica. Como esse caráter é, em si mesmo, dependente do caráter refutável das proposições, o exemplo pode ser definido como uma instância mínima de refutação; digamos: um átomo de refutação, que responde à parte mínima de refutabilidade nas proposições. Idealmente falando, cada proposição empírica da teoria linguística pode ser considerada como um conjunto de pontos de refutabilidade; a cada um desses pontos deve corresponder nos dados uma configuração mínima de refutação: essa não é outra coisa que o exemplo. Porque o que testamos é uma proposição da teoria, a configuração mínima nos dados apenas é suscetível de constituir um teste se ela é, em si mesma, tratada pela proposição em causa; em outras palavras, o dado apenas funciona na ordem de refutação analisada pela teoria considerada (MILNER, 1995, p. 124-125).

Apesar do requinte da formulação de Milner, fica evidente que, segundo ele, os exemplos – citados ou inventados, possíveis ou impossíveis[14] – são,

---

14. Cabe conferir, aqui, a excelente discussão feita por Milner acerca do asterisco na teoria linguística, como destinado a fazer aparecer uma impossibilidade, ou, ainda, o excelente ensaio de Daniel Heller-Roazen (2010, p. 98), "Retorna o brilho", em que trata do asterisco como "um refugiado de outra era da linguística, que remetia à época dos filólogos do indo--europeu", recuperado por Chomsky em seus estudos.

para a linguística, a experiência possível com a linguagem e a partir da qual ela pode "tocar" o seu objeto. Disso, tira-se uma conclusão importante: a linguística, por não ter um observatório externo a partir do qual poderia dizer o que é possível ou impossível na língua, tem apenas a si mesma, como teoria, para dizer o que é, ou não, possível de ser admitido em seu objeto.

Feita essa longa incursão pelo pensamento do linguista Jean-Claude Milner e pela leitura que dele propõe o filósofo Giorgio Agamben, é tempo de esclarecer ao leitor como a discussão oriunda de ambos pode auxiliar a pensar sobre o *Homo loquens*, nos termos em que a proponho. Serei direto quanto a isso, o que, para mim, equivale a responder a seguinte questão: há pontos em que o *factum loquendi* pode emergir no *factum grammaticae*? Ou ainda: A pura existência da linguagem pode emergir nas línguas? Ou ainda: A filosofia pode emergir na linguística?[15]

Creio que essas perguntas – tal como as concebo – encontram apenas uma resposta: o que advém da suposição de existência da linguagem e de seus seres falantes, apesar de estar situado além do(s) objeto(s) da linguística (seja ele a língua, a competência etc.), não deixa de insistir no objeto. O *factum loquendi* se marca no *factum grammaticae*, ou seja, o *Homo loquens* – que eu situo no *factum loquendi* – insiste no *factum grammaticae* e pode, portanto, receber atenção na linguística.

Como isso poderia ser concebido de forma que não se recaia na previsão de Agamben (2015, p. 66) – sem dúvida, historicamente verificável – de que "o pensamento que procura captar o *factum loquendi*, a linguagem como existente puro sem propriedades, está sempre em vias de cair em uma gramática"? Ou ainda: Como não ceder à tentação da ciência de fazer uma espécie de "gramática do *Homo loquens*"?

---

15. Agamben (2015, p. 59), a esse respeito, formula uma indagação importante: "há pontos em que essas duas ciências, tão próximas e, no entanto, tão distintas quanto a seu objeto, se tocam? Há, na linguística, um lugar em que a existência da linguagem emerge como tal?" Ou ainda: "De que modo [...] a pressuposição da existência da linguagem [...] encontra-se marcada na ciência da linguagem?" (AGAMBEN, 2015, p. 68). Para Agamben, o próprio Milner responderia a tal questão com as reflexões que faz em *L'amour de la langue* e em *De la syntaxe de la interprétation*.

É a experiência do falante que deve ser colocada no centro da discussão. Quer dizer, a linguística, ao olhar os grandes "problemas" – os problemas gerais de linguística –, a partir da experiência que o falante tem de sua condição de falante no interior desses "problemas", pode supor uma ligação entre *factum loquendi* e *factum grammaticae*.

Em última análise, na interpretação que faço, o *Homo loquens* faz parte do *factum loquendi*, mas insiste no *factum grammaticae*, e o linguista pode surpreendê-lo ao prestar atenção na experiência que cada falante tem acerca da sua condição de falante, no interior dos problemas gerais de linguística (tradução, aquisição, patologia etc.). Essa experiência, que aparece sempre que o falante comenta a sua condição de falante, é, propriamente falando, os "dados" de análise para o linguista com a preocupação antropológica aqui apresentada. Esses "dados" são uma espécie de etnografia de si, em que o falante se situa – talvez fosse melhor dizer, se autorrefere – no interior dos fenômenos em que a sua experiência de falante está no centro[16].

Finalmente, creio que, assim, é possível restituir ao termo "linguagem" não a homonímia que Agamben se esforça para mostrar que Milner desfaz ao diferenciar o *factum loquendi* do *factum grammaticae*, mas a coexistência do filosófico e do linguístico. É nesse sentido que tomo a linguística como uma reflexão antropológica geral, uma vez que tratar os problemas como pertencentes à propriedade *loquens* do homem é tratá-la como algo que pode subsidiar o conhecimento geral do homem.

§ III – A LÍNGUA NO HOMEM

O que considerei, acima, a experiência do falante de sua condição de falante pode ser sintetizado na expressão "a língua no homem", uma inversão

---

16. O nono capítulo (cf. § 9), que trata da função metalinguística, traz uma ilustração mais detalhada da função que tem o comentário do falante na consideração da linguística como um conhecimento antropológico: trata-se da bela narrativa de si feita por George Steiner, na qual se atravessam inúmeros "problemas" em que a experiência de falante é tematizada.

consciente do título dado pelo linguista Émile Benveniste (1988) à quinta parte de seus *Problemas de linguística geral*, "o homem na língua".

E o que quero dizer ao usar a expressão "a língua no homem"? É simples: os grandes fenômenos de linguagem – alguns contemplados neste *Problemas gerais de linguística* –, quando vistos a partir da consideração da experiência que o falante tem desses fenômenos, atestam o modo como a língua está presente constitutivamente no homem.

Apesar de inverter a expressão benvenistiana, mantenho do linguista a sua ideia de enunciação, quer dizer, a ideia de que a enunciação é um ato individual de utilização da língua. Sobre isso, porém, faço apenas um ajuste: esse ato, quando visto relativamente à autorreferência do falante à sua condição de falante no interior de um fenômeno de linguagem, mostra como a língua tem lugar nele. Por exemplo, de nada adianta enfocar o fenômeno da tradução supondo equivalências, possibilidades ou impossibilidades de tradução se não se vincula a tradução à experiência que o falante tem dela (como tradutor ou como leitor da tradução), o que advém pela sua enunciação, pelo fato de o falante comentar essa experiência.

Assim, a língua no homem conduz a uma antropologia implícita, à qual se tem acesso através da experiência que o falante tem de sua condição, o que chamo de *Homo loquens*. De certa forma, considero que o falante é uma espécie de etnógrafo (FLORES, 2015) de sua própria experiência de falante, uma vez que ele, constantemente, tematiza a sua posição frente ao fato de a língua ser-lhe constitutiva. Aceitando-se a ideia de que o falante é um etnógrafo, seria possível dizer que o linguista, como falante que é, acumularia também a função do etnólogo, daquele que faz a apreciação analítica dessa "etnografia natural".

É por isso que a matéria da linguística como reflexão antropológica é a hermenêutica natural que cada homem produz acerca da sua condição de falante em fenômenos em que ele está implicado como falante.

§ IV – EFEITOS

Termino esta "Introdução" lembrando uma das mais instigantes linguistas da França, Claudine Normand. Diz ela, a propósito de seu percurso como linguista:

> No trajeto (ideal?) que Antoine Culioli atribui ao linguista, passar "do empírico ao formal", eu me detenho numa primeira determinação do que ele mostra melhor do que ninguém e que chama "o brilho da diversidade"; deixo a outros a etapa do "trabalho teórico que vai fundar e construir o formal", o que era, evidentemente, o desejo de Benveniste e de Saussure. É aqui, neste propósito (nesta ilusão?), que me separo deles (NORMAND, 2009a, p. 109).

A passagem acima é impactante e não deixa margem de dúvidas: do contraste com os três grandes linguistas – Saussure, Benveniste e Culioli –, Normand (2006, p. 239) delimita o que chamará de *"une linguistique douce"* [uma linguística suave, em tradução livre], uma prática "inofensiva sem que seja inteiramente ineficaz". É assim que vejo estes *Problemas gerais de linguística*.

O meu ponto de partida aqui é modesto, mas com algum alcance heurístico: o fato de o homem ser falante não pode ser negligenciado, quando se quer dizer algo sobre o "grande problema do homem"[17]. No entanto, ainda não se tomou a devida consciência, em linguística, da propriedade *loquens*.

Na verdade, a observação geral da cena intelectual da linguística na atualidade – cuja unicidade não é mais do que uma ilusão ancorada imaginariamente no determinante – permite ver que a fragmentação é a marca do campo. O desaparecimento dos grandes mestres pensadores do século XX – Chomsky é um dos únicos que ainda se mantém em atuação – não deixou atrás de si um vazio, mas uma atividade de pesquisa intensa, diversificada e, sobretudo, complexa. Contudo, essa efervescência, cada vez mais fechada numa tecnicidade, não tem conseguido produzir uma via comum de debate coletivo que possa interessar ao campo das ciências em geral.

---

17. Expressão que tomo metonimicamente emprestada de Benveniste (2006), quando, no "Prefácio" de seu *Problemas de linguística geral*, fala em "a grande problemática da linguagem".

Com efeito, a pesquisa linguística ganhou em rigor teórico-metodológico, mas perdeu em formação de laço social. A sociedade não participa do debate que a linguística tem produzido; as outras áreas das ciências humanas também não. Soma-se a isso o fato de a linguística reeditar fortemente, hoje em dia, uma divisão que já esteve em alta na área[18], no século XIX, quando August Schleicher (1821-1868), influenciado pela teoria evolucionista de Darwin, reclama para a linguística um estatuto de ciência natural, em contraposição ao que preconizava Wilhelm von Humboldt, que via no estudo linguístico a possibilidade de tratar a língua como atividade (*energeia*) e como um fenômeno histórico da humanidade. A oposição ciências naturais *versus* ciências humanas é velha conhecida da linguística e, através dela, os mais acirrados debates já foram travados: os pares natureza/cultura e inato/adquirido são apenas os mais célebres.

Evidentemente, não ignoro que a especialização de uma área do conhecimento implica fazer escolhas no campo da ciência, o que é legítimo e, eu até diria, verdadeiramente recomendável. Nunca a máxima saussuriana "o ponto de vista cria o objeto" (SAUSSURE, 1975, p. 15) esteve tão adequada. O ponto de vista a partir do qual se constrói um objeto científico de investigação impõe o recorte e, consequentemente, a exclusão. Isso quer dizer que, ao incluir ou excluir um tema de investigação, uma teoria opera certo modo de tratar com a linguagem, certo modo de observá-la. No entanto, a crescente especialização da linguística pode obscurecer o fato de que a linguagem, como propriedade humana que é, não se conforma integralmente a nenhuma disciplina, motivo pelo qual a antropologia, a psicanálise, a filosofia, a literatura e tantas outras áreas somam-se à linguística para reivindicar um olhar sobre a linguagem.

Em função desse cenário, tenho convicção de que o linguista, sem ter de abrir mão do rigor que caracteriza o seu fazer, pode ficar mais atento aos evidentes sinais de que a linguística sofre de uma quase total ausência de

---

18. Cf. Cassirer (2001).

laço social. Assim, ele pode fazer algo para se incluir em um debate mais amplo. Creio que o linguista pode recolocar o debate científico em torno da linguagem – e sua configuração como objeto da linguística – se questionando a respeito do que é efetivamente necessário excluir para que o saber se constitua. Caberia ver, também, os termos de tal exclusão.

Para mim, o fato de o *Homo loquens* estar situado no *factum loquendi* e apenas pressuposto no *factum grammaticae*, objeto próprio da linguística, não o impede de incidir sobre o objeto à moda de uma experiência com a linguagem. Logo, trata-se de uma exclusão que não deixa de comparecer.

Quero considerar que o *Homo loquens* é o excedente que, se não encontra meios de retornar pelos objetos que as linguísticas configuram, ao menos encontra algum acolhimento na escuta do linguista, o que equivale a indagar: Que efeitos há em admitir o *Homo loquens* como um saber do linguista? A esperança que subjaz à pergunta é clara: que efeito há, para o linguista, admitir que há algo que excede o saber que a linguística configura? Ou ainda: O que esse saber diz a respeito da natureza *loquens* do homem?

O esforço que faço é, em última análise, o de (re)abrir a linguística às áreas conexas – tantos já tentaram (Saussure, Jakobson e Benveniste são apenas três grandes exemplos) – porque tenho convicção de que a linguística, em função de sua crescente especialização, caminha em direção ao isolamento disciplinar. A intenção que tenho com este livro é, enfim, expor aos linguistas, sem dúvida, mas também aos não linguistas, interessados na linguagem humana, grandes "problemas" que rondam o fazer do linguista. Dessa perspectiva, a abertura da linguística aos outros campos não se dá pela via disciplinar, mas pela via da problematização, cujo ponto de convergência é o *Homo loquens*.

Disso, pode resultar uma linguística talvez de rigor não muito exaustivo, mas de grande poder questionador. Enfim, uma prática *inofensiva sem que seja inteiramente ineficaz.*

§ 1

A linguagem e as línguas

Todos os tipos de línguas adquirem direitos
iguais de representar a linguagem.
Émile Benveniste. *Problemas de linguística geral I.*

§ 1.1 INTRODUÇÃO

O título deste capítulo é enganador. Assim formulado, de maneira direta e aparentemente simples, pode levar a crer que há, no campo da linguística, unicidade conceitual para os termos nele utilizados e sobre a maneira de relacioná-los. Ora, o que subjaz às palavras que o compõem e as relações que têm entre si não são evidentes nem unânimes.

Numa primeira interpretação – excessivamente simplista –, poder-se-ia pensar que a dificuldade definitória está ligada à polissemia terminológica de "linguagem", uma vez que o termo plural "línguas", sendo normalmente associado à noção de "idioma" (português, inglês, francês etc.), estaria a salvo de qualquer ambiguidade.

Ainda que se tivesse algum consenso em torno do que "línguas" designa – o que está longe de ser óbvio –, o problema cresce em complexidade quando se percebe que há certa concordância, entre os linguistas, em colocar "linguagem" e "línguas" em relação. Os termos dessa relação variam enormemente, conforme o quadro teórico no qual aparecem: fala-se em "realização", "generalização", "materialização", "propriedades comuns" etc.

É Jean-Claude Milner (1978), em um livro extremamente original, *L'amour de la langue* [*O amor da língua*], quem melhor formula o problema:

> Apresenta-se a nós um conjunto de realidades que nós chamamos de *línguas*. De fato, nós hesitamos pouco em lhes atribuir este nome – a todas e cada uma –, como se nós dispuséssemos sempre de uma regra que nos permitisse, dada uma realidade, determinar se ela pertence ou não ao conjunto. Isso supõe indiscutivelmente algumas propriedades definitórias, comuns a todos os elementos que merecem o nome de *língua* e exclusivamente representadas por estes. Que por abstração se confira a essas propriedades um ser autônomo e se obtenha o que se chama a *linguagem*: nada mais que, em si, um ponto a partir do qual as línguas podem ser reunidas em um todo, mas um ponto ao qual se conferiu extensão, ao se lhe atribuírem propriedades enunciáveis (MILNER, 1978, p. 15).

A consideração de Milner é fundamental e se impõe a quem se coloca a pensar sobre a natureza *loquens* do homem: "mas dizemos ainda mais ao dizer *as línguas*: certamente nós a supomos várias e reunidas, mas também que é sempre possível distingui-las entre si. Pois esse plural é, na verdade, uma coleção de singulares ao mesmo tempo iguais e distinguíveis" (MILNER, 1978, p. 16). Assim, à obviedade de que o homem é um ser falante, dotado do que se pode chamar, em uma primeira aproximação, de "faculdade de falar", se contrapõe uma realidade ainda de difícil entendimento aos olhos dos mais atentos: *o homem não fala a linguagem, ele fala uma ou várias línguas.*

Não se ignora que há vínculo entre "linguagem" e "línguas"; no entanto, a prática corrente, no campo da linguística, de relacioná-las nem sempre explicita um ponto fundamental, qual seja, o de que epistemologicamente há um trabalho de abstração posto nessa vinculação.

Independentemente da teoria linguística adotada, o fato é que essa situação geral pode ser fonte de uma série de questionamentos. Do lado das línguas: O que é uma língua? O que as línguas têm em comum? Que propriedades são inerentes às línguas? O que as diferencia de outros sistemas de comunicação? Do lado da linguagem, a situação não é menos complexa: trata-se de uma faculdade? Se sim, de que natureza? Biológica? Antropológica? Cultural? Se não, que características ela tem?

Observe-se que tais especulações não dizem respeito propriamente ao objeto da linguística. Elas são, na verdade, condição de possibilidade da reflexão acerca do objeto da linguística, ou seja, elas estão ligadas a uma epistemologia anterior, dos primitivos teóricos. É necessário, primeiro, saber sobre o que está em causa para depois decidir se isso cabe, ou não, no objeto de uma dada linguística. Vou dar um exemplo.

Émile Benveniste, em um de seus mais belos textos, "Vista d'olhos sobre o desenvolvimento da linguística", oriundo de uma comunicação feita em 1963 e publicada em seus *Problemas de linguística geral I* (1988)[19], redimensiona o objeto da linguística, "a língua", que fora, meio século antes, estabelecido por Ferdinand de Saussure (1857-1913) entre 1907 e 1911, durante seus cursos em Genebra (cf. SAUSSURE, 1975, p. 15-25). Diz Benveniste (1988, p. 20): "comecemos por observar que a linguística tem duplo objeto: é ciência da linguagem e ciência das línguas". E prossegue: "a linguagem, faculdade humana, característica universal e imutável do homem, não é a mesma coisa que as línguas, sempre particulares e variáveis, nas quais se realiza". Enfim, conclui o linguista: "é das línguas que se ocupa o linguista e a linguística é em primeiro lugar a teoria das línguas".

Apesar da aparente transparência da formulação de Benveniste, há muito a ser esmiuçado em suas proposições: se a linguística tem por objeto a linguagem e as línguas – um duplo objeto, portanto –, por que caberia ao linguista, em sua opinião, se ocupar apenas das línguas? Ou ainda: se o objeto é composto pelas línguas e pela linguagem, por que a linguística faria apenas teoria das línguas, o que implicaria teorizar sobre apenas uma parte do objeto?

A suposta contradição surpreendida nesse ponto do raciocínio de Benveniste desfaz-se ao se compreender que, na sua concepção, a linguagem se realiza nas línguas (cf., acima, "nas quais se realiza"). Logo, as línguas contêm a linguagem. Se assim é, então, o duplo objeto se ofereceria ao linguista na análise que este faz das línguas. Talvez seja por isso que Benveniste (1988, p. 20) prossegue dizendo: "dentro da perspectiva em que nos aqui

---

19. A obra de Benveniste, sempre que possível, ao longo do livro, é citada a partir da edição brasileira; no entanto, as edições em francês também foram consultadas e, sempre que necessário, inclui-se nota referente a alguma observação de tradução. Segue-se a mesma orientação para as referências à obra de Ferdinand de Saussure.

colocamos, veremos que essas vias diferentes se entrelaçam com frequência e finalmente se confundem, pois os problemas infinitamente diversos das línguas têm em comum o fato de que, a um certo grau de generalidade, põem sempre em questão a linguagem".

Assim, tudo parece se esclarecer: as línguas colocam em questão a linguagem. Para quem conhece a obra de Benveniste, isso é sabido, pois está posto desde o "Prefácio" de seu *Problemas de linguística geral I* que "a reflexão sobre a linguagem só produz frutos quando se apoia, primeiro, sobre as línguas reais" (BENVENISTE, 1988, "Prefácio"). No entanto, restam ainda indagações: O que o linguista tem em mente ao propor esse duplo objeto para a linguística? O que entende pelos termos "linguagem" e "línguas", nesse contexto? O que é "isso" que se realiza nas línguas? Aliás, o que significa dizer que a linguagem é uma "faculdade humana", duplamente caracterizada ("universal" e "imutável")? Finalmente: que tipo de realidade são as diversas "línguas", tão diferentes entre si, mas, ao que tudo indica, unidas pela linguagem?

Note-se que voltei ao ponto de partida! Termos como "linguagem" e "línguas" não são autoexplicativos. Por isso, espero que tenha ficado claro que não adianta indagar sobre o objeto da linguística em geral, ou de uma dada linguística, se não se define os termos pelos quais esse objeto é configurado[20]. Da mesma maneira, não adianta indagar o que significam esses

---

20. O desconhecimento disso é um dos principais problemas que vejo nas definições presentes em livros de introdução à linguística. Ao lê-los, tem-se a sensação de que existe efetivamente uma definição (de *linguagem*, de *línguas* e mesmo de *linguística*) que poderia ser concebida como verdadeira e única. Formulações do tipo "a linguística é a ciência que estuda a linguagem humana" ou "que estuda as línguas" — embora não possam ser consideradas, em tese, erradas, já que é sempre possível justificá-las — parecem conduzir à conclusão de que a linguística é uma área do conhecimento que se sustenta em uma teoria homogênea capaz de dizer o que é e o que não é ciência. Essa noção repousa sobre um pressuposto que pode receber duas versões: a) a de que há um, e apenas um, conceito de ciência pertinente à linguística; b) a de que, mesmo havendo diferentes conceitos de ciência, estes deverão ser avaliados, quanto a sua legitimidade, a partir de critérios idênticos. A título de exemplo, vale prestar atenção no que diz John Lyons (1982, p. 52), em uma das introduções à linguística mais influentes do século XX: "Dizer que a linguística é uma ciência não é

termos se não se reconhece que integram um raciocínio no qual operam, ou seja, no qual suas relações são concebidas. Ou seja, o objeto da linguística – ou de uma dada linguística – não é independente da teoria utilizada para formulá-lo.

No caso de Benveniste, que serviu de exemplo acima, sabe-se que ele define detalhadamente, no conjunto de sua obra, o que entende por "linguagem" e "línguas"; inclusive, sua teorização será uma verdadeira fonte de inspiração para o desenvolvimento do que virá neste capítulo. No entanto, o simples recurso a uma passagem do autor não é suficiente para salvaguardá-lo do *nonsense*.

Em síntese, há muitas definições legítimas de "linguagem" e "línguas" na história da linguística, e esses termos podem, até mesmo, delimitar noções incompatíveis entre si, dependendo do quadro epistemológico no qual estejam inscritos. Isto é, cada vez que são aplicados, corre-se o risco de não saber do que se está falando se a epistemologia que lhes é subjacente não for trazida à luz. A prática epistemológica de abstração, que coloca "linguagem" e "línguas" em relação, não se realiza de maneira idêntica em diferentes quadros teóricos.

Logo, é preciso admitir que, ao considerar a existência de "linguagem" e de "línguas", está-se, de um lado, diante de uma tomada de posição acerca da existência dessas duas "realidades" e de suas consequentes relações; de outro lado, está-se diante de algo que não é evidente *per se*.

Registre-se, então, *um primeiro ponto* sobre o qual meu raciocínio se assenta aqui: a expressão "a linguagem" implica, para mim, um duplo aspecto, contido nessa unicidade. De um lado, dizendo "a linguagem", afirmo

---

negar que, em virtude de seu objeto de estudo, ela esteja estreitamente ligada a disciplinas eminentemente humanistas como a filosofia e a crítica literária". O que quer dizer o autor ao opor "ciência" e "disciplinas eminentemente humanistas"? Enfim, mesmo que eu reconheça a importância de trabalhos introdutórios para fins didáticos, acredito que é excessivo tomá-los como fonte referenciável de reflexão. As introduções à linguística promovem uma imagem de homogeneização dos fenômenos da linguagem e, consequentemente, de homogeneização do entendimento do que vem a ser linguística.

a *existência* da linguagem e, logo, a existência de falantes, do *Homo loquens*. Chamo esse primeiro aspecto, na falta de melhor termo e sob a influência de Agamben (2015), de "existencial". De outro lado, dizendo "a linguagem", concebo uma unicidade na qual é possível identificar e distinguir propriedades. Tais propriedades emergem nas línguas. Chamo esse outro aspecto, ainda na esteira de Agamben, de "emergente".

Na linguagem, na minha concepção, coabitam a pressuposição da existência do *Homo loquens* e a suposição de sua emergência na diversidade das línguas.

A isso, acrescento *um segundo ponto* fundamental: admito que "a linguagem" e "as línguas" estão implicadas de uma maneira muito geral – que deverá ser explicada adiante –, mas isso, por ora, significa apenas aceitar que o singular "a linguagem" permite considerar o plural "as línguas" como membros de uma única categoria, a qual, por sua vez, encontra realização nesse plural.

Em resumo, para mim, sempre que se encontra "a linguagem", se encontra, reciprocamente, "as línguas" e "o falante" – a conjunção dos dois pontos acima –, condição complexa da qual se pode querer, ou não, saber, mas a qual não se pode ignorar.

Com isso, espero não ceder a certa tradição da linguística de dar pouca atenção ao falante e à diversidade das línguas em prol de um desejo de unificação e universalização. Ao supor que a linguagem, em sua unicidade, comporta, simultaneamente, a existência de seres falantes e de propriedades apenas visíveis nas línguas, privilegio a ideia de que é da natureza do homem a sua singularidade de falante. Penso, assim, mostrar que as propriedades d"a linguagem" que emergem n"as línguas" dizem respeito à existência dos seres falantes. Por certo que não estou defendendo que essas são as únicas propriedades passíveis de ser encontradas nas línguas; apenas defendo que são as propriedades que têm interesse para uma perspectiva linguístico-antropológica cujo princípio é a admissão do primado do falante.

Feitas essas observações iniciais, cabem, ainda, duas considerações específicas. A primeira: a maneira como concebo a relação entre "a linguagem" e "as línguas" impede de se permanecer circunscrito ao objeto e método de uma linguística já consolidada. Isso se deve ao fato de não existir uma perspectiva suficientemente satisfatória na qual se possa ancorar a admissão do *Homo loquens* no escopo da linguística. Entretanto, isso não impede de recorrer pontualmente – num movimento transversal – a diferentes ideias de diferentes autores, buscando traços pertinentes que permitem fazer repercuti-las em um novo cenário. Os escolhidos, como será visto, são Humboldt, Saussure e Benveniste. A segunda: minha exposição está limitada aos primitivos sobre os quais se pode construir um saber sobre o *Homo loquens*.

Nesse sentido, são três as ideias defendidas aqui e que deverão ser detalhadas quanto aos limites e aos horizontes que evocam:

a) a linguagem é uma propriedade humana (cf. § 1.2);

b) a linguagem se realiza nas línguas (cf. § 1.3);

c) a linguagem que se realiza nas línguas somente tem existência no falante (cf. § 1.3).

Essas ideias são construídas e apresentadas, a seguir, neste capítulo – incluindo os termos que explicitamente as constituem ("linguagem", "línguas", "propriedade humana", "falante") e outros que lhes são acrescentados –, uma vez que, nele, tento reunir argumentos que permitam ressignificar a relação das línguas com a linguagem pelo viés da consideração do homem nos estudos da linguagem. Além disso, as três ideias se articulam entre si a partir de uma indagação: O que permite relacionar o *Homo loquens*, a *linguagem* e as *línguas*?

§ 1.2 A LINGUAGEM É UMA PROPRIEDADE HUMANA

Acima, ensaiei uma primeira formulação para "a linguagem" ao propor dois pontos fundamentais e concomitantes a partir dos quais compreendo o termo. Vou me deter sobre o primeiro ponto, o que vê nessa unicidade a simultaneidade da existência de seres falantes e de sua emergência em propriedades das línguas. A ideia, enfim, é argumentar em favor da coexistência do falante e das línguas na linguagem. O segundo ponto parece ser apenas uma decorrência deste, que o precede.

Vincular homem e linguagem não é uma atitude nova. Muitos já disseram, e com muita autoridade, que, sendo a linguagem uma propriedade do homem, é também dele característica distintiva. Mas o tema merece ainda atenção, em especial, quanto a um aspecto: a falta de unanimidade em torno do alcance e dos limites dessa vinculação. Em outras palavras, o que significa, em termos epistemológicos, afirmar que *a linguagem é uma propriedade humana*? Que consequências – epistemológicas, metodológicas e até mesmo políticas – tal asserção acarreta para o campo dos estudos da linguagem?

As respostas a essas questões são diversas. Muitos são os pontos de vista a partir dos quais é possível compreender a linguagem como propriedade humana (cf. HOMBERT & LENCLUD, 2014): os evolucionistas (com apoio em argumentos arqueológicos, paleontológicos, biológicos, genéticos, históricos etc.) e os não evolucionistas (com apoio em argumentos culturais, antropológicos, filosóficos, religiosos etc.) são apenas os mais célebres[21]. Na verdade, quando o que está em causa é a linguagem, não há um terreno sólido, na metalinguagem corrente, no qual se pode alicerçar uma definição, um ponto de vista qualquer. Termos como "linguagem", "homem", "simbólico", "cultura", "evolução", "faculdade" – apenas para lembrar alguns dos mais comuns – têm sentido opaco.

A complexidade, e a consequente ausência de consenso, amplia-se consideravelmente se são retomados os antigos – e sempre presentes – *problemas*[22]. Por exemplo:

---

21. Para uma visão não propriamente alinhada ao cânone científico, vale a pena ler – nem que seja pelo apreço ao bom texto – o livro de Tom Wolfe (2017), *O reino da fala*. Nele, essas polarizações são tratadas – às vezes de maneira caricata, é verdade – de forma a despertar interesse pelo assunto.

22. Todos esses "problemas" são tratados com mais vagar, no conjunto deste livro.

a) as relações entre pensamento e linguagem, conhecimento e linguagem e mente e cérebro, entre outras;

b) as diferenças entre homens e animais, viés por onde é introduzida a discussão acerca das diferenças entre linguagem humana e "linguagem" animal;

c) as diferenças e as semelhanças das línguas do mundo, perspectiva que dá lugar a indagações em torno do eixo aspectos universais *versus* aspectos particulares;

d) as propriedades inatas em contraposição àquelas adquiridas, ponto de vista pelo qual antigas querelas são recolocadas (natureza *versus* cultura; filogênese *versus* ontogênese etc.).

Some-se a esse cenário já bem adverso o fato de muitas ciências – naturais, humanas, sociais etc. – reivindicarem para si a exclusividade do escopo de tais problemas: as neurociências, as linguísticas, as ciências da cognição em geral e as ciências históricas, entre outras.

Como é possível notar, a afirmação de que *a linguagem é uma propriedade humana*, apesar da ilusão de transparência que provoca, está longe de ser evidente.

Um dos aspectos dessa enorme questão é contemplado em um livro espetacular, *Comment le langage est venu à l'homme*, escrito pelo linguista Jean-Marie Hombert[23] e pelo antropólogo Gérard Lenclud (2014). Os autores fazem um passeio pelas teorias que buscam, de alguma maneira, explicar a ideia geral da evolução da linguagem no homem. O ponto de vista, portanto, considera a evolução do homem.

O livro, pela riqueza de dados e de fontes que tem, mostra o quão pertinente é o tema hoje em dia. Na introdução, os autores formulam as grandes dificuldades que assumir tal empreitada acarreta, uma vez que se veem nela ecos de grandes questões: a origem do próprio homem e a origem da

---

23. Jean-Marie Hombert, anos antes, em 2005, organiza uma grande obra cujo título *Aux origines des langues et du langage* [*As origens das línguas e da linguagem*], com o plural e o singular marcados, já encaminha uma possibilidade do debate.

consciência, por exemplo. Dividida em duas grandes partes – a primeira, dedicada ao estado da arte, inclusive histórico, acerca das pesquisas sobre a evolução da linguagem no homem; a segunda, dedicada a fazer a trajetória evolutiva dos estudos biológicos, culturais e linguísticos –, o objetivo da obra de Hombert e Lenclud (2014, p. 17) é "apresentar as hipóteses emitidas até hoje, assim como os dados sobre os quais elas se apoiam, em várias disciplinas que se aplicam a abordar as origens da linguagem segundo métodos científicos ou num espírito científico".

Os autores entendem que esse *espírito científico* impõe restrições, e uma das principais é não se opor ao que há de consenso no domínio científico. Um consenso que eles destacam é a consideração da faculdade da linguagem como "um capítulo da história natural dos homens, portanto, de uma história evolutiva" (HOMBERT & LENCLUD, 2014, p. 18)[24]. Outro destaque recebe a forma de uma espécie de advertência metodológica: os documentos *paleontropológicos* e *arqueológicos* disponíveis permitem dessincronizar *hominização* de *humanização*. Em outros termos: a evolução biológica do homem não teria se dado *pari passu* à evolução cultural.

O brilhante trabalho de Hombert e Lenclud, em mais de quinhentas densas páginas, é um exemplo de excelência sobre um dos ângulos de enquadramento – talvez o mais cercado de mitos[25] – da grande questão da *linguagem como uma propriedade humana*. O livro, pela complexidade dos problemas que aborda e pela exaustividade com a qual os trata, é um belo indicador do quanto há para ser pensado acerca do assunto.

Contudo, pretendo seguir um caminho diferente para abordar o tema. A minha perspectiva – adiantada acima nos dois pontos fundamentais

---

24. Evidentemente, os autores não ignoram a importância do processo de transmissão cultural no processo evolutivo da linguagem; no entanto, na concepção que formulam, a faculdade da linguagem, em seus aspectos biológicos, é uma predisposição resultante de um longo processo evolutivo do homem.

25. Cf., a esse respeito, Othero (2017), em especial o capítulo "Os animais têm uma forma de comunicação tão complexa quanto a nossa". Cf. tb. em Bergounioux (2005) o capítulo "L'origine du langage: mythes et théories" ["A origem da linguagem: mitos e teorias"].

(o existencial e o emergente) – se define, em princípio, a partir do distanciamento de indagações que, na falta de melhor designação, chamo de *causalistas* e *evolucionistas*. Isto é, defendo que, para falar sobre a linguagem nos termos em que estou tentando circunscrever, não se impõem, absolutamente, perguntas do tipo "Como a linguagem apareceu no homem?" ou do tipo "Por que a linguagem apareceu no homem?" Não investigo o que é do âmbito da causalidade ou mesmo do âmbito da consciência da individualização pela linguagem; não assumo uma posição causal; não busco saber qual a origem da linguagem no homem nem de um ponto de vista evolutivo, nem de qualquer outro ponto de vista. Isso não significa legar o problema da origem da linguagem no homem ao campo do obscuro, do mistério. A minha falta de interesse na origem não implica ignorar a relevância da questão. Trata-se apenas da delimitação de um ponto de vista. Observe-se com mais vagar.

Interrogar sobre o *Homo loquens*, sobre o ser cuja propriedade da fala é-lhe constitutiva, não implica interrogar sobre a origem da linguagem nele, mas sim sobre o fato – e as consequências de admiti-lo, em especial para uma linguística que não ignora o homem que fala – de a linguagem (e as línguas) estar nele. Se tivesse de precisar, na evolução, o período no qual situo minha reflexão, diria que o tempo que me interessa é o tempo em que o *Homo sapiens* já é *Homo sapiens loquens*, para usar a formulação de Giorgio Agamben (2008b).

Assim, não sendo causalista, que opções restam para falar da linguagem no homem? Que realidade é possível vislumbrar, sobre o tema, que desvie da noção de origem, tal como ela tem sido colocada na base de grandes projetos de pesquisa da atualidade? Para mim, basta partir do consenso acerca da evidência da linguagem no homem, ou melhor, do homem como um ser de linguagem. Trata-se de uma perspectiva antropológica da linguagem, uma antropologia de base social e cultural e não física (cf. AUGÉ & COLLEYN, 2018). E, nesse aspecto, sigo a linhagem Saussure-Benveniste, preconizada, em muitos aspectos, por Humboldt.

Reconheço, nesses três grandes autores, a centralidade do homem na relação com a linguagem. E mais: reconheço que, nos três – e, em cada um, de maneira distinta –, a relação da "linguagem" com "as línguas" pressupõe a existência do homem, do falante. Logo, há propriedades das línguas que, de alguma maneira, mostram a emergência do homem nelas. Esse é o recorte a partir do qual guio a leitura dos três para o tratamento do tema.

§ 1.2.1 Humboldt

Para Humboldt, o homem é objeto de estudo. Sua reflexão vai ao encontro das problemáticas antropológicas e linguísticas do final do século XVIII e início do XIX (cf. CHABROLLE-CERRETINI, 2007), produzindo um pensamento que põe a linguagem no centro da definição de homem. Sua antropologia filosófica (cf. QUILLIEN, 2015) é condição de entendimento de sua teoria linguística porque é a partir dela que ele investiga as línguas.

A obra de Humboldt, sem dúvida, transcende o domínio da linguística, mas, nesse campo, ela já produziu efeitos, no mínimo, não usuais: recorrem a Humboldt autores muito distantes entre si e por motivos muito díspares. Exemplos não faltam: Benjamin Lee Whorf (1897-1941) e Edward Sapir (1884-1939)[26], de um lado, e Noam Chomsky (1928-)[27], de outro, nos Estados

---

26. Sobre essa influência, assim se manifesta George Steiner (2002, p. 115): "Sustenta-se por vezes que uma linhagem ininterrupta corre de Herder e Humboldt a Benjamin Lee Whorf. Assim é, em termos intelectuais. A história efetiva do relativismo linguístico leva-nos através da obra de Steinthal (editor dos textos fragmentários de Humboldt) até a antropologia de Franz Boas. E, a partir desta, chegamos à etnolinguística de Sapir e Whorf".

27. "Para usar a terminologia utilizada por Wilhelm von Humboldt na década de 1830, o falante faz uso infinito de meios finitos" (CHOMSKY, 2006, p. 15). Ou ainda: "A ideia de que uma língua é baseada em um sistema de regras que determina a interpretação de suas infinitas sentenças não é novidade. Bem mais de um século atrás, foi expressa com razoável clareza por Wilhelm von Humboldt em sua famosa mas raramente estudada introdução à linguística geral (HUMBOLDT, 1836). Sua visão de que uma língua 'faz uso infinito de meios finitos' e de que sua gramática deve descrever os processos que possibilitam isso é, além disso, uma consequência de uma preocupação persistente, dentro da filosofia racionalista da linguagem e da mente, com esse aspecto 'criativo' do uso da linguagem" (CHOMSKY, 1965, p. v). A influência de Humboldt na obra de Chomsky (em especial nas

Unidos; Benedetto Croce (1866-1952)[28], na Itália; e Henri Meschonnic (1932-2009)[29], na França. Junte-se a esses a versão que dele dá o alemão Ernst Cassirer em seu *A filosofia das formas simbólicas* (2001)[30]. Esse cenário requer interpretação!

Considero que Humboldt tem o papel fundador de um modo de pensar que coloca em implicação o homem e a linguagem e, por esse viés, as línguas. Quer dizer, seu projeto de uma antropologia comparada do homem encontra, no estudo das diferentes línguas, o apoio fundamental. Nesse sentido, "o objetivo [de Humboldt] é fundar uma verdadeira 'ciência do homem', isto é, um conhecimento ao mesmo tempo filosófico e empírico. O homem está no centro de tudo" (QUILLIEN, 2015, p. 349). Mas o que é o homem? "Fundamentalmente um ser que fala, uma criatura linguageira" (p. 603). E o que é a linguagem para Humboldt? "Ao mesmo tempo, a realidade humana em si, o que remete a um lugar unificante que é a faculdade de falar, e um nome genérico, portanto uma abstração, cujas manifestações particulares são as línguas" (p. 603). O homem, entendido como um indivíduo que fala, é uma formulação que contém dois

---

primeiras fases) é tão grande que Chomsky formula um dos (cinco grandes) problemas da linguística gerativa como "o Problema de Humboldt". O problema pode ser expresso, *grosso modo*, como: "de que se constitui o conhecimento gramatical de uma pessoa?" Para aprofundar o assunto, cf. Lunguinho e Teixeira (2019).

28. Cf. o capítulo "A filosofia da linguagem. Humboldt e Steinthal", em que Croce (2016, p. 312) busca avaliar as "ideias estéticas" de Humboldt.

29. A compreensão que Henri Meschonnic tem da obra de Humboldt permite aproximá-la de autores como Saussure e Benveniste, o que não é comum na história do pensamento linguístico: "um pensamento de Humboldt pode ser reconhecido onde uma filiação não é expressamente reivindicada. Assim, parece-me que tal pensamento passa por Saussure e Benveniste. Pensar Humboldt não é necessariamente se referir a Humboldt" (MESCHONNIC, 1995, p. 16-17). Ou ainda: "Pensar Humboldt: eu não entendo por isso pensar através de Humboldt, ou citá-lo, mas pensar a mesma ordem de problemas que ele tinha começado a pensar, e pensar além dele mas com ele, a partir dele, continuando-o" (MESCHONNIC, 1995, p. 13).

30. *A filosofia das formas simbólicas*, a admirável obra de Ernst Cassirer, "imprimiu uma nova pujança às ideias de Humboldt. Cassirer estava de acordo com a teoria segundo a qual as categorias conceituais diferentes em que as diferentes línguas introduzem os mesmos fenômenos sensoriais refletem necessariamente diferenças de percepção linguisticamente determinada" (cf. STEINER, 2002, p. 115).

elementos fundamentais ao raciocínio de Humboldt: a ideia de "indivíduo" e a ideia de "falante". Uma língua, nessa concepção, remete sempre a quem a fala, o locutor: a língua não fala; o locutor fala. Acresce-se a isso uma ideia primorosa de Humboldt: "Se o indivíduo singular fala uma língua dada, cada língua, por sua vez, é um indivíduo e, como tal, possui sua individualidade e seu caráter próprio" (p. 604).

Em suma, o falante se individualiza no universo individual de uma língua que é, por sua vez, manifestação da linguagem. Nesse sentido, o estudo do homem encontra, para Humboldt, seu melhor alicerce no estudo das línguas. O monumental trabalho sobre a língua kavi (HUMBOLDT, 1974) e os estudos sobre o basco (CHABROLLE-CERRETINI, 2007, p. 35-57; THOUARD, 2016, p. 171-204), sobre o chinês (THOUARD, 2016, p. 205-233)[31] e sobre as línguas da América do Norte[32] são suficientes para atestar isso.

O texto que melhor apresenta o projeto da linguística humboldtiana, conforme Trabant (1992), é o discurso proferido em 1820 na Academia de Berlim, *Ueber das vergleichende Sprachstudium in Beziehung auf die verschiedenen Epochen der Sprachentwicklung* [*Sobre o estudo comparativo das línguas em relação com as diferentes épocas do desenvolvimento das línguas*][33], no qual se encontra um programa de estudos dedicado à diversidade das línguas e no qual uma noção de homem tem lugar especial. A versão escrita desse texto, composta de 23 parágrafos, começa fazendo alusão à grande questão da comparação entre as línguas: "O estudo comparativo

---

31. Mantenho, no contexto da reflexão sobre Humboldt, as expressões "chinês" e "língua chinesa" para referir o estudo que Humboldt faz do "chinês antigo", conforme a correspondência entre Humboldt e Jean-Pierre Abel-Rémusat (cf., em especial, o capítulo "À la recherche de la correspondence. Humboldt, Abel-Rémusat et le chinois" ["Em busca da correspondência. Humboldt, Abel-Rémusat e o chinês"] de THOUARD, 2016). No entanto, não se pode ignorar a planificação que tal denominação generalista promove em relação à diversidade linguística na China. Para aprofundar o tema, cf. Silveira; Leviski e Camozzatto (2016).

32. Intitulado *Essais sur les langues du nouveau continente* (cf. THOUARD, 2000, p. 56-57).

33. São utilizadas aqui duas traduções francesas e uma brasileira, identificáveis em função das datas de publicação (cf. "Referências").

das línguas somente pode conduzir ao conhecimento seguro e importante sobre a linguagem, a evolução dos povos e a formação do homem se se faz disso um estudo próprio que tenha sua utilidade e seu fim em si mesmo" (HUMBOLDT, 2000, p. 65).

O conhecimento da "formação do homem" está condicionado pela análise das línguas em si mesmas, e é através dela que se pode encontrar o que é mais caro à condição de existência do homem. No décimo terceiro parágrafo do discurso de 1820, lê-se, nesse sentido, uma formulação que não soaria estranha aos ouvidos de Benveniste, anos mais tarde. Apesar de longa, é necessário retomá-la na íntegra aqui:

> A língua deve ser, esta é minha total convicção, considerada como depositada imediatamente no homem, pois não se saberia explicá-la como obra do entendimento que opera na clareza da consciência. De nada adianta reunir séculos e séculos para explicar a sua invenção. A língua não teria sido inventada se seu modelo já não estivesse presente no entendimento humano. Para que o homem compreenda verdadeiramente uma única palavra, não como um simples estímulo sensorial, mas como um som articulado que designa um conceito, é preciso que a língua, na sua estrutura de conjunto, esteja inteira nele. Não há nada isolado na língua, cada um de seus elementos somente se anuncia como parte de um todo. Por natural que seja a hipótese de uma formação progressiva das línguas, a sua invenção não pode se produzir senão de um só golpe. *O homem é homem apenas pela linguagem*; mas, para inventar a linguagem, ele deveria já ser homem. Quando se imagina que isso se produz pouco a pouco e por etapas, por assim dizer, de passo a passo, o homem se transformando em mais homem tendo inventado um pouco mais de língua e tendo podido inventar um pouco mais de língua para esse progresso, se desconhece a solidariedade entre a consciência humana e a linguagem humana, assim como a natureza da ação do entendimento requerido para a compreensão de uma só palavra, mas suficiente para compreender toda a língua (HUMBOLDT, 2000, p. 83-85, destaques meus).

Vê-se que, aqui, Humboldt apresenta as linhas gerais de seu entendimento sobre a origem da linguagem e sobre a diversidade das línguas: nada de evolução no homem – ela está nele de "um só golpe" –, nada de progressão, nada de desenvolvimento. A linguagem (e as línguas) está no homem porque lhe é indispensável para ser homem. A linguagem está na origem do homem, portanto. Além disso, nada de pensar que o homem criou as línguas para atender à necessidade de comunicação – visão não raras vezes evocada em argumentos evolucionistas –, ao contrário, elas foram inventadas para permitir o crescimento intelectual, possibilitando a apreensão do mundo: "a linguagem tem, para Humboldt, uma origem mental (*spirituelle*). Ele inverteu a relação causal normalmente avançada. É a linguagem que gera uma necessidade de comunicação, e não o contrário" (CHABROLLE-CERRETINI, 2007, p. 85).

Ao afirmar uma relação de existência entre homem e linguagem, Humboldt pode conceber a diversidade das línguas como uma manifestação do humano e uma via de acesso e de conhecimento do homem. A linguagem humana se realiza nas línguas concretas e particulares, logo, elas são uma possibilidade de entendimento do homem.

O projeto humboldtiano de estudo comparado das línguas é, na verdade, um grande projeto de acolhimento da diversidade; ele é simultaneamente uma antropologia filosófica e uma linguística que coloca no centro a dimensão histórica do humano. Não se trata, pois, de um relativismo, mas de defesa da universalidade que há na diversidade. Ou ainda: "cada língua é singular: é propriamente nisso que ela é universal" (THOUARD, 2016, p. 168). De um lado, as línguas são individuais, mundos particulares; de outro, testemunham a existência do humano. Enfim, como bem lembra Denis Thoaurd a partir de um fragmento do próprio Humboldt: "se as línguas são individuais, elas o são frente às demais. Mas a verdadeira individualidade reside 'no locutor a cada vez que ele fala. É apenas no indivíduo que a língua recebe sua determinação última'"(p. 167).

Encontro, em Humboldt, o primeiro ângulo do qual entendo a afirmação de que *linguagem é uma propriedade humana*: ao partir do homem, de sua antropologia comparada, ele chega às línguas, o que o faz vê-las como condição de conhecimento do homem. As línguas são a via de acesso ao homem.

§ 1.2.2 Saussure

É imperioso partir também de Saussure. Nas anotações de sua "Primeira conferência na Universidade de Genebra", de 1891, o linguista problematiza a pertinência do estudo da linguagem e mesmo do que seja linguagem: "Vale ou não a pena estudar, em si mesmo, o fenômeno da linguagem, seja nas manifestações diversas, seja em suas leis gerais, que poderão ser deduzidas apenas de suas formas particulares?" (SAUSSURE, 2004, p. 127-128). Encontram-se aí três ideias fundamentais de Saussure: há "manifestações diversas" da linguagem; há "leis gerais" da linguagem; tudo apenas pode ser deduzido das "formas particulares". O contexto dessas afirmações diz respeito, entre outras coisas, à defesa de que a linguística é uma ciência histórica, o que, naquele momento, significava opor-se aos que, baseados no darwinismo (em especial August Schleicher), queriam fazer da linguística uma ciência natural[34].

Mais adiante na "Conferência", ele formula algo que é essencial: "O que é claro, como se repetiu mil vezes, é que o homem sem a linguagem seria, talvez, o *homem*, mas não um ser que se comparasse, mesmo que aproximadamente, ao homem que nós conhecemos e que nós somos [...]" (SAUSSURE, 2004, p. 128).

E o que é a linguagem para Saussure? A resposta não é óbvia "porque a linguagem foi, por um lado, a mais formidável ferramenta de ação coletiva e, por outro, de educação individual, o instrumento sem o qual o indivíduo ou a espécie jamais poderia aspirar a desenvolver, em algum sentido, suas faculdades nativas" (SAUSSURE, 2004, p. 128). Além disso, não se tem acesso direto à linguagem: "[...] o estudo da linguagem como fato humano está todo ou quase todo contido no estudo das *línguas*" (p. 128). É o estudo das línguas que permitirá ao linguista compreender a linguagem,

---

34. Cassirer (2001, p. 152-159) sintetiza o problema linguístico do século XIX, natureza *versus* história: trata-se de ver em que medida a ideia de um "organismo" passaria do campo especulativo – portanto, de uma metafísica universal da linguagem – ao domínio da investigação empírica – portanto, de uma metodologia específica. Essa tarefa não é fácil. A noção de "organismo" e, com ela, a de "orgânico" sofre profundas transformações quando da contraposição a dois sentidos: o conceito de evolução das ciências românticas e o das ciências biológicas. Para Cassirer (2001, p. 153), "Schleicher não apenas concretizou a passagem de Hegel para Darwin, como também percorreu todos os estágios intermediários que se encontram entre as duas concepções".

caso se entenda a linguagem como "fato humano". Logo, "língua e linguagem são apenas uma mesma coisa: uma é a generalização da outra" (p. 128) e é "[...] inútil e quimérico [...]" (p. 128) estudar a linguagem sem estudar as línguas.

Saussure estabelece, assim, uma distinção sofisticada, nem sempre observada pelos estudiosos do campo, acostumados que são à limitada leitura estruturalista do póstumo *Curso de linguística geral*: há a linguagem como "faculdade do homem" (SAUSSURE, 2004, p. 128), e há as línguas como manifestação da linguagem. E há mais: a linguagem é também o lugar de princípios que regem as línguas: "As línguas [...] são primordialmente regidas por certos princípios que estão resumidos na ideia de *linguagem*" (p. 128-129).

A linguagem apenas pode ser estudada pelas línguas, e as línguas não podem ser abordadas sem consideração à linguagem: "O estudo geral da linguagem se alimenta incessantemente [...] de observações de todo tipo que terão sido feitas no campo particular de tal ou tal língua" (SAUSSURE, 2004, p. 129) e, "reciprocamente, o estudo das línguas existentes se condenaria a permanecer quase estéril [...] se não tendesse constantemente a esclarecer o problema geral da linguagem" (p. 129). Enfim, "não há separação entre o estudo da linguagem e o estudo das línguas, ou o estudo de tal ou tal língua ou família de línguas" (p. 129).

As palavras do ainda jovem Saussure – contava ele, à época das "Conferências", com apenas 34 anos – parecem se reiterar em um de seus últimos cursos, o "Terceiro curso de linguística geral", em uma nota de seu aluno E. Constantin: "a língua para nós será o produto social cuja existência permite ao indivíduo o exercício da faculdade de linguagem" (CONSTANTIN, 2005, p. 276). Nesse caso, "a língua", conceito tardio na reflexão saussuriana, é o que permite ao sujeito falante realizar a faculdade de linguagem.

Essas considerações de Saussure, como se sabe, terão desdobramentos em sua teoria da "língua", apresentada anos mais tarde e reunidas no *Curso de linguística geral,* a partir dos cursos na Universidade de Genebra. O objeto de sua linguística, a *língua (langue),* longe de parecer uma generalização universalizante, apenas tem existência *nas línguas* que, por sua vez, existem apenas na fala *(parole)* dos sujeitos falantes, portanto em *uma* língua.

É importante entender que, para Saussure, "a língua (ou seja, o sujeito falante)" (SAUSSURE, 2004, p. 39)[35] existe "[...] no homem, [...] numa coletividade de indivíduos e numa época determinada" (p. 115)[36], sem que se possa "atribuir às línguas um corpo e uma existência imaginários, fora dos indivíduos falantes" (p. 115). Logo, para Saussure, *a língua é o sujeito falante* e não pode existir fora dele.

A célebre "Nota sobre o discurso"[37] permite um olhar sobre a teoria saussuriana que dá especial relevo ao falante, ou, como diria Saussure, ao "sujeito falante". O anúncio de Saussure, no início da "Nota"[38], de que "a língua só é criada em vista do discurso" (SAUSSURE, 2004, p. 237) conduz definitivamente a uma ideia de conjunto, que não mais pode ser pensada, à moda estruturalista, a partir da separação língua/fala, nem mesmo a partir da suposição de que a língua pode ser surpreendida fora da atividade do sujeito falante. A análise linguística recebe, nessa direção, uma atenção especial: "será necessário fazer conta total das maneiras de ver e dos 'campos de análise'" (p. 104)[39]. E ela será sempre de conjunto, o que leva Saussure a falar em "língua discursiva": "Embora seja necessária uma análise para fixar os elementos da palavra, a palavra em si mesma não resulta da análise da frase. Porque a frase só existe na fala, na língua discursiva, enquanto a palavra é uma unidade que vive fora de todo o discurso, no tesouro mental" (p. 105).

---

35. Cf. "Sobre a essência dupla da linguagem" (Acervo BPU 1996).

36. Cf. "Novos documentos" (Acervo BPU 1996).

37. Eu remeto a Saussure (2004, p. 237).

38. Para um estudo crítico a respeito da "Nota", no Brasil, cf. FLORES (2019b).

39. Cf. "Antigos itens" (ed. Engler, 1968-1974).

Nos manuscritos de Saussure proliferam momentos de imensa abertura para uma teoria do discurso: "todas as modificações, sejam fonéticas, sejam gramaticais (analógicas) se fazem exclusivamente no discursivo" (SAUSSURE, 2004, p. 86)[40]. Ora, a ideia de que a língua é o sujeito falante conduz Saussure a pensar em língua como atividade e não como produto acabado[41]. Assim, Saussure dá destaque ao fato de todo o ato de fala ser uma atividade que coloca em ação um sistema potencial cujo funcionamento se revela a cada vez que é falado. A língua, o sistema abstrato tão propalado pelo estruturalismo, não é mais que o uso pelos sujeitos, pelos falantes, dos mecanismos que constituem uma dada língua. O modo de existência da língua é o discurso, é o falante.

Do percurso feito com Saussure, creio ser possível construir um argumento segundo o qual há uma necessária sincronia do homem com a linguagem, entendida, de um lado, como os princípios que regem as línguas e, por conseguinte, a língua que fala um indivíduo; de outro lado, como a faculdade que apenas se mostra nas línguas.

Saussure fornece, então, o segundo ângulo do qual entendo a afirmação de que *a linguagem é uma propriedade humana*: ao partir das línguas, ele chega à linguagem, ou seja, aos princípios gerais que as regem, e cuja existência está ligada ao sujeito falante.

§ 1.2.3 Benveniste

Benveniste, por sua vez, não está muito longe nem de Humboldt nem de Saussure. A relação constitutiva entre homem e linguagem, desligada da noção de origem, é um ponto de partida para a sua formulação teórica e um ponto de chegada das análises que faz das línguas. A base antropológica de sua linguística é inegável. Facilmente se encontram, no conjunto

---

40. Cf. "Novos itens" (Acervo BPU 1996).

41. Aqui Saussure encontra Humboldt (2006, p. 99), para quem "a língua em si não é uma obra acabada (*ergon*), mas sim uma atividade (*energeia*)".

de sua reflexão, evidências do que chama de "o homem na língua" ou "na linguagem". Seus estudos sobre a categoria de pessoa, sobre o indo-europeu e sobre a enunciação, entre outros, são exemplos que colocam o homem no centro da investigação.

Sua visão de linguagem é de uma amplitude raramente vista na história da linguística. "Há algo de Richter em Benveniste", para usar as lindas palavras de Roland Barthes (1987, p. 152). Entretanto, a diferença de Benveniste em relação a Humboldt e Saussure está na forma como ele operacionaliza a relação entre homem, linguagem e línguas. Como se sabe, Benveniste hesita entre *língua* e *linguagem* para nomear a famosa quinta parte dos *Problemas de linguística geral*. Isso é de conhecimento de todos os que se dedicam estudá-lo: no "Prefácio" de *Problemas de linguística geral I*, Benveniste nomeia a quinta parte do livro de "O homem na linguagem"; no entanto, no sumário do livro, a expressão que aparece é "O homem na língua". Essa "troca de palavras" não passou de maneira despercebida por alguns leitores de Benveniste e já serviu de argumento para conclusões bem diferentes entre si[42].

Na configuração teórica de Benveniste, o homem está presente, ao mesmo tempo, na *linguagem* e na *língua* (ONO, 2007). No entanto, gostaria de chamar a atenção para um ponto (FLORES, 2019a): acredito que o homem não está presente da mesma maneira em uma e em outra. Ou seja, o "lapso" de Benveniste tem, para mim, um valor heurístico, na medida em que ele permite certa aproximação progressiva de um aspecto fundamental da teoria benvenistiana tomada em seu conjunto: o aspecto antropológico da teoria.

Na interpretação livre que faço desse "lapso", a asserção implícita em *o homem na linguagem* (quer dizer, *o homem está na linguagem*) não é sinônima

---

42. Claude Hagège (1984, p. 108), por exemplo, em seu texto "Benveniste et la linguistique de la parole", diz que "a quinta parte dos *Problemas* (p. 223-285), que reúne os seis artigos que fundam a teoria da enunciação, se intitula 'O homem na língua' (por um estranho erro, Benveniste, no 'Prefácio', se refere a ela sob o título 'O homem na linguagem')". Aya Ono, uma especialista em Benveniste, em nota, refere essa passagem de Hagège, acrescentando, em um tom crítico, que "do ponto de vista de Benveniste, o homem está ao mesmo tempo na *língua* e na *linguagem*" (ONO, 2007, p. 140, destaques da autora).

da que se encontra implícita em *o homem na língua* (quer dizer, *o homem está na língua*). Evidentemente, há uma relação entre elas, e o indício dessa relação é a reiteração da preposição *na* e da palavra *homem*, embora se tenha aqui também de descartar a sinonímia. Estar *na* linguagem não é o mesmo que estar *na* língua. A alternância, e mesmo a concomitância, autorizada pelo próprio Benveniste, entre *o homem na linguagem* e *o homem na língua* permite, então, elaborar duas perspectivas de leitura, complementares em sua gênese.

A primeira leitura: há uma indissociabilidade entre *homem*, *linguagem* e *língua*. Parece-me que isso já está devidamente compreendido no interior do pensamento benvenistiano. Todos os que o estudam sabem que *homem*, *língua* e *linguagem* se pressupõem mutuamente. Portanto, sobre isso não pretendo discorrer aqui. A fortuna crítica da obra de Benveniste é pródiga de excelentes interpretações acerca dessa pressuposição mútua.

A segunda leitura, sobre a qual pretendo me debruçar, é a seguinte: *o homem na linguagem* é uma espécie de axioma geral no qual está contido um axioma específico, *o homem na língua*. Em outras palavras, a antropologia da linguagem de Benveniste é simultaneamente geral e específica ou, caso se queira, geral e concreta, e isso se traduz na relação entre esses dois axiomas.

E como operam esses axiomas, isto é, como se pode passar do axioma geral ao axioma específico? Com a noção de *significância*. É a *significância*, ponto de vista a partir do qual Benveniste sempre fez todas as suas investigações, que faz operar esses axiomas.

Como se pode notar, recorro a duas noções epistemológicas fundamentais para propor a minha leitura de Benveniste: as noções de *axioma* e de *operador*.

Eu entendo, aqui, um *axioma* como uma proposição de base, que dispensa demonstração e que se refere a um dado objeto. Trata-se de uma premissa considerada necessariamente evidente e verdadeira, fundamento de uma demonstração, porém, ela mesma indemonstrável. Em uma teoria linguística, o axioma tem o papel de uma fórmula que se presume correta, embora não suscetível de demonstração. Em Benveniste, segundo minha interpretação, há dois axiomas, ambos ligados à natureza antropológica da teoria: *o homem na linguagem* (geral) e *o homem na língua* (específico).

Já o *operador* de uma teoria consiste no mecanismo que contém um modo de funcionamento; ele é um instrumento que exerce um modo de pensamento. O *operador* por excelência de Benveniste é a *significância*.

Vou falar, inicialmente, a respeito do axioma geral: *o homem na linguagem*.

Sua generalidade decorre da explícita afirmação de Benveniste da relação entre o homem e a linguagem. Ao longo dos artigos que compõem os *Problemas*, há um sem número de *aforismos*, no sentido geral e preciso que lhes atribui André Lalande (1996, p. 36) – "proposição concisa que encerra muitos sentidos em poucas palavras" –, que colocam a inseparabilidade homem/linguagem como condição *sine qua non* do conjunto das análises linguísticas de Benveniste. Darei, aqui, poucos exemplos.

Em "Vista d'olhos sobre o desenvolvimento da linguística": "O homem não foi criado duas vezes, uma sem linguagem e uma vez com linguagem" (BENVENISTE, 1988, p. 29). Em "Da subjetividade na linguagem": "a linguagem está na natureza do homem, que não a fabricou" (p. 285). Ou ainda: "ensina a própria definição de homem" (p. 285). Em "Estrutura da língua e estrutura da sociedade": "a linguagem é para o homem um meio, na verdade, o único meio de atingir o outro homem, de lhe transmitir e de receber dele uma mensagem" (1989, p. 93).

Assim, no axioma geral *o homem na linguagem*, há um saber geral sobre o homem, sobre o humano, saber que é subjacente a todo e qualquer conhecimento acerca do homem, seja de sua natureza, seja de sua cultura. Esse *homem* que está *na linguagem* tem uma anterioridade lógica em relação ao próprio ato de falar. Pode-se, inclusive, dizer que o *homem na linguagem* é a condição inscrita na condição de todo falante. Ela é uma condição imanente e constitutiva do homem, sem a qual não haveria *Homo loquens*.

E como Benveniste operacionaliza o axioma *o homem na linguagem*? Com um operador por excelência: a *significância*. Ele define a *significância* como a "propriedade de significar" (BENVENISTE, 1989, p. 52). A *significância* faz o axioma geral *o homem na linguagem* operar no axioma específico *o homem na língua*. Minha hipótese aqui é que o axioma geral *o homem na linguagem* se articula ao axioma específico *o homem na língua* através do operador que é a *significância*. Exemplifico isso a partir de algumas passagens do famoso artigo "Da subjetividade na linguagem".

Nesse artigo, ele diz: "é *na* e *pela* linguagem que o homem se constitui como *sujeito*" (BENVENISTE, 1988 p. 286, destaques meus). Esse "na e pela linguagem" confere à linguagem a propriedade de ser, ao mesmo tempo, "condição de" e "meio para". O "na linguagem" diz respeito à condição geral do homem; o "pela linguagem" diz respeito ao meio pelo qual isso se dá – no caso, as línguas. Mais adiante, ainda nesse artigo, afirma Benveniste (p. 286): "A 'subjetividade' de que tratamos aqui é a capacidade do locutor para se propor como 'sujeito'". A "subjetividade" não é uma essência, mas uma operação de passagem de "locutor a sujeito". Para Benveniste (p. 286), tal "subjetividade" "se determina pelo *status* linguístico da 'pessoa'". A noção de "pessoa" tem "*status* linguístico" e, por isso, pode ser assimilada ao que se mostra nas línguas. O fundamento da subjetividade é dado pela categoria de pessoa, presente no sistema da língua através de determinadas formas (o pronome *eu*, no caso do português, p. ex.). Finalmente, pergunta Benveniste (p. 287): "Terá de ser linguístico esse fundamento? Onde estão os títulos da linguagem para fundar a subjetividade?". E responde:

> De fato, a linguagem corresponde a isso em todas as suas partes. É tão profundamente marcada pela expressão da subjetividade que nós nos perguntamos se, construída de outro modo, poderia ainda funcionar e chamar-se linguagem. Falamos realmente da linguagem e não apenas de línguas particulares. *Os fatos das línguas particulares, que concordam, testemunham pela linguagem* (BENVENISTE, 1988, p. 287, destaques meus).

Vale a pena repetir: os fatos das línguas particulares é que comprovam a natureza da linguagem. Finalmente, ele conclui: "a linguagem está de tal forma organizada que permite a cada locutor *apropriar-se* da língua toda se designando como *eu*" (BENVENISTE, 1988, p. 288, destaques do autor). Nesse caso, fica muito claro: o *homem na linguagem* se apresenta *na língua* pela análise da *significância* da categoria de pessoa.

Proponho, então, que se veja que o *homem na linguagem* é constitutivo das análises que mostram *o homem na língua*. Nesse caso, o "lapso" de Benveniste é realmente revelador. Em síntese, em Benveniste, a presença do *homem na língua* está ligada à presença do *homem na linguagem*. Benveniste não faz mais que mostrar que há, na língua, recursos, que lhes são constitutivos, que manifestam a condição do homem como ser falante. Nesse sentido, a presença do *homem na língua*, porque desde sempre ele está *na linguagem*, é uma função essencial desse homem, o que torna essa presença objeto de uma antropologia: uma antropologia da linguagem. A "teoria da linguagem de Benveniste" – que inclui os trabalhos presentes nos *Problemas de linguística geral* e todos os demais trabalhos produzidos por ele, incluindo-se aí os ligados à linguística comparativa, às reflexões sobre literatura, cultura, enunciação etc. – é o melhor testemunho disso. Benveniste, mais do que qualquer outro linguista, possibilita ancorar uma linguística verdadeiramente preocupada com as formas da presença do homem na língua; uma presença inventiva que não poderia ser desvinculada da constitutiva condição do *homem na linguagem*.

Finalmente, Benveniste dá existência ao terceiro ângulo do qual entendo a afirmação de que *linguagem é uma propriedade humana*: ao operar com a significância na passagem da linguagem à língua, Benveniste coloca o sujeito falante no centro de sua reflexão.

§ 1.2.4 Síntese

De Humboldt a Benveniste, passando por Saussure, Henri Meschonnic (1995) tem razão: há, entre os três autores, uma filiação, que não é expressamente reivindicada, mas que se articula em torno da mesma ordem de problemas. Nos três, vejo uma preocupação em não desvincular a linguagem da centralidade da noção de homem. Nos três, vejo a exigência de olhar para as línguas, para a diversidade na qual a linguagem tem lugar. É por esse viés que o falante tem voz. Enfim, linguagem, línguas e falante, a tríade que sustenta uma linguística como reflexão antropológica.

Admitir o *Homo loquens* é admitir que a linguagem lhe é síncrona, o que funda uma inseparabilidade que é da ordem do necessário. Há, então, uma necessária pressuposição mútua entre homem e linguagem. E tal necessidade se define contrastivamente pela evidente contingência – as línguas – dos termos pelos quais cada homem se singulariza frente à necessidade de ser falante para ascender ao mundo do simbólico.

O termo "a linguagem", nesse caso, recobre a pressuposição da *existência* dos seres falantes, do *Homo loquens*, e a suposição de sua *emergência*, como propriedade das línguas. Isso ainda resta ser demonstrado.

§ 1.3 A LINGUAGEM SE REALIZA NAS LÍNGUAS – O FALANTE ENTRE O UNIVERSAL E O PARTICULAR

Começo com uma pergunta de Giorgio Agamben (2015, p. 67): "[...] como é possível [...] certificar legitimamente em um saber a pura existência da linguagem?" Em termos da reflexão que estou fazendo, isso significa perguntar: que propriedades há nas línguas que permitem captar o *Homo loquens*? Ao respondê-la, levo a cabo o intento inicial de esboçar uma possibilidade de construir as bases de uma linguística como reflexão antropológica, de maneira a dar lugar ao falante na ciência linguística.

Mais uma vez, convém voltar a Milner (1995, p. 46): "Admitir que as línguas existem é [...] admitir que se saiba distinguir em termos de propriedades: entre o que é uma língua e o que não o é; entre uma língua e outra". Em outras palavras, para responder à questão acima, reformulada a partir do que diz Agamben, é preciso, primeiro, reconhecer o mínimo que faz de uma língua uma língua para, então, ver se nela cabe a propriedade de fazer emergir o *Homo loquens*. E esse mínimo deve, de alguma maneira, corresponder ao princípio epistemológico que o origina: nesse caso, a suposição da emergência do *Homo loquens* nas línguas.

Milner considera ser mais difícil apresentar as propriedades que permitem distinguir uma língua da outra[43], pois as fronteiras entre o que as diferencia podem, às vezes, ser de difícil precisão. Por exemplo, quando se analisa a diferença entre o latim e o francês, em função de o primeiro não possuir pronome pessoal átono e admitir emprego de terceira pessoa sem pronome (*venit, il vient*) e o segundo exigir a presença ou de um pronome átono explícito ou de um sujeito nominal, percebe-se que tal diferença, em um nível dado de representação, pode deixar de ser relevante como critério de distinção. Para tanto, basta aceitar a hipótese – defensável, sem dúvida – de que o pronome átono do francês é uma espécie de marca flexional, o que torna *venit* e *il vient* paralelos. Logo, é preciso admitir que as representações generalizantes da linguística caminham mais em direção a um apagamento das diferenças entre as línguas do que em direção da ênfase às diferenças. A linguística pode, inclusive, ignorar essas diferenças de

---

43. Exemplos disso não faltam: a) as fronteiras sempre debatidas entre língua e dialeto, aí incluídas as discussões em torno dos crioulos e dos *pidgins*; b) a diacronia das línguas e a suposição de uma gênese das línguas. Ora, Saussure já era consciente dessas dificuldades. Em suas conferências, ele prefere falar em "*características* dialetais" (SAUSSURE, 2004, p. 147), para afirmar que "não existe, regularmente, fronteira entre o que se denomina duas *línguas*, por oposição a dois dialetos, quando essas línguas são da mesma origem e faladas por populações contíguas sedentárias" (SAUSSURE, 2004, p. 149). E acrescenta: "assim como não há dialetos delimitados, não há línguas delimitadas, nas condições normais" (SAUSSURE, 2004, p. 149). Saussure vai mais longe ainda: para ele, "o francês não *vem* do latim, mas *é* o latim falado numa data determinada e em determinados limites geográficos" (SAUSSURE, 2004, p. 134), o que o faz observar que "jamais aconteceu que as pessoas da França acordassem dizendo *bom dia* em francês, tendo, antes de dormir na véspera, dito *boa noite* em latim" (SAUSSURE, 2004, p. 133). E explica: "jamais *uma língua sucede a uma outra*; por exemplo, do *francês* suceder ao *latim*; mas que essa sucessão imaginária de duas coisas vem unicamente do fato de que nos agrada dar dois nomes sucessivos ao mesmo idioma e, por conseguinte, de fazer dele, arbitrariamente, duas coisas separadas no tempo" (SAUSSURE, 2004, p. 142-143). Finalmente, exemplifica: "o linguista que se ocupa do grego contemporâneo goza de vantagem apreciável, do privilégio de não precisar nem mesmo comentar uma dessas desastrosas distinções nominais, como a de francês e de latim; desde sua primeira aula percebemos, quando ele parte do grego falado no século VII a.C. para chegar ao grego atual, com um intervalo de 2.600 anos: simplesmente porque as duas coisas são denominadas *grego*, embora sejam tão diferentes entre si quanto o francês 'difere do latim', ou até mais em muitos pontos" (SAUSSURE, 2004, p. 144).

"superfície" entre as línguas em favor de um argumento generalizante, o que é o caso de muitas escolas linguísticas. Isso, porém, não afeta em nada o programa científico da linguística: o importante é saber que tipo de representação pode colocar em destaque a oposição latim/francês em função da presença/ausência do pronome átono e que tipo de representação pode tornar essa oposição inoperante. Assim, tudo indica que poder diferenciar uma língua de outra não é o mais importante para a ciência, e as diferenças entre línguas, dialetos e crioulos, por exemplo, deixa de ter estatuto propriamente linguístico para ser definida a partir de critérios sociológicos.

Mas é sobre a segunda formulação que Milner (1995, p. 47) se detém mais, a fim de "distinguir entre o que é uma formação linguageira e o que não o é". Nesse caso, o importante é determinar as propriedades do que distingue língua do que não é língua. Deve-se ser capaz de indicar, em geral, as propriedades que definem tal formação, o que pode ser feito a partir de um raciocínio em "extensão" ou em "compreensão". No primeiro caso, supõe-se que somente é possível listar as propriedades que delimitam uma formação linguageira a partir do exame exaustivo das línguas particulares; no segundo caso, supõe-se um raciocínio em termos de propriedades e não de classes, segundo o qual a ciência, para estabelecer as propriedades, pode abrir mão de confeccionar a lista exaustiva das línguas.

Milner afirma que o raciocínio em "compreensão" é "mais natural", uma vez que não se admite que, para falar validamente das línguas em geral, seja necessário conhecer todas as línguas. Isso seria impossível. Primeiro, por razões materiais: não foram inventariadas todas as línguas do mundo e é sempre possível esperar que muitas línguas não sejam conhecidas ainda. Segundo, por razões de "fundo": se não se tem um critério absolutamente certo de diferenciação entre as línguas (cf. a discussão latim/francês, acima), tomar a expressão "todas as línguas" em extensão é algo desprovido de sentido, pois "uma proposição do tipo 'todas as línguas são articuladas' não é menos abstrata que a proposição 'todas as línguas são transformacionais'[44]; a primeira, tanto como a segunda, não é fundada em um exame exaustivo das línguas observadas" (MILNER, 1995, p. 48)[45].

O pensamento de Milner – que toma a Escola de Cambridge como parâmetro científico para tecer suas considerações – se estende a aspectos que vão além, e em outra direção, do que eu formulo, motivo pelo qual não o sigo na íntegra. Todavia, gostaria de me valer de seus argumentos para delimitar o meu ponto de vista: também eu penso raciocinar em "compreensão", quando considero possível mostrar como o lado existencial da linguagem – o lado que afirma a existência do *Homo loquens* – emerge nas línguas. Nesse caso, abordo a linguagem a partir do que as línguas atestam dela, pelo seu aspecto "emergente", o que configura um objeto único, cuja realidade empírica é manifestada nas línguas. A única diferença, no entanto, em relação à epistemologia da linguística explicitada por Milner, é que não viso a uma "gramática universal" da presença do *Homo loquens*.

Gostaria de recolocar a questão sem abrir mão da coexistência entre "linguagem" como afirmação da existência de seres falantes – uma proposição que se poderia chamar, *lato sensu*, "filosófica" – e "linguagem" como afirmação das propriedades comuns às línguas – uma proposição que se poderia chamar "linguística". Assim, penso dar início à resposta da questão do início deste item: que propriedades há nas línguas que permitem captar o *Homo loquens*? Ora, estão contidas nessa pergunta outras não menos importantes: que é isso que se realiza nas línguas e que as unifica como próprio à emergência dos seres falantes? De que é feita essa unicidade que se manifesta na pluralidade das línguas? Em que isso permite a emergência do homem na língua?

---

44. Essa formulação de Milner, como me fez observar o Professor Gabriel Othero em conversa pessoal, é estranha quando examinada à luz do raciocínio gerativista *stricto sensu*. Talvez fosse mais pertinente, nesse caso, dizer que "todas as línguas têm propriedades recursivas".

45. A questão de uma "gramática universal" pode ser introduzida, então, a partir da consideração de um raciocínio em compreensão, a partir do qual se pode falar em propriedades de uma dada língua, que a constitui como língua.

E é Benveniste (voltei a ele!) quem permite cercar uma resposta satisfatória, na medida em que desenhou uma noção que coloca em jogo, simultaneamente, o universal, o particular das línguas e o singular do homem. Trata-se da noção de "enunciação". A enunciação é a categoria que permite pensar o *Homo loquens* não mais somente como uma pressuposição existencial da linguagem, mas como o que dela emerge nas línguas, unificando-as – trata-se de uma propriedade humana – e, ao mesmo tempo, singularizando-as na manifestação linguageira de cada falante.

Assim, entendo a afirmação de que a linguagem se realiza nas línguas de uma maneira muito pontual: a condição humana de falante se realiza nas línguas porque é próprio das línguas que sejam enunciadas: "Antes da enunciação, a língua não é senão possibilidade de língua" (BENVENISTE, 1988, p. 83).

§ 1.3.1 A enunciação

Em "O aparelho formal da enunciação", texto publicado originalmente em 1970, Benveniste sintetiza cerca de 40 anos de estudos da enunciação. A definição dada é clara e de grandes horizontes: "a enunciação é este colocar em funcionamento a língua por um ato individual de utilização" (BENVENISTE, 1989, p. 82). Quem a lê assim, formulada de maneira tão simples, pode não compreender que ela condensa um significativo conjunto de estudos e reflexões. É preciso, portanto, "abrir" o conceito para deslindá-lo em toda a sua amplitude.

Antes de começar, porém, uma advertência: não farei uma apresentação canônica da enunciação em Benveniste[46]. O leitor não deve hesitar, portanto, em voltar ao próprio Benveniste e à farta literatura de interpretação de sua obra se o desejo é de mais esclarecimentos. Minha intenção – talvez

---

46. Para uma apresentação da teoria enunciativa de Benveniste, cf. FLORES, V.N. Teoria da enunciação. In: ROMERO, M. et al. (orgs.). *Manual de linguística* – Semântica, pragmática e enunciação. Petrópolis: Vozes, 2019c.

egoísta, mas, com certeza, legítima – é buscar, em Benveniste, na amplitude de sua obra – cujo alcance nem sempre ele mesmo soube ver –, elementos para sustentar uma via de entendimento da relação linguagem/línguas que dê lugar ao *Homo loquens*. Para tanto, creio que estar com Benveniste é estar na melhor companhia. Porque, como diz o filósofo Dany-Robert Dufour (2000, p. 70):

> Benveniste se mantém firmemente entre as exigências filosóficas e linguísticas: o texto não cede nada às banalidades filosóficas, como também não se perde nas derivas linguísticas hipertecnicistas, tão cômodas para recalcar o lado ao mesmo tempo trivial e pungente da tomada dos corpos na língua.

Começo, então, reconhecendo que Benveniste é muito feliz na definição que faz de enunciação, porque, com ela, inaugura uma cisão em tudo diferente do que já se conhecia em matéria de ciência da linguagem: a enunciação é o *ato de dizer* e não o produto do ato. Somente isso já seria suficiente para surpreender: não se trata do que é dito, de um suposto conteúdo transmitido, mas do simples fato de que se *diz* algo, que esse algo acontece, tem lugar, aparece.

Isso não deixa de colocar problemas à linguística. Afinal, como fazer linguística – ciência ciosa da descrição precisa – sobre algo que é, por natureza, evanescente? O que há para ser dito, em atenção ao científico, sobre algo que, no mesmo instante que aparece, desaparece?

Ora, a definição de "O aparelho formal da enunciação" é um ponto de chegada de Benveniste. O germe da originalidade de seu pensamento se encontra muito antes, em textos que problematizam o sistema pronominal pessoal[47]. Em "A natureza dos pronomes", um dos mais complexos, ele propõe uma descrição dos pronomes pessoais que tem alcance inimaginável até então. É preciso acompanhar essa argumentação em detalhe para tirar dela tudo o que potencialmente resguarda.

---

47. Cf. os seguintes capítulos de *Problemas de linguística geral I* (BENVENISTE, 1988): "Estrutura das relações de pessoa no verbo", "A natureza dos pronomes", "Da subjetividade na linguagem", "As relações de tempo no verbo francês".

Segundo Benveniste (1988, p. 277-278, destaques do autor), "é preciso ver que a definição comum dos pronomes pessoais como contendo os três termos *eu, tu, ele*, abole justamente a noção de 'pessoa'. Esta é própria somente de *eu/tu*, e falta em *ele*". Para o linguista, a diferença entre esses pronomes vai muito além de *diferenças formais da estrutura morfológica e sintática de línguas particulares*. As diferenças "se prendem ao próprio *processus* de enunciação linguística, e que são de uma natureza mais geral e mais profunda" (p. 278, destaques do autor). Note-se bem: as diferenças entre os pronomes estão ligadas ao *processus* da enunciação, o que, para Benveniste, tem uma natureza "geral" e "profunda". Vê-se que, aos olhos do linguista, a enunciação tem um caráter mais geral do que as marcas formais das diferentes línguas.

Para ele, "eu" e "tu" diferem dos demais signos da língua em virtude, especialmente, de uma propriedade: "eu" e "tu" não compõem uma classe de referência; não há um objeto que possa ser definido como "eu" ou como "tu", ao contrário dos demais signos da língua que compõem uma classe de referência "'objetiva', apta a permanecer virtual ou a atualizar-se num objeto singular" (BENVENISTE, 1988, p. 278). O exemplo dessa diferença é dado pelo autor em "Da subjetividade na linguagem": "Não há conceito 'eu' englobando todos os *eu* que se enunciam a todo instante na boca de todos os locutores, no sentido em que há um conceito 'árvore' ao qual se reduzem todos os empregos individuais de *árvore*" (p. 288, destaques do autor).

A diferença, então, é dada pelo tipo de referência que os constitui: "eu" e "tu" têm a "[...] sua referência própria [...]" (BENVENISTE, 1988, p. 278); referem-se ao que Benveniste chama "realidade do discurso" e não a uma realidade objetiva. Cada instância de emprego de um *nome* se refere a uma noção constante – virtual ou atualizada – idêntica na representação que desperta. Porém, "[...] não há 'objeto' definível como *eu* ao qual se possam remeter identicamente essas instâncias" (p. 278, destaques do autor). Cada "eu" corresponde a um ser único. Assim, a "realidade"[48] à qual se referem "eu" e "tu" não é a realidade referencial, do mundo físico, concreto, mas a "realidade de discurso": "*Eu* só pode definir-se em termos de 'locução', não em termos de objetos [...]" (p. 278, destaques do autor).

Isso se resume em uma fórmula: "*Eu* significa 'a pessoa que enuncia a presente instância de discurso que contém *eu*" (BENVENISTE, 1988, p. 278, destaques do autor). Essa instância de discurso em que "eu" se define é única, ou seja, "a forma *eu* só tem existência linguística no ato de palavras que a profere" (p. 279, destaques do autor). Em outros termos, "*eu* é o 'indivíduo que enuncia a presente instância de discurso que contém a instância linguística *eu*'" (p. 279, destaques do autor). Em "Da subjetividade na linguagem", Benveniste (p. 286, destaques do autor) resumirá isso em uma fórmula: "é 'ego' quem *diz* 'ego'".

O mesmo acontece com o "tu": "introduzindo-se a situação de 'alocução', obtém-se uma definição simétrica para *tu*, como o 'indivíduo alocutado na presente instância de discurso contendo a instância linguística *tu*'" (BENVENISTE, 1988, p. 279, destaques do autor).

Depois de ter atribuído a diferença entre "eu"/"tu" e os signos nominais ao tipo de referência que fazem – realidade de discurso/realidade objetiva –, Benveniste estende tal distinção à oposição entre, de um lado, "eu" e "tu", e, de outro lado, "ele".

As pessoas "eu" e "tu" se diferenciam de "ele", que, para Benveniste, é não pessoa, porque "eu"/"tu" remetem "a eles mesmos" e "ele" remete a uma situação objetiva. Quer dizer, mesmo que o "ele" comporte uma *indicação de enunciado sobre alguém ou alguma coisa*, não faz isso remetendo a si mesmo, mas predicando "o processo de *não importa quem* ou *não importa o que*, exceto a própria instância, podendo sempre esse *não importa quem* ou *não importa o que* ser munido de uma referência objetiva" (BENVENISTE, 1988, p. 282, destaques do autor).

---

48. Benveniste utiliza a palavra entre aspas, exatamente para se distanciar do sentido comum que normalmente lhe é atribuído. Cf., adiante, o segundo capítulo (cf. § 2), "A língua e a realidade – O mundo da autorreferência".

Vê-se, então, que a diferença entre "eu" e "tu", de um lado, e "ele", de outro, diz respeito à noção de *referência*. As pessoas "eu" e "tu" são autorreferenciais, não comportam referência objetiva, referem a si mesmos; a não pessoa "ele" é referencial, comporta, portanto, referência objetiva. Benveniste faz, ainda, uma diferença entre "eu" e "tu": "eu" é transcendente em relação a "tu", o que instaura uma diferença entre pessoa subjetiva (eu) e pessoa não subjetiva (tu).

Apresentada, em linhas gerais, a problemática que, para mim, é a origem da grande questão da enunciação, é tempo de dissecá-la com vistas aos meus objetivos. Não se deve esquecer o projeto que me mobiliza aqui: a pressuposição existencial do *Homo loquens*, o que se resume na expressão "a linguagem" tem lugar n"as línguas" pela via da enunciação como categoria universal de presença do homem nas línguas. A enunciação é uma realidade ao mesmo tempo singular na sua manifestação e geral na sua forma. Muito há a considerar a partir do exposto. Vou por partes.

§ 1.3.1.1 A posição na linguagem

Em primeiro lugar, cabe observar que, ao ler as passagens acima, um leitor desavisado pode pensar que Benveniste efetivamente está falando em pronomes, uma classe definida na gramática greco-latina e cuja terminologia se mantém em inúmeras teorias linguísticas da atualidade; mas essa impressão se desfaz em uma leitura atenta. Diz o linguista:

> Essas definições visam *eu* e *tu* como uma categoria de linguagem e se relacionam com a sua posição na linguagem. Não consideramos as formas específicas dessa categoria nas línguas dadas, e pouco importa que essas formas devam figurar explicitamente no discurso ou possam aí permanecer implícitas (BENVENISTE, 1988, p. 279, destaques do autor).

Bem entendido, isso significa que Benveniste considera que as posições de locutor e alocutário, definidas pela referência à instância de discurso que os contém – portanto, definidas autorreferencialmente –, são posições na linguagem, uma categoria de linguagem, e independem das formas que assumem em línguas específicas. E como seria de outra maneira? Caso se reduza o pensamento de Benveniste às formas, facilmente é possível contrapô-lo à possibilidade[49] de certas línguas não apresentarem pronomes pessoais – ao menos não na configuração estudada por Benveniste –, ou de haver, em muitas línguas (inclusive o português), formas plurais dos pronomes pessoais, ou, ainda, de algumas línguas apresentarem um "tu" que assume tantas formas quantas são as posições sociais existentes (algumas línguas asiáticas, p. ex.). Ora, Benveniste, conhecedor de várias línguas, sabia dessas e de outras objeções possíveis, motivo pelo qual deixa evidente que os sistemas complexos e diversificados de todas as línguas se reduzem a essas posições na linguagem[50]:

> A universalidade dessas formas e dessas noções faz pensar que o problema dos pronomes é ao mesmo tempo um problema de linguagem e um problema de línguas, ou melhor, que só é um problema de línguas por ser, em primeiro lugar, um problema de linguagem (BENVENISTE, 1988, p. 277).

É importante notar que a própria expressão "pronomes pessoais" precisa ser relativizada em Benveniste, uma vez que, inúmeras vezes, ela aparece

---

49. A esse respeito, vale ter em mente a advertência de Rosa (2000): "Reconhecer que as palavras de qualquer língua podem ser organizadas em classes é algo aceito por quase toda a literatura linguística. Quantas e quais são, isto já é outra história [...]" (ROSA, 2000, p. 94). Sobre especificamente a discussão em torno dos pronomes em Benveniste, cf. Ito (1997).

50. Considere-se o primor da análise de Benveniste, da qual apenas apresento as conclusões, sem fazer acompanhar a descrição: "no semítico, a terceira sing. do perfeito não tem desinência. No turco, de maneira geral, a terceira sing. tem a marca zero [...]. No ugro-fínico, a terceira sing. representa o tema nu [...]. No caucásico do noroeste (principalmente abcásio e tcherkesso), os índices pessoais são de forma constante e regular para as duas primeiras pessoas, mas, para a terceira, há grande número de índices e muitas dificuldades. O dravídico emprega para a terceira sing. – à diferença das duas primeiras – uma forma nominal de nome de agente. No esquimó, W. Thalbitzer assinala bem o caráter não pessoal da terceira sing. [...]. Em todas as línguas ameríndias em que o verbo funciona por desinências ou por prefixos pessoais, essa marca geralmente falta na terceira pessoa. Em burusaski, a terceira sing. de todos os verbos está sujeita aos índices das classes nominais, enquanto as duas primeiras lhes escapam [...]. Encontraríamos sem esforço uma quantidade de fatos semelhantes em algumas outras famílias de línguas. Esses que acabam de ser citados são suficientes para pôr em evidência que as duas primeiras pessoas não estão no mesmo plano que a terceira, que esta é sempre tratada diferentemente e não como uma verdadeira 'pessoa' verbal e que a classificação uniforme em três pessoas paralelas convém ao verbo dessas línguas" (BENVENISTE, 1988, p. 251).

entre aspas, exatamente para marcar que o linguista utiliza o termo em um sentido distante da tradição gramatical. Observe-se, a esse respeito, a seguinte passagem:

> Os próprios termos dos quais nos servimos aqui, *eu* e *tu*, não se devem tomar como figuras, mas como formas linguísticas que indicam a "pessoa". É notável o fato – mas, familiar como é, quem pensa em notá-lo? – de que entre os signos de uma língua, de qualquer tipo, época ou região que ela seja, não faltam jamais os "pronomes pessoais". Uma língua sem expressão da pessoa é inconcebível. Pode acontecer somente que, em certas línguas, em certas circunstâncias, esses "pronomes" sejam deliberadamente omitidos; é o caso na maioria das sociedades do Extremo Oriente, onde uma convenção de polidez impõe o emprego de perífrases ou de formas especiais entre certos grupos de indivíduos, para substituir as referências pessoais diretas. Esses usos, no entanto, não fazem mais do que sublinhar o valor das formas evitadas; é a existência implícita desses pronomes que dá o seu valor social e cultural aos substitutos impostos pelas relações de classe (BENVENISTE, 1988, p. 287, destaques do autor).

Gostaria de destacar os seguintes pontos dessa citação:

a) o uso entre aspas de "pronomes pessoais" e de "pronomes", o que, na minha interpretação, indica a distância de uma perspectiva clássica de entendimento da classe de palavras;

b) a afirmação de que "eu" e "tu" devem ser tomados como "formas linguísticas" que indicam a "pessoa", quer dizer, são formas que mostram a posição de pessoa em uma dada língua;

c) a afirmação de que é "inconcebível" uma língua sem a expressão de pessoa, o que indica que se trata de uma característica universal das línguas que não pode ser reduzida à existência explícita ou não de uma classe de palavras;

d) a afirmação de uma "existência implícita", em todas as línguas, desses "pronomes", em que a expressão "existência implícita" mostra a necessidade universal da categoria e a sua não redução a uma classe de palavras.

Enfim, é de suma importância reter a expressão "posições na linguagem", pois ela resguarda o princípio dos argumentos de Benveniste e, para mim, é o elemento que permite ver que o existencial da linguagem emerge nas propriedades das línguas. Essas posições, conforme Dufour (2000, p. 69, destaques do autor) estabelecem que o prisma formado pelo conjunto "eu", "tu" e "ele" funciona, de certa maneira, como um dispositivo no interior da língua, que inscreve em seus lugares os alocutários. Surge, assim, como uma espécie de língua prévia, uma língua de acesso à língua, *uma língua na língua.*

A função que essas posições têm é de extrema amplitude:

> A importância da sua função se comparará à natureza do problema que servem para resolver, e que não é senão o da comunicação intersubjetiva. A linguagem resolveu esse problema criando um conjunto de signos "vazios", não referenciais em relação à "realidade", sempre disponíveis, e que se tornam "plenos" assim que um locutor os assume em cada instância do seu discurso. Desprovidos de referência material, não podem ser mal-empregados; não afirmando nada, não são submetidos à condição de verdade e escapam a toda negação. O seu papel consiste em fornecer o instrumento de uma conversão, a que se pode chamar a conversão da linguagem em discurso (BENVENISTE, 1988, p. 280).

Somente após assegurar essa ampla dimensão ao problema que está posto é que Benveniste passa a uma descrição propriamente linguística. A partir da reflexão sobre os "pronomes", Benveniste fala de algo muito mais geral: da posição que cada um é obrigado a ocupar na linguagem para ser falante. Em outras palavras: a linguagem impõe às línguas que "reservem" posições de pessoa e não pessoa, sem o que não seria possível falar.

§ 1.3.1.2 A autorreferência

Em segundo lugar, o que as passagens acima introduzem sub-repticiamente é a questão da autorreferência (*sui-referência* ou, ainda, *sui-reflexividade*). Os pronomes "eu" e "tu" são *indicadores* autorreferenciais, ou seja, estão em relação "[...] à instância única que o[s] manifesta" (BENVENISTE, 1988, p. 280), quer dizer, apenas existem "[...] na medida em que são atualizados na instância de discurso, em que marcam para cada uma das suas próprias instâncias o processo de apropriação pelo locutor" (p. 281). Eles não remetem "[...] à 'realidade' nem a posições 'objetivas' no espaço ou no tempo, mas à enunciação, cada vez única, que as contém [...]", refletindo "[...] assim o seu próprio emprego" (p. 280). Assim, Benveniste pode falar que há um traço que une "eu" e "tu" a uma série de *indicadores* que comungam das mesmas propriedades (advérbios, outros pronomes, locuções adverbiais etc.): o essencial para todos os indicadores autorreferenciais é, portanto, "a relação entre o indicador (de pessoa, de tempo, de lugar, de objeto mostrado etc.) e a *presente* instância de discurso"(p. 280, destaques do autor) que o manifesta.

Como os *indicadores de pessoa* – "eu" e "tu" – são autorreflexivos, isto é, refletem a sua própria enunciação, o seu próprio aparecimento, "o seu papel consiste em fornecer o instrumento de uma conversão, a que se pode chamar a conversão da linguagem em discurso" (BENVENISTE, 1988, p. 280). No texto de 1970, "O aparelho formal da enunciação", Benveniste vai considerar essa conversão como um dos aspectos da enunciação, cujo mecanismo – que lhe é constitutivo – proporciona "a conversão individual da língua em discurso" (p. 83).

O que foi apresentado é suficiente para acrescentar um argumento à minha formulação de que a enunciação é, por excelência, a categoria que permite a emergência do *Homo loquens* nas línguas. Com os indicadores autorreferenciais, Benveniste dá lugar na língua ao ato de dizer. Ponto fundamental. Não há língua no mundo que não tenha de ser convertida em discurso para existir – esta é uma propriedade das línguas que integra a linguagem –, o que implica aceitar que não há língua no mundo que se configure como tal sem o aparato da enunciação. Nessa perspectiva, os indicadores autorreferenciais, ao operarem a conversão da língua em discurso, permitem mostrar que há uma instância em que a língua, para "existir", precisa fazer referência ao fato de ela aparecer. Em outras palavras, a enunciação compreende, de um lado, a existência da linguagem, de outro, o lugar que essa existência tem nas línguas, o que somente pode ser mostrado pela autorreferência.

A enunciação compreende algo que é de natureza distinta do que é comumente considerado "o significado". Na verdade, ela indica que a linguagem existe nas línguas; logo, a enunciação possibilita fazer referência ao próprio ato, no qual qualquer elemento das línguas pode adquirir significado. Assim, a enunciação liga a metafísica existencial da linguagem às línguas, ou seja, um conhecimento ao mesmo tempo filosófico e empírico. A enunciação é a única categoria disponível aos falantes, caso se queira usar um termo mais usual, que preenche todas as condições para ser, simultaneamente, geral e específica, universal e particular, para ser de todas as línguas e de cada uma em particular, para ser de todos e de cada um.

Ela é, simultaneamente, *existencial* – uma vez que é concreta (instanciada), mas inapreensível (é um ato) – e *emergente* – uma vez que sua razão de ser é dar lugar, em cada língua, a cada falante. A enunciação está na linguagem e se mostra nas línguas, portanto, mostra nas línguas o lugar que nelas habita o homem.

Está-se, assim, frente a um outro tipo de universal, ligado ao antropológico. A enunciação é um universal antropológico, no sentido de conhecimento geral do homem, na medida em que está inscrito na condição de todo e qualquer ser falante; na medida em que é imanente à fala de cada um e de todos. É a enunciação que, na configuração teórica que proponho, dá consistência à ideia de que a linguagem é uma propriedade humana, que se manifesta nas línguas porque, entre a linguagem e as línguas, há o falante que as implica. O *homem na língua/na linguagem* de Benveniste é, para mim, a própria enunciação e sua função é garantir a formação da sociedade (daí a implicação ética e política de uma perspectiva como a que estou formulando).

§ 1.3.1.3 As formas específicas da enunciação

Em terceiro lugar, a enunciação tem formas específicas. É Benveniste quem afirma a certa altura de "O aparelho formal da enunciação":

> O ato individual de apropriação da língua introduz aquele que fala em sua fala. Este é um dado constitutivo da enunciação. A presença do locutor em sua enunciação faz com que cada instância de discurso constitua um centro de referência interno. Esta situação vai se manifestar por um jogo de *formas específicas* cuja

função é de colocar o locutor em relação constante e necessária com sua enunciação (BENVENISTE, 1989, p. 84, destaque meu).

Quais são as formas específicas da enunciação? Como elas atestam a presença do *Homo loquens* nas línguas? A enunciação tem uma configuração específica: ela é triádica. As formas que integram essa configuração dizem respeito às coordenadas de pessoa, espaço e tempo.

Enumero abaixo o que diz Benveniste:

a) a pessoa:

> É primeiramente a emergência dos índices de pessoa (a relação *eu-tu*) que não se produz senão na e pela enunciação: o termo *eu* denotando o indivíduo que profere a enunciação, e o termo *tu*, o indivíduo que aí está presente como alocutário (BENVENISTE, 1989, p. 84, destaques do autor);

b) o espaço:

> Da mesma natureza e se relacionando à mesma estrutura de enunciação são os numerosos índices de **ostensão** (tipo *este, aqui* etc.), termos que implicam um gesto que designa o objeto ao mesmo tempo em que é pronunciada a instância do termo (BENVENISTE, 1989, p. 84-85, destaques do autor);

c) o tempo:

> Uma terceira série de termos que dizem respeito à enunciação é constituída pelo paradigma inteiro – frequentemente vasto e complexo – das formas temporais [...]. Os "tempos" verbais cuja forma axial, o "presente", coincide com o momento da enunciação, fazem parte deste aparelho necessário (BENVENISTE, 1989, p. 85).

O conjunto formado pelas indicações de pessoa, espaço e tempo constitui uma espécie de dispositivo, inerente a todas as línguas, que permite a inscrição do *Homo loquens* e a sua singularização. Trata-se de um sistema universal. Não se pode conceber uma língua que não o tenha[51]. As formas

---

51. Espero ter deixado claro que não se trata mais, a esta altura, de questionar se existem, ou não, nas línguas do mundo, classes como pronomes, advérbios ou verbos e menos ainda se tais classes são, em todas as línguas, constituídas pelas categorias de pessoa, espaço e tempo. Isso já não está mais em discussão. O objeto de discussão aqui é o ato de enunciar, considerado universal, e do qual somente se pode falar em relação às formas específicas da enunciação.

específicas da enunciação, as categorias, estão inscritas na linguagem e é por isso que emergem nas línguas. Sem elas, não haveria como o falante falar. Quais são as condições de existência desse sistema? Como descrevê-lo? Qual seu funcionamento na economia das línguas?

Embora Benveniste elenque as formas específicas que integram esse sistema, ele não chega a dar igual atenção a cada uma no conjunto de sua obra, mesmo que indique, em nota de rodapé, que "os detalhes dos fatos de língua que apresentamos aqui de um modo sintético estão expostos em muitos capítulos de nossos *Problèmes de linguistique générale*, I (Paris, 1966), o que nos dispensa de insistir sobre eles" (BENVENISTE, 1989, p. 85, nota 2). Convém insistir um pouco nisso.

A pessoa é uma forma específica da enunciação – pode-se dizer, também, que é uma categoria da enunciação, esta, por sua vez, é a categoria mais geral – que se constitui na e pela enunciação, quer dizer, refere a si mesma no instante em que aparece, é autorreferencial. Por meio da noção de pessoa, Benveniste coloca em implicação recíproca o ato por meio do qual "eu" se constitui como locutor e constitui "tu" como alocutário. Trata-se de uma categoria dual, um par linguístico que tem existência concomitante, que apresenta as seguintes características: a) é indissociável porque não há como enunciar "eu" sem prever o "tu"; b) é reversível, uma vez que "tu" pode tornar-se "eu" pela tomada da palavra; c) é, a cada vez, único, entendendo-se unicidade como ausência de repetição e de pluralização; d) é opositivo à não pessoa – "ele".

A categoria de pessoa é comum a todas as línguas. Embora Benveniste tenha destacado o estudo da pessoa em pronomes e verbos, cada língua apresenta formas específicas de manifestação da categoria de pessoa, dependendo da maneira como cada sistema linguístico está constituído. Benveniste (1988, p. 287), quanto a isso, é claro, e vale repeti-lo: "uma língua sem expressão da pessoa é inconcebível". Ele acrescenta:

> [...] visamos necessariamente línguas particulares, para ilustrar alguns efeitos da mudança de perspectiva que a 'subjetividade' pode introduzir. Não saberíamos dizer qual é, no universo das línguas reais, a extensão das particularidades que

assinalamos; no momento, é menos importante delimitá-las que fazê-las ver. O francês dá alguns exemplos sob medida (BENVENISTE, 1988, p. 290).

Benveniste amplia consideravelmente a noção de categoria de pessoa – na qual situa também a questão da subjetividade na linguagem –, uma vez que ele se recusa a considerar que exista uma língua que não a tenha. Nesse caso, a categoria de pessoa é um universal. Todas as línguas a possuem. Esse aspecto universal se traduz, na citação acima, em "extensão de particularidades" e em "línguas particulares".

A categoria de espaço pode ser entendida como sistema de coordenadas espaciais, organizado a partir de um ponto central que é "eu", e segundo modalidades variáveis. A categoria de espaço se presta também para localizar todo objeto em qualquer campo que seja, uma vez que aquele que o organiza está, ele próprio, designado como centro e ponto de referência. Como diz Benveniste,

> indicando os objetos, os demonstrativos organizam o espaço a partir de um ponto central, que é Ego, segundo categorias variáveis: o objeto está perto ou longe de mim ou de ti, ele é também orientado (defronte ou detrás de mim, no alto ou em baixo), visível ou invisível, conhecido ou desconhecido etc. O sistema das coordenadas espaciais se presta também para localizar todo objeto em qualquer campo que seja, uma vez que aquele que o organiza está ele próprio designado como centro e ponto de referência (BENVENISTE, 1989, p. 69-70).

Finalmente, o tempo – a exemplo da pessoa e do espaço – também é uma das formas (das categorias) da enunciação: contemporâneo e inerente a toda presente instância de discurso, instaurado a cada vez que se fala, produzido na e pela enunciação. Para Benveniste (1989, p. 85), o tempo da enunciação é sempre presente, "da enunciação procede a instauração da categoria do presente, e da categoria do presente nasce a categoria do tempo", o que significa que "o presente é propriamente a origem do tempo". Ele instaura um antes e um depois irrepetíveis, não coincidindo, dessa forma, com nenhuma das divisões existentes do tempo crônico. O tempo é "[...] esta presença no mundo que somente o ato de enunciação torna possível" (p. 85). Por sua característica de contemporaneidade ao discurso, diz-se que o único tempo da língua é o presente; passado e futuro surgem como projeções, visões sobre o tempo, a partir do presente da enunciação.

Benveniste (p. 85) acrescenta, ainda, que "[...] o homem não dispõe de nenhum outro meio de viver o 'agora' e de torná-lo atual senão realizando-o pela inserção do discurso no mundo". O tempo é, portanto, universal. A prova disso é que a análise de sistemas temporais de diversas línguas certamente mostra a posição central do "presente incessante da enunciação" (BENVENISTE, 1989, p. 86). Assim, o presente da enunciação é inerente à enunciação, pois se liga à instância comum a "eu" e "tu" e não a marcas formais no enunciado, como, por exemplo, a flexão verbal do presente gramatical. Enfim,

> devemos tomar cuidado; não há outro critério nem outra expressão para indicar "o tempo em que se *está*" senão tomá-lo como "o tempo em que se *fala*". Esse é o momento eternamente "presente", embora não se refira jamais aos mesmos acontecimentos de uma cronologia "objetiva" porque é determinado cada vez pelo locutor para cada uma das instâncias de discurso referidas. O tempo linguístico é *sui-referencial*. Em última análise, a temporalidade humana com todo o seu aparato linguístico revela a subjetividade inerente ao próprio exercício da linguagem (BENVENISTE, 1988, p. 289).

Em resumo, o que as categorias da enunciação – pessoa, espaço e tempo – mostram é que o homem, o ser falante, pressuposto existencial da linguagem, tem lugar nas línguas, sem o que estas não poderiam ser enunciadas.

Antes de passar ao ponto-final de minha reflexão, creio que ainda cabe fazer um último comentário: entre as categorias que fazem parte da grande categoria da enunciação, é a categoria de pessoa que é proeminente. Em outras palavras, todos os indicadores espaciais e temporais – ou o que Benveniste (1988, p. 288, destaques do autor) chama "indicadores da dêixis" (demonstrativos, advérbios, adjetivos) – tomam a pessoa "eu" por referência, e

> organizam as relações espaciais e temporais em torno do "sujeito" tomado como ponto de referência: "isto, aqui, agora" e as suas numerosas correlações "isso, ontem, no ano passado, amanhã" etc. Têm em comum o traço de se definirem somente em relação à instância de discurso na qual são produzidos, isto é, sob a dependência do *eu* que aí se enuncia (BENVENISTE, 1988, p. 288, destaques do autor).

Esse ponto é importante porque instaura uma diferença fundamental no tratamento do que se convencionou chamar de "dêixis" na linguística moderna: em Benveniste, a dêixis estabelece referência ao falante e não ao mundo objetivo (cf. § 2).

§ 1.4 CONCLUSÃO

Após esse percurso – sinuoso e longo, admito –, é possível considerar que, pela via da categoria da enunciação, se introduz o *Homo loquens* no campo dos estudos da linguagem. Nesse sentido, minha proposta se situa em um nível que impõe aceitar a existência de universais da linguagem de um tipo bem específico: nenhuma língua pode prescindir da enunciação e de suas categorias. Trata-se de uma existência necessária que transcende as diferenças entre as línguas, uma vez que as unifica na exigência da atualização pelo falante. O fato de que precisem ser enunciadas para existir é a melhor prova de que dependem do aparato da enunciação e é a melhor prova de sua necessidade. Se uma língua é outra coisa além de um "código", de uma "estrutura" ou mesmo de uma "competência" é porque há uma necessidade imanente à sua configuração como língua, que é a necessidade de ser enunciada. Trata-se, também, de uma contingência: a enunciação e suas categorias assumem formas específicas em diferentes línguas. Em outras palavras, é necessário que todas as línguas apresentem, em sua organização, uma configuração gramatical que comporte as categorias da enunciação, e é contingente a cada língua os termos pelos quais essa configuração se organiza (lexical, gramatical etc.), o que se dá com "a ajuda de indicadores autorreferenciais correspondentes a cada uma das classes formais que o idioma reconhece" (BENVENISTE, 1988, p. 282).

Que teoria da linguagem está implicada nessa proposta? Vou apenas introduzir o problema, pois desenvolvê-lo excederia o aqui delineado.

Creio que a teoria que deriva do que propus, ao considerar que a enunciação é o elemento universal – pode-se inclusive chamá-lo um universal linguístico, que permite que o homem se individualize e individualize a língua – que é próprio a todas as línguas, considera, consequentemente, que a enunciação impõe uma organização à experiência humana na linguagem:

> Por aí se reflete na língua a experiência de uma relação primordial, constante, indefinidamente reversível, entre o falante e seu parceiro. Em última análise, é sempre ao ato de fala no processo de troca que remete a experiência humana inscrita na linguagem (BENVENISTE, 1989, p. 80).

Assim, a hipótese aqui formulada implica uma teoria da linguagem em que, de um lado, o alegado fim comunicativo da língua – como mera função de interação comunicacional – é minimizado em favor do exercício do diálogo, associado às relações entre sujeitos e destes com um mundo; de outro lado, o problema da natureza biológica da linguagem não entra em conta, uma vez que o homem é tomado em sua natureza simbólica, o que encaminha uma visada antropológica da linguagem.

Nesse sentido, sendo a linguagem de natureza simbólica, a consideração da realidade é também simbólica, e somente o homem, como animal simbólico, pode, via linguagem, criar uma realidade. A comunicação é tão somente consequência dessa capacidade simbólica e desse tratamento simbólico da realidade. De todas as funções da linguagem, então, a mais primordial é a função simbólica – ao menos quando o que está em tela é o *Homo loquens* –, que faz com que a linguagem organize a experiência humana de certa maneira.

O projeto que advém dessa proposta busca ver como as línguas organizam a experiência humana de ser falante. Assim, admitir que a grande categoria da enunciação – em sua forma triádica, constituída pelas categorias de pessoa, espaço e tempo – é universal, admitir que esteja presente em todas as línguas, não implica aceitar que tem o mesmo valor em diferentes culturas.

É nesse ponto que vejo nascer outra possibilidade para a linguística como reflexão antropológica: o estudo específico dessas formas em diferentes culturas é um elemento fundamental de análise das sociedades e das culturas, e isso – que, em minha opinião, ainda está por ser feito – encontra abrigo no que chamo de *a língua no homem*. Trata-se, para mim, de acompanhar os efeitos e as manifestações práticas do *Homo loquens*, na sua relação consigo mesmo, nos fenômenos nos quais se inscreve como falante.

§ 2

A língua e a realidade

O MUNDO DA AUTORREFERÊNCIA

*O linguista não se pode desprender do tecido móvel da
linguagem efetiva – da sua própria língua e das muito
poucas que conhece –, do mesmo modo que um homem
não se pode descoser de sua sombra.*
George Steiner. *Depois de Babel.*

§ 2.1 INTRODUÇÃO

O campo da autorreferência é amplo, não se restringe a uma área do
conhecimento e não se limita a apenas um fenômeno linguístico. Encontra-se tal discussão na antropologia (cf. VIVEIROS DE CASTRO, 1996)[52],
na filosofia (cf. DUFOUR, 1999)[53] e na lógica (cf. HOFSTADTER, 2001)[54],
entre outros campos do conhecimento. Nos estudos da linguagem, o tema
não é menos comum: os estudos pragmáticos (cf. RÉCANATI, 1979), semânticos (cf. LYONS, 1980) e enunciativos (BENVENISTE, 1988) seguidamente se ocupam dele. Além disso, a fenomenologia da autorreferência

---

52. "A cultura tem a forma autorreferencial do pronome sujeito 'eu'" (VIVEIROS DE CASTRO, 1996, p. 129).

53. "[...] Autorreferência que atravessa todos os estados da língua natural – enunciação, inconsciente, relato – *não é aquela que os lógicos entendem*" (DUFOUR, 1999, p. 41).

54. "Neste capítulo examinaremos alguns dos mecanismos que criam a autorreferência em vários contextos e compará-los-emos com os mecanismos que permitem que certos tipos de sistemas se autorreproduzam" (HOFSTADTER, 2001, p. 541).

está normalmente ligada a múltiplas questões da linguística e dá lugar a práticas teóricas e metodológicas muito díspares. Uma olhadela na literatura da área é suficiente para identificar diferentes fenômenos a ela associados, abordados de diferentes pontos de vista: a performatividade[55], a indicialidade[56], a autonímia e a metaenunciação[57] são apenas alguns dos mais célebres.

Em função disso, o recorte preciso se impõe: o que estou chamando de "autorreferência" advém especificamente da teoria da linguagem de Émile Benveniste – embora ele mesmo não tenha utilizado essa forma do termo[58] – e diz respeito à maneira como compreendo sua noção de enunciação. Nesse sentido, a enunciação – entendida como ato individual de utilização da língua – é, para mim, uma categoria geral que permite a inscrição do homem que fala em sua fala (cf. cap. 1). Tal categoria é, de uma só vez, universal – já que não se admite língua que não a possua –, particular – visto que cada língua organiza de uma determinada maneira as categorias de pessoa, espaço e tempo, necessárias à enunciação, – e singular – já que nela o homem se inscreve como singular falante de uma língua. Essa categoria é, por natureza, autorreferencial e, por isso, institui uma teorização muito precisa acerca da relação – secularmente discutida – entre língua e realidade.

A tese deste capítulo, então, é a de que a enunciação impõe uma relação muito particular entre língua e realidade, o que possibilita falar que a enunciação, em função da propriedade autorreferencial, dá existência a um dado mundo na língua, cujos termos restam ainda esclarecer.

---

55. Cf. Récanati (1981); Benveniste (1988); Austin (1990).

56. Cf. Jespersen (1964); Bar-Hillel (1982); Benveniste (1988); Russell (1993); Jakobson (2003).

57. Cf. Authier-Revuz (1995).

58. Em Benveniste, encontram-se termos vizinhos, com sentidos que testemunham em favor da interpretação que farei aqui: "autorreferenciais" (BENVENISTE, 1988, p. 282), "sui-reflexivo" (BENVENISTE, 1989, p. 88), "sui-referencial" (BENVENISTE, 1989, p. 205).

§ 2.2 A AUTORREFERÊNCIA – DELIMITAÇÃO DO CAMPO

Em seus estudos sobre pronomes, que antecedem e preparam a elaboração da noção de enunciação – explicitamente formulada em texto de 1970, "O aparelho formal da enunciação" –, Benveniste considera que existe um conjunto de signos – notadamente os indicadores de pessoa, espaço e tempo – que têm a propriedade da "[...] referência constante e necessária à instância de discurso [...]" (BENVENISTE, 1988, p. 279). Esses signos são distintos dos demais signos linguísticos em função de uma propriedade "original e fundamental" que diz respeito ao tipo de referência que estabelecem, porque disso depende a função e o uso que têm.

O signo autorreferencial é – na flutuante terminologia benvenistiana[59] – aquele que reflete "[...] o seu próprio emprego" (BENVENISTE, 1988, p. 280), que remete "[...] à instância do seu próprio discurso" (p. 281), que emerge "[...] no seio da instância de discurso que o contém em potência e o atualiza" (p. 77), que "[...] só pode ser identificado pela instância de discurso que o contém [...]" (p. 278-279), que tem "[...] existência linguística no ato de palavras que [o] profere" (p. 279), que *remete a ele mesmo* (p. 282), que se refere "[...] ao ato de discurso individual no qual é pronunciado [...]" (p. 288), que "[...] não pode ser identificado a não ser dentro do que [...] chamamos uma instância de discurso [...]" (p. 288) etc.

Em função dessa propriedade "auto", a realidade à qual o signo autorreferencial se refere não é a do mundo concreto, dos referentes objetivos, mas, nos termos de Benveniste, reiteradamente, é "[...] uma realidade que ele próprio constitui" (BENVENISTE, 1988, p. 302), ou seja, "a realidade à qual ele remete é a realidade de discurso" (p. 288), o que significa que "ele recebe sua realidade e substância somente do discurso" (1989, p. 69), que se refere a "[...] uma 'realidade de discurso'" (p. 278), enfim, que "a realidade à qual ele remete é a realidade do discurso" (p. 288).

---

59. Sobre a flutuação terminológica de Benveniste, cf. Flores (2013a).

Eis os elementos sobre os quais Benveniste inaugura uma nova era nos estudos semânticos da linguística moderna: autorreferência e realidade de discurso. Para compreendê-los, é necessário seguir um percurso não linear em sua obra.

§ 2.2.1 Primeira clivagem fundamental – A autorreferência do "eu" e o cognitivo da língua

Benveniste traça uma oposição no interior da língua que é fundamental para que se entenda a diferença fundante que há entre o que ele propõe e outras perspectivas. Pode-se deduzir, de sua reflexão, que há duas esferas de uso da língua, cada uma instaurando um tipo de referência: há a esfera relativa ao campo do "eu" e a relativa ao campo do "uso cognitivo da língua".

Vou seguir de perto o percurso de Benveniste. Antes, porém, faço uma observação de natureza elucidativa: como se verá logo adiante, Benveniste, ao utilizar o termo "eu" para desenvolver sua reflexão, o faz de maneira prototípica, quer dizer, não é propriamente o "eu" que está em questão, mas todos os signos que compartilham da mesma natureza do "eu", qual seja, da autorreferência. É por isso que falo em duas esferas, uma vez que se pode imaginar – ainda em caráter elucidativo – que a língua é um todo no qual se podem encontrar duas partes: uma correspondente aos signos cuja referência emana da enunciação (os da esfera do "eu") e outra correspondente aos signos cuja referência não emana da enunciação, mas da própria língua (os da esfera do "uso cognitivo").

E como Benveniste os diferencia? Assim ele se manifesta a propósito da diferença entre o "eu" e os outros signos da língua:

> Entre *eu* e um nome referente a uma noção lexical, há não apenas as diferenças formais, muito variáveis, impostas pela estrutura morfológica e sintática das línguas particulares. Há outras, que se prendem ao próprio *processus* de enunciação linguística, e que são de uma natureza mais geral e mais profunda (BENVENISTE, 1988, p. 278, destaques do autor).

Em outras palavras, tudo se deve ao *processus* da enunciação, quer dizer, à maneira como se comportam os signos em relação à enunciação. Esse é o ponto distintivo entre o "eu" e um elemento referente a uma noção lexical. Quanto a isso, é possível supor dois comportamentos: o primeiro, ligado à esfera do "eu", em que se vê que "[...] as instâncias de emprego de *eu* não constituem uma classe de referência" porque "[...] não há 'objeto' definível como *eu* ao qual se possam remeter identicamente essas instâncias. Cada *eu* tem a sua referência própria e corresponde cada vez a um ser único, proposto como tal" (BENVENISTE, 1988, p. 278, destaques do autor); e o segundo, ligado à esfera cognitiva da língua, em que "cada instância de emprego de um nome refere-se a uma noção constante e 'objetiva', apta a permanecer virtual ou a atualizar-se num objeto singular, e que permanece sempre idêntica na representação que desperta" (p. 278).

Disso decorre que a instância de emprego de "eu" nem forma uma classe à qual o "eu" poderia se referir, nem remete a um objeto que possa ser, sempre, identicamente definido como "eu". Porém, a instância de emprego dos demais signos, porque relativos ao cognitivo da língua, é constante, "objetiva", e pode sempre ser atualizada. O exemplo vem do próprio Benveniste:

> Não há conceito "eu" englobando todos os *eu* que se enunciam a todo instante na boca de todos os locutores, no sentido em que há um conceito "árvore" ao qual se reduzem todos os empregos individuais de *árvore*. O "eu" não denomina, pois, nenhuma entidade lexical (BENVENISTE, 1988, p. 288, destaques do autor).

Logo, "*eu* só pode definir-se em termos de 'locução', não em termos de objetos, como um signo nominal" (BENVENISTE, 1988, 278, destaques do autor). Há, portanto, assimetria semântica entre o "eu" e os demais signos do léxico de uma língua, que pertencem ao "uso cognitivo da língua". Ora, "[...] a enunciação é diretamente responsável por certas classes de signos que ela promove literalmente à existência. Porque eles não poderiam surgir nem ser empregados no uso cognitivo da língua" (1989, p. 86). Essas classes de signos são diferentes das demais porque é a enunciação que promove a sua existência.

Isso leva Benveniste a insistir numa distinção: "é preciso então distinguir as entidades que têm na língua seu estatuto pleno e permanente e aquelas que, emanando da enunciação, não existem senão na rede de 'indivíduos' que a enunciação cria e em relação ao 'aqui-agora' do locutor" (BENVENISTE, 1989, p. 86). As primeiras estão ligadas ao cognitivo da língua; as segundas, à enunciação.

Grosso modo, pode-se dizer, então, que Benveniste coloca de um lado os signos que têm estatuto pleno na língua e, de outro lado, os signos que são vazios e que se tornam plenos quando são enunciados. Ou ainda: é necessário "distinguir, de um lado, a língua como repertório de signos e sistema das suas combinações e, de outro, a língua como atividade manifestada nas instâncias de discurso caracterizadas como tais por índices próprios" (BENVENISTE, 1988, p. 283). Essa diferença revela um aspecto mais profundo da língua, qual seja, entre o "eu" e os demais signos há diferença no tipo de referência que estabelecem. O "eu" refere o seu próprio uso, os demais signos referem o "cognitivo da língua". Ou ainda: entre o "eu" e uma noção lexical há uma diferença de natureza referencial.

Em outros termos, as palavras relativas à esfera de "eu" não remetem à mesma realidade que as outras palavras: o "eu" se refere à "realidade de discurso", termo que Benveniste introduz para deixar claro que não se trata de uma relação com o mundo sensível. As outras palavras, que têm estatuto "pleno", são assim consideradas porque, embora devam ser usadas pelos interlocutores para adquirir sentido – comportam uso pelos falantes, portanto –, têm uma referência na língua que se atualiza na enunciação, através do que, a exemplo dos signos da esfera do "eu", expressam "[...] uma certa relação com o mundo" (BENVENISTE, 1989, p. 84). Nesse sentido, nem "eu" nem os demais signos da língua dispensam a mediação da língua na sua relação com o mundo: em ambos os casos, há "certa relação com o mundo" – modalização de extrema importância aqui –, a diferença é os termos pelos quais se concretiza essa "certa relação": como realidade de discurso, em um caso; como cognitivo da língua, em outro.

Essa diferença entre o que é da ordem do "eu" e o que é da ordem do "uso cognitivo da língua" é, na verdade, precedida por outra distinção à qual Benveniste dedicou boa parte de sua vida: as categorias de pessoa e não pessoa.

§ 2.2.2 Segunda clivagem fundamental – Pessoa e não pessoa

Muito já foi dito sobre esta que é, talvez, a mais célebre distinção feita por Benveniste: *pessoa* e *não pessoa*. Benveniste a formula pela primeira vez em 1946, em um ensaio intitulado "Estrutura das relações de pessoa no verbo", no qual, a partir da apresentação da noção gramatical de *pessoa*, critica a simetria da distribuição tradicional em três pessoas: a que fala, a com quem se fala e a de quem se fala. Para Benveniste, "[...] o caráter sumário e não linguístico de uma categoria assim proposta deve ser denunciado" (BENVENISTE, 1988, p. 248). A simetria suposta entre a primeira, a segunda e a terceira pessoas não faz "[...] senão transpor para uma teoria pseudolinguística diferenças de natureza *lexical*" (p. 248, destaques do autor). Para ele, "essas denominações não nos informam nem sobre a necessidade da categoria, nem sobre o conteúdo que ela implica, nem sobre as relações que reúnem as diferentes pessoas" (p. 248).

Ao partir da gramática árabe, na qual a primeira pessoa é tomada como *aquele que fala*, a segunda como *aquele a quem nos dirigimos* e a terceira como *aquele que está ausente*, Benveniste (1988, p. 250) acredita encontrar nessas denominações "[...] uma noção justa das relações entre as pessoas". A "justeza" da gramática árabe diz respeito à distinção entre a terceira pessoa (o ausente) e as duas primeiras. Para Benveniste, *elas não são homogêneas*, e é isso que, de início, *é necessário focalizar*.

O critério da distinção é o seguinte: em "eu" e "tu" há, simultaneamente, a pessoa implicada e um discurso sobre essa pessoa. Por exemplo: "*Eu* designa aquele que fala e implica ao mesmo tempo um enunciado sobre o 'eu': dizendo *eu*, não posso deixar de falar de mim" (BENVENISTE, 1988, p. 250, destaques do autor). O caso de "tu" é semelhante: "[...] 'tu' é necessariamente designado por *eu* e não pode ser pensado fora de uma situação proposta a partir do 'eu'; e, ao mesmo tempo, *eu* enuncia algo como um predicado de 'tu'" (p. 250, destaques do autor). Em outras palavras, "eu" e "tu" têm traços em comum, o que permite tratá-los como integrantes de um mesmo conjunto: a categoria de pessoa.

O "ele", por sua vez, é diferente: "da terceira pessoa, porém, um predicado é bem enunciado somente fora do 'eu-tu'; essa forma é assim excetuada da relação pela qual 'eu' e 'tu' se especificam. Daí, ser questionável a legitimidade dessa forma como 'pessoa'" (BENVENISTE, 1988, p. 250). O "ele" faz parte da categoria de não pessoa.

A diferença entre pessoa ("eu" e "tu") e não pessoa ("ele") se evidencia em três características: a *unicidade específica*: "eu" e "tu" são sempre únicos, isto é, "[...] o 'eu' que enuncia, o 'tu' ao qual 'eu' se dirige são cada vez únicos. 'Ele', porém, pode ser uma infinidade de sujeitos – ou nenhum" (BENVENISTE, 1988, p. 253); a *inversibilidade*: "eu" e "tu" são inversíveis entre si, o que não ocorre com o "ele", que não pode ser invertido com os dois primeiros; e a *predicação verbal*: "[...] a 'terceira pessoa' é a única pela qual uma *coisa* é predicada verbalmente" (p. 253, destaques do autor). Portanto, tudo o que não pertence a "eu-tu" recebe como predicado a forma verbal de terceira pessoa.

"Eu" e "tu" fazem parte da categoria de pessoa; "ele", da categoria de não pessoa. Além dessa oposição, há outra: mesmo que "eu" e "tu" constituam a noção de pessoa, são distintivos entre si. "Eu" é a pessoa subjetiva; "tu" é a pessoa não subjetiva. A diferença se deve, em primeiro lugar, ao "[...] fato de ser, no caso de 'eu', *interior* ao enunciado e *exterior* a 'tu', mas exterior de maneira que não suprime a realidade humana do diálogo" (BENVENISTE, 1988, p. 255, destaques do autor); em segundo lugar, ao fato de que "[...] 'eu' é sempre transcendente em relação a 'tu'" (p. 255, destaques do autor). Enfim, *interioridade* e *transcendência* são as duas particularidades de "eu" em relação a "tu". Essa é uma segunda oposição.

Em resumo: "Poder-se-á, então, definir o *tu* como a pessoa não subjetiva, em face da pessoa subjetiva que *eu* representa; e essas duas 'pessoas' se oporão juntas à forma de 'não pessoa' (= 'ele')" (BENVENISTE, 1988, p. 255, destaques do autor). As duas oposições, nomeadas *correlação de pessoalidade* – que opõe as pessoas "eu-tu" à não pessoa "ele" – e *correlação de subjetividade* – interior à precedente e que opõe "eu" a "tu", podem ser assim esquematizadas:

Correlação de pessoalidade	Pessoa "eu-tu"	Pessoa subjetiva "eu"	**Correlação de subjetividade**
		Pessoa não subjetiva "tu"	
	Não pessoa "ele"		

Essa distinção entre a categoria de pessoa e a de não pessoa é retomada nos textos "A natureza dos pronomes" e "Da subjetividade na linguagem", de 1956 e 1958, respectivamente.

No primeiro, Benveniste reitera a diferença entre os signos que permitem o exercício da linguagem – os signos vazios, "[...] não referenciais em relação à 'realidade' [...] que se tornam 'plenos' assim que um locutor os assume em cada instância do seu discurso" (BENVENISTE, 1988, p. 280) – e os que remetem não a eles mesmos, mas a uma situação "objetiva", uma vez que são do âmbito da dita "terceira pessoa". Esses signos são diferentes quanto à função e à natureza se comparados com os signos vazios. O "ele", ao contrário de "eu-tu", não remete a si mesmo, sua característica é predicar "[...] o processo de *não importa quem* ou *não importa o que*, exceto a própria instância, podendo sempre esse *não importa quem* ou *não importa o que* ser munido de uma referência objetiva" (p. 282, destaques do autor). Em linhas gerais, o "ele" tem as propriedades

> 1º) de se combinar com qualquer referência de objeto; 2º) de não ser jamais reflexiva da instância de discurso; 3º) de comportar um número às vezes bastante grande de variantes pronominais ou demonstrativas; 4º) de não ser compatível com o paradigma dos termos referenciais como *aqui*, *agora* etc. (BENVENISTE, 1988, p. 283, destaques do autor).

No segundo texto, Benveniste vai mais longe e aborda a categoria de pessoa como fundamento de algo mais amplo: a subjetividade na linguagem. A categoria de pessoa é "[...] o fundamento da 'subjetividade' que se determina pelo *status* linguístico da 'pessoa'" (BENVENISTE, 1988, p. 286, destaques do autor). Note-se bem: a categoria de pessoa é o próprio fundamento linguístico da subjetividade, e a linguagem contém as formas linguísticas apropriadas à expressão da subjetividade: "A linguagem de algum modo propõe formas 'vazias' das quais cada locutor em exercício de discurso se apropria e as quais refere à sua 'pessoa', definindo-se ao mesmo tempo a si mesmo como *eu* e a um parceiro como *tu* (p. 289, destaques do autor).

A partir do exposto, caberia perguntar: como se constitui a referência em cada uma das categorias? Vou começar pela categoria de pessoa. Um rápido levantamento do que diz Benveniste permite elencar as seguintes possibilidades:

a) o "eu" tem sua própria referência, que corresponde cada vez a um ser único;

b) o "[...] *eu* se refere ao ato de discurso individual no qual é pronunciado, e lhe designa o locutor" (BENVENISTE, 1988, p. 288, destaques do autor);

c) o "eu" e o "tu" se referem, portanto, a uma realidade de discurso;

d) o "eu" e o "tu" se referem à enunciação, cada vez única, que os contém, e refletem o seu próprio emprego.

A conclusão, aqui, é evidente: utilizando o que foi dito acima acerca da autorreferencialidade, pode-se facilmente afirmar que a categoria de pessoa é autorreferencial.

A categoria de não pessoa, por sua vez:

a) "[...] se refere a um objeto colocado fora da alocução" (BENVENISTE, 1988, p. 292);

b) não remete a si mesma, logo, não é reflexiva da instância de discurso, portanto, não é autorreferencial;

c) combina-se com qualquer referência de objeto;

d) não é compatível com o paradigma dos termos referenciais "aqui" ou "agora".

Da mesma forma, o paradigma da não pessoa, do "ele", "[...] tem por característica e função constantes representar [...] um invariante não pessoal, e nada mais que isso" (BENVENISTE, 1988, p. 254).

A oposição pessoa/não pessoa se deve à diferença de referência que existe entre elas. O "eu" e o "tu" referem à realidade de discurso que os contém, isto é, referem a si mesmos, são autorreferenciais; o "ele", por não referir o seu próprio emprego, por poder se aplicar a qualquer coisa, a qualquer "realidade" que independa da enunciação, refere ao cognitivo da língua. A diferença é a relação com a enunciação.

Isso posto, é tempo de indagar: O que Benveniste ensina com a oposição eu-tu/ele? Ou ainda: O que as categorias de pessoa e não pessoa dizem sobre a natureza humana? Algo de muito singular: que o homem tem existência como tal porque adquiriu a sofisticada capacidade de assumir a evanescente – embora eterna na vida de cada um – necessidade da reversibilidade do exercício da língua. Ora, a pessoa subjetiva – o *eu* –, que assim se constitui pela oposição com a pessoa não subjetiva – o *tu* –, experiencia a cada instante ser e não ser. E ambos – ser e não ser – se contrapõem, com a mesma constância e necessidade, à não pessoa.

§ 2.2.3 Terceira clivagem fundamental – O indicador "eu" e os demais indicadores

Benveniste, a certa altura, afirma que a "[...] referência constante e necessária à instância de discurso constitui o traço que une a *eu/tu* uma série de 'indicadores'" (BENVENISTE, 1988, p. 279, destaques do autor), os quais pertencem a diferentes classes (pronomes, advérbios, locuções adverbiais etc.). Sim, todos os indicadores de pessoa, tempo, espaço têm em comum com o "eu" o fato de serem autorreferenciais.

Admitido esse traço de união, uma questão aqui se impõe: todos os indicadores são autorreferenciais da mesma maneira?

Para responder a tal pergunta, é importante revisar algo que foi dito acima. No § 2.2.1, observei que o "eu" tem valor prototípico na teoria da linguagem de Benveniste para, com isso, sublinhar exatamente o traço de união – reiterado na citação anterior – que há entre o "eu" e os demais indicadores (pessoa, espaço e tempo). No entanto, é chegado o momento de ver que o "eu" tem uma propriedade que lhe é exclusiva, qual seja, a de proporcionar a passagem de locutor a *sujeito*, ou ainda, a de ser o fundamento linguístico da subjetividade, *um princípio cujas consequências é preciso desenvolver em todas as direções*: "A linguagem só é possível porque cada locutor se apresenta como *sujeito*, remetendo a ele mesmo como *eu* no seu discurso" (BENVENISTE, 1988, p. 286, destaques do autor).

O traço novo e distintivo aqui diz respeito à consequência disso: todos os indicadores – de tempo, de espaço e de pessoa – se organizam em relação a "eu". De certa maneira, pode-se dizer, então, que todos os indicadores são autorreferenciais, mas não o são da mesma maneira, porque todos os indicadores que não "eu" são "[...] concomitantes com a instância de discurso que contém o indicador de pessoa" (BENVENISTE, 1988, p. 279). Benveniste dirá também que tais indicadores são contemporâneos da instância de discurso que contém o indicador de pessoa.

Nesse sentido, as coordenadas espaçotemporais estão na dependência de "eu": "aqui" é o lugar em que "eu" *diz* "aqui"; "agora" é o tempo em que "eu" *diz* "agora". Ou, nos termos de Benveniste: "[...] *aqui* e *agora* delimitam a instância espacial e temporal coextensiva e contemporânea da presente instância de discurso que contém *eu*" (BENVENISTE, 1988, p. 279, destaques do autor).

O fundamental é, portanto, entender que a autorreferência dos indicadores de tempo e de espaço são correlativos e contemporâneos da instância de discurso de "eu". O sujeito falante é a referência implícita por excelência de todo esse conjunto de indicadores. Essa referência ao sujeito que fala é acompanhada de características fundamentais que estão ligadas ao fato de que essas formas não remetam

> à "realidade" nem a posições "objetivas" no espaço ou no tempo, mas à enunciação, cada vez única, que as contém, e reflitam assim o seu próprio emprego. [...] Desprovidos de referência material, não podem ser mal-empregados; não afirmando nada, não são submetidos à condição de verdade e escapam a toda negação. O seu papel consiste em fornecer o instrumento de uma conversão, a que se pode chamar a conversão da linguagem em discurso (BENVENISTE, 1988, p. 280).

Há vários aspectos que devem ser destacados dessa passagem para o entendimento da autorreferencialidade. O primeiro é o aspecto *definitório*: Benveniste define as formas de indicação de pessoa, tempo e espaço com duas asserções negativas e duas afirmativas. As negativas: são formas que não remetem à "realidade" e também não remetem a posições "objetivas" no espaço e no tempo. As afirmativas: são formas que remetem à enunciação e refletem seu próprio emprego. O segundo aspecto diz respeito aos critérios que identificam a sua existência: a) desprovidas de referência material, não podem ser mal-empregadas; b) não afirmando nada, não são submetidas à condição de verdade; c) escapam a toda negação. O terceiro diz respeito ao papel, à função, que desempenham: converter a língua em discurso.

Tem-se, assim, um verdadeiro "roteiro" para compreender o que significa "refletir o seu próprio emprego", ou seja, ser autorreferencial. Todos os indicadores de pessoa, espaço e tempo são autorreferenciais porque têm tais propriedades que, por sua vez, estão correlacionadas à presente instância de discurso que contém "eu".

De certa maneira, pode-se dizer que o grande indicador autorreferencial é mesmo o "eu", ao qual estão ligados todos os demais:

> [...] demonstrativos, advérbios, adjetivos, que organizam as relações espaciais e temporais em torno do "sujeito" tomado como ponto de referência: "isto, aqui, agora" e as suas numerosas correlações "isso, ontem, no ano passado, amanhã" [...] têm em comum o traço de se definirem somente em relação à instância de discurso na qual são produzidos, isto é, sob a dependência do *eu* que aí se enuncia (BENVENISTE, 1988, p. 288, destaques do autor).

Nesse sentido, o "eu" se diferencia dos demais indicadores em um ponto essencial: o "eu" é que institui a instância de discurso. Ou seja, o "eu" é, de certa forma, "mais" autorreferencial que os outros indicadores autorreferenciais, na medida em que ele, antecedendo-os, além de promover a sua própria existência, promove a dos demais. Todos os outros indicadores se organizam em torno do "eu" na condição de centro em torno do qual se localizam[60].

O tempo e o espaço são autorreferenciais, mas tomando o "eu" como ponto de localização. Quer dizer, o tempo presente da enunciação é contemporâneo à instância de "eu"; o espaço, da mesma forma, se define longe ou perto relativamente à instância de discurso de "eu".

Essa configuração da autorreferencialidade, em que o "eu" tem papel extenso e central, pode ser observada na análise da temporalidade feita pelo próprio Benveniste. Vou citá-lo longamente, mas é necessário.

> Do tempo linguístico indicamos a sua emergência no seio da instância de discurso que o contém em potência e que o atualiza. Mas o ato de fala é necessariamente individual; a instância específica de que resulta o presente é cada vez nova. Em consequência disso, a temporalidade linguística deveria se realizar no universo intrapessoal do locutor como uma experiência irremediavelmente subjetiva e impossível de ser transmitida. Se narro o que "me aconteceu", o passado ao qual me refiro não é definido senão em relação ao presente de meu ato de fala, mas como o ato de fala parte de mim e ninguém pode falar por minha boca, da mesma forma que não pode ver por meus olhos ou experimentar o que eu sinto, é unicamente a mim que este "tempo" se relaciona e é unicamente à minha experiência que ele se restringe. Mas este argumento é falso. Algo singular, muito simples e infinitamente importante se produz realizando algo

---

60. A autorreferencialidade é abordada por Benveniste em outros momentos de sua teorização. Encontra-se a ideia da "auto" referência não apenas ligada ao elemento anteposto grego, mas também em *sui-* – anteposto latino conexo ao grego. Por exemplo: "o tempo linguístico é *sui-referencial*" (BENVENISTE, 1988, p. 289, destaques do autor). Ou então: "Isso leva a reconhecer no performativo uma propriedade singular, a de ser *sui-referencial*, de referir-se a uma realidade que ele próprio constitui" (BENVENISTE, 1988, p. 302, destaques do autor). Também: "O enunciado que se toma a si mesmo por referência é realmente sui-referencial" (BENVENISTE, 1988, p. 303). Em todos esses casos, a mesma ideia permanece: "auto" ou "sui" referencial são aqueles elementos cuja existência depende da referência que fazem ao fato de eles mesmos aparecerem.

que parecia logicamente impossível: a temporalidade que é minha quando ela organiza meu discurso é aceita sem dificuldade como sua por meu interlocutor. Meu "hoje" se converte em seu "hoje", ainda que ele não o tenha instaurado em seu próprio discurso, e meu "ontem" em seu "ontem". Reciprocamente, quando ele falar em resposta, eu converterei, tornando-me receptor, sua temporalidade na minha. Esta parece ser a condição de inteligibilidade da linguagem, revelada pela linguagem: ela consiste no fato de que a temporalidade do locutor, ainda que literalmente estranha e inacessível ao receptor, é identificada por este à temporalidade que informa sua própria fala quando ele se torna, por sua vez, locutor (BENVENISTE, 1989, p. 77-78).

É fato: o "eu" não pode ser igualado aos demais autorreferenciais porque ele cria a instância de discurso na qual o meu hoje encontra a sua autorreferência. O primor da análise de Benveniste, *simples e infinitamente importante*, dispensa maior complemento.

§ 2.2.4 O escopo da autorreferência[61]

A autorreferencialidade em Benveniste pode ser resumida em uma fórmula que ele mesmo criou: "É 'ego' quem *diz* 'ego'[62]" (BENVENISTE, 1988, p. 286, destaques do autor).

Assim definida, a autorreferência ligada à enunciação é diferente do que se costuma chamar de autorreferência nos estudos lógicos. E isso por um

---

61. Na formulação deste item, eu me inspiro fortemente em duas obras magistrais do filósofo Dany-Robert Dufour, embora não formule as mesmas conclusões presentes em suas obras: *Le bégaiement des maîtres – Lacan, Benveniste, Lévi-Strauss* [*A gagueira dos mestres – Lacan, Benveniste, Lévi-Strauss*, em tradução livre] e *Os mistérios da trindade*. Em ambas, o autor desenvolve uma reflexão acerca do que chama de modo *unário*, uma espécie de gagueira, instalado no interior do *binarismo* que constitui a ciência. No primeiro livro, o tema é propriamente o *unário* que se encontra alojado no interior do *binarismo*; no segundo, *unário* e *binário* são discutidos à luz do que o autor considera da ordem dos axiomas *trinitários*.

62. Na versão brasileira, lê-se "é 'ego' que diz *ego*" (BENVENISTE, 1988, p. 286). Em francês, lê-se, à p. 260 da edição da Gallimard, "est 'ego' qui *dit* 'ego'" (BENVENISTE, 2006, p. 260). Embora não se discorde da tradução para o português, parece mais adequado considerar, entendido o contexto de reflexão de Benveniste, que a tradução mais justa seria "é 'ego' quem *diz* 'ego'" (a última ocorrência de *ego* está, na edição da Gallimard, sem itálico e entre aspas).

motivo: a autorreferência na lógica está associada à possibilidade de ser formalizada, o que não acontece quando o que está em jogo é a enunciação. A diferença entre elas se sobressai da análise desse enunciado-síntese de Benveniste, através do qual ele define os termos da presença do homem na língua, aqui compreendido como *É "eu" quem diz "eu"*.

Em uma perspectiva semântico-lógica, o problema pode ser tratado de vários ângulos que visam desfazer o aparente incômodo que produz aí a repetição de "eu": a partir da diferença entre "uso" e "menção" (cf. LYONS, 1980), por exemplo, talvez se pudesse decidir que o primeiro "eu" ocorre de maneira não usual, portanto, em menção; enquanto o segundo é usado de maneira "normal", quer dizer, não técnica. A paráfrase poderia ser assim concebida: *É "um certo eu" quem diz "o eu"*. O primeiro "eu" é menção; o segundo "eu" é uso.

Há, também, a possibilidade inversa – facultada pelo próprio Benveniste na medida em que ele grafa os dois "eu", indistintamente, entre aspas: é o primeiro que está em uso "normal" da língua, enquanto o segundo se encontra em menção. Nesse caso, a paráfrase seria: *É "eu, este que fala", que diz "eu, o pronome"*. Aqui, o que está indicado é que quem diz "eu" é imediatamente considerado o falante que, em seguida, menciona uma classe de palavras da língua, o pronome "eu". O primeiro "eu" é uso; o segundo "eu" é menção.

Em ambos os casos, separa-se a coisa representada da coisa representante; logo, tem-se a mesma consequência lógica: nem sinonímia, nem tautologia, pois não se trata do mesmo "eu" em cada um dos casos. Isso desfaz o incômodo de vê-los repetidos em uma mesma formulação.

Os estudos enunciativos não fogem à regra e procedem da mesma maneira que os lógicos quando apelam para a noção de "embreante", tradução brasileira de "embrayer", que é, por sua vez, a tradução francesa do termo "shifter", usado por Jakobson a partir da obra de Jespersen (1964). O embreante supõe um mecanismo de articulação entre código e mensagem, ou enunciado e enunciação, para usar os termos de Jakobson, que, inclusive, dá o pronome "eu" de exemplo. O embreante é um elemento do código que remete à mensagem. A análise de Jakobson utiliza a distinção peirceana entre símbolo e índice:

> "Eu" designa a pessoa que enuncia "eu". Assim, de um lado, o signo "eu" não pode representar seu objeto sem ser a ele associado "por uma regra convencional", e, em códigos diferentes, o mesmo sentido é atribuído a sequências diferentes, tais como "je", "ego", "ich", "I" etc.: portanto, "eu" é um símbolo. De outro lado, o signo "eu" não pode representar seu objeto se ele não está em uma "relação existencial" com esse objeto: a palavra "eu" que designa o enunciador está numa relação existencial com a enunciação, portanto funciona como um índice (JAKOBSON, 2003, p. 179).

Em outras palavras, a partir da classificação dos signos em *símbolos*, *índices* e *ícones*, proposta pelo filósofo americano Charles Sanders Peirce (1839-1914), Jakobson leva em conta dois aspectos dessa classificação: de um lado, o símbolo se associa ao objeto representado através de uma regra convencional; de outro, o índice se relaciona existencialmente com aquilo que representa. A convencionalidade de uma regra diz respeito ao código; a existencialidade, à mensagem. Os embreantes combinam as duas funções: são convencionais e existenciais, logo, símbolos-índices.

O exemplo de Jakobson é o pronome pessoal: em "eu", simultaneamente, há associação ao código, à regra convencional e à mensagem. Logo, é um articulador, um embreante, cuja lógica é C/M: o código remete à mensagem, isto é, código e a mensagem se entrelaçam.

Essa interpretação do *É "eu" quem diz "eu"* implica um procedimento, na essência, semelhante ao da lógica pelo fato de expulsar a aparente tautologia da formulação: o primeiro "eu" é símbolo; o segundo é "índice". Essa insistência em desfazer a tautologia, na interpretação de Dufour (1999), tem um aspecto ao qual ainda não se deu a devida atenção. O autor assim pondera a propósito:

> *Com efeito: para que alguém diga – um corpo – "eu", é preciso primeiramente que ele tenha sido apreendido na eficácia desse significante, na falta do que ele não passa a "corpo falante", e eu não levo em conta quem não é "corpo falante" em condições nem de proferir "eu", nem o menor som articulado. Em suma, "diz 'eu' quem já é eu". [...] Se eu não dissesse "eu", eu não seria a pessoa eu, mas se eu não fosse*

já a pessoa eu antes de dizer "eu", então, dizendo "eu", eu não obteria nada mais do que obtém um papagaio de nome Jacquot quando ele diz "eu" (DUFOUR, 1999, p. 61, destaques do autor).

De certa forma, Dufour chama a atenção para uma tautologia que não se desfaz por nenhum recurso lógico (uso/menção, símbolo/índice etc.), tipográfico (aspas, destaques etc.) ou de qualquer outra natureza, cujo propósito seja diferenciar, em essência, o primeiro "eu" do segundo. Para Dufour, trata-se de um enunciado constitutivamente formado por uma "gagueira", do campo do *unário*, em que o predicado retoma exatamente o sujeito da frase (cf. DUFOUR, 2000, p. 35). Fica-se às voltas com a antiga lógica do "ovo e da galinha", o que implica a perda do operador de causa, base da ciência.

Embora eu subscreva integralmente a poeticidade do raciocínio de Dufour, creio que é possível inscrever uma outra possibilidade de interpretação da "gagueira paralógica" de Benveniste. Há uma passagem de seu raciocínio que coloca o seguinte: "A que, então, se refere o *eu*? A algo de muito singular, que é exclusivamente linguístico: *eu* se refere ao ato de discurso individual no qual é pronunciado, e lhe designa o locutor" (BENVENISTE, 1988, p. 287, destaques do autor).

Como interpreto essa passagem? Na sua primeira parte – "*eu* se refere ao ato de discurso individual no qual é pronunciado" – encontro a gagueira de que fala Dufour, indubitavelmente; no entanto, na segunda parte da passagem – "e lhe designa o locutor" – vejo um elemento que não é sempre evidente aos leitores de Benveniste: a designação do locutor. Esse elemento funciona como uma espécie de "terceiro" que tira do enunciado benvenistiano a parologia tautológica característica do "mostrar a si mesmo"; ao "mostrar a si mesmo", ao dizer "eu", o "eu" designa o locutor.

Explico melhor: retomando a afirmação que fiz acima, de que o "eu" goza da exclusiva propriedade de proporcionar a passagem de locutor a sujeito, ou ainda, de ser o fundamento linguístico da subjetividade, pode-se compreender que a tautologia de É *"eu" quem diz "eu"* se traduziria, facilmente, no enunciado *É sujeito quem diz "eu"*. Ou seja: para ser sujeito, precisa dizer "eu", mas apenas pode dizer "eu" quem já é sujeito. Aqui, repete-se a gagueira de que fala Dufour.

No entanto, se atento para o fato de que essa "gagueira" indica o locutor, encontra-se uma dimensão que é relativa à própria experiência do ser falante, que tenho nomeado de *Homo loquens*. Nesse caso, não é da subjetividade na linguagem que se trata, mas do fato de o homem indexar (caso se queira usar os termos da linguística) a língua a si mesmo.

No locutor – via sua enunciação – se fundem "o ter lugar na língua" (o "homem na língua", nas palavras de Benveniste) e o "a língua ter lugar nele" ("a língua no homem", segundo meus termos). Trata-se, então, da língua associada ao falante, que deve desaparecer como falante para poder emergir no mundo das significações como sujeito de um discurso.

O homem é o grande indexador e é de onde emana uma ontologia fundamental e fundante do sujeito, de sua presença na língua. Mas cuide-se: quando digo "o homem" ou "o falante", não estou falando no indivíduo bio-psico-fisiológico; este, na medida em que pode ser considerado, não é mais que um pressuposto; o homem, o locutor indicado pelo "eu" que diz "eu", é *Homo loquens*, quer dizer, o designado como ser falante.

Esse é o mundo da autorreferência segundo a construção teórica aqui esboçada.

A partir disso, uma primeira conclusão: o grande articulador autorreferencial "eu" permitiu à linguística – à chamada linguística da enunciação – falar de uma instância que durante muito tempo fora negligenciada. O "eu" que diz "eu" instaura em relação a si mesmo todo o sistema de referência pessoal, espacial e temporal. Nesse caso, a língua – a descrição linguística como nós, os linguistas, gostamos de dizer – tem lugar de destaque. Observe-se nas análises de Benveniste.

Sobre as referências pessoais:

> [...] a língua fornece ao falante a estrutura formal de base, que permite o exercício da fala. Ela fornece o instrumento linguístico que assegura o duplo funcio-

namento subjetivo e referencial do discurso: é a distinção indispensável, sempre presente em não importa qual língua, em não importa qual sociedade ou época, entre o eu e o não eu, operada por índices especiais que são constantes na língua e que só servem a este uso, as formas chamadas em gramática de pronomes, que realizam uma dupla oposição, a oposição do "eu" ao "tu" e a oposição do sistema "eu/tu" a "ele" (BENVENISTE, 1989, p. 101).

Sobre as referências de espaço:

> [...] os demonstrativos: *este* etc. na medida em que se organizam correlativamente com os indicadores de pessoa, como no lat. *hic/iste*. Há aqui um traço novo e distintivo dessa série: é a identificação do objeto por um indicador de ostensão concomitante com a instância de discurso que contém o indicador de pessoa: *esse* será o objeto designado por ostensão simultânea à presente instância de discurso, a referência implícita na forma (p. ex., *hic* oposto a *iste)* associando-o a *eu*, a *tu* (BENVENISTE, 1988, p. 279, destaques do autor).

Sobre as referências de tempo:

> Poder-se-ia supor que a temporalidade é um quadro inato do pensamento. Ela é produzida, na verdade, na e pela enunciação. Da enunciação procede a instauração da categoria do presente, e da categoria do presente nasce a categoria do tempo. O presente é propriamente a origem do tempo. Ele é esta presença no mundo que somente o ato de enunciação torna possível, porque, é necessário refletir bem sobre isso, o homem não dispõe de nenhum outro meio de viver o "agora" e de torná-lo atual senão realizando-o pela inserção do discurso no mundo. Poder-se-ia mostrar pelas análises de sistemas temporais em diversas línguas a posição central do presente. O presente formal não faz senão explicitar o presente inerente à enunciação, que se renova a cada produção de discurso, e a partir deste presente contínuo, coextensivo à nossa própria presença, imprime na consciência o sentimento de uma continuidade que denominamos "tempo"; continuidade e temporalidade que se engendram no presente incessante da enunciação, que é o presente do próprio ser e que se delimita, por referência interna entre o que vai se tornar presente e o que já não o é mais (BENVENISTE, 1989, p. 85).

Agora, uma segunda conclusão, a que decorre da admissão do *Homo loquens*, e que vai em outra direção da encaminhada pelas análises acima, mais comuns ao linguista: por esse sistema, é indicada a existência do ser falante, que emerge tanto na organização de um mundo que lhe é próprio como na sua experiência de ser falante. Esta última emerge ainda no que chamo de "a língua no homem", quer dizer, todas as experiências que o falante vive de sua condição de falante (o fenômeno de adquirir uma língua, a tradução, a experiência de perder a capacidade de falar – as ditas patologias –, o ter uma voz etc.) estão "indexadas" ao ter lugar como falante, do que apenas a enunciação dá mostras.

O escopo da autorreferência diz respeito, agora, à experiência de cada um de ser falante de uma língua.

§ 2.3 A CATEGORIA DA PRESENÇA

Uma última consideração parece se impor a partir das reflexões de Benveniste. Diz respeito a algo de que tratei muito rapidamente acima: o recurso de Benveniste à gramática árabe que, em minha opinião, não é apenas uma estratégia retórica ou de demonstração de erudição; ele tem valor teórico fundamental.

A gramática árabe, cabe lembrar, possibilita a Benveniste falar no "que está ausente", na não pessoa, no *ele*, no *al-yā'ibu*. Acompanhe-se de perto.

Em primeiro lugar, Benveniste (1988, p. 250) determina: "Uma teoria linguística da pessoa verbal só pode constituir-se sobre a base das oposições que diferenciam as pessoas, e se resumirá inteiramente na estrutura dessas oposições". Vislumbra-se, aqui, uma teoria linguística com base nas relações pessoais marcadas no verbo.

Em segundo lugar, acrescenta: "Para desvendá-la, poderemos partir das definições empregadas pelos gramáticos árabes. Para eles, a primeira pessoa é *al-mutakallimu*, 'aquele que fala'; a segunda, *al-muhātabu*, 'aquele a quem nos dirigimos'; mas a terceira é *al-yā'ibu*, 'aquele que está ausente'" (BENVENISTE, 1988, p. 250, destaques do autor).

Em terceiro lugar, apresenta o valor teórico: "Nessas denominações, encontra-se implícita uma noção justa das relações entre as pessoas; justa sobretudo por revelar a disparidade entre a terceira pessoa e as duas primeiras" (BENVENISTE, 1988, p. 250).

Quero me deter um pouco em torno da "justeza" dessas definições.

Numa bela entrevista feita por Mary-Annick Morel e Laurent Danon--Boileau (1994)[63] com o grande especialista em línguas afro-asiáticas David Cohen, encontrei algumas informações que – pressupostas, sem dúvida, no raciocínio de Benveniste – não são evidentes aos olhos do leitor da teoria benvenistiana. Segundo Cohen, "o ausente" da gramática árabe e a "não pessoa" de Benveniste não são noções que se recobrem integralmente. Ele problematiza a real relação que há entre "o ausente" e a "não pessoa". Para Cohen, a ideia de "não pessoa" ocultaria aspectos importantes da significação do conceito árabe. Conforme Cohen (apud MOREL & DANON-BOILEAU, 1994, p. 113-114), "o ausente é um conceito complexo cuja importância filosófica me parece grande no pensamento dos gramáticos árabes". Em sua opinião, "o ausente é o que não é presente, o que está distante, o oculto (*caché*), o invisível eventualmente, e é também o que é puramente mental" (COHEN, apud MOREL & DANON-BOILEAU, 1994, p. 114).

Aliás, informa Cohen, há, na história da gramática árabe, desde o linguista persa Sibawayhi (760-796), duas noções: o "oculto" e o "ausente". São dois fenômenos distintos.

O "oculto" é o pronome enquanto tal; o "ausente" é a terceira pessoa (a não pessoa de Benveniste). Cohen traduz o "oculto" do árabe como o "emblema ausente" – no sentido de ser representativo –, não como o "ausente" propriamente dito. O "oculto" é o dissimulado, o não explicitado, o mental, o latente, o que está implícito. Vale repetir: o "oculto" não é o ausente, mas o emblema (uma espécie de símbolo, eu diria) do nome ausente. Há um "oculto" em todo pronome.

O "ausente" é uma das manifestações do "oculto", noção esta, como visto, muito mais ampla[64]. O "oculto", o pronome em geral, se opõe ao nome,

---

63. O n. 3, de 1994, da revista *Faits de langue* [*Fatos de língua*] é inteiramente dedicado à noção de "pessoa". Vale a pena consultar. Disponível em https://www.persee.fr/issue/flang_1244-5460_1994_num_2_3

64. Além dos pronomes, Cohen vê o "oculto" (*caché*) em outros mecanismos da língua: o uso da passiva, por exemplo, considerado pelos árabes como "o ignorado".

ao "aparente" em geral. O "ausente" é apenas o pronome de terceira pessoa, a não pessoa de Benveniste.

Em resumo, Cohen considera que "esta categoria do não aparente oposta à aparente, o não explícito, do que o locutor deixa no não dito, tem, segundo penso, um grande escopo teórico" (COHEN, apud MOREL & DANON-BOILEAU, 1994, p. 114).

Com o recurso à autoridade de Cohen, quero chamar a atenção para o fato de que há um "oculto" em todo pronome: em "eu", em "tu" e em "ele". Benveniste, embora enfatize o "ausente" na não pessoa, não deixa de fazer alusão ao "oculto" quando diz que "os pronomes não constituem uma classe unitária, mas espécies diferentes segundo o modo de linguagem do qual são os signos" (BENVENISTE, 1988, p. 277). Há, nessa formulação, duas caracterizações dos pronomes, quase antitéticas: a) a mais evidente: os pronomes não constituem uma classe unitária (a distinção pessoa/não pessoa sublinha isso); b) a menos evidente: os pronomes são "signos" de "modos de linguagem". Benveniste, aos meus olhos, embora lance fortes luzes sobre as diferenças entre "eu-tu"/"ele", não deixa de reconhecer a natureza pronominal que têm, logo, a sua natureza oculta. Note-se bem: os pronomes são "signos" de modos de linguagem. A palavra "signo" poderia muito bem ser entendida, aqui, como o "emblema" do qual fala Cohen. Interessante ver que o próprio Cohen, ao traduzir o *caché* árabe por "emblema", justifica o motivo que o leva a não traduzir o termo por "signo": "Eu traduzo por 'emblema' – não por 'signo' ou por 'símbolo': esses termos têm um outro eco em nosso espírito" (COHEN, apud MOREL & DANON-BOILEAU, 1994, p. 114).

Entendo que Benveniste, ao considerar os pronomes signos de modos de linguagem, não deixa de marcar a propriedade oculta do pronome em geral, reservando o "ausente" ao "ele".

Benveniste faz alusão a essa propriedade dos pronomes em dois momentos em que os contrapõe ao nome. A primeira se observa na oposição entre o nome e o "eu", trabalhada no início deste capítulo. Retomo-a:

> Cada instância de emprego de um nome refere-se a uma noção constante e "objetiva" [...]. No entanto, as instâncias de emprego de *eu* não constituem

> uma classe de referência, uma vez que não há "objeto" definível como *eu* ao qual se possam remeter identicamente essas instâncias (BENVENISTE, 1988, p, 278, destaques do autor).

Não há classe de referência no "eu". Eis a propriedade oculta (*caché*) em "eu", ao contrário do nome que se refere a uma noção "constante" e "objetiva", ou seja, aparente.

A segunda é percebida quando Benveniste contrapõe o "eu" ao "ele":

> É preciso ter no espírito que a "terceira pessoa" é a forma do paradigma verbal (ou pronominal) que *não* remete a nenhuma pessoa, porque se refere a um objeto colocado fora da alocução (BENVENISTE, 1988, p. 292, destaques do autor).

O *ele* "se refere a um objeto colocado fora da alocução". Eis a propriedade oculta (*caché*) em "ele".

Em ambos os casos, Benveniste – apesar da ênfase que dá às relações de pessoa – não deixa de fazer notar que há o que Cohen chama de "latente", o "oculto" (*caché*), um sistema de pensamento, no interior do qual poderiam estar várias categorias, inclusive os pronomes. Apesar de certa insistência de Danon-Boileau, durante a entrevista, em colocar em xeque a teoria benvenistiana da não pessoa, Cohen apenas assinala a relevância de pensar essa propriedade maior.

Daí, em minha opinião, decorre a alegada justeza, segundo Benveniste, das definições presentes na gramática árabe, pois nelas está marcada a disparidade entre "eu-tu"/"ele". A teoria de Benveniste enfatiza essa disparidade. Mas tal disparidade se dá sobre uma base comum, qual seja: o fato de tanto "eu" quanto "tu" e "ele" pertencerem à classe formal dos pronomes.

Cabe agora perguntar: a propriedade do "oculto" (*caché*) – como vista, presente em Benveniste pela oposição nome/pronome – pode auxiliar a compreender a noção de ser falante, de *Homo loquens*, em quê?

Creio que a resposta está no fato de pessoa e não pessoa diferirem "[...] pela sua função e pela sua natureza" (BENVENISTE, 1988, p. 282). Ao contrário da pessoa que é autorreferencial, a não pessoa tem "[...] uma função de 'representação' sintática [...]" (p. 282). No entanto, ambas estão sob a condição da referência, embora de naturezas distintas. Isso quer dizer que tanto o "ele" como o "eu-tu" estão submetidos à "instância de discurso", devem ser sempre singularizados, mesmo que isso se dê com intensidade diferente. É assim que entendo a seguinte afirmação:

> [A não pessoa] existe e só se caracteriza por oposição à pessoa *eu* do locutor que, enunciando-a, a situa como "não pessoa". Esse é o seu *status*. A forma *ele*... tira o seu valor do fato de que faz necessariamente parte de um discurso enunciado por "eu" (BENVENISTE, 1988, p. 292, destaques do autor).

Bem entendido: é o "eu" que situa a não pessoa como não pessoa. O "ele" faz parte do discurso de *eu*. Isso me leva a uma conclusão: toda a língua deve ser singularizada por "eu", o que é a mesma coisa que dizer que, apesar de ser a língua algo compartilhado pelos falantes, há algo de individual, de singular, na *presença* que cada um tem na língua, o que a torna a sua própria língua. Tem-se, aqui, uma nova categoria necessária, que inclui pessoa e não pessoa: a *presença*.

A categoria da *presença* diz respeito, de um lado, ao preenchimento do vazio constitutivo que há em cada elemento da língua e, de outro lado, às relações ocultas (*caché*) que o locutor estabelece entre cada elemento. Se não fosse assim, não haveria como falar uma língua que, sabidamente, é de todos os falantes, uma vez que não basta repetir a língua; há que repeti-la fazendo-se *presente* em seu interior. Os termos dessa *presença* não deixam de evocar as filiações possíveis de cada locutor.

Essa *presença* se coaduna com o "oculto" (*caché*) do qual fala Cohen. Entendo que o locutor se faz *presente* pelo que torna, ou não, aparente, em seu discurso. Ou seja, o locutor se faz *presente* pelas relações explícitas e não explícitas.

O *Homo loquens* tem, na categoria da *presença* – efêmera por natureza –, a possibilidade de circunscrever certa indicialidade de toda a língua. Essa indicialidade é constitutiva de uma espécie de contorno de sentido que o falante dá ao que diz e ao que lhe dizem.

O que chamo de *presença* nada mais é que uma propriedade que, como diria Benveniste, ao se referir à instância de "eu", "[...] fundamenta o discurso individual, em que cada locutor assume por sua conta a linguagem inteira" (BENVENISTE, 1988, p. 281). Assim, "[...] a linguagem assumida como exercício pelo indivíduo [...]" se caracteriza por um "[...] sistema de referências internas [...]" (p. 281) no qual o "eu" tem papel de destaque, sem dúvida, e que é extensível à língua inteira. Falar é se fazer *presente* na língua. Toda língua é singular, quando em exercício, porque, nela, o homem faz *presença*, de maneira aparente e não aparente (*caché*).

§ 2.4 CONCLUSÃO

Para concluir, é importante retomar a ideia central deste ensaio: a enunciação instaura uma relação muito particular entre língua e realidade. Isso permite entender que a enunciação, em função de sua propriedade autorreferencial, dá existência a um mundo na língua relativamente ao falante.

Que mundo é este que tem existência pela autorreferência que a enunciação instala? É o mundo do falante. É o próprio Benveniste quem explica:

> [...] todo homem inventa sua língua e a inventa durante toda sua vida. E todos os homens inventam sua própria língua a cada instante e cada um de uma maneira distintiva, e a cada vez de uma maneira nova. Dizer bom dia todos os dias da vida a alguém é cada vez uma reinvenção (BENVENISTE, 1989, p. 18).

Assim, a enunciação institui uma relação entre língua e realidade que, mediada pelo falante, passa a ser a realidade do falante, pois a enunciação permite a inscrição do homem em sua própria fala. A realidade é sempre realidade de discurso porque é construída no discurso de cada um.

Finalmente, gostaria de lembrar que a investigação aqui proposta se situa em um nível antropológico geral, quer dizer, é algo mais fundamental, em que a língua tem um papel limitador da maneira como uma visão de mundo pode ser configurada para cada um. É nessa dialética entre a língua – que é de todos – e a enunciação – que é de cada um – que se constrói um mundo, uma realidade configurada em discurso.

§ 3

Língua, sociedade e cultura

*Sem dúvida, a fome e a sede nos impelem a
comer e beber, mas elas explicam apenas de maneira
muito incompleta o conteúdo de nossos pratos, xícaras e copos.*
Tzvetan Todorov. *A vida em comum.*

§ 3.1 INTRODUÇÃO

Um rápido olhar sobre a história do conhecimento acerca da linguagem é suficiente para atestar que as relações entre a língua e a sociedade são contempladas em vários quadros teóricos, com diferentes objetivos, e originam distintos encaminhamentos metodológicos. Tentar mapear integralmente essa heterogeneidade é tarefa predestinada ao fracasso. Sobre o campo que abrange as ligações da língua com a sociedade, assim se manifestam Ducrot e Todorov (1988, p. 69), em seu *Dicionário enciclopédico das ciências da linguagem*:

> A relação entre a linguagem, de um lado, e, do outro lado, a sociedade, ou a cultura, ou o comportamento, nunca foi negada; mas, até hoje, os pesquisadores não chegaram a nenhum acordo quanto à natureza dessa relação. É por isso que nos defrontamos aqui, mais do que com uma disciplina única, com um conjunto de proposições e pesquisas cuja incoerência se reflete até na multidão de denominações: Sociologia da Linguagem, Sociolinguística, Etnolinguística, Antropologia Linguística, Linguística Antropológica etc.

Às denominações citadas por Ducrot e Todorov, poderiam ser acrescentadas muitas outras, ligadas aos estudos discursivos, interacionais, dialetológicos, históricos, comparatistas, das políticas linguísticas, da ética linguística etc.; acrescente-se a isso a grande importância que outras áreas assumem para levar adiante tais estudos: a antropologia, a sociologia, a filosofia, a psicologia e a política, entre muitas outras. Por fim, são muitos os aspectos envolvidos em uma discussão dessa natureza: sociais, geográficos, econômicos, políticos, históricos, étnicos, culturais etc.[65]

A conclusão que esse quadro tão heterogêneo permite é evidente: qualquer pesquisador que se aventure no conturbado terreno das relações entre a língua e a sociedade deve fazê-lo a partir de um ponto de vista muito bem delimitado; caso contrário, facilmente, poderá incorrer em excessiva generalidade – o que pouco contribui, na medida em que planifica diferenças teórico-metodológicas importantes – ou mesmo em incongruência – na medida em que pode cometer equívocos epistemológicos graves.

De unânime, nesse campo, há apenas a aceitação geral de que as duas entidades, língua e sociedade, estão de alguma forma implicadas. No mais, há somente conturbadas discussões: nem mesmo os termos "língua" e "sociedade" são compreendidos da mesma maneira em domínios teóricos distintos. Por exemplo, a afirmação saussuriana do caráter social da língua, que pode ser encontrada tanto no *Curso de linguística geral* – "ela [a língua] é a parte social da linguagem" (SAUSSURE, 1975, p. 22) – como em manuscritos – "A língua é um fato social" ou "o fato social da língua" (2004, p. 154) – não é comparável ao que diz, anos mais tarde, William Labov[66] – "dado que a língua é um fato social, e não a propriedade de qualquer indivíduo, segue que a mudança linguística é equivalente à difusão dessa mudança" (LABOV, 2003, p. 1). "Língua" e "fato social" não passam de homonímias terminológicas, em ambos os casos.

Esses exemplos, como se sabe, se apoiam em dois autores tradicionalmente colocados em oposição quando o tema é o aspecto social da língua,

---

65. Para uma boa síntese do campo, cf. o estudo de Alkmim (2001).

66. Especificamente sobre o tema, em Labov, encontrei um trabalho bastante elucidativo: a dissertação de mestrado intitulada *Labov e o fato social*, de May (2011). Em Saussure, cabe conferir o capítulo "O fato acima de tudo social da língua" do livro de Loïc Depecker (2012), *Compreender Saussure a partir dos manuscritos.*

mas, na verdade, tal tema não passa de um indicador mínimo da realidade heterogênea do campo. Muitos outros autores poderiam ser lembrados: W.D. Whitney (1827-1894)[67], Antoine Meillet (1866-1936)[68], Joseph Vendryes (1875-1960)[69], Marcel Cohen (1884-1974)[70], apenas para citar alguns dos que têm grande incidência na fundação de um ponto de vista acerca do tema, na linguística de origem francesa[71] especialmente. Cada um tem uma maneira de pensar os termos da relação entre língua e sociedade.

Frente a essa situação, que poderia ser considerada, no mínimo, embaraçante, creio que, na atualidade, a maior parte das pesquisas em linguística que visam ao aspecto "sócio" da língua ou se filiam a um quadro teórico-metodológico específico no interior do qual delimitam os temas abordados – a ênfase aqui é sobre a descrição de determinados fenômenos –, ou se restringem a avaliar comparativamente o alcance e os limites de cada

---

67. Cf., em especial, o capítulo IX, "Os dialetos: variações da linguagem segundo as classes e as localidades", do livro *A vida da linguagem* (2010), em que Whitney enfrenta a difícil questão da "unidade da língua" frente à mudança no tempo e no espaço que qualquer língua pode sofrer. Esse tema é retrabalhado com grande perspicácia por Ferdinand de Saussure anos depois, em suas conferências na Universidade de Genebra, em 1891. Em minha opinião, há clara influência de Whitney, especificamente neste ponto, sobre o raciocínio de Saussure. Cf. a esse propósito Normand et al. (1978).

68. Cf., em especial, a obra *Como as palavras mudam de sentido* (MEILLET, 2016), mas também a excelente recolha de textos presentes em Normand et al. (1978). Importante, também, é a introdução escrita por Meillet ao monumental *Les langues du monde* [*As línguas do mundo*], quase novecentas páginas organizadas por ele em conjunto com Marcel Cohen e publicado em 1924.

69. Cf. a quarta parte da obra *Le langage: Introduction linguistique à l'histoire* [*A linguagem: Introdução linguística à história*], publicada originalmente em 1923, na qual Vendryes apresenta uma visão sociológica de linguagem. Joseph Vendryes é também o responsável pela parte dedicada às línguas indo-europeias de *Les langues du monde*, organizado por Meillet e Cohen.

70. Cf., em especial, *Pour une sociologie du langage* [*Por uma sociologia da linguagem*], publicada em 1956.

71. Evidentemente, há outros autores que se dedicaram a pensar as relações entre língua e sociedade cuja influência é notável no século XX: além do já antes lembrado William Labov, há Edward Sapir e Benjamin Lee Whorf. A lista acima, apenas de caráter ilustrativo, está limitada ao contexto europeu e, muito especialmente, ao francês.

abordagem – com destaque para estudos que têm forte caráter epistemológico. No primeiro grupo, estão os trabalhos que explicitamente se baseiam em um dado quadro teórico (sociolinguística, etnolinguística, sociologia da linguagem etc.); no segundo, estão os trabalhos – normalmente introduções com propósitos didáticos – que procuram dar um "panorama" do estado da arte do campo.

Em vista disso, independentemente do quadro teórico mobilizado, caberia recolocar um questionamento formulado pelo linguista Émile Benveniste, em texto de 1954, "Vista d'olhos sobre o desenvolvimento da linguística", que sintetiza uma problemática anterior a qualquer abordagem que busque explicitar as relações entre a língua e a sociedade. Assim o linguista se manifesta:

> O problema consistirá antes em descobrir *a base comum à língua e à sociedade*, os princípios que regem essas duas estruturas, definindo-se primeiro as unidades que, numa e noutra, se prestariam à comparação, ressaltando-se-lhes a interdependência (BENVENISTE, 1988, p. 16, destaques meus).

A resposta à formulação de Benveniste determina os primitivos teóricos que norteiam qualquer abordagem do tema. Quer dizer, aquele que busca contemplar as relações implicadas no binômio – língua e sociedade – deverá partir do que for considerada a "base comum", sobre a qual podem se edificar comparações, implicações, reflexos, variações, espelhamentos etc.

Milner (1995, p. 204-209), ao falar das possibilidades de relações entre fenômenos culturais, históricos e sociais e a língua, considera que é possível avaliá-las de maneira concernente às relações de causalidade[72].

Para tanto, em primeiro lugar, Milner opera com uma distinção importante entre "relação causal primária" e "conexão causal explicativa".

---

72. Interessante observar que Auroux (1998, p. 326) considera que a casualidade não pode mais ser "concebida como a simples resposta à questão *por quê?*, mas como uma relação entre fenômenos que obedece a uma axiomática particular, da qual vemos a cada dia os exemplos na natureza que nos envolve, coloca-se, com efeito, a questão de saber se uma tal relação possui um interesse qualquer no domínio da linguagem".

Para ele, a noção usual de causalidade pressupõe a de acontecimento, o que implica a formulação, também usual, de que "o acontecimento A é a causa do acontecimento B" (MILNER, 1995, p. 208), ou seja, para que exista uma relação de causa entre dados é necessário considerá-los como acontecimentos. O exemplo fornecido por Milner é simples: ninguém dirá que a lei da queda dos corpos é a causa da queda dos corpos, pois essa lei não é um acontecimento no mesmo sentido em que a queda dos corpos o é. Ao contrário disso, pode-se facilmente dizer que o choque de uma bola de bilhar com outra é a causa do deslocamento desta última, pois se tem uma ligação entre dois elementos que podem ser vistos como acontecimentos.

Isso pode se confundir um pouco no interior de um dispositivo teórico. Por exemplo, quando se admite a física de Newton e se a considera um dispositivo teórico, é possível dizer que a força de atração entre os corpos é a causa da atração entre os corpos. No entanto, essa relação é dependente da admissão da física de Newton. Nesse caso, tem-se uma "relação causal explicativa", já que é interna a um dispositivo teórico. Outra coisa bem diferente é uma "relação causal primária", que enlaça dados observáveis que, acredita-se, são distintos de teorias.

Em segundo lugar, Milner considera que se pode pensar que entre um acontecimento A e um acontecimento B não exista necessariamente homogeneidade de natureza, havendo, portanto, "sobredeterminação", em que muitos acontecimentos heterogêneos concorram entre si para produzir efeitos heterogêneos. O exemplo de Milner, neste caso, advém do discurso dos historiadores, em que se estabelece que fenômenos econômicos não têm apenas causas econômicas ou que fenômenos políticos não têm apenas causas políticas. Ou seja, as causas no discurso dos historiadores são mistas, logo há sobredeterminação.

Considerados esses dois pontos acerca das relações de causalidade, Milner se pergunta em que medida as relações entre língua e sociedade podem ser conformadas a relações causais. Ele responde da seguinte maneira: na linguística, as relações são sempre ligadas à "conexão causal explicativa" e nunca estão ligadas à "relação causal primária"[73]. Isso significa que são explicações internas ao dispositivo teórico; trata-se, enfim, de uma causalidade relativa à teoria, a um dispositivo teórico particular, e não a acontecimentos tidos como independentes da teoria. A causa é interna ao dispositivo e concerne ao objeto da teoria: "há apenas relações de causalidade explicativas entre os elementos do dispositivo" (MILNER, 1995, p. 210). Ou ainda: "Uma teoria somente reputa explicar um acontecimento, se ela pode propor, por seus meios internos (conceito, princípio etc.), os termos adequados para explicar o acontecimento" (p. 210). Isso, em linguística, significa admitir que a teoria linguística é que pode explicar o dado linguístico em análise, o que Milner esclarece da seguinte maneira:

> Como o objeto [da linguística] são as línguas, como a epistemologia é a do dispositivo e como o dispositivo é a linguagem, apenas se pode explicar um dado de língua permanecendo no interior do dispositivo *linguagem*. Em termos mais precisos: *apenas um dado de língua pode explicar um dado de língua* (MILNER, 1995, p. 211).

Como o dispositivo da linguagem é constituído de várias partes (fonologia, morfologia, sintaxe, léxico, semântica etc.), a conexão explicativa, na medida em que é interna ao dispositivo, deve respeitar essa pluralidade de partes. Isso significa que, independentemente de se aceitar que um dado fonológico possa explicar um dado morfológico – o que suporia uma conexão causal explicativa entre as partes do dispositivo – ou de se aceitar que apenas um dado fonológico pode ser conexão causal explicativa de outro dado fonológico, a linguística supõe conexão entre os dados, internamente.

A partir do percurso feito por Milner, pode-se, então, recolocar o questionamento acima de Benveniste. Ora, parece que Milner indicaria apenas

---

73. A esse respeito, Milner (1995) chega a dizer, em nota, que o conceito de arbitrariedade do signo linguístico, proposto por Saussure no início do século XX, tem por função justamente eliminar toda e qualquer causa primária: "dizer que, com efeito, a relação que articula entre si as duas faces do signo é arbitrária é dizer que nenhuma é nem a causa nem o efeito da outra" (MILNER, 1995, p. 213, nota 11).

um caminho para contemplar o que diz Benveniste: é no interior da teoria (de uma dada teoria) que se pode explicar o dado em análise. Apesar da aparência de causalidade primária sintetizada em enunciados do tipo a "língua reflete a sociedade", a linguística, na medida em que somente pode comportar explicações internas ao dispositivo, mostra que essa explicação não é uma causa em si. Nesse sentido, tem razão Benveniste ao afirmar que "o problema", quando o que está em análise é a relação língua e sociedade, é relativo à "base comum" entre ambas as entidades, pois essa "base comum" apenas pode ser arbitrada como "conexão causal explicativa" e não como "relação causal primária". Logo, a "base comum" da qual fala Benveniste deve ser pensada em termos internos ao dispositivo teórico, uma vez que os princípios, as unidades e as relações dizem respeito à teoria que as propõe.

Na história da linguística, há muitas maneiras de apresentar as ligações entre língua e sociedade. Algumas, inclusive, tiveram destino de notoriedade, como é o caso da sociolinguística laboviana. Há, no entanto, uma perspectiva que é pouco explorada nos estudos da linguagem em relação ao tema língua e sociedade, e que, em minha opinião, apresenta uma perspectiva singular de tratamento do assunto, admitida a ideia de uma conexão causal explicativa, interna ao dispositivo teórico: é a perspectiva de Benveniste, apresentada no texto "Estrutura da língua e estrutura da sociedade", publicado em 1970 e fruto de uma conferência proferida em 1968[74].

Benveniste formula uma tese forte nesse artigo. Para ele, a língua não é nem espelho da sociedade[75], nem reflexo da estrutura social; ligações entre

---

74. São raros os estudos que incluem esse trabalho de Benveniste quando o que está em causa são as ligações entre a língua e a sociedade. Exceção que deve ser registrada é o trabalho de Alkmin (2001).

75. Benveniste é textual quanto a isso, em outro texto, publicado em 1970, uma homenagem ao antropólogo Claude Lévi-Strauss: "No debate incessante sobre a relação entre língua e sociedade limitamo-nos geralmente à visão tradicional da língua como espelho da sociedade. É preciso desconfiar muitíssimo desse gênero de imagens. Como poderia a língua 'refletir' a sociedade? Essas grandes abstrações e as relações, falsamente concretas, em que as colocamos juntas, produzem apenas ilusões ou confusões" (BENVENISTE, 1989, p. 278).

língua e sociedade não podem ser estudadas nem pela via das relações estruturais, nem das relações tipológicas, nem das genéticas, nem das históricas[76]. Conforme Benveniste, as relações entre ambas as entidades são semiológicas, o que lhe permite afirmar que a *língua é o interpretante da sociedade* ao mesmo tempo em que *contém a sociedade*. É esta última tese que pretendo examinar aqui.

§ 3.2 A LÍNGUA *CONTÉM* A SOCIEDADE

Como disse acima, Benveniste, no texto "Estrutura da língua e estrutura da sociedade", formula duas ideias importantes a partir das quais apresenta as ligações entre língua e sociedade: *a língua é o interpretante da sociedade* e *a língua contém a sociedade*. Segundo o próprio Benveniste (1989, p. 97), "a justificação da primeira proposição [...] é dada pela segunda".

Tais ideias fazem parte de um contexto bastante complexo de reflexão do autor em que são desenvolvidos os princípios de uma perspectiva semiológica de estudo da língua que culmina com o artigo, de 1969, "Semiologia da língua"[77], e com as suas últimas aulas no Collège de France (BENVENISTE, 2014). Por esse motivo, não tenho a intenção de apresentá-lo integralmente ao leitor, uma vez que, para fazer isso, seria necessário explicitar claramente a abordagem semiológica desenvolvida por Benveniste nos últimos anos de sua atividade acadêmica. Faço do artigo uma leitura bastante pontual,

---

76. Lamberterie (1997, p. 358) considera que esse artigo permite a Benveniste se separar, "sem dizê-lo, da célebre frase de seu mestre Meillet de que 'a língua é um fato social' e, mais ainda, de simplificações abusivas às quais algumas vezes ela conduziu algumas pessoas". Para Lamberterie, é "com toda a certeza, Marcel Cohen que é visado". Ao que acrescenta como prova: "Penso que é útil recordar, a este respeito, a resenha severa feita por Benveniste, no Boletim da *Sociedade de Linguística de Paris*, do trabalho de Marcel Cohen, intitulado *Pour une sociologie du langage*. Ele não consegue dissimular seu aborrecimento frente à maneira, simplista aos seus olhos, que Cohen, ao reivindicar o ensinamento de Meillet, concebe as relações entre língua e sociedade".

77. Para um estudo aprofundado do texto "Semiologia da língua" relativamente ao conjunto da obra de Benveniste, cf. o trabalho de Rosário (2018).

tentando tirar dele as consequências de se pensar que *a língua contém a sociedade*. Portanto, é na segunda proposição que estarei mais fixado.

Para tanto, gostaria de partir de uma indagação apenas: O que significa "contém" na tese "*a língua contém a sociedade*"?

Essa tese é fartamente matizada no decorrer do artigo, o que é bastante importante para que se possa entendê-la. Por exemplo, no texto, encontra-se: "A língua inclui [*inclut*][78] a sociedade" (BENVENISTE, 1989, p. 98). Ou ainda: "A língua interpreta [*interprète*] a sociedade" (p. 98). Mais adiante: "A língua engloba [*entoure*] a sociedade" e, ainda, "ela [a língua] configura [*configure*] a sociedade" (p. 100).

Todas essas especificações semânticas da tese geral de que *a língua contém a sociedade* indicam que a língua, nessa configuração, tem as condições necessárias e suficientes para comportar as relações possíveis entre os homens. Isso remete a uma particularidade de Benveniste: as noções de língua e sociedade por ele mobilizadas.

Em primeiro lugar, o que ele chama de "sociedade" não corresponde, *pari passu*, ao que poderia ser tratado como tal em uma teoria sociológica. Para ele, pode-se pensar a sociedade como dado empírico, histórico – é nesse sentido que é possível falar em sociedade chinesa, francesa etc. –, mas também é possível pensá-la como "[...] coletividade humana, base e condição primeira da existência dos homens" (BENVENISTE, 1989, p. 96). Separa-se, assim, o nível histórico do nível fundamental.

Em segundo lugar, é possível fazer o mesmo raciocínio a respeito da língua. Há a língua como idioma empírico, histórico – a língua chinesa, a língua francesa etc. – e há "[...] a língua como sistema de formas significantes [...]" (BENVENISTE, 1989, p. 96). Mais uma vez, tem-se o nível histórico e o fundamental.

Benveniste propõe que se estudem as relações entre língua e sociedade no nível fundamental e não no nível histórico. É no nível fundamental

---

78. Incluo as palavras utilizadas na publicação original francesa para que se confirme a matização dos termos utilizados.

que Benveniste percebe homologias entre as duas entidades[79]: ambas são inconscientes para os homens, as duas representam a natureza, tanto uma como outra é herdada e ambas não podem ser mudadas pela vontade do homem. Sobre esta última homologia, ele faz uma consideração:

> O que os homens veem mudar, o que eles podem mudar, o que eles efetivamen-te mudam através da história, são as instituições, às vezes a forma inteira de uma sociedade particular, mas nunca o princípio da sociedade que é o suporte e a condição da vida coletiva e individual. Da mesma maneira, o que muda na língua, o que os homens podem mudar, são as designações, que se multiplicam, que se substituem e são sempre conscientes, mas jamais o sistema fundamental da língua (BENVENISTE, 1989, p. 96).

Nesse ponto, ele acrescenta uma particularidade a respeito especi-ficamente da língua, o que vai sustentar a ideia de que *a língua contém a sociedade*:

> [...] se a diversificação constante, crescente das atividades sociais, das necessida-des, das noções, exige designações sempre novas, é preciso que em troca exista *uma força unificante que faça equilíbrio*. Acima das classes, acima dos grupos e nas atividades particularizadas, reina um *poder coesivo* que faz uma comunidade de um agregado de indivíduos e que cria a própria possibilidade da produção e da subsistência coletiva. *Este poder é a língua e apenas a língua.* É porque a língua representa uma permanência no seio da sociedade que muda, uma constân-cia que interliga as atividades sempre diversificadas. Ela é uma identidade em meio às diversidades individuais. *E daí procede a dupla natureza profundamente paradoxal da língua, ao mesmo tempo imanente ao indivíduo e transcendente à sociedade* (BENVENISTE, 1989, p. 96-97, destaques meus).

Apesar de longa, essa passagem é fundamental, o que impõe sua reite-ração, porque, com ela, entende-se que a língua, em seu nível fundamental,

---

79. Tem razão Lamberterie (1997), quando diz que a crítica de Benveniste à obra *Pour une sociologie du langage*, de Marcel Cohen, publicada no *Boletim da Sociedade Linguística de Paris* (BSL 53, 1958, fasc. 2, p. 38-41), é uma oportunidade de o linguista explicitar o seu próprio ponto de vista sobre a relação língua e sociedade: "Ele [M. Cohen] poderia ter se perguntado se a própria análise da linguagem lançaria alguma luz sobre o funcionamento da sociedade, se não haveria algo em comum entre o simbolismo linguístico e o simbolismo social" (BEN-VENISTE, 1958, apud LAMBERTERIE, 1997, p. 359). O que se delineia nessa passagem é o anúncio de um ponto de vista que vai se explicitar apenas no texto de 1968, qual seja, o de que é *a análise da linguagem que lançaria luzes sobre o funcionamento da sociedade.*

como sistema de formas que significam, tem a "força" de unificar, de dar coesão, de permanecer, de dar identidade, motivo pelo qual tem uma natureza paradoxal: está presente no indivíduo ao mesmo tempo que o transcende. Esse paradoxo será explicado mais adiante no texto: "é esta coincidência entre a língua como realidade objetivável, supraindividual, e a produção individual do falar que fundamenta a situação paradoxal da língua com respeito à sociedade" (BENVENISTE, 1989, p. 101).

Nesse sentido, é pela análise da língua que Benveniste propõe que o linguista inclua a sociedade em suas preocupações teórico-metodológicas: "estamos considerando aqui a língua somente como meio de análise da sociedade" (p. 97).

A proposição de que *a língua contém a sociedade* é fartamente ilustrada no texto: primeiramente com o que chama de "semantismo social" – "[...] consiste na verdade, principalmente mas não exclusivamente[80], em designações, em fatos de vocabulário" (p. 100) – , em seguida com a polissemia – que "[...] resulta [da] capacidade que a língua possui de *subsumir* em um termo constante uma grande variedade de tipos e em seguida admitir a variação da referência na estabilidade da significação" (p. 100, destaques do autor) – , finalmente com um terceiro ponto: "[...] cada um fala a partir de si" (p. 101), em que se encontra o aspecto paradoxal da língua antes evocado: ou seja, cada falante é sujeito em relação ao outro (singular, plural ou coletivo), o que faz da língua algo individual; no entanto, ela é extensível a toda a coletividade da sociedade, o que faz dela algo social. Enfim, a língua é, simultaneamente, de todos e de cada um.

---

80. Ressalva esta que indica que sua proposta não se limita ao léxico. A esse respeito, cabe lembrar, por exemplo, que o artigo "Dois modelos linguísticos da cidade", publicado em 1970, que trata das relações entre língua e sociedade a partir de um fato morfossintático de derivação: "Consideramos aqui um outro tipo de comparação, a partir da língua. A análise recairá sobre um fato de *derivação*, profundamente ligado à estrutura própria da língua. A partir deste fato, uma mudança de perspectiva é introduzida na pesquisa. Não é mais uma substância, um dado lexical sobre o qual se exerce a comparação sociolinguística, mas uma *relação* entre um termo de base e um termo derivado" (BENVENISTE, 1989, p. 278-279, destaques do autor).

Isso fica claro na oposição pessoa/não pessoa[81], uma vez que essa oposição é, ao mesmo tempo, constitutiva da língua – coletiva, portanto – e permite a cada um se incluir no que diz.

E como fazer para proceder à análise das relações entre a língua e a sociedade? Benveniste explica no último parágrafo do texto:

> Eu tentei bem sumariamente fazer aparecer a necessidade e a possibilidade de introduzir na discussão deste vasto assunto distinções essenciais e também *estabelecer entre a língua e a sociedade relações que são ao mesmo tempo lógicas e funcionais:* lógicas sob uma consideração de suas faculdades e de sua relação significantes, funcionais porque uma e outra podem ser consideradas como sistemas produtivos cada qual segundo sua natureza. Assim podem emergir analogias profundas sob as discordâncias de superfície. *É na prática social, comum no exercício da língua, nesta relação de comunicação inter-humana que os traços comuns de seu funcionamento deverão ser descobertos*, pois o homem é ainda e cada vez mais um objeto para ser descoberto, na dupla natureza que a linguagem fundamenta e instaura nele (BENVENISTE, 1989, p. 104, destaques meus).

Observe-se que Benveniste sugere um caminho: a) estabelecer, entre língua e sociedade, relações lógicas e funcionais; b) observar isso nas práticas sociais, no exercício da língua, ou seja, no diálogo (comunicação inter-humana). Esse caminho não exige, por exemplo, que sejam investigadas as relações entre alguma variação linguística observada em uma comunidade linguística e as diferenciações presentes em uma dada estrutura social, o que está na gênese da grande área conhecida como sociolinguística[82]. Sua proposta é, antes, ver como, na "comunicação inter-humana", a língua, em seu nível fundamental (como sistema de formas significantes), *contém* a sociedade, também em seu nível fundamental (como coletividade).

O ponto de vista não é relacionar as mudanças sociais às mudanças linguísticas, as variações sociais às variações linguísticas. A perspectiva de Benveniste é ver como a língua *abriga* a sociedade. É por isso que a distin-

---

81. Essa distinção é detalhadamente discutida, aqui mesmo, neste livro, nos itens 1.3.1 e 2.2.2.

82. Conforme William Bright (1974, p. 17, destaques meus), "a tarefa da sociolinguística é [...] demonstrar a covariação sistemática das variações linguística e social, e, talvez, até mesmo demonstrar uma *relação causal* em uma ou outra direção".

ção entre nível histórico e nível fundamental é tão importante para a sua proposta. Os estudos que visam à "covariação" estariam, na configuração epistemológica de Benveniste, mais próximos do que ele consideraria os níveis históricos da língua e da sociedade. A sua proposta diz respeito aos níveis fundamentais.

Na proposição apenas esboçada em "Estrutura da língua e estrutura da sociedade", a língua como sistema de formas significantes comporta as relações sociais de uma dada coletividade. Essas relações, conforme Benveniste, estão presentes nas *instituições*[83], termo este fundamental para ele, que elabora, em dois volumes, o *Vocabulário das instituições indo-europeias* – "a obra-prima da linguística do século XX", como diz o filósofo Giorgio Agamben (2011, p. 22).

É preciso, então, enfronhar-se na erudição de Benveniste para apenas começar a entender o longo alcance da proposta desse linguista notável. Assim, minha intenção, a seguir, é revisitar o *Vocabulário das instituições indo-europeias* não com interesse comparatista, mas com o propósito de compreender o método utilizado por Benveniste em seus estudos do indo-europeu. Minha hipótese é que esse método não é restrito aos estudos comparativistas, mas, em conjunto com o que está apresentado no artigo "Estrutura da língua e estrutura da sociedade", pode iluminar os caminhos de uma linguística que vise às relações entre língua e sociedade em termos diferentes dos feitos até então.

§ 3.2.1 A língua e as instituições

Atente-se, primeiramente, ao título da obra de Benveniste: *Vocabulário das instituições indo-europeias*. O que Benveniste entende por "instituição indo-europeia"? A expressão não deixa de causar alguma espécie, visto que,

---

83. J. Perrot (1984, p. 24-25) insiste que "Estrutura da língua e estrutura da sociedade" teoriza o método aplicado no *Vocabulário das instituições indo-europeias*, hipótese que, de um ponto de vista diferente do de Perrot, também endosso.

como se sabe, o indo-europeu é o prógono hipotético de uma gama de línguas, obtido por reconstrução comparativa. Jean-Claude Milner (1978, p. 107-108) sintetiza o quadro epistemológico axiomático desse fazer:

> Ser indo-europeísta é, portanto: a) construir uma língua, a língua da causa, b) ligar cada forma das línguas observadas a uma forma da língua-causa (é isto que é nomeado etimologia). Vê-se imediatamente a estranheza da noção de indo-europeu: é uma língua de estatuto pleno, comparável em todos os aspectos a qualquer língua conhecida; mas nunca se atestará ter sido falada por sujeitos: de fato, se por ventura se descrevessem traços observáveis dela, eles apenas poderiam ser considerados como elementos de uma língua-efeito, a língua-causa procurada continuando a se esconder.

O próprio Milner (1978, p. 108) segue explicando: "Em resumo, o indo-europeu não é simplesmente uma língua morta, semelhante ao latim, que não é mais falado, mas que é sempre possível de relacionar a sujeitos". Esses falantes faltam ao indo-europeu: "o indo-europeu nunca está em posição de poder ser suposto língua materna para sujeitos [...]. À primeira vista, tem-se aí uma língua que é inteiramente elucubração do saber" (MILNER, 1978, p. 108).

Milner chama a atenção para um aspecto que é fundamental, a partir do qual eu acrescentaria uma indagação: que suposição faz Benveniste que o permite falar em "instituição indo-europeia"?

No prefácio do primeiro volume do *Vocabulário das instituições indo-europeias*, Benveniste (1995a, p. 7) define o indo-europeu "[...] como uma família de línguas oriundas de uma língua comum e que se diferenciam por separação gradual. É, portanto, um imenso acontecimento global que tomamos em seu conjunto". Esse "acontecimento global" se decompõe em línguas particulares. Em outras palavras, Benveniste considera que o indo-europeu é um ponto de chegada – via reconstrução da gênese de termos em línguas particulares –, mas é também um ponto de partida. No primeiro caso, há reconstrução; no segundo, desenvolvimento.

Delineado o fenômeno do indo-europeu, cabe aproximá-lo da ideia de *instituição*, a partir da qual, segundo penso, é possível ver as ligações entre língua e sociedade. Como compreender que existem "instituições" de uma língua-causa, para usar os termos de Milner? Benveniste assim se refere ao termo no "Prefácio" do *Vocabulário das instituições indo-europeias*:

> O termo instituição deve ser aqui entendido em acepção ampla: não apenas as instituições clássicas do direito, do governo, da religião, mas também aquelas, menos aparentes, que se desenham nas técnicas, nos modos de vida, nas relações sociais, nos processos de fala e de pensamento (BENVENISTE, 1995a, p. 9).

Em resumo, "instituição indo-europeia" é uma expressão que sintetiza a ideia de que língua e sociedade estão, em seus níveis fundamentais – os mais profundos –, ligados entre si.

§ 3.2.2 O método

Vou partir da explicação do próprio Benveniste a respeito do método empregado no *Vocabulário das instituições indo-europeias*:

> O ponto de partida é geralmente escolhido em alguma língua indo-europeia, entre os termos dotados de um valor fecundo, e em torno desse dado, por meio do exame direto de suas particularidades de forma e de sentido, de suas ligações e oposições efetivas, e depois pela comparação entre as formas aparentadas, recompomos o contexto em que ela se especificou, muitas vezes ao preço de uma profunda transformação. Tentamos, assim, restaurar os conjuntos que a evolução submeteu a deslocamentos, trazer à luz estruturas ocultas, reconduzir a seu princípio de unidade as divergências nos empregos técnicos, e ao mesmo tempo mostrar como as línguas reorganizam seus sistemas de distinções e renovam seu aparato semântico (BENVENISTE, 1995a, p. 9).

Cabe retomar esquematicamente para que o percurso fique claro.

a) Escolhe-se um termo – já que se trata de um estudo do léxico – "dotado de valor fecundo".

b) Recompõe-se o contexto de uso, de especificação, desse "termo", através:

  b.1) do exame das particularidades de forma e sentido;

  b.2) das ligações e oposições que o termo mantém;

  b.3) da comparação com as formas aparentadas.

Tudo isso permite explicitar como se deu a mudança nas línguas indo-europeias.

Observe-se que as etapas "a" e "b" não são exclusivas de um estudo comparativista; elas podem ser facilmente estendidas a estudos sincrônicos e estão de acordo com o que diz o autor, em "Estrutura da língua e estrutura da sociedade", a respeito do estabelecimento de relações lógicas e funcionais entre língua e sociedade, nas práticas sociais e na língua em exercício, ou seja, na comunicação inter-humana. Além disso, com esse percurso Benveniste estabelece evidente diferença entre as atribuições de um linguista e as atribuições de um sociólogo ou de um historiador. Ao linguista cabe estudar a *significação*; aos demais estudiosos, a *designação*[84]:

> O processo histórico e sociológico desses processos fica a cargo de terceiros. Se ocupamo-nos do verbo grego *hēgéomai* e de seu derivado *hēgemón*, é para ver como se constituiu a noção de "hegemonia"; mas, sem considerar que gr. *hēgemonía* é, alternativamente, a supremacia de um indivíduo, ou de uma nação, ou o equivalente do *imperium* romano etc., interessa-nos apenas a relação, difícil de estabelecer, entre um termo de autoridade tal como *hēgemón* e o verbo *hēgéomai* no sentido de "pensar julgar". Assim elucidamos a *significação*; outros se encarregarão da *designação* (BENVENISTE, 1995a, p. 9-10, destaques do autor).

Montaut (1992, p. 109) considera que as análises do *Vocabulário das instituições indo-europeias* se dão com base na "correlação entre uma marca formal e uma 'função' ou um 'sentido'". Com isso, a autora quer destacar que "se trata de encontrar a 'constância' (ou a 'estabilidade') da significação ligada a uma classe de termos formalmente aparentados, através da variabilidade da 'designação', isto é, da referência historicamente mutável que tomaram esses termos" (MONTAUT, 1992, p. 116). Por outro lado, Lamberterie (1997, p. 357) considera que, no *Vocabulário das instituições indo-europeias*, "o problema fundamental é aquele das relações entre língua e sociedade", o que está em plena consonância com as "preocupações gerais do autor durante os últimos anos de sua atividade científica".

Nesse sentido, Charles Malamoud (1971), um dos mais profundos leitores do *Vocabulário das instituições indo-europeias*, faz uma observação que

---

84. Para uma abordagem mais detalhada do par designação/significação em Benveniste, cf. D'Ottavi (2014) e Barbosa (2018).

vem ao encontro do ponto de vista a partir do qual estou lendo a proposta de Benveniste. Para ele, "Benveniste não se propõe a dar uma imagem concreta e detalhada da sociedade indo-europeia comum, comparável à imagem que se poderia procurar fazer de uma sociedade histórica" (MA-LAMOUD, 1971, p. 657), ou seja, Benveniste não busca confrontar os dados linguísticos a dados arqueológicos ou históricos. Isso equivaleria a se manter nos níveis históricos das relações entre língua e sociedade e não no nível fundamental, como é sua intenção. Sua ambição é "construir uma matriz, um modelo explicativo capaz de engendrar os fatos observados nas sociedades indo-europeias tal como eles se revelam na análise do vocabulário" (p. 657).

Esse modelo é, sem dúvida, dependente da dupla significação/designação – o que é corroborado por Malamoud e todos os autores até aqui lembrados[85] –, mas há outro elemento muito importante, que aparece em "Estrutura da língua e estrutura da sociedade" e não consta das explicações teórico-metodológicas de Benveniste presentes no "Prefácio" do *Vocabulário das instituições indo-europeias*[86], embora se possa vê-lo operando nas análises ali presentes: o falante.

Em "Estrutura da língua e estrutura da sociedade", Benveniste (1989, p. 101), em momento de grande maturidade teórica, retoma a consagrada distinção pessoa/não pessoa, elaborada entre 1946 e 1958, para propô-la como a estrutura formal que permite ao falante o exercício da fala e "[...] assegura o duplo funcionamento subjetivo e referencial do discurso". Trata-se de uma distinção que se realiza na dupla oposição do "eu" ao "tu" e do

---

85. Cf. Malamoud (1971, p. 660-663); Montaut (1992, p. 16); Perrot (1984, p. 25); Lamberterie (1997, p. 361); Malamoud (2016, p. 246), além de D'Ottavi (2014).

86. Um dado histórico deve ser lembrado aqui: a publicação do *Vocabulário das instituições indo-europeias* é de 1969, e a comunicação original de "Estrutura da língua e estrutura da sociedade" é de 1968, com publicação em 1970. Logo, o "Prefácio" do *Vocabulário das instituições indo-europeias* – escrito pelo próprio Benveniste e onde constam informações teórico-metodológicas – e o artigo são praticamente contemporâneos, o que justifica a aproximação entre os dois textos.

"eu-tu" a "ele". Essa estrutura formal é "[...] indispensável, sempre presente em não importa qual língua, em não importa qual sociedade ou época" (BENVENISTE, 1989, p. 101).

A primeira oposição – do "eu" ao "tu" – permite o funcionamento subjetivo do discurso; a segunda – do "eu-tu" ao "ele" – permite a operação de referência que fundamenta a possibilidade de o discurso falar sobre algo: "Temos aí o fundamento sobre o qual repousa o duplo sistema relacional da língua", que permite "[...] a inclusão do falante em seu discurso [...]", "[...] coloca a pessoa na sociedade enquanto participante [...]" e "[...] desdobra uma rede complexa de relações espaço-temporais que determinam modos de enunciação" (BENVENISTE, 1989, p. 101).

Ora, o método de Benveniste para estudar as relações entre a língua e a sociedade parece ganhar, nessa configuração, um elemento a mais agora. Além das etapas acima enumeradas – de "a" a "c" – nas quais opera a dupla designação/significação, há o duplo sistema relacional da língua fundamentado na oposição pessoa/não pessoa.

Em razão desse duplo sistema relacional, o homem pode se situar e se incluir relativamente à sociedade. O homem, ao falar, fala de. Nesse sentido, a língua, entendida como prática humana, "revela o uso particular que os grupos ou classes de homens fazem da língua e as diferenciações que daí resultam no interior da língua comum" (BENVENISTE, 1989, p. 102). Quer dizer, os grupos e as classes nas quais necessariamente os homens se situam se apropriam do "aparelho de denotação" comum a todos. Em decorrência disso,

> cada classe social se apropria dos termos gerais, atribui a eles referências específicas e os adapta assim à sua própria esfera de interesse e frequentemente os constitui com base em derivação nova. Por sua vez, estes termos, carregados de valores novos, entram na língua comum na qual introduzem as diferenciações lexicais (BENVENISTE, 1989, p. 102).

É muito claro o roteiro sugerido aqui pelo linguista: a língua usada em uma dada classe atribui referência específica aos seus termos, os quais, por sua vez, "carregados de valores novos" entram na língua, de certa forma, renovando-a, "introduzindo as diferenciações". Trata-se de um processo, uma espécie de vai e vem, que retroalimenta língua e discurso.

O exemplo dado por Benveniste na continuação do texto – o vocabulário do sagrado na língua dos pontífices romanos – diz respeito, em primeiro lugar, aos vocabulários especializados, "[...] que constituem um universo particular" (BENVENISTE, 1989, p. 102), em que é possível

> encontrar ao mesmo tempo todo um repertório de termos específicos e também maneiras específicas de arrumá-lo, um estilo particular; em suma, os caracteres de uma apropriação da língua comum, realizada ao dotá-la de noções, de valores novos (BENVENISTE, 1989, p. 102).

Ora, o vocabulário especializado nada mais é do que "valores novos" que os termos da língua comum adquirem em função do uso que o falante faz deles em determinadas classes ou grupos. Vê-se claramente operando nessa formulação o duplo sistema relacional do qual Benveniste falava antes. A partir disso,

> poder-se-ia verificar [...], em cima de um modelo reduzido, o papel da língua no interior da sociedade, uma vez que esta língua é a expressão de certos grupos profissionais especializados, para os quais seu universo é o universo por excelência (BENVENISTE, 1989, p. 102).

Benveniste conclui:

> Ao distinguir, como nós tentamos fazê-lo, os diferentes tipos de relações que unem a língua à sociedade que são próprios a esclarecê-las uma através da outra, recorremos sobretudo ao mecanismo que permite à língua tornar-se o denominador, o interpretante das funções e das estruturas sociais (BENVENISTE, 1989, p. 102).

É tempo de sistematizar. Das observações sumárias feitas acerca do texto "Estrutura da língua e estrutura da sociedade" em consonância com o que está posto no "Prefácio" do *Vocabulário das instituições indo-europeias*, é possível derivar, ao menos em linhas gerais, diretrizes condutoras de uma maneira de pensar as relações entre língua e sociedade. Tais diretrizes podem ser de dois domínios: o dos princípios e o das operações.

Quanto ao domínio dos princípios, é preciso admitir que uma linguística que objetive abordar tais relações deve estabelecer a "base comum" sobre a qual língua e sociedade podem ser consideradas. A partir do que diz Benveniste, é admissível tomá-las em seu nível fundamental, não histórico, o que, com base em Milner (1995), implica vê-las numa relação causal explicativa, interna ao dispositivo teórico concebido. Faz parte dos princípios, também, a ideia de que a língua é o meio de análise da sociedade, o que seria próprio ao fazer do linguista.

Esses princípios são pressupostos e se fazem presentes no interior das análises de dados com as quais se ocupa o linguista.

Quanto ao domínio das operações, vê-se que Benveniste autoriza ir em várias direções. No entanto, há pontos dos quais não se pode desviar quando se quer proceder à análise do dado: a) a recomposição do contexto de uso dos dados, no qual se especificam usos (técnicos, especializados, gerais etc.) e no qual se busca a significação, não a designação; b) a correlação entre forma e sentido ou, caso se queira, entre forma e função, já que a língua é uma prática humana; c) a consideração do duplo funcionamento subjetivo e referencial do discurso, dado pela estrutura formal da pessoa/não pessoa.

O conjunto dessas diretrizes, em minha opinião, dá consistência à tese de que *a língua contém a sociedade.*

§ 3.3 UMA ABERTURA – O HOMEM NÃO NASCE NA NATUREZA, MAS NA CULTURA

Até o presente momento, me eximi de introduzir na discussão das relações entre língua e sociedade um terceiro termo, não menos suscetível a grandes debates: a cultura. Mas é tempo de fazê-lo, e isso, ao menos, por dois motivos.

O primeiro: o próprio Benveniste (1989, p. 98), em "Estrutura da língua e estrutura da sociedade", ao explicar os termos pelos quais se verifica que a *língua contém a sociedade*, destaca que, em sua opinião, "[...] é impossível descrever a sociedade, descrever a cultura, fora de suas expressões linguísticas", o que o leva a concluir que "[...] a língua inclui a sociedade, mas não é incluída por esta". Nesse sentido, pode-se deduzir que, para o linguista, sociedade e cultura estão intimamente ligadas, e ambas estão "contidas" na língua.

O segundo: Benveniste, ao falar, nesse mesmo texto, na apropriação, por classes ou grupos, do "aparelho de denotação" comum a todos – conforme destaquei acima –, utiliza a expressão "valores novos" para designar as alterações de sentido que sofre a língua ao ser apropriada por grupos ou classes. Ora, na entrevista intitulada "Estruturalismo e linguística", datada do mesmo ano de "Estrutura da língua e estrutura da sociedade", 1968, Benveniste (1989, p. 22, destaques meus) diz que "a cultura é também um sistema que distingue o que tem sentido, e o que não tem", ao que acrescenta: "Tudo o que é do domínio da cultura deriva no fundo de *valores*, de *sistema de valores. Da articulação entre os valores*. [...] Esses *valores* são os que se *imprimem* na língua". Pois bem, não deixa de chamar a atenção que a palavra "valores" – mais precisamente a expressão "sistema de valores" –, antes usada para abordar as relações entre língua e sociedade, seja, agora, utilizada para definir cultura. E mais: são valores impressos na língua! Não posso deixar de ouvir o eco de "a língua contém" em "se imprimem na língua". Ou seja, a proposição *a língua contém a sociedade*, para mim, ecoa na ideia de que *os valores da cultura se imprimem na língua*.

Nessa mesma entrevista, Benveniste (1989, p. 23-24, destaques meus) afirma:

> Vemos sempre a linguagem no seio da *sociedade*, no seio de uma *cultura*. E se digo que *o homem não nasce na natureza, mas na cultura*, é que toda criança e em todas as épocas, na pré-história a mais recuada como hoje, aprende necessariamente com a língua os rudimentos de uma cultura. Nenhuma língua é separável de uma função cultural.

Parece evidente, a partir disso, que Benveniste toma sociedade e cultura como duas faces da mesma moeda, ou seja, não há uma sem a outra. Em "Vista d'olhos sobre o desenvolvimento da linguística", texto publicado anos antes dessa entrevista, em 1963, Benveniste já era claro acerca do tema ao dar sequencialmente um rico conjunto de definições de cultura, com várias nuanças. Vale a pena detalhá-las:

a) A primeira definição – forma, sentido e conteúdo:

> Chamo cultura ao *meio humano*, tudo o que, do outro lado do cumprimento das funções biológicas, dá à vida e à atividade humanas forma, sentido e conteúdo (BENVENISTE, 1988, p. 31, destaques do autor).

b) A segunda definição – noções, prescrições, interdições:

> A cultura é inerente à sociedade dos homens, qualquer que seja o nível de civilização. Consiste numa multidão de noções e de prescrições, e também em *interdições* específicas; o que uma cultura proíbe a caracteriza ao menos tanto quanto aquilo que prescreve (BENVENISTE, 1988, p. 31-32, destaques do autor).

c) A terceira definição – fenômeno simbólico:

> O mundo animal não conhece proibição. Ora, esse fenômeno humano, a cultura, é um fenômeno inteiramente simbólico (BENVENISTE, 1988, p. 32).

d) A quarta definição – conjunto de representações:

> A cultura define-se como um conjunto muito complexo de representações, organizadas por um código de relações e de valores: tradições, religião, leis, política, ética, artes, tudo isso de que o homem, onde quer que nasça, será impregnado no mais profundo da sua consciência, e que dirigirá o seu comportamento em todas as formas da sua atividade; o que é senão um universo de símbolos integrados numa estrutura específica e que a linguagem manifesta e transmite? (BENVENISTE, 1988, p. 31-32).

e) A quinta definição – a relação entre o homem, a língua e a cultura:

> Pela língua, o homem assimila a cultura, a perpetua ou a transforma. Ora, assim como cada língua, cada cultura emprega um aparato específico de símbolos pelo qual cada sociedade se identifica. A diversidade das línguas, a diversidade das culturas, as suas mudanças mostram a natureza convencional do simbolismo que as articula. É definitivamente o símbolo que prende esse elo vivo entre o homem, a língua e a cultura (BENVENISTE, 1988, p. 31-32).

O que esse caminho dá a entender? Parece-me que Benveniste tenta resguardar um olhar próprio sobre o homem, o falante, como ser simbólico – e o recurso à criança é ilustrativo disso. O homem do qual fala Benveniste é constituído pela faculdade de simbolizar – não nasce na natureza, mas na cultura –, capacidade única que tem de construir sentidos, cuja percepção não se esgota, por exemplo, no cumprimento das funções biológicas do sistema sensorial humano.

Não basta ter visão, olfato, paladar, tato e audição para construir sentidos. Aliás, esses sentidos estão presentes, também, em outros animais e, nem por isso, se lhes atribui capacidade de construir sentidos e manifestá--los nas línguas.

Um exemplo dado pelo antropólogo americano Leslie White (1900-1975), no pequeno livro que sintetiza suas aulas na Universidade do Colorado, pode ser útil. Diz ele:

> Água-benta é diferente de água comum. Ela tem um valor que a distingue da água comum, e esse valor é significativo para milhões de pessoas. Como a água comum se torna água-benta? A resposta é simples: os seres humanos atribuem-lhe esse significado e estabelecem a sua importância. O significado, por sua vez, pode ser compreendido por outros seres humanos. Se não fosse assim, não faria sentido para eles. Simbologizar[87], portanto, envolve a possibilidade de criar, atribuir e compreender significados (WHITE, 2009, p. 9).

Isso quer dizer que a diferença entre água-benta e água comum transcende o que o sistema sensorial poderia abarcar; nem mesmo uma análise física ou química daria conta dessa diferença. Nos termos de Benveniste: o sentido de água-benta decorreria da capacidade de simbolizar, própria ao humano, capacidade esta ligada à cultura. Há a capacidade simbólica, e dela decorre a criação de *representações organizadas por códigos de relações e de valores.*

O exemplo de White é de uma simplicidade elucidativa. Vê-se operar, na passagem de água comum à água-benta, exatamente o que diz Benveniste: tem-se uma dada forma com sentido – trata-se de um líquido sacramen-

---

87. É importante que se diga que White, para elaborar sua reflexão, cunha a expressão "simbolante" [*symbolate*] para indicar o produto (coisa ou evento) decorrente da ação de "simbologizar" [*symboling*], preterindo a palavra "simbolizar" [*symbolizing*] que, segundo ele, significaria *representar por um símbolo.* A "simbologização" não designa a representação por um símbolo – algo que seria estabelecido pelo uso –, mas diz respeito a "criar, definir e atribuir significados a coisas e acontecimentos" (WHITE, 2009, p. 13). Sem querer discutir essa noção de "simbologização" pressuposta por White – já que tenho dúvidas quanto à sua compatibilidade com o que diz Benveniste sobre linguagem –, parece-me que o exemplo ilustra, ao menos em tese, o que quero destacar.

tal –, um sistema de noções (prescrições e interdições) e um sistema de valores que as organiza. É um fenômeno simbólico, enfim. De certa forma, White diz algo muito semelhante: para ele, a base da cultura é o símbolo. Benveniste relacionará essa capacidade à língua.

Detive-me longamente nas passagens de Benveniste, buscando ilustrá-las, inclusive, com um exemplo não linguístico, porque vejo nelas a comprovação de que sociedade e cultura – ao menos na configuração benvenistiana da linguística – são um conjunto inseparável e de que ambas encontram lugar na língua: o homem nasce na cultura porque ele é um ser para o qual os sistemas de valores, o simbólico, o que tem sentido, têm relevância. Tudo isso impresso na língua! Eis a inseparabilidade entre homem, língua e cultura.

§ 3.4 CONCLUSÃO

É tempo de buscar caminhos para efetivar uma linguística sustentada sobre a ideia de que a língua contém a sociedade e, por esse viés, contém a cultura. Espero ter conseguido formular, ao menos em linhas gerais, os princípios que norteiam tal configuração. Sociedade e cultura se imprimem na língua na medida em que a constituem.

Entretanto, talvez seja necessário ainda insistir em um ponto: que dado serviria a uma análise cujas bases foram esboçadas aqui?

Em um primeiro momento, seria possível dizer que a linguística que visa aos termos pelos quais *a língua contém a sociedade* e como *a cultura se imprime na língua* estaria restrita aos estudos lexicais, uma vez que Benveniste, no *Vocabulário das instituições indo-europeias*, se dedica a estudar o léxico das instituições ali contempladas (Economia, Parentesco, Sociedade, Poder, Direito e Religião), além de, nos dois volumes dos *Problemas de linguística geral*, intitular a sexta parte dos livros – que trata, exatamente, da gênese de termos da cultura moderna – "Léxico e cultura". Isso merece ser avaliado com mais cuidado.

De certa maneira, parece que os estudiosos em torno da obra de Benveniste assumem a tendência de considerar que sua reflexão sobre língua, sociedade e cultura tem no léxico a matéria por excelência.

Malamoud (1971), ao comentar o método de Benveniste no *Vocabulário das instituições indo-europeias*, assinala que os estudos propostos nessa obra não são de caráter filológico, mas, sim, linguísticos, uma vez que Benveniste não se detém em estudos textuais para restaurar uma estrutura social através de testemunhos ou interpretações registradas nesses textos. Seu interesse é mesmo a significação das palavras:

> O que conta são as palavras: as palavras que, consideradas nas combinações nas quais elas entram, nas substituições a que se prestam, mas também em sua própria estrutura, definem noções. No conjunto dos fatos de língua, somente as palavras podem, direta ou indiretamente, dar a conhecer as instituições, e assim as indicações sobre a forma de civilização da comunidade considerada. Os outros aspectos da linguagem, fonética, morfologia, sintaxe, não são relevantes (MALAMOUD, 1971, p. 661).

Da mesma maneira, Perrot (1984, p. 24-25), ao lembrar o distanciamento que Benveniste assume, em "Tendências recentes em linguística geral", de 1954, de posições como a de Meillet – segundo o qual haveria correspondência entre estruturas linguísticas e estruturas sociais ou entre mudanças na estrutura social e mudanças nas estruturas linguísticas –, considera que Benveniste esboça um programa próprio – "o estudo da impressão cultural na língua" (BENVENISTE, 1988, p. 16). Perrot lembra que, para Benveniste, esse estudo diz respeito à "composição de seu vocabulário [...] matéria muito rica e, apesar das aparências, muito pouco explorada" (p. 16).

De minha parte, estou de acordo com os leitores de Benveniste quanto à importância do léxico para fazer a linguística da língua que "contém" a sociedade e a cultura. Para mim, evidentemente, há a inconteste centralidade do léxico no raciocínio de Benveniste porque, a partir dele, é possível ver, na significação das palavras, especificada no uso que os falantes fazem delas, a "impressão" da sociedade e da cultura na língua. No entanto, isso não implica uma teoria lexical *stricto sensu*. Explico-me.

Benveniste, em vários trabalhos, aborda o estatuto da palavra em linguística; mapear todos esses momentos transcende meus objetivos. Porém, entre todas as problematizações em torno do tema, existe uma – retirada de "A forma e o sentido na linguagem", de 1966 – que é de maior importância aqui, exatamente porque se articula à questão da polissemia, assunto também abordado em "Estrutura da língua e estrutura da sociedade". Observe-se:

> O sentido de uma palavra consistirá na sua capacidade de ser integrante de um sintagma particular e de preencher uma função proposicional. O que se chama de polissemia não é senão a soma institucionalizada, se pudermos falar assim, destes valores contextuais, sempre instantâneos, aptos a se enriquecer e a desaparecer, em resumo, sem permanência, sem valor constante.

> Assim, tudo faz realçar o estatuto diferente da mesma entidade lexical, segundo a tomemos como signo ou como palavra (BENVENISTE, 1989, p. 232).

Essa passagem deixa entrever – pela contraposição à ideia de "signo" – que a visão benvenistiana de palavra se beneficia da noção de uso. A entidade lexical pode ser tomada como signo ou como palavra; é na segunda concepção que o uso – e a polissemia – estão contidos.

É por isso que admito a centralidade do léxico na linguística da língua-sociedade-cultura oriunda de Benveniste, sem, no entanto, tomar essa perspectiva no sentido estrito de uma teoria lexical.

Para finalizar e a título de inspiração aos que se interessam por esse projeto cujas linhas estão apenas esboçadas aqui, vale lembrar os comentários de Benveniste em entrevista dada ao jornalista e escritor Pierre Daix:

> Tudo o que é do domínio da cultura deriva no fundo de valores, de sistemas de valores. Da articulação entre os valores. Muito bem! Estes valores são os que se imprimem na língua. É, no entanto, um trabalho difícil trazê-los à luz, porque a língua carrega consigo toda uma série de dados herdados; a língua não se transforma automaticamente à medida que a cultura se transforma. E é justamente isto que faz frequentemente o leque semântico. Considere a palavra *homem* (tomo o primeiro exemplo que me vem à cabeça). Você terá de um lado o emprego do termo como designação; de outro lado as ligações de que esta palavra *homem* é suscetível, que são muito numerosas. Por exemplo, "o homem honesto", concepção que data, que remonta a uma certa fase do vocabulário, a um aspecto da cultura francesa clássica. Ao mesmo tempo, uma locução como

"eu sou seu homem" refere-se à época feudal. Você vê aí uma estratificação da cultura que deixa seu traço nos diferentes empregos possíveis. Estes estão todos compreendidos hoje na definição da palavra, porque são ainda suscetíveis de serem empregados no seu verdadeiro sentido na mesma época. Vemos aqui a contrapartida de uma definição cumulativa das culturas. Em nossa cultura atual integra-se toda a espessura de outras culturas. É nisto que a língua pode ser reveladora da cultura (BENVENISTE, 1989, p. 22-23, destaques do autor).

Esse comentário de Benveniste revela uma chave da análise: os valores são impressos na língua pelo uso, pelos *empregos possíveis*. Logo, *trazê-los à luz* implica reconstruir a natureza locucional da palavra, a natureza *loquens* da palavra. Eis um ponto em que o linguista poderia surpreender, na língua, um homem falando com outro homem. E o exemplo dado por Benveniste é, curiosamente, a palavra "homem". Essa análise apenas esboçada diz respeito ao que o linguista chama de "ligações" a que a palavra é *suscetível*, que nada mais é do que os usos da palavra "homem". Tais usos integram a definição da palavra "homem", ou seja, integram a análise do termo.

Seja qual for o futuro de uma linguística que coloque o homem no centro das relações língua-sociedade-cultura, as ideias condensadas nessa simples e notável formulação de Benveniste permanecerão.

§ 4

A língua e o pensamento

*A humanidade não é simplesmente o que existe
de comum entre todos os homens, ela é também o que
existe de absolutamente distinto de um homem e de outro homem.*
Jean-Claude Milner. "L'universel difficile".

§ 4.1 INTRODUÇÃO

O campo de estudos ao qual o tema deste ensaio está ligado é, como lembra Auroux (1998, p. 221), "um lugar tradicional da reflexão filosófica, amplamente retomado pela psicologia", mas é inegável que não deixa de também ser comum encontrar o mesmo tema em diferentes setores da linguística: estudos de aquisição de língua (materna ou não), estudos antropológicos da linguagem e estudos psicolinguísticos, entre outros.

O grande trabalho do psicólogo soviético Lev Semenovitch Vygotsky (1896-1934), cujo título *Pensamento e linguagem*, publicado postumamente (mas ainda no ano de sua morte), em 1934, indica a envergadura do problema que pretende enfrentar, é um marco incontornável da área tanto pelo que formula em sua imanência como pelo impacto que teve em todos os que, desde a sua publicação, se dedicam ao assunto.

E por que começo este capítulo lembrando o psicólogo soviético? Porque é seu nome que se encontra escrito em uma nota de Émile Benveniste pertencente a um conjunto de manuscritos consagrados ao "discurso poético" (cf. FENOGLIO, 2012). Trata-se da nota abaixo[88], publicada por Chloé

---

88. Cf. Benveniste (2011, p. 421).

Laplantine em um dossiê intitulado *Baudelaire*, cujo *fac-símile* reproduzo, com minha tradução subsequente.

Fonte: Benveniste, 2011, p. 421.

Vygotski[89]

p. 5. Diferença essencial entre pensamento / e sensação-percepção.

p. 40. A linguagem dos chimpanzés / é "estritamente emocional". / Não visa absolutamente a informar / ou a influenciar.

p. 52. "O material sensorial e a palavra / são um e outro partes indispensáveis / da formação do conceito". / (Material sensorial = relação do conceito à realidade).

Essa nota faz parte de um conjunto de manuscritos encontrados sobre a mesa de Benveniste após o acidente vascular cerebral que o acometera em 6 de dezembro de 1969, o que indica que o material estava entre as suas últimas ocupações. Além do nome de Vygotsky, chamam a atenção algumas das palavras escolhidas por Benveniste: "pensamento", "sensação-per-

---

89. A "/" indica mudança de linha no interior do parágrafo, conforme convenções de transcrição utilizadas por Laplantine (2011b).

cepção", "emocional", "informar", "influenciar", "palavra", "conceito", enfim, todas ligadas ao campo das relações que se poderia genericamente chamar "pensamento e linguagem".

Como é praticamente impossível saber o que Benveniste pretendia com as passagens acima, não resta ao leitor senão um exercício de inferências como forma de encaminhar possibilidades de leitura que nem sejam absurdas – porque estranhas ao pensamento do autor –, nem intencionem dizer "a" verdade sobre um manuscrito que, por definição, é inacabado. Eu proponho, então, uma leitura linear da nota acima, dando-lhe apenas certo ritmo.

Vou partir, inicialmente, da suposição de que Benveniste afirma uma "diferença essencial entre pensamento e sensação-percepção". A partir disso, é válido considerar, em seguida, que a "linguagem dos chimpanzés" ilustra essa diferença, uma vez que ela é "estritamente emocional" e "não visa absolutamente a informar ou a influenciar". Sendo "emocional", a linguagem dos chimpanzés estaria mais ligada à "sensação-percepção". Até aqui, a nota parece formular, ao menos em linhas gerais, uma diferença entre "linguagem" animal e linguagem humana[90]. Na primeira, há "sensação-percepção"; na segunda, há o "informar" e o "influenciar".

A diferença entre "pensamento" e "sensação-percepção" permite, ainda, outra suposição: sendo o "informar" e o "influenciar" ausentes no animal, cuja linguagem é "estritamente emocional", cabe considerá-los aspectos do "pensamento", este próprio do homem.

Na parte final da nota, porém, algo se acrescenta. Lê-se, nela, que o "material sensorial" – entendido como "relação do conceito à realidade", tal como indica o sinal de igualdade dentro do parêntese – necessita da "palavra" para que se dê a "formação do conceito". Ambos são "partes indispensáveis" para a "formação do conceito". Ora, substituindo-se "palavra" por "língua" – o que é bastante plausível, uma vez que a nota manuscrita

---

90. A diferença entre "linguagem" animal e linguagem humana foi tematizada por Benveniste em "Comunicação animal e linguagem humana", de 1952, e é aqui tratada no § 10.3.3.

faz parte de um conjunto maior em que Benveniste tematiza "a língua" e "o mundo" de Baudelaire –, deduz-se que a relação do conceito com a realidade está, de alguma maneira, intimamente ligada à língua (palavra). Assim, entendo que a parte final da nota autoriza pensar que a relação do conceito com a realidade necessita da palavra, ou seja, da língua.

Finalmente, uma última inferência: não parece descabido considerar que a expressão "formação do conceito" está relacionada a "pensamento", palavra esta utilizada no início da nota.

A leitura que proponho pode ser assim esquematizada:

• *Pensamento → informar → influenciar → material sensorial (relação do conceito à realidade) → palavra → formação do conceito → linguagem humana.*

• *Sensação-percepção → "estritamente emocional" → não visa a informar → não visa a influenciar → linguagem dos chimpanzés → linguagem dos animais.*

A partir disso, o que a nota abre de perspectiva para a abordagem do tema deste ensaio? Em minha opinião, trata-se de um importante deslocamento: Benveniste não aborda a relação linguagem/pensamento, *per se*, mas principalmente sob a influência da noção de "língua", na nota chamada de "palavra". É isso que indica o uso de "palavra" associado aos usos de "informar" e "influenciar". É isso, também, que fica bem claro, por exemplo, no título de um de seus principais artigos: "Categorias de pensamento e categorias de língua".

Evidentemente, não se trata de preterir o termo "linguagem" em favor de "língua", mas de situar a discussão de maneira distinta. Creio que esse ponto de vista permite desviar de discussões filosóficas e psicológicas, de aspectos cognitivistas e mentalistas, além de incluir, na ordem do dia, uma discussão linguística *stricto sensu*, ligada à diversidade das línguas. Isso posto, pretendo seguir de perto a obra de Benveniste para, a partir dela, formular uma perspectiva distinta do que, em geral, se conhece acerca das relações entre a língua/linguagem e o pensamento.

Antes de passar a isso, porém, é justo admitir que o leitor possa, legitimamente, questionar o caminho escolhido. Ou, em termos de pergunta: Por que tentar reconstituir – talvez fosse até melhor dizer constituir – um caminho via teoria benvenistiana para tratar o assunto se há sólida literatura especializada, no campo da linguística em geral, que, de alguma maneira, o aborda diretamente?[91]

Além do argumento teórico da centralidade da noção de "língua" – que, em Benveniste, implica sempre falar em "línguas" –, há ainda três motivos para fazer essa opção. O primeiro diz respeito à convicção que norteia o conjunto deste livro: a de que existem *problemas gerais de linguística* que são transversais a toda e qualquer linguística na medida em que é pertinente considerá-los independentemente do arcabouço teórico. Assim, dar a conhecer o raciocínio benvenistiano acerca desse tema – algo ainda não totalmente feito – corrobora a ideia da transversalidade (cf. "Apresentação"), o que pode servir de inspiração a pesquisas futuras. O segundo motivo se deve ao fato de que Benveniste, a partir de um conjunto de proposições acerca do tema, que facilmente são surpreendidas em sua obra, incita a pensar em uma direção ainda não explorada. Isto é, embora Benveniste não tenha fechado uma proposta de abordagem da relação entre a língua e o pensamento, é possível, a partir de suas considerações, encaminhar uma perspectiva distinta do que se conhece na atualidade dos estudos linguísticos. Finalmente, o último motivo – complementar aos anteriores – que tenho para fazer a reflexão a seguir é que Benveniste explicitamente demonstra conhecimento da obra de Franz Boas (1858-1942), de Edward Sapir (1884-1939) e de Benjamin Lee Whorf (1897-1941), além de Vygotsky – todos referências importantes no campo de estudos em questão –, embora não se filie integralmente a nenhum desses autores, usando suas reflexões para produzir algo próprio. Isso merece ser examinado em profundidade.

---

91. Para uma exposição clara das grandes linhas de pensamento acerca do tema, cf. o terceiro capítulo, intitulado "A relação entre linguagem, pensamento e cultura", do estudo de Moura e Cambrussi (2018).

Em suma, Benveniste pensou sobre o assunto, e evidenciar isso na sua obra pode, de um lado, renovar a leitura que comumente se faz do autor e, de outro lado, agregar ao campo uma perspectiva ainda não devidamente avaliada pelo público especializado[92].

§ 4.2 CATEGORIAS DE PENSAMENTO E CATEGORIAS DE LÍNGUA[93]

Para falar da relação entre língua e pensamento, impõe-se partir do artigo "Categorias de pensamento e categorias de língua"[94], publicado originalmente em 1958, em um veículo[95] dirigido a filósofos, antes de ser republicado no primeiro volume dos *Problemas de linguística geral*, em 1966. O

---

92. Cabe destacar o trabalho de Severo (2013), "Língua e linguagem como organizadoras do pensamento em Saussure e Benveniste".

93. Nesse artigo, é bom lembrar, Benveniste utiliza "linguagem" como sinônimo de "língua". Por exemplo: "Seguramente a linguagem, na medida em que é falada [...]" (BENVENISTE, 1988, p. 68). No entanto, ele resguarda especificidade para o termo quando usado na expressão "faculdade de linguagem" (BENVENISTE, 1988, p. 80).

94. Por vezes, me refiro ao artigo apenas pela expressão "Categorias".

95. Publicado no n. 4 do periódico *Les études philosophiques* [*Os estudos filosóficos*]. Observe-se o sumário da publicação, o que ilustra o contexto de surgimento da discussão:

1) Catégories de pensée et catégories de langue [Categorias de pensamento e categorias de língua] – Émile Benveniste

2) Pensée et grammaire [Pensamento e gramática] – Jean Fourquet

3) Observation et explication dans la Science du Langage [Observação e explicação na ciência da linguagem] – Gustave Guillaume

4) *Le Coup de dés* de Stéphane Mallarmé et le message [*O lance de dados* de Stéphane Mallarmé e a mensagem] – Jean Hyppolite

5) Qu'est-ce que parler le même langage? [O que é falar a mesma linguagem?] – André Jacob

6) Monde et langage: réflexions sur la philosophie du langage de Wilhelm von Humboldt [Mundo e linguagem: reflexões sobre a filosofia da linguagem de Wilhelm von Humboldt] – Lothar Kelkel

7) Wittgenstein, le langage et la philosophie [Wittgenstein, a linguagem e a filosofia] – Albert Shalom

8) La voix qui pense et sa pensée: Martin Heidegger [A voz que pensa e seu pensamento: Martin Heidegger] – Richard Wisser e Lothar Kelkel

texto gerou polêmica entre filósofos, em especial, mas também entre outros grupos intelectuais.

A polêmica mais célebre, sem dúvida, se deve ao filósofo Jacques Derrida (1930-2004), que publica, no n. 24 da Revista *Langages* – uma homenagem a Émile Benveniste coordenada por Julia Kristeva (1971) –, um artigo que se opõe frontalmente às ideias de Benveniste (DERRIDA, 1971, 1991). A crítica de Derrida é severa e fruto de uma incompreensão da natureza dos argumentos de Benveniste. Derrida está mais preocupado em questionar o recurso que Benveniste faz às categorias de Aristóteles do que propriamente em avaliar os termos pelos quais o linguista apresenta seu raciocínio. Além de Derrida, Pierre Aubenque[96] – famoso comentador francês de Aristóteles – e Jules Vuillemin[97] – também filósofo francês – estão entre os opositores ao raciocínio benvenistiano[98].

Contrasta com a polêmica junto aos filósofos a reiterada lembrança desse trabalho de Benveniste junto aos ditos "estudos de tradução". Georges Mounin (1975, p. 54-56 e p. 203), George Steiner (2002, p. 135) e Oustinoff (2011, p. 20) recorrem ao texto para fundamentar seus estudos sobre a diversidade das línguas e sua relação com o pensamento e com a realidade.

Ora, tendo em vista que delimitei, acima, a centralidade da noção de língua como uma inferência possível da nota manuscrita, creio que a complexidade desse trabalho de Benveniste merece ser avaliada em detalhe e por um viés diferente daquele encaminhado pelos filósofos. Talvez os estudos ligados à tradução possam ser mais interessantes para abordar o tema, uma vez que recortam o raciocínio de Benveniste a partir do olhar da diversidade das línguas, o que é próprio à tradução e a Benveniste. Na leitura que faço, estarei, como se verá, mais inspirado por estes do que por aqueles (cf. § 4.4).

A seguir, retomo cuidadosa e detalhadamente os termos pelos quais Benveniste expõe seus argumentos; tentarei fazer isso da maneira mais

---

96. Cf. Aubenque (1965).

97. Cf. Vuillemin (1967).

98. Cf. Auroux (1998, p. 151-154); Steiner (2002, p. 135); Laplantine (2011a, p. 69-92).

equânime possível, buscando apresentar, distribuídas em cinco partes, as principais ideias e seus efeitos, para, em momento posterior, tecer comentários que, segundo penso, sinalizam uma direção ainda não completamente abordada do tema.

Parte I – O problema

Benveniste parte de duas considerações acerca dos usos da língua: de um lado, consiste no fato de que "[...] a realidade da língua permanece, via de regra, inconsciente [...]" (BENVENISTE, 1988, p. 68); de outro, consiste no fato de que "[...] por mais abstratas ou particulares que sejam as operações do pensamento, recebem expressão na língua" (p. 68).

Essas considerações, apresentadas por Benveniste quase como constatações tácitas, são fonte de muitas ambiguidades. A principal diz respeito à convicção de a língua apresentar os recursos "[...] ao espírito para o que chamamos a expressão do pensamento" (BENVENISTE, 1988, p. 68). "Esse é o problema que encaramos sumariamente aqui" (p. 68). Eis o problema do qual parte Benveniste: o fato de que "podemos dizer tudo, e podemos dizê-lo como queremos" (p. 68) implica afirmar que a língua expressa o pensamento?

Observe-se que há uma diferença importante entre considerar que as operações de pensamento *recebem expressão na língua* e afirmar que a *língua permite a expressão do pensamento*.

Para dar conta dessas indagações iniciais, Benveniste (1988, p. 69) tenta circunscrever o que chama de "pensamento": "[...] 'o que queremos dizer' ou 'o que temos no espírito' ou 'o nosso pensamento' (seja lá como for que o designemos) é um conteúdo de pensamento, bem difícil de definir em si mesmo". Observe-se como este "querer dizer" é bastante semelhante ao "informar" e ao "influenciar", presentes na nota a propósito de Vygotsky.

Nesse ponto, Benveniste (1988, p. 69) formula uma tese forte: "esse conteúdo recebe forma quando é enunciado, e somente assim. Recebe forma da língua e na língua, que é o molde de toda expressão possível; não pode dissociar-se dela e não pode transcendê-la". Ou ainda: a língua "[...] dá a sua *forma* ao conteúdo de pensamento" (p. 69, destaques do autor).

O leitor deve estar atento aqui a dois pontos[99]: a) o conteúdo de pensamento recebe forma "da" e "na" língua; b) a língua dá "sua" *forma* (em itálico na passagem original) à língua e não "a" forma ou mesmo apenas "forma" à língua. Quanto ao primeiro, é justo reconhecer que "língua" é entendida, simultaneamente, como meio e modo de realização; quanto ao segundo, impõe-se perceber que Benveniste entende que o pensamento tem uma forma que é "a sua", a qual é, por sua vez, como a forma da língua. Caso se entenda "forma" no sentido de organização – que é exatamente como Benveniste (1988, p. 69) a entende ao dizer que a língua é "[...] organizada como combinação de 'signos' [...]" –, conclui-se que o pensamento é organizado "como" a língua é organizada.

É isso que leva Benveniste a concluir que a forma da língua é condição de transmissão e de realização do pensamento: "não captamos o pensamento a não ser já adequado aos quadros da língua. Fora isso, não há senão obscura volição [...]" (BENVENISTE, 1988, p. 69).

Mais uma vez, cabe chamar a atenção do leitor aqui, pois os termos podem ser enganadores: esse raciocínio de Benveniste não implica dizer que a língua dá uma forma ao conteúdo de pensamento ou mesmo que a língua tem formas prontas que servem para transmitir o pensamento. Benveniste nega isso ao recorrer à ideia do continente e conteúdo:

> Falar de continente e conteúdo é simplificar. A imagem não deve enganar. Estritamente falando, o pensamento não é uma matéria à qual a língua emprestaria forma, pois em nenhum momento esse "continente" pode ser imaginado vazio de seu "conteúdo", nem o "conteúdo" como independente do seu "continente" (BENVENISTE, 1988, p. 69-70).

Além do mais, o raciocínio apresentado até aqui não passa de pura constatação de uma *relação de fato*, pois "apresentar esses dois termos,

---

99. Esses pontos também são lembrados por Laplantine (2011a, p. 71-72), embora com propósitos ligeiramente distintos dos meus aqui.

pensamento e *língua*, como solidários e mutuamente necessários não nos indica a forma pela qual são solidários, nem a razão por que os julgaríamos indispensáveis um ao outro" (BENVENISTE, 1988, p. 69, destaques do autor). Em outras palavras, não basta dizer que um não existe sem o outro se não se explica a relação específica que há entre eles, afinal, é evidente que os termos não são sinônimos.

Eis, então, o problema tal como Benveniste o reformula: apesar de se reconhecer a estreita relação entre pensamento e língua, é possível reconhecer algo que seja exclusivo de um e de outro?

Parte II – O encaminhamento

Benveniste trata o problema pela via das "categorias". Quer dizer, em um primeiro momento, seria possível dizer que "[...] o pensamento pode pretender apresentar categorias universais, mas que as categorias linguísticas são sempre categorias de uma língua em particular" (BENVENISTE, 1988, p. 70), o que confirmaria certa independência e superioridade do pensamento em relação à língua.

Assim, ele passa a estudar as categorias de Aristóteles, tomadas como uma espécie de "dados", ou ainda, como "[...] o inventário das propriedades que um pensador grego julgava predicáveis a um objeto, e consequentemente como a lista dos conceitos *a priori* que, segundo ele, organizam a experiência" (BENVENISTE, 1988, p. 70-71, destaques do autor).

Em outras palavras, Benveniste toma parte da obra de Aristóteles[100] como *corpus* de exame rigoroso das categorias de um pensamento e de uma língua definidos, no caso, o grego.

Parte III – A análise

Observe-se a tradução literal proposta por Benveniste do texto original de Aristóteles:

---

100. "Categorias" é o primeiro texto do *Organon*, conjunto dos tratados de lógica de Aristóteles.

> Cada uma das expressões que não entram numa combinação significa: a *substância*; ou *quanto*; ou *qual*; ou *relativamente a que*; ou *onde*; ou *quando*; ou *estar em posição*; ou *estar em estado*; ou *fazer*; ou *sofrer*. "Substância", por exemplo, em geral, "homem"; "cavalo"; – "quanto", por exemplo, "de dois côvados; de três côvados"; – "qual", por exemplo, "branco; instruído"; – "relativamente a que", por exemplo, "duplo; meio; maior"; – "onde", por exemplo, "no ginásio; no mercado"; – "quando", por exemplo, "ontem; no ano passado"; – "estar em posição", por exemplo, "está deitado; está sentado"; – "estar em estado", por exemplo, "está calçado; está armado"; – "fazer", por exemplo, "corta; queima"; – "sofrer", por exemplo, "é cortado; é queimado" (BENVENISTE, 1988, p. 71, destaques do autor).

Tradicionalmente, assim se apresentam as categorias: (1) substância, (2) quantidade, (3) qualidade, (4) relação, (5) lugar, (6) tempo, (7) posição, (8) posse, (9) ação e (10) paixão.

Como se pode ver, a tradução de Benveniste evidencia um ponto poucas vezes destacado, qual seja, o da relação entre as categorias e a língua grega. Observem-se as seis primeiras categorias: a "substância", (1), indica o substantivo; o "quanto", (2), a quantidade (o "ser-quantésimo", *quantidades discretas*, o número propriamente dito, ou *quantidades contínuas*); a categoria "qual", (3), indica o adjetivo ("qual-idade" *sem acepção de espécies*); a "relativamente a que", (4), indica elementos em si mesmos relativos (o conceito de "duplo" ou de "meio") ou as especificidades dos adjetivos de possuírem uma forma comparativa; a "onde", (5), indica o espaço, o advérbio; a "quando", (6), o tempo, também advérbio.

Essas seis primeiras categorias "[...] referem-se todas às formas *nominais*. É na particularidade da morfologia grega que encontram sua unidade" (BENVENISTE, 1988, p. 73). São um conjunto.

As quatro categorias finais também formam conjunto: "[...] são todas categorias *verbais*" (BENVENISTE, 1988, p. 73): a categoria "fazer", (9), indica a voz ativa do verbo; a "sofrer", (10), a voz passiva do verbo. Quanto às duas outras categorias, a (7) e a (8), é justo dizer que em relação a elas Benveniste demonstra toda a sua erudição. Observe-se.

Pode-se questionar sobre o interesse de uma categoria como a (7), posição. Que valor teria? A resposta está nos exemplos "está deitado" e "está sentado", que, na morfologia grega, correspondem à voz média. Benveniste chega a afirmar que, no sistema verbal do grego antigo, a distinção mais importante era realmente entre o ativo e o médio. Isso quer dizer que "sob o aspecto da língua, essa é uma noção essencial. Contrariamente ao que nos pareceria, o médio é mais importante do que o passivo que dele deriva" (BENVENISTE, 1988, p. 74). Quanto à categoria (8), posse, ela não deve ser tomada no sentido habitual de "ter", posse material. Os exemplos aqui também são esclarecedores: "está calçado" e "está armado". Benveniste classifica-os como formas verbais do perfeito médio, que, em grego, não tem apenas valor temporal, mas indica, também, conforme o caso, um modo da temporalidade ou uma maneira de ser do sujeito, o que se sobressai nos exemplos ao traduzi-los incluindo a noção de "ter": "tem os calçados no pé" e "tem as armas sobre si". Segundo Benveniste (1988, p. 75, destaques do autor), "[...] concebe-se, tendo em vista o número de noções que só se exprimem em grego sob a forma do perfeito, que Aristóteles o tenha tornado num modo específico do ser, o estado (ou *habitus*) do sujeito".

O que essa análise de Benveniste coloca em destaque é absolutamente original: a língua grega é colocada em relação com as categorias de pensamento. É isso que o leva a concluir que é possível "[...] transcrever em termos de língua a lista das dez categorias" (BENVENISTE, 1988, p. 75). Para Benveniste, Aristóteles, ao propor a "tábua das categorias" pensava arrolar os predicados da proposição; no entanto, não percebe que faz isso com as distinções que o grego manifesta: "Pensava definir os atributos dos objetos; não apresenta senão seres linguísticos: a língua que, graças às suas próprias categorias, permite reconhecê-las e especificá-las" (p. 76). A tese é forte e precisa ser mais bem detalhada.

Parte IV – A resposta

Após essa análise, Benveniste crê ter reunido as condições para responder o problema que apresenta no início do artigo:

> Temos assim uma resposta para a questão apresentada no início e que nos levou a esta análise. Perguntávamo-nos de que natureza eram as relações entre categorias

de pensamento e categorias de língua. Na medida em que as categorias de Aristóteles se reconhecem válidas para o pensamento, revelam-se como a transposição
das categorias de língua. É o que se pode *dizer* que delimita e organiza o que
se pode pensar. A língua fornece a configuração fundamental das propriedades
reconhecidas nas coisas pelo espírito. Essa tábua dos predicados informa-nos,
pois, antes de tudo, sobre a estrutura das classes de uma língua particular (BEN-
VENISTE, 1988, p. 76, destaques do autor).

De fato, a explicação de Benveniste é incontestável e seus argumentos
são irrefutáveis. Sua tese é absolutamente comprovável: a análise categorial
de Aristóteles decorre da estrutura específica da língua em que fora formulada, no caso, o grego.

No entanto, há ainda uma segunda tese, decorrente da primeira, que
está bem clara na passagem acima: se as categorias aristotélicas são as categorias do grego, segue-se que as categorias de pensamento são categorias de
língua, o que encontra eco na afirmação anterior de que "é o que se pode
dizer que delimita e organiza o que se pode pensar".

Benveniste, para comprovar essa segunda tese, procede de uma maneira
completamente nova: ele examina a noção grega de "ser", presente no equivalente em grego ao verbo "ser"[101], para afirmar que a língua grega permitiu, com o seu verbo "ser", fazer do "ser" uma noção filosófica[102]. Ele faz isso
contrapondo o valor do verbo "ser" em grego – e em boa parte das línguas
indo-europeias – à distribuição que tem na língua ewe, falada no Togo.
Observe-se a demonstração.

Parte V – A demonstração

Conforme Benveniste, a língua ewe distribui a noção de "ser" em muitos
verbos. O linguista lista cinco:

---

101. Sara Luiza Hoff, especialista em tradução, me fez notar que a reflexão de Benveniste,
quando transposta para o português, é nuançada pela existência do verbo "ser" em português (que, como se sabe, adquire particularidades em função de sua contraposição a
"estar"). Esse tema merecia maior atenção, sem dúvida.

102. Benveniste (1988, p. 76) considera o "ser" "[...] a condição de todos os predicados". No
grego, ele tem empregos que abarcam a função lógica (cópula), a função nominal (pospos-
to ao artigo), pode servir de predicado a si mesmo etc.

a) *nyé* – marca a identidade entre o sujeito e o predicado ("*ser* quem", "*ser* o que");

b) *le* – exprime a existência (*Mawu le*, "Deus existe"); tem também emprego predicativo de situação, de localização ("*estar* num lugar, num estado, num tempo, numa qualidade"): *e-le nyuie* ("ele está bem"), *e-le a fi* ("ele está aqui"), *e-le ho me* ("ele está em casa");

c) *wo* – significa "fazer, cumprir, produzir um efeito", em combinação com um termo indicador de matéria, permite predicação (*wo* com *ke* "areia" = "estar/ser arenoso"[103]; com *tsi* "água" = "estar úmido"). O que se apresenta como um "ser" de natureza em francês, *Il "fait" du vent*, "está ventando", é um "fazer" em ewe;

d) *du* – indica predicação relativa a um termo de função, de dignidade: *du fia* = "ser rei";

e) *di* – empregado com certos predicados de qualidade física, de estado: *di ku* = "estar magro"; *di fo* = "ser devedor".

Essa demonstração serve para Benveniste afirmar que os cinco verbos em ewe correspondem aproximativamente ao nosso verbo "ser". O linguista faz isso ressalvando que essa demonstração é feita a partir do exterior do ewe, e não do interior. Quer dizer, usa-se a "nossa" língua, a língua indo-europeia, para descrever as cinco possibilidades presentes em ewe; no entanto, "no interior da morfologia ou da sintaxe *ewe*, nada aproxima esses cinco verbos entre eles. É em relação aos nossos próprios usos linguísticos que lhes descobrimos qualquer coisa em comum" (BENVENISTE, 1988, p. 79, destaques do autor). Segundo ele, essa análise "egocêntrica" esclarece melhor o próprio grego na medida em que coloca luzes sobre um fato que é próprio das línguas indo-europeias e não uma situação universal[104].

---

103. A tradução brasileira opta por "estar areento".

104. Neste ponto é que os filósofos, em especial Derrida, reagiram contrariamente: Benveniste chega a sugerir certa relativização da metafísica ocidental na medida em que considera que a estrutura do grego predispõe a noção de "ser" a uma vocação filosófica. Como disse acima, não seguirei o viés filosófico, mas o leitor interessado se beneficiará bastante da discussão presente em Laplantine (2011a, p. 69-92).

Parte VI – A conclusão

Benveniste conclui seu artigo convicto de que pode refutar duas ilusões, de sentido opostos, acerca do tema que o mobilizou.

A primeira ilusão é a de que a língua seja "[...] apenas um dos intermediários do pensamento" (BENVENISTE, 1988, p. 79). Não. Para Benveniste (p. 79), quando "[...] tentamos atingir os quadros próprios do pensamento, só nos apoderamos das categorias da língua", logo ela é o grande intermediário. A segunda ilusão, inversamente, é a de que a língua seria "[...] o decalque de uma 'lógica' inerente ao espírito, [...] exterior e anterior à língua" (p. 79). Ambas são tautológicas. Isso leva Benveniste a concluir, em relação ao problema colocado no começo – se a língua expressaria o pensamento –, que a língua é condição do pensamento. Nem expressão, nem decalque, mas condição.

A principal crítica, no âmbito linguístico, que se encontra em relação à forma como Benveniste dirige a discussão língua/pensamento nesse artigo é que ela pode conduzir ao relativismo linguístico e ao determinismo linguístico[105], normalmente associados aos trabalhos de Sapir e Whorf[106]. Nesse sentido, um encaminhamento previsível para avaliar essa proposta benvenistiana seria retomá-la à luz dos trabalhos dos estudiosos americanos, o que implicaria, de um lado, avaliar a pertinência de tal associação – uma vez que não é evidente e consensual que se possa atribuir a Sapir e a Whorf esses rótulos – e, de outro lado, delinear os pontos exatos de contato entre as linhas de reflexão (Sapir-Whorf-Benveniste).

Ora, é inegável a presença de Sapir e de Whorf na obra benvenistiana. Sapir, por exemplo, é referido em inúmeras passagens dos *Problemas de*

---

105. Em Moura e Cambrussi (2018), há uma exposição clara sobre a dita "hipótese" Sapir-Whorf, sua relação com o relativismo linguístico e com o determinismo linguístico. Os autores, ao ressalvarem a inexistência, propriamente dita, da formulação dessa "hipótese", apresentam essa discussão em um contexto atual, em que se encontram a crítica de Pinker (2002) e a polêmica em torno da língua pirahã trazida por Everett (2012). Especificamente sobre Sapir e o relativismo, encontrei uma apresentação realmente esclarecedora em Cunha (2012). Sobre a influência de Sapir e Whorf em Benveniste, cf. Laplantine (2011a, p. 52-92).

106. De um ponto de vista filosófico, cabe ler a análise de Auroux (1998), em especial, o capítulo dedicado à linguagem e ontologia (p. 185-219).

linguística geral e, em todas, está associado a um grande reconhecimento por parte de Benveniste: a descrição do takelma, língua indígena do Oregon (BENVENISTE, 1988, p. 115-118); a classificação das línguas (p. 119-120); os estudos sobre o tempo na língua chinook, falada na região do Rio Columbia (BENVENISTE, 1989, p. 76); as relações entre língua e cultura (p. 94); e a descrição da língua paiute meridional, falada no sudoeste de Utah e ao nordeste do Arizona (p. 110-114), entre outras referências. O mesmo acontece com Whorf, que é reiteradamente lembrado por Benveniste: a descrição do dialeto asteca de Milpa Ata (p. 112-113) e o uso dos verbos auxiliares em asteca (p. 139), além de significativas notas manuscritas de Benveniste sobre a obra de Whorf (cf. LAPLANTINE, 2011a, p. 68-69). Todas essas passagens atestam o conhecimento que Benveniste tem dos trabalhos dos pensadores americanos.

No entanto, aviso de antemão: não percorrerei um caminho que busque ligar Benveniste a Sapir e a Whorf, e isso por dois motivos: o primeiro, mais geral, é que ele já foi percorrido por Chloé Laplantine (2011a), configurando-se propriamente em um dos pontos altos de sua obra; o segundo, mais específico, é que tenho apenas interesse lateral em ver os termos pelos quais os trabalhos de Sapir e Whorf comparecem na obra de Benveniste, pois minha intenção é realmente ver qual via de reflexão Benveniste pode, em si mesmo, abrir. Sobre especificamente a vinculação de Benveniste ao determinismo e ao relativismo linguísticos, limito-me a dizer que se trata de uma hipótese com a qual não coaduno; a demonstração disso deve sobressair do estudo intrateórico que fiz acima e das considerações que faço, a seguir, com base no restante da obra do autor.

§ 4.3 O SÍMBOLO E O PENSAMENTO

No "Prefácio" do primeiro volume dos *Problemas de linguística geral*, Benveniste evoca a ideia de "pensamento" em dois contextos: o primeiro, ao dizer que o livro traz, entre os principais temas tratados, as relações "entre o símbolo e o pensamento"; o segundo, ao lembrar que um dos capítulos aborda "correlações entre as categorias linguísticas e as do pensamento", certamente fazendo referência ao texto "Categorias de pensamento e categorias de língua". Ora, essa reiteração do assunto no "Prefácio" parece sinalizar que se trata de algo realmente importante no conjunto da teoria da linguagem de Benveniste, além de orientar uma dupla via de acesso ao problema. Ou seja, se a discussão em torno das "categorias" – de língua e de pensamento – é bastante evidente em função do texto quase homônimo, as relações entre "o símbolo e o pensamento" exigem ainda ser mais bem explicitadas. Em outras palavras, resta perguntar: Em que medida a dupla *categorias de língua/categorias de pensamento* se reveste de alguma especificidade quando colocada à luz da dupla *símbolo/pensamento*?

Em 1954 – em época próxima à publicação de "Categorias", portanto –, Benveniste publica um artigo, "Tendências recentes em linguística geral", que busca, como indica o título, esboçar uma síntese dos "[...] problemas que estão hoje no centro das pesquisas da linguística geral, sobre a noção que têm os linguistas sobre seu objeto e sobre o sentido que assumem as suas gestões" (BENVENISTE, 1988, p. 4). Em uma de suas primeiras considerações acerca do estado da arte da linguística de seu tempo, ele afirma:

> [...] tocamos as questões cujo alcance ultrapassa a linguística; percebe-se que as "categorias mentais" e as "leis do pensamento" não fazem, em grande parte, senão refletir a organização e a distribuição das categorias linguísticas. Pensamos um universo que a nossa língua, em primeiro lugar, modelou. As modalidades da experiência filosófica ou espiritual estão sob a dependência inconsciente de uma classificação que *a língua opera pelo simples fato de ser língua e de simbolizar*. Eis aí alguns dos temas revelados por uma reflexão familiarizada com a diversidade dos tipos linguísticos; na verdade, porém, nenhum deles foi ainda explorado a fundo (BENVENISTE, 1988, p. 7, destaques meus).

Cabe ler essa passagem em detalhe: Benveniste afirma, em primeiro lugar, que as relações entre o pensamento e a língua ultrapassam a linguística, opinião esta que é, inclusive, o ponto de partida de minha reflexão aqui; em seguida, declara que as "categorias mentais" e "as leis do pensamento" – termos muito próximos a "categorias de pensamento" utilizado poucos anos depois, no artigo de 1958 – refletem as categorias linguísticas, o que antecipa a direção na qual o assunto é abordado em 1958. Finalmente, conclui que o universo do pensamento é "modelado" pela língua, modelagem esta operada graças à propriedade que a língua tem de *simbolizar*.

Eis que Benveniste vincula textualmente a discussão em torno das categorias de língua e categorias de pensamento ao aspecto simbólico da língua.

E o que significa "simbolizar" na teoria benvenistiana? A resposta se encontra em um artigo de 1963, também dedicado a sintetizar a pesquisa linguística de então, "Vista d'olhos sobre o desenvolvimento da linguística". Nesse trabalho, ele parte de uma afirmação importante: "A língua *re-produz* a realidade" (BENVENISTE, 1988, p. 26, destaques do autor). O "*re-produz*" é escrito com hífen e em itálico, e a explicação vem logo adiante: "isso deve entender-se da maneira mais literal: a realidade é produzida novamente por *intermédio* da linguagem" (p. 26, destaques meus). Bem entendido, isso significa que, para Benveniste, a língua não é espelho da realidade, nem mesmo está a ela ligada diretamente, mas é a própria realidade, na medida em que é o *intermediário* através do qual se produz a realidade, o que depende exclusivamente do falante: "aquele que fala faz renascer pelo seu discurso o acontecimento e a sua experiência do acontecimento" (p. 26).

É nesse contexto que Benveniste (p. 26) circunscreve propriamente o campo do linguista: "o linguista [...] estima que não poderia existir pensamento sem linguagem e que por conseguinte o conhecimento do mundo é determinado pela expressão que ele recebe". Cabe observar que o termo "linguagem" tem, aqui, sentido próximo de "língua". Isso pode ser deduzido do que segue:

> A linguagem reproduz o mundo, mas submetendo-o a sua própria organização. Ela é *logos*, discurso e razão juntos, como o viram os gregos. E isso pelo próprio fato de ser linguagem articulada, consistindo de um arranjo orgânico de partes, de uma classificação formal dos objetos e dos processos (BENVENISTE, 1988, p. 26, destaques do autor).

A linguagem *re-produz* o mundo, pois ela é *logos*, é articulada, é um arranjo, o que lhe confere, neste contexto, o mesmo sentido de "língua". Isso leva Benveniste a concluir em termos muito semelhantes ao que coloca em 1958 (em "Categorias de pensamento e categorias de língua"):

> O conteúdo que deve ser transmitido (ou caso se queira, o "pensamento") é decomposto, assim, segundo um esquema linguístico. A "forma" do pensamento é configurada pela estrutura da língua. E a língua por sua vez revela dentro do sistema das suas categorias a sua função mediadora (BENVENISTE, 1988, p. 26-27).

Os termos são semelhantes aos utilizados em 1958, sem dúvida, mas há um acréscimo: a função mediadora da língua.

Benveniste (1988, p. 27) continua: "[...] a linguagem representa a mais alta forma de uma faculdade que é inerente à condição humana, a faculdade de *simbolizar*". É essa faculdade, uma capacidade exclusiva do homem, que "[...] está na base das funções conceituais" (p. 29), motivo pelo qual o pensamento é entendido como o "[...] poder de construir representações das coisas e de operar sobre essas representações" (p. 29). O pensamento "é, por essência, simbólico"[107] (p. 29) e não mero reflexo do mundo. Pensamento e língua estão tão estreitamente associados que se pode chegar, inclusive, a identificá-los mutuamente. No entanto, é bom destacar que a linguagem, expressão maior da faculdade simbólica, é o sistema simbólico por excelência, que se realiza no diálogo, motivo pelo qual é, antes de tudo, "mediatizante" na medida em que organiza o pensamento e se realiza na forma específica do diálogo, da intersubjetividade, "[...] torna a experiência interior de um sujeito acessível a outro numa expressão articulada e representativa" (p. 30).

---

107. Neste ponto, Benveniste reproduz uma longa passagem de Delacroix, em *Le langage et la pensée*, que vale a pena retomar: "O pensamento simbólico é o pensamento, nada mais. O julgamento cria os símbolos. Todo pensamento é simbólico. Todo pensamento constrói signos ao mesmo tempo que coisas. Produzindo-se, o pensamento chega inevitavelmente ao símbolo, uma vez que a sua formulação é de imediato simbólica; uma vez que as imagens sob as quais constitui os grupos de coisas são os seus símbolos, uma vez que opera sempre sobre símbolos, as coisas sobre as quais opera, mesmo quando parece operar diretamente sobre as coisas, são no fundo apenas símbolos. E esses símbolos, ele os ordena num mundo de símbolos, num sistema de signos, segundo relações e leis" (DELACROIX [s.d.], p. 602, apud BENVENISTE, 2006, p. 28, nota I).

Em outras palavras, a linguagem – que se realiza no diálogo e numa língua particular – "[...] oferece o modelo de uma estrutura relacional, [...] relaciona no discurso palavras e conceitos, e produz assim, como representação de objetos e de situações, signos que são distintos de seus referentes materiais" (p. 30). Isso é determinante da condição do homem como ser simbólico:

> O fato de existir semelhante sistema de símbolos revela-nos um dos dados essenciais, talvez o mais profundo, da condição humana: o de que não há relação natural, imediata e direta entre o homem e o mundo, nem entre o homem e o homem. É preciso haver um intermediário, esse aparato simbólico, que tornou possíveis o pensamento e a linguagem. Fora da esfera biológica, a capacidade simbólica é a capacidade mais específica do ser humano (BENVENISTE, 1988, p. 31).

A conclusão aqui é essencial: pelo papel intermediário da língua/linguagem, estabelecem-se não apenas o homem em sua relação com outro homem ou com a natureza, mas a própria sociedade: "a linguagem se realiza sempre dentro de uma *língua*, de uma estrutura linguística definida e particular, inseparável de uma sociedade definida e particular. Língua e sociedade não se concebem uma sem a outra" (BENVENISTE, 1988, p. 31, destaques do autor).

Em resumo, o homem é constituído por uma faculdade simbólica cuja maior expressão é a língua, a "linguagem articulada", condição do pensamento, na medida em que o categoriza à moda de suas próprias categorias (da língua), revelando, assim, uma função mediadora do homem com tudo que o cerca (outros homens, o mundo etc.).

§ 4.3.1 A linguagem serve para *viver*

Explicitados os termos pelos quais a dupla *categorias de língua/categorias de pensamento* está ligada à dupla *pensamento/símbolo*, o que se dá pelo caráter "mediatizante" da língua, pela sua natureza de diálogo, cabe avaliar algumas consequências dessa ideia. Sobre isso, assim Benveniste se manifesta em 1966, em "A forma e o sentido na linguagem":

> Antes de qualquer coisa, a linguagem significa, tal é seu caráter primordial, sua vocação original que transcende e explica todas as funções que ela assegura no meio humano. Quais são estas funções? Tentemos enumerá-las? Elas são tão diversas e tão numerosas que enumerá-las levaria a citar todas as atividades de fala, de pensamento, de ação, todas as realizações individuais e coletivas que estão ligadas ao exercício do discurso: para resumi-las em uma palavra, eu diria que, bem antes de servir para comunicar, a linguagem serve para *viver* (BENVENISTE, 1989, p. 222, destaques do autor).

A propriedade de "significância" da língua/linguagem, que está ligada ao discurso, garante todas as funções que ela pode desempenhar no meio humano. O pensamento é convertido em discurso, que, por sua vez, obedece à especificidade do sistema de cada língua. Benveniste ilustra isso com o fenômeno da tradução: "[...] o fato de que se pode 'dizer a mesma coisa' numa como noutra categoria de idiomas é a prova [...] da independência relativa do pensamento e, ao mesmo tempo, de sua modelagem estreita na estrutura linguística" (BENVENISTE, 1989, p. 233). Mais uma vez se reitera a necessidade mútua da língua e do pensamento.

§ 4.3.2 A língua, o universal, o mundo

Um ponto ainda deve ser abordado antes de passar, a seguir, à avaliação da abertura que as reflexões expostas proporcionam à discussão linguística *stricto sensu* no que tange à relação entre a língua e o pensamento: a questão dos universais linguísticos.

Sobre isso, observe-se o que afirma Benveniste (1988, p. 88-89):

> Por ser a língua um instrumento de organização do mundo e da sociedade, aplica-se a um mundo considerado como "real" e reflete um mundo "real". Aqui, porém, cada língua é específica e configura o mundo a sua própria maneira. As distinções que cada língua manifesta devem ser relacionadas com a lógica particular que as sustenta e não submetidas de imediato a uma avaliação universal (BENVENISTE, 1988, p. 88-89).

O princípio é claro: o mundo é apenas considerado como "real". As aspas cumprem o papel de manter a palavra à distância do sentido que normalmente lhe é atribuído. É a língua que configura o mundo, motivo pelo qual, como destaquei acima, Benveniste utiliza a palavra "*re-produz*" com a grafia diferenciada[108]: a língua produz de novo, a cada vez que é enunciada, o mundo. Por isso, cada língua é uma especificidade, uma vez que configura um mundo específico; logo, não pode ser submetida a uma "avaliação universal".

No segundo capítulo deste livro, "A língua e a realidade – O mundo da autorreferência", situei, em Benveniste, a noção de "realidade de discurso" em contraposição ao "cognitivo da língua". Na verdade, as palavras "realidade" e "real" são, em especial a primeira, largamente utilizadas por Benveniste – em "Categorias", encontra-se, por exemplo, "realidade da língua" (BENVENISTE, 1988, p. 68); no entanto, salvo melhor leitura, em nenhum momento encontra-se referência a uma "realidade" que não tenha a intermediação da língua. Nesse sentido, o mundo do qual fala Benveniste é sempre um mundo categorizado na e pela língua.

Leia-se atentamente a análise que Benveniste faz, em um texto de 1950, "A frase nominal", da diferença entre nomes e verbos frequentemente associada a noções como "objeto" e "processo":

> Uma oposição entre "processo" e "objeto" não pode ter em linguística nem validade universal, nem critério constante, nem mesmo sentido claro. A razão está em que noções como processo ou objeto não reproduzem os caracteres objetivos da realidade, mas resultam de uma expressão já linguística da realidade, e essa expressão só pode ser particular. Não são propriedades intrínsecas da natureza que a linguagem registraria, são categorias formadas em certas línguas e que foram projetadas sobre a natureza. A distinção entre processo e objeto só se impõe àquele que raciocina a partir das classificações da sua língua nativa, que ele transforma em dados universais [...] (BENVENISTE, 1988, p. 164).

Em outras palavras, a diferença entre a noção de "processo", ligada ao verbo, e a de "objeto", ligada ao nome, não é mais do que uma expressão linguística da realidade dentro de uma dada língua; nada autoriza genera-

---

108. Sobre a importância das marcas tipográficas em Benveniste, cf. Flores (2013a, p. 97).

lizar, ou universalizar, uma propriedade que é particular de uma língua: "Uma definição que procure uma justificativa 'natural' para a maneira pela qual um idioma particular organiza as suas noções é condenada a girar em círculo" (BENVENISTE, 1988, p. 165).

Pode-se, inclusive, inverter a relação entre objeto e processo. Na língua hupa, falada no Estado de Oregon, na América do Norte, as formas verbais (ativas ou passivas) na terceira pessoa são empregadas como nomes. Por exemplo: *nañya* ("ele desce") é a palavra para "chuva"; *nilliñ* ("ele escorre") é a palavra para "riacho"; *naxōwilloiᵋ* ("está atado ao redor dele") denomina "cinto". Na língua indígena zuni, falada no oeste do Novo México e leste do Arizona, o nome *yätokä* ("sol") é uma forma verbal de *yäto-* ("atravessar"). O contrário também é possível: em siuslaw, língua em extinção do Estado de Oregon, *wahá* ("de novo") se conjuga verbalmente.

Esses exemplos são suficientes para se entender que o linguista deve manter distância das falsas evidências, das referências às categorias semânticas "universais", ou ainda, "[...] das confusões entre os dados que devem ser estudados e os da língua do descritor" (BENVENISTE, 1988, p. 339).

A noção de universalidade[109] em Benveniste está distante, por exemplo, de uma perspectiva como a chomskyana[110], para quem há diferença entre

---

109. Georges Mounin (1975), em um capítulo intitulado "Universais da linguagem", faz um curioso levantamento: universais cosmogônicos (referentes ao mundo exterior: frio, calor, terra, reino animal, vegetal, partes do dia etc.), universais biológicos (relativos à sensação e à percepção associadas à unicidade biofisiológica da espécie humana), universais psicológicos, universais de cultura e universais antropológicos, além dos universais linguísticos (Mounin lista um heterogêneo conjunto de traços que vão desde a fonologia das línguas até propriedades semânticas, passando pela gramática). Evidentemente, embora não seja disso que Benveniste trata, essa exposição de Mounin é interessante uma vez que sinaliza em direção de uma visão diversificada do universal.

110. Cf. Chomsky (1965, p. 27-28): "A principal tarefa da teoria linguística deve ser desenvolver um relato de universais linguísticos que, por um lado, não seja falseado pela diversidade real de idiomas e, por outro, seja suficientemente rico e explícito para dar conta da rapidez e uniformidade da aprendizagem de línguas e da notável complexidade e amplitude das gramáticas gerativas que são o produto da aprendizagem de línguas".

universais substanciais[111] e universais formais[112], ou mesmo da jakobsoniana[113]. Os universais benvenistianos não estariam, em minha opinião, adequadamente conformados à distinção substanciais/formais, e isso por um motivo, ao menos, sobre o qual voltarei a seguir: o falante (o locutor).

§ 4.3.3 As línguas, os universais, os mundos – A tradução

Como eu disse no início deste texto, ao se delimitar a relação da língua com o pensamento, um prisma muito específico se impõe: o princípio de que a faculdade simbólica é constitutiva do homem e de que tal capacidade – que se expressa, por excelência, na língua – conduz ao reconhecimento de que a principal função da língua é ser mediadora do homem com o universo que o cerca (com outros homens, com o mundo, com a sociedade etc.). Essa mediação somente pode se dar no discurso, quer dizer, no diálogo, ou ainda, em termos benvenistianos, na enunciação.

---

111. "É útil classificar os universais linguísticos como formais ou substanciais. Uma teoria de universais substanciais alega que itens de um tipo particular em qualquer idioma devem ser retirados de uma classe fixa de itens" (CHOMSKY, 1965, p. 28).

112. "Também é possível, no entanto, procurar propriedades universais de um tipo mais abstrato. Considere uma alegação de que a gramática de cada língua satisfaz certas condições formais especificadas. A verdade desta hipótese não implicaria, por si só, que qualquer regra particular devesse aparecer em todas ou até mesmo em quaisquer duas gramáticas. A propriedade de ter uma gramática que atenda a uma determinada condição abstrata pode ser chamada de linguística formal universal, se demonstrada como uma propriedade geral das línguas naturais" (CHOMSKY, 1965, 28-29).

113. Jakobson, Fant e Halle (1952) estabelecem um sistema de traços distintivos relativo às oposições possíveis em todas as línguas. Derivado da teoria de Nikolay Sergeyevich Trubetzkoy (1890-1938), esse sistema apresenta traços definidos segundo critérios acústicos e articulatórios que estariam presentes em todas as línguas, diferindo, no entanto, no modo como combinam esses traços. Chomsky assim se manifesta a respeito dos universais fonológicos de Jakobson: "A teoria de traços distintivos de Jakobson pode ser interpretada como uma afirmação sobre os universais substanciais em relação ao componente fonológico de uma gramática gerativa. Afirma que cada *output* deste componente consiste em elementos que são caracterizados em termos de um pequeno número de características fonéticas fixas, universais (talvez cerca de quinze ou vinte), cada uma das quais tem uma caracterização acústico-articulatória substancial independente de qualquer idioma em particular" (CHOMSKY, 1965, p. 28).

Isso me leva a uma interpretação plural do universal, ou seja, há universais, para usar uma interessante expressão com a qual o filósofo Étienne Balibar (2016) nomeia seu livro *Des universels*. Para Balibar, a noção deve ser pluralizada por duas razões: de um lado, porque é preciso reconhecer que qualquer afirmação do universal está situada em um dado contexto que a afeta tanto em sua forma como em seu conteúdo; de outro lado, porque o singular tem se mostrado menos um fator de unificação entre os seres humanos e mais um fator de conflito entre eles. De certa maneira, o universal une, mas separando!

Essa interpretação de Balibar, embora externa à linguística, é absolutamente extensível aos estudos linguísticos, onde querelas incontornáveis têm sido, há séculos, reiteradas em torno do tema da universalidade frente à diversidade das línguas. A ideia de que a língua tem uma função mediadora, explícita no discurso, no diálogo – "é um homem falando que encontramos no mundo, um homem falando com outro homem, e a linguagem ensina a própria definição do homem" (BENVENISTE, 1988, p. 285) –, pode conduzir a um entendimento de "universal" menos comprometido com "universais substanciais" ou "universais formais" e mais comprometido com as condições de possibilidades de os homens falarem entre si, comunicando suas experiências e suas representações do mundo através das línguas.

Tais representações conduzem, assim, à tradução como o grande universal que dá lugar aos universos das línguas. A esse respeito, é sempre bom lembrar o oportuno título dado pelo tradutor e teórico da tradução Michaël Oustinoff ao primeiro capítulo de seu livro: "Diversidade das línguas, universalidade da tradução". A tradução é, para mim, o ponto de convergência da discussão que coloca em destaque a língua, as línguas e o pensamento. Não à toa, Benveniste explicitamente afirma que a reflexão sobre o "fato notável" que é a tradução permite "tocar" a diferença entre o semantismo de uma língua – o uso que os falantes fazem dela – e o semioticismo dessa mesma língua – o sistema intralinguístico: "pode-se transpor o semantismo de uma língua para o de uma outra, 'salva veritate'; é a possibilidade da tradução; mas não se pode transpor o semioticismo de uma língua para o de uma outra; é a impossibilidade da tradução" (BENVENISTE, 1989, p. 233)[114]. Não à toa, também, todas as reflexões apresentadas, feitas por Benveniste – em textos em que foi tematizada a questão língua/pensamento –, foram ilustradas com as diferenças entre as línguas (ameríndias, indo-europeias etc.).

O linguista Jean-Claude Milner, por sua vez, situa a tradução no que chama de *factum linguarum*, que diz respeito ao fato de que, apesar de diversas, as línguas constituem uma classe homogênea: "essa multiplicidade-homogeneidade é verdadeiramente atestada pelo fato da tradução" (MILNER, 1995, p. 45). A tradução também é o ponto de chegada da discussão do filósofo Étienne Balibar. Para ele, "o modelo *aproximativo* mais adequado a um *multiversum* [...] é constituído pela *multiplicidade linguística da humanidade*" (BALIBAR, 2016, p. 173, destaques do autor), sob uma dupla condição:

> 1) que a multiplicidade não é um *dado* e não permanece *imutável* (como em um quadro das "línguas do mundo" tal como estabeleceram os linguistas comparativos ou os etnolinguistas), mas se *transforma* pelo exercício da tradução (imediatamente com suas relações de poder, ou de dominação) que afeta ao mesmo tempo, ainda que diferentemente, as línguas "fontes" e as línguas "alvo" (i. é, pouco a pouco, todas as línguas); e 2) que na prática de tradução não são de fato indivíduos ou grupos sociais que se comunicam entre si, mas as línguas em si mesmas que "se falam" de forma mais ou menos difícil e, por vezes, "violenta" (BALIBAR, 2016, p. 174, destaques do autor).

Tenho defendido que a grande propriedade universal das línguas, o que as unifica, é o fato de todas exigirem a presença do falante; não há língua – que funcione integralmente em suas propriedades de língua – sem falante, assim como não há língua que não reserve um "lugar" para que o homem a habite. Benveniste o denomina "categoria de pessoa".

Essa propriedade é um universal que tenho considerado de natureza antropológica. É inerente à condição do homem que sua capacidade

---

114. Para tratar a tradução no conjunto da teoria benvenistiana, cf. Nunes (2012), Hainzenreder (2016) e Hoff (2018).

simbólica encontre expressão numa língua e, principalmente, no uso singular que faz de uma língua. Nessa direção, a necessidade de os homens falarem entre si impõe a necessidade da tradução – entendida como um exercício de simultaneidade entre aproximação e reconhecimento do distanciamento que há entre as línguas.

A tradução coloca em evidência que, por um lado, os homens falam algo que, indubitavelmente, merece a unicidade referencial que o nome "língua" identifica; no entanto, há tantas línguas, tantas diferenças entre as línguas, que, por mais que se encontrem elementos comuns entre as línguas (universais substanciais ou formais, tanto faz), a necessidade da tradução sempre se impõe. O grande Roman Jakobson disse uma vez – não por acaso em um texto sobre tradução: "a equivalência na diferença é o problema principal da linguagem e a principal preocupação da Linguística" (JAKOBSON, 1974, p. 65). Sempre que a diversidade das línguas é chamada à luz do debate, a tradução se impõe como fenômeno que situa o falante em seu exercício da condição de falante.

E como, a partir disso, é possível entender o "mundo" em sua relação com a língua? Defendo que há mundos configurados pelas línguas; que há, aquém ou além dos universais das línguas, universos das línguas; que os falantes constroem, com as línguas, universos particulares, em cada enunciação, graças à propriedade universal da presença do falante. É isso que a ideia de discurso de Benveniste permite ver. No domínio da língua em ação, em emprego, ou ainda no que Benveniste chama de "funcionamento semântico da língua",

> [...] vemos [...] sua função mediadora entre o homem e o homem, entre o homem e o mundo, entre o espírito e as coisas, transmitindo a informação, comunicando a experiência, impondo a adesão, suscitando a resposta, implorando, constrangendo; em resumo, organizando toda a vida dos homens. É a língua como instrumento da descrição e do raciocínio. Somente o funcionamento semântico da língua permite a integração da sociedade e a adequação ao mundo, e por consequência a normalização do pensamento e o desenvolvimento da consciência (BENVENISTE, 1989, p. 229).

No funcionamento semântico da língua, no discurso, encontra-se a possibilidade de tradução, operador universal da diversidade das línguas. O falante – o locutor, caso se queira – se apropria da língua e a torna sua para usos individuais; ao enunciar, o falante se torna sujeito de um mundo que ele recria a cada vez que enuncia.

Vê-se, agora, a importância da afirmação de Milner colocada, acima, em epígrafe. O universal não coloca problemas apenas em relação à multiplicidade ou à diversidade – no caso em questão, a diversidade das línguas –, mas coloca problemas também em relação a sua própria unicidade. Observe-se o exemplo de Milner no qual consta a epígrafe:

> Por exemplo, abordando a humanidade como união da multiplicidade humana, ainda não se dá conta de outra utilização da noção, que consiste no exercício por um homem daquilo que faz com que ele não seja outro. A humanidade não é simplesmente o que existe de comum entre todos os homens, ela é também o que existe de absolutamente diferente de um homem para outro homem. A possibilidade de uma moral fundada na humanidade repousa sobre a possibilidade de que a humanidade não seja simplesmente entendida como a passagem da multiplicidade de homens para a sua unidade, mas também como o que permite a um único homem exercer sua singularidade (MILNER, apud DURING & GANJIPOUR, 2016, p. 830).

Ora, substitua-se "homens" por "línguas" nesse raciocínio de Milner e tem-se uma reflexão à qual o linguista deveria, ao menos, estar atento: ao abordar os universais das línguas (a linguagem, as propriedades gerais, a gramática geral etc., o termo tanto faz desde que se mantenha a ideia do "universal"), o linguista ainda não contempla o que faz com que uma língua seja uma e não outra. O universal das línguas não é apenas o que é comum a todas as línguas, mas é também o que faz de cada língua uma língua específica, afinal, é esse conjunto – o que há de comum e o que há de específico – que permite a todas as línguas, indistintamente, usufruir da unicidade da expressão "a língua".

Acresce-se a isso a lembrança de Milner do que chama de "moral", o que, para mim, conduz ao falante: em outras palavras, a possibilidade de uma linguística que considere o homem falante. Uma linguística como reflexão antropológica (que implica a moral e a ética, sem dúvida) não advém do simples reconhecimento de que as línguas podem conviver sob a égide da universalidade, de que a diversidade pode encontrar abrigo na unicidade do universal, mas advém, principalmente, do reconhecimento de que o falante "exerce sua singularidade" no interior dessa língua.

§ 4.4 CONCLUSÃO

Para concluir, gostaria de voltar a um ponto. Acima, ao lembrar as críticas que a tese de Benveniste recebeu no campo da filosofia – os filósofos parecem ter "entendido" que Benveniste ia contra Aristóteles, o que não se coloca em momento algum –, argumentei de uma forma que conduz a pensar que reavaliar as ideias de Benveniste pelo viés dos estudos da tradução pode lançar novas luzes sobre as relações entre a língua e o pensamento.

Sim, mas não apenas em relação à língua e ao pensamento. Para mim, há uma prospecção da teoria benvenistiana, a partir de "Categorias de pensamento e categorias de língua", que se sintetiza nas relações entre a língua, *as línguas* e o pensamento. Como evidência disso, observe a conclusão de Benveniste em "Categorias" (a citação é longa, mas é necessária):

> Sem dúvida, não é fortuito o fato de que a epistemologia moderna não tente constituir uma tábua das categorias. É mais produtivo conceber o espírito como virtualidade do que como quadro, como dinamismo do que como estrutura. É inegável que, submetido às exigências dos métodos científicos, o pensamento adota em toda parte os mesmos meios em qualquer língua que escolha para descrever a experiência. Nesse sentido, torna-se independente, não da língua, mas das estruturas linguísticas particulares. O pensamento chinês pode muito bem haver inventado categorias tão específicas como o *tao*[115], o *yin* e o *yan*[116]: nem por isso é menos capaz de assimilar os conceitos da dialética materialista ou da mecânica quântica sem que a estrutura da língua chinesa a isso se oponha. Nenhum tipo de língua pode por si mesmo e por si só favorecer ou impedir a

---

115. Termo de filosofia e religião chinesas.

116. Também grafados como Yin-Yang, são termos da filosofia oriental chinesa, ligada ao taoismo.

> atividade do espírito. O voo do pensamento liga-se muito mais estreitamente às capacidades dos homens, às condições gerais da cultura, à organização da sociedade do que à natureza particular da língua. A possibilidade do pensamento liga-se à faculdade de linguagem, pois a língua é uma estrutura informada[117] de significação e pensar é manejar os símbolos da língua (BENVENISTE, 1988, p. 79-80, destaques do autor).

Há, nessa passagem, pontos essenciais: os meios do pensamento – notadamente quando este é submetido aos métodos científicos – se repetem (são "os mesmos"), independentemente da estrutura linguística particular. Isso leva Benveniste a afirmar que, ao menos em *certo sentido*, o pensamento independe das línguas, embora não independa da língua.

Aparentemente, isso é quase contraditório com o raciocínio exposto antes a respeito das categorias de Aristóteles, uma vez que Benveniste considera que, vale repetir, "[...] Aristóteles, raciocinando de maneira absoluta, reconhece simplesmente certas categorias fundamentais da língua na qual pensa" (BENVENISTE, 1988, p. 71), no caso, o grego. Isso me leva a indagar: O que são esses "mesmos meios" presentes em "qualquer língua" que permitem "descrever a experiência"? A resposta parece vir adiante: "a possibilidade do pensamento liga-se à faculdade de linguagem", faculdade esta definida, posteriormente, no artigo de 1963, "Vista d'olhos sobre o desenvolvimento da linguística", como "[...] a mais alta forma de uma faculdade que é inerente à condição humana, a faculdade de simbolizar" (p. 29). Nesse sentido, pode-se compreender que "os mesmos" meios que o pensamento tem para "descrever a experiência", independentemente do idioma (grego, ewe etc.), são os meios do símbolo, pois "pensar é manejar os símbolos da língua".

Apesar de as operações do pensamento receberem sempre "expressão na língua", esta não é um limitador dessa expressão. O mesmo chinês que inventou o *Tao* compreende a dialética materialista. Isso quer dizer

---

117. Em francês, *"enformée"*. A tradução brasileira propõe "enformada"; eu prefiro "informada". Para entender o valor de "informada" aplicada à teoria de Benveniste, cf. Normand (2009a).

que, sendo a língua "uma estrutura informada de significação" em que a função simbólica da linguagem opera, o homem, como animal simbólico que é, está sempre sob o império das línguas. Cabe lembrar, aqui, uma bela formulação de Jakobson (1974, p. 69, destaques do autor), justamente em um texto sobre tradução: "as línguas diferem essencialmente naquilo que *devem* expressar, e não naquilo que *podem* expressar". Nos termos de Benveniste: pode-se expressar a dialética materialista em qualquer língua, mas é *mister* que se atente para como isso deve ser feito em cada língua.

§ 5

Do *infans* ao *Homo loquens*
SOBRE O NASCIMENTO DE UM FALANTE NO UNIVERSO DE UMA LÍNGUA

Fiz da língua portuguesa a minha vida interior, o meu pensamento mais íntimo, usei-a para palavras de amor.
Clarice Lispector. *A descoberta do mundo.*

§ 5.1 INTRODUÇÃO

Cedo ou tarde, todos os que refletem sobre a linguagem, em geral, e as línguas, em particular, se defrontam com o tema da passagem do homem à condição de falante de uma língua. Não há nada que se possa fazer para evitar esse encontro[118] quando se coloca o falante no centro da discussão linguística. O fato de, em um momento muito inicial de vida, a criança se pôr a balbuciar e, logo em seguida, a articular sons de uma determinada língua é uma experiência que pode receber muitos ângulos de abordagem, não necessariamente convergentes.

---

118. A possibilidade de elaborar este capítulo decorre largamente do fato de eu ter trabalhado seu tema em oportunidades anteriores e em companhia de colegas aos quais sou muito agradecido. Muitas das ideias aqui apresentadas, de certa forma, estão contidas, ao menos parcialmente, nesses trabalhos e foram gestadas em companhia desses colegas. Cf. Surreaux e Flores (2014); Silva e Flores (2015); Milano e Flores (2015); Ferreira Júnior, Flores e Cavalcante (2015) e Flores (2017).

O tempo de "começar a falar" é tão característico do devir humano que, não raras vezes, a percepção da infância está ligada à suposição de ausência de fala e de língua, o que fica claro no termo *infans*: "dizemos infante [*infans*] porque não sabe ainda falar, isto é, não pode ainda falar" (SÉVILLE, apud LETT, 1988, p. 93). O tema precede a própria configuração da ciência moderna, e os textos mais antigos dos quais se tem conhecimento o tocam: Santo Agostinho, entre os anos 397 e 398 da era cristã, por exemplo, assim se manifesta[119], em uma passagem que facilmente poderia ser considerada uma das primeiras etnografias de si em que a linguagem está no centro da narrativa, que testemunha a experiência do falante acerca de sua condição de falante:

> [...] eu já não era um bebê que não falava, mas um menino que principiava a balbuciar algumas palavras.
>
> Dessa época eu me lembro, e mais tarde adverti como aprendera a falar. Não eram pessoas mais velhas que me ensinavam as palavras, com métodos, como pouco depois o fizeram para as letras. Graças à inteligência que Vós, Senhor, me destes, eu mesmo aprendi, quando procurava exprimir os sentimentos do meu coração por gemidos, gritos e movimentos diversos dos membros, para que obedecessem à minha vontade. Não podia, porém, exteriorizar tudo o que desejava, nem ser compreendido daqueles a quem me dirigia.
>
> Retinha tudo na memória quando pronunciavam o nome de alguma coisa, e quando, segundo essa palavra, moviam o corpo para ela. Via e notava que davam ao objeto, quando o queriam designar, um nome que eles pronunciavam. Esse querer era-me revelado pelos movimentos do corpo, que são como que a linguagem natural a todos os povos e consiste na expressão da fisionomia, nos movimentos dos olhos, nos gestos, no tom da voz, que indica a afeição da alma quando pede ou possui e quando rejeita ou evita. Por este processo retinha pouco a pouco as palavras convenientemente dispostas em várias frases e frequentemente ouvidas como sinais de objetos. Domando a boca segundo aqueles sinais, exprimia por eles as minhas vontades.
>
> Assim, principiei a comunicar com as pessoas que me rodeavam, e entrei mais profundamente na sociedade tempestuosa dos homens, sob a autoridade de meus pais e a obediência dos mais velhos (AGOSTINHO, 1996, p. 46-47).

---

119. Em *Confissões* (Livro 1 – "A infância", § 8): "Como aprendi a falar".

Esse trecho é objeto de inúmeras interpretações. Uma das mais célebres é a dada pelo filósofo austríaco Ludwig Wittgenstein (1889-1951), que inicia suas *Investigações filosóficas* citando-a parcialmente, para, em seguida, apresentar não propriamente uma crítica à visão de linguagem de Agostinho, mas uma perspectiva própria que, como se sabe, em *Investigações*, opõe-se ao paradigma platônico – em especial, quanto à função designativa da linguagem –, pressuposto por inúmeras teorias da linguagem e explícito em Agostinho (WITTGENSTEIN, 1993).

Lembrar as memórias agostinianas se deve menos ao grande interesse que possam ter pelo conteúdo que veiculam e mais ao fato de servirem de incontestável prova de que a indagação em torno da transformação da criança em falante de uma língua é um dos temas mais nobres do pensamento linguístico, dos mais antigos e dos mais controversos. Sobre ele, muito já foi dito e verdadeiros edifícios teóricos foram construídos.

Comprova isso o livro de Odéric Delefosse (2010), *Sur le langage de l'enfant. Choix de textes de 1876 a 1962* [*Sobre a linguagem da criança. Seleção de textos de 1876 a 1962*], que, como diz o título, apresenta um conjunto de textos considerados "precursores" sobre o tema[120]. A diversidade

---

120. Após uma apresentação geral em que o autor explicita algumas das problemáticas ligadas ao estudo da linguagem na criança, são comentados e apresentados textos de linguistas – W.D. Whitney (1827-1894), Maurice Grammont (1866-1946), Antoine Meillet (1866-1936), Jules Ronjat (1864-1925), Joseph Vendryes (1875-1960), Otto Jespersen (1860-1943), Oscar Bloch (1877-1937), Albert Sechehaye (1870-1946), Antoine Gregoire (1871-1955), Roman Jakobson (1896-1982) e Marcel Cohen (1884-1974) –, de pesquisadores em geral – Hyppolite Taine (1828-1893), Charles Darwin (1809-1882) e James Sully (1842-1923) – e de psicólogos – Bernard Perez (1836-1903), William Preyer (1841-1897), James Mark Baldwin (1861-1934), Alfred Binet (1857-1911), William L. Stern (1871-1938), Sabina Spielrein (1885-1942), Henri Wallon (1879-1962), Madorah Elisabeth Smith (1887-1965), Karl Bühler (1879-1963) e Paul Guillaume (1878-1962). Observe-se que, em função do objetivo geral da obra de tornar acessível ao público francês apenas textos nem sempre fáceis de encontrar, não constam da antologia nomes como Henri Delacroix (1873-1937), C. Frenet (1896-1960), Jean Piaget (1896-1980), Lev Semyonovich Vygotsky (1896-1934) e Noam Chomsky (1928-), entre outros. No Brasil, cabe lembrar a excelente retrospectiva dos estudos da atualidade, feita por Corrêa (1999), que cobre período posterior ao abordado por Delefosse (2010). Ainda no Brasil, cabe cf. o trabalho traduzido de MacWhinney e Fletcher (1997).

de enfoques, a heterogeneidade dos tratamentos dados ao assunto, as conclusões díspares que formulam são suficientes para indicar que o tema não se limita à linguística.

Linguistas se dedicam ao assunto, sem dúvida, mas também filósofos, psicólogos, biólogos, historiadores, antropólogos, enfim, cientistas em geral. Com eles, muitas questões – às vezes espinhosas no campo dos estudos da linguagem – são tocadas: as relações entre a linguagem e as línguas; entre o pensamento e a linguagem; entre o que é da ordem do inato e do adquirido; entre filogenia e ontogenia; entre natureza e cultura; entre o que cabe ao aspecto universal das línguas e o que cabe às particularidades de cada língua. Gravitam em torno dessas questões pontos nem sempre unânimes: a pertinência, ou não, de noções como "estágio", "desenvolvimento", "estímulo", "conhecimento", "inteligência", "input", "output", "mente", entre outras.

Não bastasse o enorme horizonte aberto pelo assunto *per se*, também não se pode ignorar que há incontestáveis evidências empíricas implicadas na passagem da criança à condição de falante de uma língua, o que não é sem consequências para o entendimento do campo[121]. A fenomenologia que se impõe, nesse caso, não pode ser desconhecida, e dela decorre o fato de cada teoria da linguagem – em função de assumir um dado conceito de linguagem – dar a sua explicação do fenômeno e fazer dele a descrição que acredita mais adequada. Nesse caso, a relação entre descrição e explicação adquire diferentes matizes, base, boa parte das vezes, de celeumas insuperáveis.

Os dados, transversais ou longitudinais, obtidos de diversas e controversas formas – gravações em áudio ou vídeo, diários, registros esporádicos

---

121. Sobre isso, cabe a excelente conclusão de Lemos (2008, p. 83) acerca dos "paradoxos encobertos pela naturalização da prática do linguista". Ao comentar a análise que a pesquisadora Lois Bloom faz de um diálogo mãe-criança, diz Lemos (2008, p. 84): "foi diante desses episódios e de sua interpretação que, entre outras coisas, vim a me dar conta de que o investigador se inclinava, na verdade, a descrever não a fala da criança, mas sua própria interpretação, ou melhor dizendo, o 'conhecimento linguístico' que se atualiza em sua interpretação. Nem é preciso dizer quanto essa posição diante da fala da criança foi (e ainda é) determinante na construção de hipóteses e teorias na área conhecida como aquisição de linguagem".

etc. –, são, às vezes, causa de verdadeiro encantamento do pesquisador. No entanto, esse encantamento – sobre o qual, em princípio, não cabe crítica – pode embaçar o fato de o pesquisador ter, simultaneamente, de lidar tanto com suas expectativas a partir de um determinado ponto de vista teórico quanto com as dificuldades em descrever algo que é heterogêneo e pouco explícito[122].

O certo é que, quando o que está em pauta é o fenômeno genericamente conhecido como "aquisição da linguagem", não se pode vê-lo de um prisma que o considere apenas como uma operação linguística *stricto sensu*. Não há dúvidas de que aos aspectos linguísticos somam-se os psíquicos, psicológicos, sociais, filosóficos, culturais e biológicos, entre muitos outros. Assim, para falar no tema, é bom renunciar à palavra final. Serve de aviso de prudência, nesse caso, a advertência de Saussure (2004, p. 189, destaques do autor) acerca do estudo da língua em geral: "nós estamos [...] profundamente convencidos de que qualquer um que ponha o pé no terreno da *língua* está, pode-se dizer, abandonado por todas as analogias do céu e da *terra*"[123]. Parece-me que, em relação à passagem do *infans* a falante, o abandono é o mesmo!

Diante desse panorama, não deixa de causar alguma apreensão querer dizer algo sobre o vir-a-ser falante. O que há ainda para ser apresentado que já não esteja contido na história do conhecimento do homem acerca de sua passagem a falante? Ora, pode-se tanto buscar caminhos que visam à positividade do saber, o que normalmente é esperado de um linguista, como caminhos que visam a circunscrever o escopo de várias perguntas e não, necessariamente, de respostas acabadas. É no horizonte dessa segunda possibilidade que me coloco.

---

122. Talvez por isso o psicolinguista Dan Isaac Slobin (1980, p. 104) seja tão claro ao afirmar – antes de muitos, inclusive – que "a teoria de uma pessoa sobre a natureza da linguagem está intimamente relacionada com sua teoria a respeito da aquisição e uso da linguagem".

123. Essa citação se encontra em um manuscrito que reúne, possivelmente, notas de Saussure para um artigo sobre Whitney.

Dessa maneira, gostaria de tecer alguns comentários introdutórios acerca do fato de o homem, em algum momento de sua vida, aceder à condição de ser falante, sem a pretensão de vê-los alçados a algum patamar epistemológico ou mesmo metodológico. São tão somente pontos de indagação que tenho para mim e sem os quais não conseguiria explicitar meu olhar sobre o tema.

§ 5.2 NÃO HÁ...

Para começar, creio que se deve levar em conta uma situação que é, no mínimo, embaraçosa para aquele que se dedica a pensar sobre o vir-a-ser falante: ninguém pode falar de sua própria experiência de "aprendiz". Quer dizer: a passagem a ser falante – por mais que se imponha como fenômeno – comporta um intransponível "auto" desconhecimento, uma vez que o falante não pode falar sobre o fato de ter começado a falar. Há um esquecimento constitutivo de cada falante. Ou ainda: ninguém pode falar de si como um vir-a-ser falante.

É quase irônico: *não há metalinguagem possível* – no sentido de uma narrativa – que permita ao falante comentar algo tão evidente fenomenologicamente como a experiência da sua transformação em ser falante.

Por certo que não desconheço os trabalhos acerca da reflexividade das línguas naturais e de sua contribuição para o tratamento da função metalinguística[124]. Vários estudos evidenciam que, muito precocemente, a criança usa a língua para falar da língua. No entanto, minha consideração é de outra natureza: o que quero dizer é que não é facultado ao falante comentar a *experiência* que vive ao começar a falar, o que é uma situação muito diferente daquela enfrentada pelos especialistas da "consciência metalinguística" ou por quaisquer outros ligados aos estudos reflexivos das línguas.

De um ponto de vista até mesmo paradoxal, o linguista, em geral, é levado a admitir que o fenômeno comporta um enigma, um "isso não há como

---

124. Cf., a esse respeito, Figueira (2003) e Stumpf (2010, 2013).

conhecer", que não é acessível, que não é verificável, que não é passível de tradução lógica ou hermenêutica, mas cuja existência é inegável. Há, na origem de todo falante, um recalcamento que o constitui como falante.

O paradoxo se formula, então, assim: não há lugar possível para o falante que seja externo à língua, motivo pelo qual ele somente pode falar das coisas, inclusive da própria língua – em metalinguagem natural ou lógica[125] –, com a língua; no entanto, isso não é suficiente para que fale da experiência que viveu na passagem de *infans* a falante.

Não há a possibilidade de ausentar-se da língua para falar da língua. Supor o contrário exigiria convencer-se da existência de um momento original em que, o homem estando sem língua, pudesse falar do fato de passar a tê-la. Quando Agostinho, acima, comenta que aprendera a falar observando a designação, não é sem língua que faz isso, o que confere à "confissão" do filósofo apenas um valor heurístico, quase à moda de uma metáfora, para que ele possa expor sua visão acerca do que entende ser o conhecimento, decorrência do raciocínio que serve de ilustração.

Em um uso pouco técnico de palavras técnicas, eu diria que o linguista não tem instrumentos para julgar o que é, ou não, aceitável na fala de uma criança que ascende à condição de falante, porque não há lugar de onde ele possa formular tal juízo. Isso, evidentemente, não implica que ele não possa concluir acerca do que é, ou não, gramatical na fala de uma criança, visto que, nesse caso, sua condição de falante, aliada aos seus conhecimentos teórico-analíticos de uma dada língua, parecem ser suficientes.

A consequência disso, no fazer do linguista, é imediata: o falante apenas pode dar um testemunho terceiro dessa experiência. Isto é, os ditos "dados" da análise são oriundos de observação externa à própria experiência do falante. Sejam dados "caseiros" – não é difícil encontrar na literatura especializada o recurso a toda a ordem de registro (diários familiares de infância, filmes pessoais, gravações em geral etc.) –, sejam sofisticadas

---

125. Cf. Rey-Debove (1978).

coletas apoiadas na mais fina tecnologia, sejam, ainda, narrativas espontâneas. Apenas o ponto de vista terceiro pode contemplá-los: o ponto de vista do/da testemunho(a).

As noções de *testemunho* – e *testemunha* – não são novas e já serviram a vários propósitos nas ciências humanas em geral. Elas são úteis também ao linguista.

O *Vocabulário técnico e crítico da filosofia* – a monumental obra dirigida por André Lalande (1996) – registra apenas o termo "testemunho", para o qual constrói um verbete formado por três acepções: a primeira, ligada ao ato de atestar um fato (de ser a testemunha); a segunda, ligada ao produto desse ato (texto ou conteúdo do ato); a terceira, ligada à prova de um fato. Observe-se que as duas primeiras acepções condensam o que chamei de ponto de vista terceiro: trata-se de atestar algo em um produto. Ou seja, quando alguém faz um comentário sobre o que disse uma criança – o que normalmente é acompanhado de afetividade –, ou quando um linguista "analisa" um "dado" oriundo da fala de uma criança, é sempre como terceiro que o fazem.

O recurso à autoridade de Lalande, embora importante, não é suficiente para indicar o modo de operar a testemunha e seu testemunho na condição de terceiro. Eu lembro, ainda, dois dos mais destacados pensadores sobre o tema porque cada um aborda um aspecto que considero de interesse para o linguista.

O filósofo Paul Ricoeur, em *A memória, a história, o esquecimento* – livro no qual estabelece as grandes linhas de uma fenomenologia da memória, de uma epistemologia das ciências históricas e uma hermenêutica da condição histórica do homem –, dedica um capítulo ao problema do testemunho, ao abordar a fase documental da operação historiográfica e sua consequente importância para a construção do arquivo. Ricoeur adverte:

> Será preciso [...] não esquecer que tudo tem início não nos arquivos, mas com o testemunho, e que, apesar da carência principal de confiabilidade do testemunho, não temos nada melhor que o testemunho, em última análise, para assegurar-nos de que algo aconteceu (RICOEUR, 2007, p. 156).

Ricoeur apresenta o que, em sua opinião, são os componentes da operação de testemunhar – seis ao todo – dos quais eu gostaria de destacar três[126] que são essenciais para caracterizar a condição do falante em relação ao vir-a-ser falante. No testemunho, (a) há articulação entre a realidade factual do acontecimento relatado e a confiabilidade do relato; (b) há inseparabilidade entre a afirmação da realidade e a "autodesignação" daquele que testemunha (cuja fórmula é "eu estava lá"), quer dizer, "é a testemunha que de início se declara testemunha" (RICOEUR, 2007, p. 172); (c) há inscrição dessa autodesignação no diálogo, ou seja, "é diante de alguém que a testemunha atesta a realidade de uma cena à qual diz ter assistido, eventualmente, como ator ou como vítima, mas, no momento do testemunho, *na posição de um terceiro* em relação a todos os protagonistas da ação" (p. 173, destaques meus).

É imediata a repercussão desse encaminhamento de Ricoeur sobre o que considero a condição terceira do falante em relação à passagem de uma criança a falante de uma língua: se a ninguém é facultado o direito de comentar a sua própria entrada no mundo *loquens*, então resta apenas olhar a experiência de outrem para dela dar testemunho.

Como se "aplicaria" o raciocínio do filósofo ao que chamei de posição terceira ocupada pelo falante? Pode-se conjecturar a existência, em tese, de duas configurações de testemunho sobre o vir-a-ser falante de uma criança: o relato dos que lhe são próximos (os familiares, p. ex., mas não somente) e o relato do linguista sobre os "dados" "depositados", às vezes por demasiado tempo, em "bancos de dados".

Em ambos, embora com estatutos epistemológicos distintos, o que se tem é a mesma posição: (a) familiares relatam eventos de seus pequenos; linguistas relatam o que "veem" nos dados; (b) familiares implicam-se no narrado ("eu estava lá, logo eu vi isso"); linguistas implicam-se no tratamento que

---

126. Além dos três componentes enumerados acima, Ricoeur (2007, p. 175-176) acrescenta (d) a confrontação entre as testemunhas, (e) a reiteração do testemunho e (f) o testemunho como instituição.

dão aos "dados" ("eu estou aqui, logo eu vejo isso"); (c) familiares instauram uma infinidade de "outros"; linguistas instauram outros linguistas no diálogo. Em todos os casos, embora com efeitos diferentes, vê-se que se trata de testemunho feito a partir de uma perspectiva terceira.

Admitido o exposto, cabe indagar: O que a teoria de Ricoeur fornece para um quadro geral do testemunho?

Na interpretação que fiz – admito que excessivamente circunscrita –, Ricoeur maximiza a configuração linguageira do testemunho. Em outras palavras, Ricoeur (2007, p. 171) proporciona ancoragem da prática cotidiana do testemunho no que chama de "conversação comum", o que o leva a alicerçar a abordagem do testemunho numa teoria da ação: "A atividade de testemunhar [...] revela então a mesma amplitude e o mesmo alcance que a de contar, em virtude do manifesto parentesco entre as duas atividades" (p. 172). Não seria demasiado concluir que, para Ricoeur, testemunhar é o ato de contar.

Para o linguista, isso tem o efeito de uma advertência: o seu testemunho, e o de qualquer outro, sobre o vir-a-ser falante é um ato de linguagem e, como tal, está submetido a todas as vicissitudes do ato de "contar". O testemunho – inclusive o do linguista – tem natureza discursiva.

Além da reflexão de Paul Ricoeur, gostaria de lembrar o também filósofo Giorgio Agamben, que aborda o(a) testemunho(a) em um livro luminoso, para dizer o mínimo: *O que resta de Auschwitz – O arquivo e a testemunha*. Agamben, de um ângulo distinto do de Ricoeur, toca o problema com uma riqueza que vale ser retomada, ao menos em parte.

A partir dos relatos de Primo Levi (1919-1987), sobrevivente do horror de Auschwitz, Agamben recorre às palavras latinas *testis* e *superstes* para dar a conhecer os termos de sua reflexão: *testis* significa "aquele que se põe como terceiro (*terstis) em um processo ou em um litígio entre dois contendores" (AGAMBEN, 2008a, p. 27); *superstes* "indica aquele que viveu algo, atravessou até o final um evento e pode dar testemunho disso" (p. 27).

Levi conta o que viveu, e é isso que o torna uma testemunha perfeita: "Não é um terceiro; ele é, em todos os sentidos, um supérstite" (AGAMBEN, 2008a, p. 27). Desse ponto de vista, um dos elementos que mais interessa a Agamben, na verdade, não é o relato de Levi em si, mas a lacuna que esse relato faz emergir, a lacuna do testemunho, o intestemunhável.

Agamben situa essa lacuna no que emerge da figura do "muçulmano" (*der Muselmann*). Os "muçulmanos" eram os prisioneiros, cadáveres ambulantes, privados da linguagem, os não homens que o horror fabricou; os únicos capazes de dar o valor verdadeiro do extermínio, do horror. Observe-se a análise de Agamben:

> A testemunha comumente testemunha a favor da verdade e da justiça, e delas a sua palavra extrai consistência e plenitude. Nesse caso, porém, o testemunho vale essencialmente por aquilo que nele falta; contém, no seu centro, algo intestemunhável, que destitui a autoridade dos sobreviventes. As "verdadeiras" testemunhas, as "testemunhas integrais" são as que não testemunharam, nem teriam podido fazê-lo. São os que "tocaram o fundo", os muçulmanos, os submersos. Os sobreviventes, como pseudotestemunhas, falam em seu lugar, por delegação: testemunham sobre um testemunho que falta (AGAMBEN, 2008a, p. 43).

Conclusão: o valor do testemunho reside naquilo que lhe falta, pois "[...] não há voz para a extinção da voz [...]" (AGAMBEN, 2008a, p. 44).

Decorre da formulação de Agamben – e isso não pode deixar de ser destacado – algo que está além de meus objetivos aqui, ou seja, uma profunda reflexão ética sobre o que cabe, ou não, em um testemunho. Tenho consciência de que essa pequena retomada da obra de Agamben não faz justiça ao grande livro que é *O que resta de Auschwitz – O arquivo e a testemunha*; no entanto, ela me é suficiente para introduzir um elemento que não estava explicitamente formulado no outro especialista do testemunho: ao lado do terceiro, do *testis* – este, de certa forma, previsto no raciocínio de Ricoeur –, há o *superstes*.

Essa distinção permite ver que há uma diferença importante entre falar de "dentro" e falar de "fora", o que, no caso da *Shoá*, está estreitamente ligado ao horror que não se deixa dizer integralmente, de lado nenhum.

A partir do – longo, mas necessário – percurso feito, estão reunidas as condições para encaminhar uma proposta de entendimento para o fato – e suas consequências – de não haver metalinguagem possível para falar da experiência que cada homem vive ao passar de *infans* a falante de uma língua, o que delimita, também, a atuação do linguista.

Todos os que estão em volta do *infans* – aí incluídos familiares, amigos e linguistas – podem apenas ocupar o lugar de *testis*, de terceiro, em relação à experiência do vir-a-ser falante. Essa posição é, sem dúvida, constituída pela história de falante de cada um, mas sobre a qual, é bom lembrar, não é possível falar. O linguista – e esse parece ser um limite intransponível – pode testemunhar (como *testis*) o vir-a-ser falante de uma criança, pode falar disso de inúmeras maneiras, o que comumente faz, mas não pode evitar a posição de espectador.

Encontram-se nessa formulação tanto a "configuração linguageira" do testemunho de Ricoeur quanto o "intestemunhável" que habita o testemunho de Agamben.

Resta ainda uma pergunta: a alguém é reservado o lugar de *superstes* quando o que está em jogo é a passagem da criança da pura voz ao *logos*?

Por mais paradoxal que minha resposta pareça, acredito que sim. É da própria criança – ou do falante, caso se queira – que se trata aqui: a criança não é mero *informante* que forneceria o *corpus* de análise, termos esses tão caros à análise linguística. Ela é o *superstes* por excelência. Ela vê de dentro.

Assim, com base nas caracterizações fornecidas por Agamben, eu acrescentaria, ainda, que a criança é, em ato (e a palavra aqui é fundamental), *superstes* de sua experiência de vir-a-ser falante, o que introduz uma importante relação com o tempo. Seu testemunho não é "dado" *a posteriori*, mas *hic et nunc*. Ele é um *índice de si mesmo* na medida em que testemunha o que ainda não é, na criança, *a língua*, mas, ao mesmo tempo, permite que se venha a saber algo sobre a sua entrada na língua. Nesse sentido, e somente nesse, pode-se considerar que o falante deixa o lugar de terceiro em relação à passagem de *infans* a falante.

Além disso, a criança, pelo testemunho "daquele que se mantém no fato", por ser *superstes*, devolve a todos os que a circundam uma miragem do que foi a entrada de cada um no mundo dos homens falantes.

Para o linguista, a minha sugestão é simples: há uma linguística por ser feita que toma a criança como *superstes* da relação fundante do ser que é a passagem de *infante* a falante. No entanto, é bom lembrar: essa passagem é, ela mesma, impossível de aparecer integralmente, é impossível de ser acessada de maneira completa porque não há língua que possa dar conta do que não é ainda língua.

Nessa linguística, passa-se do fascínio pelos dados coletados – e transcritos – ao testemunho. Nesse sentido, tomar a fala da criança como um testemunho da entrada do homem na língua exige criar um conjunto de definições e procedimentos que permitam abordá-lo não mais como um dado a ser analisado, mas como um *indicador* dos termos através dos quais o homem começa a falar.

Ao linguista, cabe a resignação de ser *testis*; à criança, caberia o lugar de *superstes*, marcado por um esquecimento constitutivo. De ambos, viria um saber sobre a linguagem menos refratário à universal evidência de que cada um se singulariza muito particularmente em sua enunciação.

§ 5.3 NÃO É...

A língua na/da criança *é não-toda*, para usar uma expressão de J-C. Milner em um livro emblemático: *L'amour de la langue* [*O amor da língua*] (1978). Ora, se digo que, em relação à passagem de *infans* a falante, a criança é *superstes*, disso não decorre a conclusão direta de que tal experiência pode ser descrita e explicada na íntegra, com base na simples observação da fala da criança. Há algo dessa experiência que se mostra nessa fala, sem dúvida, mas também há algo que não se oferece facilmente ao olhar do linguista, menos ainda ao da linguística. É a atenção que se dá a esse aspecto – quase paradoxal – que determina a escolha de dados e métodos. A esse respeito, é definitiva a observação de Castro (1996, p. 25): "na área de aquisição de linguagem, não diferente do que ocorre nas demais, a metodologia gera o dado".

O fato de que a língua falada pela criança é não-toda não deveria espantar os linguistas, afinal somos os primeiros a olhá-la, apontando-lhe faltas[127], ausências, erros, estruturas profundas, ou seja, tudo o que não se oferece à evidência de interpretação. Não é difícil encontrar trabalhos de linguística que se esforçam para explicar e descrever mudanças, desenvolvimentos, transformações, estágios, "aquisições" etc. Essa parece ser uma prática inerente ao ofício do linguista.

Scarpa (2009, p. 187), ao refletir acerca da holófrase nos estudos do campo da aquisição da linguagem – "o uso, pela criança, de enunciados de uma palavra para expressar uma ideia complexa, especificamente uma oração ou uma proposição" –, formula muito bem algo que, de alguma maneira, toca essa problemática:

> Começo pela questão fundante da área e que ainda se mantém como desafio teórico-metodológico: O que *revelam* as primeiras palavras da criança para o investigador? Essa questão é relevante, sobretudo porque, na literatura que discorre sobre o que tem sido interpretado de "primeiros enunciados de uma palavra", nota-se claramente um conflito para o pesquisador:
> • a fala da criança *mostra* muito;
> • a fala da criança *mostra* pouco (SCARPA, 2009, p. 188, destaques meus).

Os usos de "revelar" e "mostrar" no excerto retirado do texto de Scarpa inspira reflexão. Vale, aqui, a *fala límpida e misteriosa* de Heráclito, atribuída ao Senhor do Oráculo de Delfos, e por Benveniste (1989, p. 234) evocada a propósito da linguagem: "Ela não diz nem oculta, mas ela significa".

Para mim, o que passa *com* a língua – e mesmo *na* língua – quando uma criança fala nem mostra, nem oculta: a face aparente da passagem a falante apenas *indica*, logo *significa*. Com isso, sai-se do campo da "mostração" e passa-se ao campo da "indicação". Em outros termos: há uma indicialidade na fala da criança. Aventei essa ideia *en passant* acima; é tempo, portanto de desenvolvê-la com mais vagar.

---

127. Nesse sentido, é interessante o título do livro de Maria Teresa Guimarães de Lemos (2002), *A língua que me falta – Uma análise dos estudos em aquisição de linguagem*, em que a falta é tomada como algo constitutivo, considerada a psicanálise nesse caso.

Começo apresentando claramente o que penso a respeito: há uma autorreferencialidade primeva na fala da criança, o que lhe confere um caráter indicial. Esses dois pontos – autorreferencialidade e indicialidade – merecem atenção.

A ideia de autorreferência não é nova na linguística, e sua versão mais inspiradora se deve ao francês Émile Benveniste que, ao refletir, de maneira absolutamente inédita, acerca dos pronomes, considera-os "indicadores autorreferenciais".

Pois bem: não se pode deixar de registrar que Benveniste, ao propor a existência da classe dos autorreferenciais, une indicialidade e referência, o que, em outros quadros teóricos é, muitas vezes, apresentado separadamente[128]. Os indicadores autorreferenciais são signos cuja referência é a própria instância de discurso que os contém. Tais signos simultaneamente emanam da enunciação, quer dizer, do fato de serem ditos, e remetem à enunciação. Seu emprego define as coordenadas de tempo, espaço e pessoa da instância de discurso na qual estão inseridos.

O tratamento dado por Benveniste aos autorreferenciais é de grande relevância para entender o que estou propondo quando digo que a passagem de *infans* a falante é fundamentalmente marcada por uma fala autorreferencial. Vou me deter um pouco sobre esse ponto.

Em um texto publicado originalmente em 1956, "A natureza dos pronomes", Benveniste dimensiona de maneira inédita a questão dos pronomes. Observe-se, com atenção, a análise do linguista:

> Qual é, portanto, a "realidade" à qual se refere *eu* ou *tu*? Unicamente uma "realidade de discurso", que é coisa muito singular. *Eu* só pode definir-se em termos de "locução", não em termos de objetos, como um signo nominal. *Eu* significa "a pessoa que enuncia a presente instância de discurso que contém *eu*". Instância única por definição, e válida somente na sua unicidade [...]. É preciso, assim, sublinhar este ponto: *eu* só pode ser identificado pela instância de discurso que o contém e somente por aí. Não tem valor a não ser na instância na qual é produzido (BENVENISTE, 1988, p. 278-279, destaques do autor).

---

128. Cf. aqui o capítulo sobre autorreferência (§ 2).

Vou decompor esse raciocínio cerrado para que se possa compreendê-lo em sua essência: em primeiro lugar, Benveniste desloca a noção de "realidade", que, em sua perspectiva, não está ligada a alguma realidade objetiva, mas a uma "realidade de discurso"; em segundo lugar, ele diz que o aspecto essencial de "eu" é ser definido como realidade de discurso e não em termos de realidade objetiva; em terceiro lugar, a identificação de *eu* decorre do fato de ele ser dito por "eu", ou seja, "[...] *eu* é o 'indivíduo que enuncia a presente instância de discurso que contém a instância linguística *eu*'" (p. 279, destaques do autor).

Nessa perspectiva, os autorreferenciais de que fala Benveniste – o *"eu"* tem apenas uma valor prototípico aí – fazem parte de uma categoria muito maior de signos, qual seja, a dos signos "vazios" (indicadores de tempo, espaço e pessoa) que se tornam "plenos" quando enunciados, isto é, formas que "[...] não remetam à 'realidade' nem a posições 'objetivas' no espaço ou no tempo, mas à enunciação, cada vez única, que as contém, e reflitam assim o seu próprio emprego" (p. 280). Note-se que é próprio dos signos ditos "vazios" refletirem *o seu próprio emprego* para se tornarem "plenos", ou seja, esses signos se distinguem dos demais pela propriedade da autorreferencialidade.

Assim, os signos "vazios" não são referenciais à realidade objetiva, mas à "realidade de discurso" na qual encontram sentido porque referem o seu próprio aparecimento; logo, são autorreferenciais. Eles se tornam "plenos" sempre que são assumidos pelo locutor em cada instância de discurso: "Desprovidos de referência material, não podem ser mal-empregados; não afirmando nada, não são submetidos à condição de verdade e escapam a toda negação" (p. 280). Logo, o fim que têm tais signos é o de "[...] fornecer o instrumento de uma conversão, a que se pode chamar a conversão da linguagem em discurso" (p. 280).

O que essa reflexão de Benveniste – aparentemente limitada apenas a pronomes, advérbios, locuções adverbiais, verbos e outros indicadores de tempo, espaço e pessoa – pode contribuir para a ideia antes proposta da autorreferencialidade da fala da criança?

Ora, "eu" e todos os demais indicadores autorreferenciais articulam o modo de significação intralinguístico da língua ao modo de significação engendrado pelo discurso. Vê-se que são, simultaneamente, formas do sistema da língua que somente têm sentido, um dado sentido, quando enunciadas. Elas, portanto, tornam explícita a conversão da língua em discurso.

Assim, a articulação que esses indicadores mostram não é da língua com a realidade objetiva, mas da língua com a sua própria enunciação. E isso é uma propriedade da linguagem que se apresenta – de maneira variada e restrita à organização gramatical de cada língua – nas línguas. A autorreferencialidade é uma categoria da linguagem que se apresenta nas línguas.

O ato pelo qual se dá a autorreferência indica que a língua se mostra nova a cada vez que, "[...] identificando-se como pessoa única pronunciando *eu* [...] cada um dos locutores se propõe alternadamente como 'sujeito'" (BENVENISTE, 1988, p. 280-281). Esse ato coloca à mostra o que Agamben (2006, p. 43) chamará de "o seu ter-lugar": "um lugar de linguagem, e a indicação é a categoria através da qual a linguagem faz referência ao próprio ter-lugar"[129]. Em outras palavras, a enunciação – noção que Benveniste explicitará tardiamente em sua teoria – é o "[...] colocar em funcionamento a língua por um ato individual de utilização" (1989, p. 82) e, como tal, ela "compreende [...] aquilo que, em todo o ato de fala, se refere exclusivamente ao seu ter-lugar, à sua *instância*, independentemente e antes daquilo que, nele, é dito e significado" (AGAMBEN, 2006, p. 43).

Dessa forma, se:

a) a condição da autorreferenciação se deve ao fato da existência dos signos "vazios" estar ligada à realidade de discurso;

---

129. Em *O que resta de Auschwitz – O arquivo e a testemunha*, Agamben (2008a, p. 140, destaques do autor) volta a essa ideia benvenistiana de maneira muito mais pontual: "*Eu* não é nem uma noção, nem uma substância, e, no discurso, a enunciação colhe não o que se diz, mas o puro fato de que se está dizendo isso, o acontecimento – evanescente por definição – da linguagem como tal. Assim como o ser dos filósofos, a enunciação é o que há de mais único e de mais concreto, por se referir à instância de discurso em ato, absolutamente singular e irrepetível e, ao mesmo tempo, é o que há de mais vazio e genérico, por se repetir toda vez sem que jamais seja possível fixar a sua realidade lexical".

b) o sentido dos autorreferenciais depende da referência à instância de discurso que os contém;

c) esses indicadores permitem a conversão da língua em discurso;

d) o ato de enunciação possibilita ver *que a língua tem lugar*,

então a fala da criança é autorreferencial porque indica que – e indica *como* – a língua tem lugar nela. Em outras palavras, a experiência de passar de não falante a falante é indicada na fala da criança pelo próprio fato de ela enunciar em uma dada língua. Nesse sentido, a fala da criança nem mostra, nem oculta, apenas indica. A ideia de "indicação" aqui mobilizada está longe de uma perspectiva ostensiva em que se dá a ver um objeto. *A fala da criança indica os termos pelos quais a língua tem lugar nela.* É nesse sentido que considero que a fala da criança é autorreferencial, na medida em que essa fala encontra sentido na referência que faz à sua própria instância de discurso.

Poder-se-ia argumentar – com razão – que o raciocínio que faço seria extensível a toda e qualquer manifestação linguageira do homem: o discurso em geral é autorreferencial; ele é, em sua globalidade, autorreferencial. Ou, ainda, nas palavras de Benveniste: "Trata-se [...] de um mecanismo total e constante que, de uma maneira ou de outra, afeta a língua inteira" (BENVENISTE, 1989, p. 82).

Sim. A autorreferencialidade – como categoria de linguagem que é – pode ser considerada uma propriedade de toda e qualquer manifestação linguageira do homem. No entanto, a especificidade do que passa com a fala da criança é que a autorreferência indica como a língua, na sua pura condição de língua, tem lugar nela.

Não se trata apenas de dizer que há marcas de enunciação na fala de uma criança. Isso já é sabido de todos, e a descrição dessas marcas há muito integram estudos da dita linguística da enunciação. Também não estou dizendo que o discurso de uma criança é um *índice global de subjetividade* (cf. DESSONS, 2006, p. 71), o que o torna criador de sua própria referência. Isso, embora menos evidente, também já é sabido de todos os que percebem que a enunciação vai além das famosas "marcas da enunciação". O que estou dizendo é de outra natureza: a fala de uma criança é autorreferencial em um sentido que chamaria de "existencial", isto é, que indica como a língua tem existência nela. Mais adiante eu voltarei sobre essa ideia de maneira, espero, menos estranha aos olhos e ouvidos de um linguista, a partir da consideração de que toda língua é, na verdade, um universo particular e, como tal, é de sua natureza impor restrições ao falante. A língua constrange o falante ao impor-lhe um universo.

Nesse sentido, o aspecto não-todo da língua evidenciado na fala da criança – os primeiros fonemas, as holófrases, as analogias, as pequenas frases etc. –, quando visto na sua autorreferencialidade de língua, deve ser apreendido pelo linguista como um indicador dos termos pelos quais a língua tem lugar na criança. Nem estágios, nem complexificação gradual de estruturas, nem desenvolvimentos, entre outras possibilidades descritivas, apenas a indicação de como a língua está tomando lugar no pequeno falante.

Abre-se, assim, a perspectiva de uma abordagem que, embora não ignore o que há de universal na dita "aquisição da linguagem", deita sobre a fala da criança um olhar antropocêntrico, no qual o que conta é a experiência *loquens* de cada um.

§ 5.4 O quê?

Caso se admita a formulação acima de que *a fala da criança indica os termos pelos quais a língua tem lugar nela*, é necessário que se explicite *o que*, nesse entendimento, se considera que uma criança "adquire".

O leitor deve ter percebido que, até agora, evitei a expressão "aquisição da linguagem" – ela foi utilizada apenas em citações e em referência a textos de terceiros –; em contrapartida, recorri à imagem, quase metafórica, de "passagem" (a falante, de *infans* a falante, a ser falante etc.), ideia esta que está também presente na composição "vir-a-ser falante". A essas expressões, fiz acompanhar outra, "a fala da criança", que, por sua vez, aparece ao lado da palavra "língua". Com isso, espero ter deixado claro que não quero desviar da evidência de que a criança *passa* a *falar* uma *língua*. Além disso, quando utilizei o termo "linguagem" (p. ex., a expressão "categoria de linguagem"), o fiz – é justo que se reconheça – no âmago da reflexão de Émile Benveniste, o que já, de certa forma, delimita um encaminhamento.

Há motivos para evitar um uso injustificado de "aquisição da linguagem", e o principal deles é que não se pode ignorar que termos como "linguagem" e "língua"[130] não são evidentes em si mesmos, e, nas línguas em que há as duas palavras, dada a distinção que funda a dupla, torna-se explícita qual é a parte do binômio que se supõe adquirida. Logo, não é sem consequências assumir que é a *linguagem* que é adquirida. É tempo, então, de enfrentar – e justificar – as questões implicadas na escolha, ou não, dessas e de outras expressões.

Inicialmente, acredito que ninguém desconhece que o termo "aquisição da linguagem" traz à memória debates acirrados, que se precipitam nos terrenos das linguísticas, das ciências cognitivas em geral, das antropologias e das psicologias, entre outras áreas. Quando o que está em análise é o que cabe na dita "aquisição da linguagem", não é incomum evocar-se o debate, na maioria das vezes excessivamente polarizado, do inato *versus* adquirido, e, a esse respeito, não faltam posições passionais.

Entendo que, para explicitar o que estou querendo circunscrever acerca da experiência de uma criança em seu acesso à condição de falante, não seja absolutamente necessário mobilizar uma discussão que parta desse debate. No entanto, creio que a lembrança do que há de mais consolidado na pesquisa da área pode auxiliar a evidenciar o meu ponto de vista. Farei, então, um pequeno desvio, na esperança de ser claro – mesmo que por contraste – na exposição da perspectiva que estou delineando.

Sobre esse assunto, tive muito recentemente a alegria de encontrar expostos com clareza, em um livro verdadeiramente apaixonado (e, às vezes, apaixonante), *Os fundamentos da teoria linguística de Chomsky*

---

130. Cf. aqui o capítulo sobre A linguagem e as línguas (cf. § 1).

(cf. GUIMARÃES, 2017), argumentos que mostram que "na tarefa de internalizar uma gramática específica, a criança faria uso de um conhecimento de natureza estritamente gramatical, que, por ser inato e compartilhado com todos os membros da espécie, seria universal" (p. 281). Ao que o autor acrescenta, de forma límpida:

> Qualquer gramática específica que venha a ser internalizada embute em si esses mecanismos gramaticais, que seriam a base sobre a qual se constrói o resto da gramática mental, e o ponto de partida para se começar a decifrar o barulho da fala, reconhecendo ali estrutura gramatical (GUIMARÃES, 2017, p. 281).

As ideias acima, como indica o título da obra, encontram abrigo na Gramática Gerativo-Transformacional (GGT), de Noam Chomsky. A tese do inatismo, uma das mais difundidas da atualidade, enfrenta a questão da internalização de uma língua por uma criança de maneira contundente, deve-se reconhecer.

De todo o extenso trabalho de Maximiliano Guimarães acerca dessa teoria, gostaria de destacar somente três pontos porque, do conjunto que formam, penso derivar, contrastivamente, a explicitação do que quero propor.

O primeiro ponto diz respeito à adequação da teoria linguística propriamente dita que, segundo Guimarães, é mais bem-sucedida na medida em que promove a melhor compreensão dos fatos investigados, organizados em "camadas de complexidade". Sobre isso, o autor apresenta o que chama de "cinco *níveis de ambição* de teorias linguísticas" (GUIMARÃES, 2017, p. 78-84, destaques do autor). São eles: "(i) adequação observacional"; "(ii) adequação descritiva"; "(iii) adequação explicativa"; "(iv) adequação neurofisiológica" e "(v) adequação evolutiva" (os dois últimos aglutinados na designação "adequação supraexplicativa"). Por atenção à rigorosa exposição do autor, não vou retomar, um a um, tais níveis (ao leitor, fica a recomendação de lê-los!); no entanto, gostaria de chamar a atenção para um aspecto destacado por Guimarães: há uma pressuposição lógica entre os níveis, quer dizer, as soluções encontradas em um nível são fundamentais para que se possa angariar êxito científico no nível seguinte.

O segundo ponto se encontra na parte final do livro, dedicada ao conhecimento gramatical não adquirido. Nela, o autor dá grande consistência às ideias que embasam a chamada Gramática Universal (GU) e faz isso com detalhada atenção à aquisição da linguagem. Nessa parte, o autor volta a evocar a pressuposição lógica entre os níveis para concluir:

> Enfim, a tese chomskyana de uma GU inata pressupõe que haja uma base empírica bem descrita a partir da qual as abstrações e as idealizações teóricas são construídas. É um erro crasso (infelizmente perpetuado por muitos) dizer que o inatismo seria um *pressuposto* da GGT. Isso é tão falso quanto uma moeda de sete dólares! O inatismo é uma *conclusão* à qual se chega a partir de fatos (GUIMARÃES, 2017, p. 311, destaques do autor).

O terceiro ponto diz respeito aos argumentos que sustentam a tese da existência da GU inata. Entre os vários apresentados, o autor se detém com mais vagar no *"argumento da pobreza de estímulo"*, mas não sem antes abordar alguns outros argumentos "pró-GU". Em especial, ele fala na questão da uniformidade universal dos estágios de desenvolvimento da competência gramatical:

> Há uma uniformidade notável quanto a quais são os estágios do desenvolvimento gradual da competência gramatical, desde o balbucio até a formação e compreensão de sentenças complexas, passando por estágios intermediários em que a criança produz sentenças com graus de complexidade crescentes (GUIMARÃES, 2017, p. 312).

O que quero colocar em relevo nessa última remissão à obra de Guimarães é a contestação que ele faz aos anti-inatistas que indicam o *manhês* – maneira como os adultos falam com as crianças, imitando prosodicamente a fala infantil – como fator crucial do desenvolvimento em estágios de complexidade. Diz Guimarães (2017, p. 313, nota 23, destaques meus):

> Deve-se ressaltar que o estudo das idiossincrasias gramaticais do manhês enquanto registro de fala *não é, por si só, pesquisa em aquisição de linguagem se nenhuma relação substancial de causa e efeito tiver sido encontrada entre o manhês e o desenvolvimento da gramática da criança.*

Pois bem, o conjunto dos três pontos retirados do complexo trabalho de Maximiliano Guimarães é, acredito, suficiente para começar a evidenciar o prisma epistemológico que assumo sobre o vir-a-ser falante. Os três pontos destacados estão alicerçados de maneiras distintas – os dois primeiros mais ligados à teoria propriamente dita; o terceiro mais ligado ao tratamento dos "dados" – sobre uma ideia geral que se explicita na referida nota de rodapé: a relação de causa e efeito. A pesquisa em aquisição da linguagem, nos termos acima, exige uma "relação substancial de causa e efeito".

Eu entendo, com isso, que tanto a pressuposição lógica entre os níveis ("a compreensão de certos fenômenos pressupõe a compreensão de outros [...]" (GUIMARÃES, 2017, p. 78)) quanto os termos do que pode, ou não, ser admitido no interior de cada um deles diz respeito a relações de causalidade. Isso se dá porque a teoria em questão busca uma concepção de gramática cujo escopo de investigação, método de investigação e níveis de adequação visados são finamente articulados.

A noção de causalidade não é simples e ela está relacionada diretamente com tipos de perguntas que a incitam. Sobre esse tema muito já foi dito em ciências humanas, sociais, biológicas etc.

Em um livro intitulado *Isto é biologia – A ciência do mundo vivo*, o biólogo alemão Ernst Mayr (2008) desenvolve sólida e original reflexão acerca da causalidade no campo da biologia, relacionando-a a perguntas do tipo "O quê?", "Como?" e "Por quê?". Mayr distingue entre *causas próximas* e *causas últimas*. Segundo ele, os fenômenos em organismos vivos resultam dessas duas causas.

As primeiras são *funcionais* e dizem respeito a processos fisiológicos controlados por programas genéticos e somáticos. Elas estão ligadas a perguntas do tipo "Como?" (MAYR, 2008, p. 164). As demais são *evolutivas* e dizem respeito à condução de novos programas genéticos ou a modificações daqueles já existentes, ou seja, são causas que levam a mudanças durante a evolução. Elas estão ligadas a perguntas do tipo "Por quê?" (p. 165). As perguntas do tipo "Como?" são as mais comuns, e mais antigas, nas ciências físicas; as perguntas do tipo "Por quê?" são mais recentes na história do conhecimento.

Na reflexão de Mayr, as perguntas do tipo "O quê?" são tratadas em separado. O biólogo diz que elas são relativas à descrição, parte importante de toda e qualquer ciência (p. 158). As respostas dadas às perguntas do tipo "O quê?" são apenas um primeiro passo para se chegar ao "Como?" e ao "Por quê?", que levam à explicação.

Maximiliano Guimarães (2017, p. 113), por sua vez, formula explicitamente "cinco perguntas centrais da GGT"[131] as quais, mesmo que não possam ser equiparadas *pari passu* ao que explica o biólogo, encontrariam abrigo no âmbito do "O quê?", sem dúvida, mas, principalmente, no âmbito das perguntas do tipo "Como?" e "Por quê?" A pergunta "O quê?", embora importante, não passa de uma primeira etapa – a descritiva, para o biólogo; a observacional, para o linguista – sem ascender, por si só, ao estatuto científico visado. No entanto, as perguntas "Como?" e "Por quê?" parecem estar em consonância epistemológica com a necessidade explicativa da teoria.

Nessas sumárias observações – com as quais espero não ter provocado nenhum grande contrassenso científico – reúno as condições para argumentar a favor de outro entendimento da pergunta "O quê?" na formulação *"o quê uma criança adquire ao passar à condição de falante?"*

Acredito que a reiteração da pergunta "O quê?" – no contexto em que se defende que *a fala da criança indica os termos pelos quais a língua tem lugar nela* – não implica, obrigatoriamente, vinculação a etapas subsequentes de pesquisa, comandadas por explicações oriundas de um raciocínio causal. Ora, com certeza, isso tem um custo: passar ao largo dos critérios de cientificidade válidos para o paradigma científico galileano.

---

131. São elas: "(i) De que se constitui o conhecimento gramatical G de um indivíduo I? (ii) Como G se forma no curso do desenvolvimento cognitivo de I? (iii) Como G é posto em uso por I em interação com os demais aspectos não gramaticais de percepção e cognição? (iv) Quais são os correlatos neurofisiológicos de G no cérebro de I? (v) Como tal aparato neurofisiológico se desenvolveu no curso da evolução da espécie?" (GUIMARÃES, 2017, p. 113). Essas questões receberam o nome de Problemas dentro do programa gerativo: (i) é o Problema de Humboldt; (ii) é o Problema de Platão; (iii) é o Problema de Descartes; (iv) é o Problema de Broca; e (v) é o Problema de Wallace-Darwin. Todos esses problemas são discutidos em detalhes em Othero e Kenedy (2019).

Trata-se, de fato, de uma observação qualitativa da fala da criança, cujos resultados analíticos são de ordem interpretativa, com considerável margem de casualidade e não de causalidade. O modelo epistemológico que estou propondo tem por objeto cenas, situações, fragmentos de fala – registros parciais de um *superstes* – que, descritos por um terceiro (*testis*), produzem resultados individuais, boa parte das vezes não generalizáveis.

A autorreferencialidade da fala da criança só pode indicar algo de sua individual experiência da passagem a falante, e isso não é nem da ordem da quantificação nem da repetição; ao contrário, trata-se do domínio do singular, do irrepetível. Assim, a autorreferencialidade, como o "ter-lugar", como o simples fato de enunciar, indica que há algo da língua que não pode ser contemplado na positividade da ciência, o que obstaculiza – e sou consciente disso – a adequação de minha proposta a um modelo de ciência que é, por natureza, refratário a traços individuais.

A enunciação, diria Benveniste, instaura uma diferença fundamental entre o ato de dizer e o dito, o produto (o enunciado). As palavras *ato* e *produto* são de especial relevância aqui. A enunciação é o puro ato de dizer, é o fato de que se diz algo, é o evanescente, é o novo a cada vez; é o acontecimento, é o único, é o irrepetível. Não há como fazer uma linguística da enunciação, nesses termos, sem compreender que essa linguística não é da mesma natureza que a linguística científica que o século XX viu nascer.

Para dar melhor a entender o tipo de resposta que estou ensaiando para a questão acima, vou me limitar a apresentar apenas uma ideia da terceira parte de um livro incontornável de J.-C. Milner, *Introduction à une science du langage* [*Introdução a uma ciência da linguagem*] – correndo o risco, conscientemente, de ser parcial na apresentação da complexidade da obra de Milner. Nessa parte, o autor se dedica explicitamente a avaliar a tese do inatismo (voltei a ela!).

Mas não é propriamente a análise acerca do inato – que, no livro de Milner, é muito densa, uma vez que são explicitadas as dificuldades e contradições que tal tese tem de enfrentar – que me interessa aqui. Minha atenção recai especificamente sobre uma afirmação de Milner acerca da relação entre linguagem e línguas, a qual vale a pena retomar na íntegra. Diz ele:

> [...] ninguém pode supor que um ser falante fale o francês de maneira inata; aqueles mesmos que pensam em termos de inato supõem apenas isto: um ser falante fala de maneira inata, e "falar" significa "ser capaz de falar uma língua em geral". E isso é linguagem. Sem dúvida que foi possível supor que essa "disposição para a linguagem" não era vazia (e que, por outras palavras, a linguagem tinha propriedades). Mas o conteúdo dessa disposição é uma disposição para uma língua *qualquer* ou para um *tipo* de língua qualquer. Se a disposição para a linguagem não é vazia, é preciso então necessariamente que existam propriedades comuns a numerosas línguas, ou mesmo a todas. Por conseguinte, a suposição de uma disposição para a linguagem se cruza com a questão da gramática universal (MILNER, 1995, p. 252-253, destaques do autor).

Por certo que a tese do inatismo – esteja ela correta ou não – somente pode concernir à linguagem, entendida nos termos do inatismo, e não às línguas. Estas apenas podem ser adquiridas pelo homem no curso de sua vida. Observe-se que Milner, pelo mesmo gesto que delimita claramente o escopo do inato e do adquirido, introduz o problema da gramática universal[132]:

> A linguagem apenas é observável em uma língua particular. Em etologia, parece que é sempre possível separar com nitidez e distinção suficientes a parte inata de um comportamento da parte adquirida. Nos dados linguísticos, esse princípio nunca é simples: mais exatamente, ele diz respeito à teoria, e não à observação. Suponhamos que se pode mostrar que em todas as línguas se encontram certas propriedades e que elas se combinarão incessantemente, em cada uma, com propriedades particulares. Cabe à teoria dar uma representação distinta do universal e do particular, mas a observação não encontra jamais senão sua mistura (MILNER, 1995, p. 258).

Isso posto, é tempo de tentar uma síntese do percurso feito até agora, com vistas à reunião de elementos mínimos que possibilitem responder a pergunta "*o quê uma criança adquire ao passar à condição de falante?*"

Parto, inicialmente, da ideia de Milner segundo a qual o que se "adquire" é uma dada língua. No entanto, esse primeiro passo não é suficiente para conduzir a uma resposta verdadeiramente inteligível, uma vez que caberia

---

132. Eu trato disso com mais vagar no primeiro capítulo (cf. § 1) deste livro.

ainda indagar o que entendo por "língua" nessa formulação. O significado de "língua" também não é evidente e exige detalhamento. O que a criança adquire ao adquirir uma língua?[133] E ainda: como manter a pesquisa decorrente dessa pergunta no patamar de um paradigma qualitativo em que não se imponha uma continuidade explicativa do tipo causal?

Para precisar melhor minha resposta, gostaria de retomar duas ideias, resumidamente apresentadas pelo linguista Émile Benveniste em uma entrevista dada em 1968. Diz ele:

> E se digo que o homem não nasce na natureza, mas na cultura, é que toda criança e em todas as épocas, na pré-história a mais recuada como hoje, *aprende* necessariamente com a **língua** os rudimentos de uma cultura. [...] *o que a criança adquire, aprendendo, como se diz, a falar, é o mundo no qual ela vive na realidade, que a linguagem lhe dá e sobre o qual ela aprende a agir* (BENVENISTE, 1989, p. 23-24, destaques meus).

Cabe deter-se em alguns pontos da reflexão de Benveniste.

Para ele, a criança "aprende" uma língua, "aprende a falar" e, assim, "adquire [...] o mundo no qual ela vive na realidade". Não há como não perceber que Benveniste desloca a questão da aquisição do âmbito da linguagem para o das línguas. Vale repetir: aos olhos desse linguista, a criança, ao aprender a falar, adquire um mundo com a língua, uma cultura. Benveniste não relaciona a aquisição da língua nem a uma faculdade inata, nem a aspectos cognitivos, nem a aspectos mentais. Para Benveniste, o que a criança adquire é o *mundo*, *um* mundo específico, via língua.

Fica evidente o que se desloca nessa formulação: passa-se do paradigma das ciências naturais ao paradigma das ciências do homem – Benveniste mesmo diz "o homem não nasce na natureza, mas na cultura" –, o que é de especial relevância para uma proposta, como a que estou fazendo, que coloca no centro o *Homo loquens*.

---

133. A esse respeito, vale lembrar o título do artigo de Corrêa (2007), no qual se encontra a mesma pergunta acima sem, no entanto, encaminhar a mesma resposta, contida também no título: "O que, afinal, a criança adquire ao adquirir uma língua? A tarefa da aquisição da linguagem em três fases e o processamento de informação de interface pela criança".

Assim formulada a resposta à pergunta *"o quê...?"*, de maneira quase estética, fica fácil ver que ela não pode reivindicar lugar no interior de um pensamento de base causal. Além do mais, seguindo essa direção, parece evidente que minha reflexão não pode ser perfilada ao lado das ditas teorias científicas da "aquisição da linguagem", uma vez que a ela não se impõe a tarefa – comum a tais teorias – de explicar ou descrever como se dá o dito processo de "aquisição da linguagem"[134].

Ora, embora eu reconheça o evidente alcance de uma teoria como a de Chomsky, entendo que, para explicitar o ponto de vista que estou querendo delimitar acerca da experiência de uma criança em seu acesso à língua, há a exigência de mobilizar uma discussão que coloca o homem, na sua condição de falante, no centro, o que encaminha uma perspectiva antropológica da linguagem. As indagações decorrentes de uma tal visão, em que "a linguagem representa a mais alta forma de uma faculdade que é inerente à condição humana, a faculdade de simbolizar" (BENVENISTE, 1988, p. 27), não delimita um campo de problematização da alçada da causalidade, da explicação etc.

Assim definido o horizonte de minha reflexão, muitas questões ainda merecem atenção, entre elas uma que, neste momento, é apenas anunciada, pois será desenvolvida adiante: O que cabe ao universal e ao particular na aquisição do universo de uma língua? Por ora, posso apenas insistir que o linguista que concebo (idealizo?) está mais atento ao *universo* da língua do que aos *universais* da linguagem.

Então, considero possível uma abordagem qualitativa – sem pretensão científica, mas nem por isso desprovida de seriedade – que dê atenção mais

---

134. Tal como explica Corrêa (2006, p. 21, destaques meus): "As propriedades que definem a língua materna, no que concerne ao seu sistema fonológico, sua morfologia e seu modo de organização sintática, são identificadas pelas crianças nos primeiros anos de vida. *Explicar o que viabiliza esse feito e como esse processo se realiza é tarefa primordial de uma teoria da aquisição da linguagem*".

às línguas do que à linguagem, que seja demonstrável a partir da enunciação singular de cada falante e que tome como ponto de partida a fala de cada criança na sua relação com a língua.

§ 5.5 AS LÍNGUAS; UMA LÍNGUA...

O homem é *Homo loquens*. Essa ideia, por mais evidente que seja – e se a repete desde Aristóteles – nunca deixa de surpreender. O *logos* com o qual Aristóteles define o homem recebeu várias traduções.

No riquíssimo "Glossário do tradutor" anexo ao livro *Infância e história*, de Giorgio Agamben, encontra-se a seguinte definição para *logos*: "(do v. gr. *légein* 'dizer, discorrer') significa 'linguagem, discurso', mas também 'razão, pensamento, realidade, fundamento'" (BURIGO, 2008, p. 179). Observe-se quantas possibilidades de interpretação *logos* permite: o conjunto do que a palavra significa em grego se reparte em várias palavras em português. Somente isso bastaria para reformular a ideia aristotélica. Em Benveniste (1988, p. 26, destaques do autor), encontra-se: "Ela [a linguagem] é *logos*, discurso e razão juntos, como viram os gregos".

Considere-se, então, que é próprio do homem ter linguagem (*logos*). Ainda sim, essa definição – na esteira do que diz Milner acima – mereceria uma glosa: os homens não *falam* a linguagem, eles *falam* línguas. Pode-se argumentar que a linguagem está contida em cada uma das línguas ou mesmo que as línguas testemunham sobre a generalidade da linguagem; pode-se, também, dizer que a linguagem é o termo genérico e, a língua, o específico. É verdade. Mas tanto faz: o fato é que não se encontrará a linguagem se não nas línguas. Essa é uma evidência, muitas vezes, negligenciada pelos linguistas. É a língua portuguesa – ou talvez fosse melhor dizer, o tronco românico das línguas – que permite uma distinção que tem valor de princípio: há duas realidades, a genérica e a específica, a linguagem (*langage, linguaggio, linguaje*) e uma (ou mais) língua (*langue, língua, idioma*).

Ora, o fato de o homem falar uma diversidade enorme de línguas espalhadas pelo mundo, cerca de 6.000[135], não é uma realidade acidental nem um fenômeno superficial. Exista ou não uma forma de unificar essa diversidade – e talvez o argumento inatista seja suficiente para resolver essa questão –, não se pode ignorar as inúmeras possibilidades que uma língua oferece.

Se digo que o que a criança "adquire" é uma dada língua e, com ela, um dado universo, o universo dessa língua, então a reflexão sobre o vir-a-ser falante não pode ser desvinculada da consideração à diversidade das línguas. A esse respeito, George Steiner, um dos maiores pensadores da atualidade, faz uma observação importante:

> Talvez não devamos considerar, nem do ponto de vista da forma nem do conteúdo, coerentes, suscetíveis de verificação ou de refutação, qualquer modelo de comportamento verbal ou qualquer teoria da gênese e da aquisição da linguagem, que não reconheçam como decisiva a questão da multiplicidade e variedade assombrosas das línguas faladas no nosso planeta demasiado povoado (STEINER, 2002, p. 78).

O que chama a atenção nas considerações de Steiner é um aparente paradoxo: o fenômeno da aquisição da linguagem, que evoca uma ideia de universalidade – já que é próprio à condição do homem que venha a se tornar falante –, não poderia ser seriamente abordado, segundo ele, se não se levasse em conta a diversidade das línguas – já que é "facultado" ao homem de qual língua se tornará falante.

O paradoxo universalidade da aquisição *versus* diversidade das línguas já recebeu muitas – e díspares – interpretações. Para mim, ele faz ouvir, ainda, um terceiro elemento, lugar onde paradoxos são bem-vindos: o *falante*. É próprio ao homem que ele fale (universal) uma ou mais línguas

---

135. Cf. Oustinoff (2011, p. 11). Sobre isso, diz ainda Claude Hagège (1985, p. 44): "Podemos considerar que se falam, hoje, à superfície do globo, pelo menos quatro mil e quinhentas a seis mil línguas, sem contar as centenas ou milhares de outras que nunca foram estudadas. Estas últimas situam-se em zonas pouco frequentadas, malconhecidas ou dificilmente acessíveis por quem não esteja habituado a lá viver ou viajar: altos planaltos da Nova Guiné, Amazônia brasileira e peruana, centro e sudoeste da África, regiões montanhosas junto à fronteira entre a Rússia e a China, ou entre a Índia e a Birmânia, grandes e pequenas ilhas do Oceano Índico e do sul do Oceano Pacífico, de Samatra e Bornéu às ilhotas polinésias ocidentais".

(diversidade) à sua maneira (singularidade). É nessa tríade – e dessa tríade – que vejo nascer um falante.

Assim formulada, a tríade permite deslocar o campo da díade universal *versus* particular. Nesse caso, porque há falante, o universal se coloca do lado do antropológico. Quer dizer, não se trata de um universal, obtido a partir de alguma propriedade biológica[136] que unificaria os homens, mas de uma visão de universal que pressupõe uma identidade humana, observável na concretude das existências dos homens, na sua condição de falantes de uma (ou mais) língua. Admitida essa perspectiva, o interesse do linguista estaria, em matéria de aquisição – ao menos na minha proposta – mais concentrado na relação do homem com as línguas do que com a linguagem: logo, se deixaria de considerar a passagem do *infans* à sua condição de falante como um fenômeno da linguagem para vê-lo como um fenômeno de língua (inclusive no plural) que implica o homem no seu dizer.

A ideia da autorreferencialidade da fala da criança segundo a qual ela *indica os termos pelos quais a língua tem lugar na vida de uma criança* encaminha a visão de um universal antropológico, que diz respeito às categorias que integram o que Benveniste nomeou de enunciação. A enunciação é simultaneamente universal e particular.

É universal porque não se pode admitir uma língua que não a suponha. Essa conclusão advém do pensamento de Benveniste quando diz, a propósito de "eu" e de "tu", que

> essas definições visam *eu* e *tu* como uma categoria de linguagem e se relacionam com a sua posição na linguagem. Não consideramos as formas específicas dessa categoria nas línguas dadas, e pouco importa que essas formas devam figurar explicitamente no discurso ou possa aí permanecer implícitas" (BENVENISTE, 1988, p. 279, destaques do autor).

---

136. Isso não implica recusar que essa "identidade humana" possa ser vista por um prisma biológico. Sem dúvida, pode-se admitir que há restrições biológicas que determinam o que somos. Nossa organização genética partilhada – também ela – está contida na ideia de *Homo sapiens sapiens*. No entanto, não é absolutamente necessário que esse argumento entre em cena na formulação que estou apresentando. Sobre esses aspectos biológicos, cf. Chomsky (2018a) e Wilson (2013).

Bem entendido, isso significa que é universal – chamado por Benveniste de categoria de linguagem – que se tenham posições na linguagem que permitem o exercício das línguas; este, por sua vez, é particular, uma vez que a enunciação, na medida em que está sempre ligada à autorreferencialidade que cada instância de discurso instaura nas formas específicas de uma língua dada, é sempre nova.

É por isso que, seguindo Benveniste, não é a linguagem que é adquirida. Segundo ele, "[...] a linguagem representa a mais alta forma de uma faculdade que é inerente à condição humana, a faculdade de simbolizar" (BENVENISTE, 1988, p. 27). A faculdade de simbolizar é o que define o homem como homem. Além disso, há uma questão de princípio: ao se levar em conta o que diz Benveniste sobre a linguagem – base declarada de parte do raciocínio feito aqui –, para quem há inseparabilidade entre o homem e a linguagem, para quem "a linguagem está na natureza do homem, que não a fabricou" (p. 285), fica difícil se coadunar uma perspectiva que admita que a linguagem é adquirida. Nesse sentido, o termo "linguagem", quando em uso de inspiração benvenistiana, não nomearia o adquirido, já que a linguagem seria, em termos benvenistianos, constitutiva do humano, portanto, também uma categoria de natureza antropológica. É próprio do homem a sua "faculdade de simbolizar":

> Empregar um símbolo é essa capacidade de reter de um objeto a sua estrutura característica e de identificá-lo em conjuntos diferentes. Isso é que é próprio do homem e que faz do homem um ser racional. A faculdade simbolizante permite de fato a formação do conceito como distinto do objeto concreto, que não é senão um exemplar dele. [...] Ora, essa capacidade representativa de essência simbólica que está na base das funções conceituais só aparece no homem. Desperta muito cedo na criança, antes da linguagem, na aurora de sua vida consciente. Mas falta no animal (BENVENISTE, 1988, p. 27-28).

Dessa forma, há uma concepção de *animal symbolicum* – o termo é de Ernst Cassirer (2012) – em Benveniste (1988, p. 29): "a ascensão de *Homo* na série animal pode haver sido favorizada pela sua estrutura corporal ou pela sua organização nervosa"; no entanto, ela "deve-se antes de tudo à sua faculdade de representação simbólica, fonte comum do pensamento, da linguagem e da sociedade". Por isso, o pensamento é inseparável da linguagem, pois a possibilidade de operar com representações, com conceitualizações, é o específico do humano.

A existência da linguagem e de sua função mediadora de expressão simbólica coloca à luz o que, segundo Benveniste, individualiza o humano:

> [...] não há relação natural, imediata e direta entre o homem e o mundo, nem entre o homem e o homem. É preciso haver um intermediário, esse aparato simbólico, que tornou possíveis o pensamento e a linguagem. Fora da esfera biológica, a capacidade simbólica é a capacidade mais específica do ser humano (BENVENISTE, 1988, p. 31).

É próprio do homem se relacionar via aparato simbólico: a capacidade simbólica é a condição *sine qua non* de todas as funções conceituais do homem.

§ 5.6 O *UNIVERSO* DA LÍNGUA

A leitura do livro *Depois de babel – Aspectos da linguagem e tradução*, de George Steiner, é uma daquelas experiências que maravilham. A obra de Steiner toca em assuntos que não se pode ignorar; a tradução é apenas o mais evidente. Eu gostaria de reiterar algumas afirmações de Steiner – observe que todas são de uma página inicial do livro (STEINER, 2002, p. 18) – sobre as quais fundamento a ideia de que uma criança adquire o universo de uma língua: "cada uma das línguas humanas traça do mundo um mapa diferente"; "cada língua – e sem que haja línguas 'pequenas' ou 'menores' – constrói um conjunto de mundos possíveis e de geografia da memória"; "quando uma língua morre, é um mundo possível que morre com ela"; "uma língua contém no seu interior o potencial ilimitado de descobertas, de recomposições da realidade, de sonhos expressos, que conhecemos sob o nome de mitos, de poesia, de conjectura metafísica e de discurso da lei".

A ideia central dessas afirmações segundo as quais uma língua é um mundo, um universo, vai ao encontro de uma evidência: as línguas são diferentes entre si, e essas diferenças, ao mesmo tempo em que constituem cada universo, o que é de grande amplitude, impõem restrições. A diversidade das línguas e a sua configuração – quase paradoxal – de simultânea amplitude e restrição está posta, de diferentes maneiras, desde sempre nos estudos da linguagem. Ela é tema, por exemplo, do discurso do grande filósofo e linguista Wilhelm von Humboldt na Academia de Berlim – *Sobre o estudo comparativo das línguas em relação com as diferentes épocas do desenvolvimento das línguas* – de 29 de junho de 1820: "Tudo que se pronuncia forma o impronunciado, ou prepara-o" (HUMBOLDT, 2006, p. 27). Desde a instituição da linguística como disciplina específica, no século XX, o assunto nunca deixou de se apresentar. Saussure dedica parte de seu terceiro curso na Universidade de Genebra ao tema, o que fica muito claro em uma nota na qual insiste: "a pluralidade de formas da língua sobre o globo, a diversidade da língua quando se passa de um país a outro, de um distrito a outro, é essa, por assim dizer, a constatação primordial" (SAUSSURE, 2004, p. 265). Nessa mesma linha, sobram exemplos: W.D. Whitney[137] (2010); Edward Sapir (1961)[138]; Benjamin Lee Whorf (1959)[139]; Émile Benveniste[140] (1989) e Roman Jakobson (1974)[141] são apenas alguns.

---

137. "Uma língua age como um molde que seria aplicado a um corpo em crescimento, e é porque ele modela esse corpo que se pode dizer que ele determina sua 'forma interna'. Entretanto, esse molde é flexível e elástico" (WHITNEY, 2010, p. 42).

138. "Todas as línguas estão feitas para executar todo o trabalho simbólico e expressivo que cabe à linguagem, seja factual ou potencialmente. A técnica formal para esse trabalho é que é o segredo de cada língua" (SAPIR, 1961, p. 36).

139. "E toda língua é um vasto sistema de padrões, diferente dos outros, no qual são culturalmente ordenadas as formas e categorias pelas quais a personalidade não apenas comunica, mas analisa a natureza, percebe ou negligencia tipos de relacionamento e fenômenos, canaliza seu raciocínio e constrói a casa da sua consciência" (WHORF, 1959, p. 252).

140. "[...] a conversão do pensamento em discurso se assujeita à estrutura formal do idioma considerado, isto é, à organização tipológica que, segundo a língua, faz predominar tanto o gramatical quanto o lexical. No entanto, falando grosseiramente, o fato de que se pode 'dizer a mesma coisa' numa como noutra categoria de idiomas é a prova, por sua vez, da independência relativa do pensamento e ao mesmo tempo de sua modelagem estreita na estrutura linguística" (BENVENISTE, 1989, p. 233).

141. A famosa frase sobre a qual reflito adiante neste livro (cf. § 7): "As línguas diferem essencialmente naquilo que *devem* expressar, e não naquilo que *podem* expressar" (JAKOBSON, 1974, p. 69, destaques do autor). O autor exemplifica: "Numa língua dada, cada verbo

A aceitação geral da ideia exposta acima, corroborada pelas referências a alguns dos maiores pensadores da linguagem dos últimos tempos, não implica a existência de unanimidade quanto à forma como é tornada visível tal ideia. É preciso, então, demonstrá-la, em especial, em relação ao tema do vir-a-ser falante, objeto de minha reflexão aqui. Enfim, cabe indagar, em primeiro lugar: como se harmonizam amplitude e restrição na língua? Em seguida: como essa harmonização constitui um *universo*? Finalmente: O que isso pode dizer da passagem de *infans* a falante?

Os homens falam línguas que diferem muito entre si. Cada língua constrói possibilidades e impossibilidades para seus falantes. Essas afirmações passariam facilmente por um truísmo não fosse a insistência em ignorá-las. Os estudos da dita "aquisição da linguagem" parecem não ser tocados pela realidade multilinguística do planeta. As pesquisas caminham ou em direção a abordagens universalizantes ou a (excessivamente) individualizantes. Têm lugar, nesses estudos, aspectos comportamentais, cognitivos, interacionais, culturais, desenvolvimentistas e gramaticais, entre outros, mas pouco é dito do fato de a organização de uma língua – o universo particular que a caracteriza – produzir um falante.

Muitos são os autores que poderiam auxiliar na configuração de um saber sobre a língua que a tome pela sua especificidade. Três foram rapidamente antes lembrados: Sapir, Whorf e Benveniste. Mas, antes deles, há um de notável envergadura que, inclusive, em certa medida, os gerou: Wilhelm von Humboldt.

A obra de Humboldt fala por si. A complexidade de seu pensamento, a generalidade (e genialidade) do que propõe, a visão de homem que constrói, tudo isso é o suficiente para advertir aos que pensam poder domesticar um

---

implica necessariamente um conjunto de escolhas binárias específicas, como, por exemplo: O evento enunciado é concebido com ou sem referência à sua conclusão? O evento enunciado é apresentado ou não como anterior ao processo de enunciação? Naturalmente, a atenção dos enunciadores e ouvintes estará constantemente concentrada nas rubricas que sejam obrigatórias em seu código verbal" (JAKOBSON, 1974, p. 69-70).

pensamento que não se molda a saberes disciplinares[142]. Humboldt implica pormenorizadamente a experiência humana e a linguagem e faz isso forjando uma série de termos e noções, entre os quais o mais célebre – talvez porque seja o que condensa e faz operar todos os outros – é *visão de mundo* (*Weltansicht*).

Esse conceito da antropologia linguística humboldtiana é suficientemente complexo para não se deixar esgotar em poucas palavras. Porém, vale lembrar, ao menos, uma passagem do que coloca Humboldt em seu discurso de 1820, que cito aqui a partir da tradução de Denis Thouard para o francês:

> Do fato da dependência recíproca do pensamento e da palavra, fica claro que as línguas não são, propriamente falando, meios para apresentar uma verdade já conhecida, mas, ao contrário, para descobrir uma verdade antes desconhecida. Sua diversidade não é uma diversidade de sons e de signos, mas uma diversidade de *visão de mundo*. Nisso está contido o fundamento e a finalidade de toda a

---

142. A fortuna crítica em torno de Humboldt é enorme, densa e qualificada, o que o faz objeto de múltiplas – e nem sempre convergentes – leituras. É assim que se vê Jean Quillien (2015, p. 11), no seu monumental *L'anthropologie philosophique de Wilhelm von Humboldt* [*A antropologia filosófica de Wilhelm von Humboldt*], afirmar que "a condição primeira da compreensão da teoria humboldtiana da linguagem consiste [...] na reconstrução do terreno arqueológico sobre o qual ela é construída, terreno filosófico, mais precisamente antropológico". Ou Henri Meschonnic (1995, p. 17), para quem o importante é *pensar* Humboldt, quer dizer, "pensar a linguagem como elemento de uma historicidade e de um infinito do sentido que deve reorganizar todo o conjunto de saberes da antropologia". Em outra direção está Denis Thouard (2016, p. 19), tradutor de Humboldt para o francês, cuja obra propõe uma leitura em que "se articulam, nitidamente, a visada filosófica, o aporte linguístico e a reflexão sobre tradução [porque] a obra de Humboldt se situa no seio de uma reflexão geral sobre a linguagem e de um estudo aprofundado da diversidade das línguas", o que o leva a afirmar que, "se a gramática filosófica fornece seu horizonte de universalidade à reflexão de Humboldt sobre a linguagem, se a pesquisa sobre as línguas particulares acaba experimentando esse olhar no contato da diversidade empírica, a tradução se situa na intersecção dessas duas dimensões". Diferente também é o que propõe Jurgen Trabant (2005, p. 184, destaques do autor), que coloca no centro do pensamento de Humboldt a questão da diversidade das línguas, leitura importante para o que estou propondo: "no que concerne à diversidade das línguas, Humboldt não se limita a constatar que a diversidade se manifesta nas *estruturas* diferentes das línguas, ele a encontra acima de tudo em seus *caracteres* diferentes. É esta concepção de caractere das línguas que constitui – mais precisamente – o centro de minha leitura da obra de Humboldt". Ou ainda Ane-Marie Chabrolle-Cerretini (2007), que dá especial destaque à noção de *visão de mundo*.

pesquisa linguística. O conjunto do cognoscível se encontra, como o campo que deve trabalhar o espírito humano, entre todas as línguas, independente delas, em seu centro (HUMBOLDT, 2000, p. 101, destaque meu).

Assim, para Humboldt, cada língua teria uma maneira de organizar o mundo, de apreendê-lo, de representá-lo, o que o torna, nela, na língua, um mundo específico.

Isso não significa falar sobre o mundo nem produzir um discurso interpretativo sobre o mundo; também não significa ter uma concepção de mundo. Quando Humboldt afirma que cada língua propõe uma *visão de mundo*, ele quer dizer que cada língua, entendida como um todo organizado em partes que precisa ser apreendido como *energeia* – uma atividade se fazendo –, é constituída por uma tomada particular do mundo. A análise que decorreria disso seria, simultaneamente, da estrutura, do *organismo da língua*, e do uso vivo do discurso, o *caractere*; uma análise simultaneamente analítica e global da língua, portanto.

Uma língua é, nesse sentido, a organização muito particular de uma percepção do mundo. Sendo *energeia* (atividade) e não *ergon* (produto), a língua é um processo dinâmico, um *organismo* constituído de partes organizadas entre si, e a *visão de mundo* "é a maneira de apreender o mundo que organiza o espírito por meio da língua [...], cada língua propõe uma representação linguística do mundo" (CHABROLLE-CERRETINI, 2007, p. 90).

A *visão de mundo* de Humboldt, que reúne em um só estudo estrutura (no sentido de *organismo*, organização) e *caractere* ("o uso vivo do discurso"), é suficiente para sustentar a ideia de um universo da língua simultaneamente amplo e restrito.

Assim, a título de exemplo, seguindo Hagège (1985), fica-se sabendo – relativamente às condições de se apresentarem as figuras discursivas no diálogo – que a maior parte das línguas cuchíticas (grupo de línguas faladas na África Oriental, no oeste do Sudão e no norte do Egito) e tchádicas (grupo de línguas da família camito-semítica faladas em torno do Lago Tchad) diferenciam para "tu" e, às vezes, para "eu" um masculino e um feminino do pronome ou da marca no verbo; que, em japonês, há várias partículas que variam em função do sexo do locutor ou do alocutário e que modalizam o enunciado em função do grau de certeza, dúvida, interrogação; que o romeno e o húngaro possuem, para além da forma familiar equivalente a "tu", até três formas de cortesia segundo o grau de distância social entre quem fala e quem ouve; que o persa e o turco têm um plural para referir o locutor por fusão de sua individualidade no anonimato de um conjunto (um "nós" de modéstia, talvez); que o trigré e o amárico (ambas do ramo etíope da família de línguas camito-semíticas, faladas na Etiópia) e o romeno e o árabe jordaniano têm até três formas diferentes de se dirigir à pessoa de quem se fala, que indicam o grau de respeito que se tem por ela.

Ora, tais diferenças de indicações de estatuto social, que constituem numerosas línguas do Extremo Oriente, não chegam a receber expressão na simples oposição *eu/tu-você* em português, ou *je/tu-vous* do francês ou ainda no não menos sintético *I/you* do inglês.

É o mesmo Hagège (1985) quem explica, ainda, que em línguas como o turco, o búlgaro, o ketchou do Peru-Bolívia, o kwakiutl da Colômbia, o oksapmin da Nova Guiné, o enunciador, no início de sua enunciação, pode, ou não, se comprometer com o que vai dizer. Há afixos e formas verbais que são utilizados conforme o enunciador assuma ou não as informações ou as atribua a terceiros.

Os exemplos se multiplicam. Benveniste explica que as principais distinções do verbo coreano dizem respeito à ordem social em que as formas são diversificadas de acordo com o nível social do sujeito e do interlocutor e

> variam segundo se fale a um superior, a um igual ou a um inferior. O falante apaga-se e prodiga as expressões impessoais; para não sublinhar indiscretamente a relação das posições, contenta-se frequentemente com formas indiferenciadas quanto à pessoa, que só o sentido afiado das conveniências permite entender corretamente (BENVENISTE, 1988, p. 248).

Benveniste (1988, p. 249) lembra ainda que Jakobson, em um trabalho sobre as formas verbais do gilyak – língua falada no extremo oriente russo –, explica que não se distingue, nessa língua, nem pessoa nem número nas formas verbais, mas modos neutros que opõem a primeira pessoa à não primeira pessoa do singular.

Enfim, o que as descrições acima mostram? Que não se trata apenas do uso de categorias pessoais ou mesmo da existência ou não dessas categorias, mas de um conjunto de informações sobre um modo de ser e de estar no mundo que está impregnado na língua. Benveniste dirá que "a língua contém a sociedade"[143] (BENVENISTE, 1989, p. 97). Nesse sentido, ao adquirir uma língua, a criança entra em um mundo cuja organização simbólica não raras vezes é refratária à tradução. Os exemplos acima mostram que, para falar uma língua, a criança terá de assumir um lugar no quadro figurativo do discurso, e esse lugar se configura em algo muito específico em cada língua.

As diferenças acima ilustram a ideia maior de que em uma língua há um universo. Independentemente dos aspectos universais (dos universais linguísticos) que se possam localizar aquém ou além da diversidade das línguas, o fato é que o universo de uma língua é tudo o que ela recorta e constrói do mundo e de um mundo. Ao mesmo tempo em que abre infinitas possibilidades, visto que configura um modo de ser, esse universo restringe os termos pelos quais isso se dá.

O universo da língua está nela contido como verdadeira imposição para o falante. Ao ocupar a posição de quem pode falar em uma dada língua, não é facultado ao falante escolher como a língua constitui um mundo. A ideia aqui – espero que potencialmente criativa – é que uma língua, ao mesmo tempo que permite o vir-a-ser falante, determina como isso pode se dar. Ser falante de uma língua é ter para si a representação de um mundo que somente nela e por ela tem existência.

A criança é testemunha (*superstes*) de um acontecimento único do ser humano: o singularizar-se como falante, como sujeito falante, no interior de um universo que a língua – talvez fosse melhor dizer *uma* (ou mais)

---

143. A relação entre língua e sociedade é tratada, neste livro, no terceiro capítulo (cf. § 3).

língua – lhe apresenta como condição de possibilidade de que venha a falar. Essa experiência confina o *Homo loquens* ao diálogo, única realidade possível para estar com o outro, seja este outro falante da mesma língua ou de línguas diferentes. É quase paradoxal: a língua tem o poder de constranger o falante para que ele possa, na condição de falante, ascender às infinitas possibilidades que são os universos das línguas.

§ 5.7 NO UNIVERSO DE UMA LÍNGUA NASCE UM FALANTE

Como nasce um falante? Tal pergunta pode receber inúmeras respostas, e a história dos estudos da linguagem comprova isso. Na formulação que estou propondo, o falante nasce no interior do universo de uma língua. Isso significa que a criança, ao submeter-se à ordem de uma língua, constitui-se em falante de um universo. E como a fenomenologia do vir-a-ser falante – tão detalhadamente descrita nas inúmeras "teorias da aquisição da linguagem" – pode evidenciar essa experiência humana?

Roman Jakobson, o grande linguista, talvez possa dar um bom caminho, em especial ao se reconsiderar, à luz do que estou propondo, um tema que o ocupou várias vezes: a passagem do balbucio aos primeiros fonemas de uma língua.

Entre 1940 e 1942, Roman Jakobson publicou, em forma de opúsculo, um conjunto de trabalhos conhecido sob o título *Kindersprache, Aphasie und Allgemeine Lautgesetze* [*Linguagem infantil, afasia e leis gerais da estrutura fônica*], escrito originalmente entre 1939 e 1941 em alemão, durante seu exílio em Oslo (Noruega) e em Estocolmo (Suécia).

Esse trabalho recebeu notoriedade em seu tempo, tanto pela originalidade das relações preconizadas – já em seu título – quanto pelas teses que formula. As posições assumidas por Jakobson no que se refere, em especial, à aquisição da linguagem e à afasia – separadamente e/ou em relação – são polêmicas e nem sempre de fácil compreensão, se pensadas fora do contexto em que foram gestadas. Cabe lembrar, aqui, a título de exemplo, a tão debatida hipótese de inversão entre uma suposta ordem da aquisição da linguagem e a sua dissolução na afasia.

Como não desconheço a polêmica em torno das teses de Jakobson, meu interesse ao lembrar esse trabalho do linguista é bem localizado: nele, Jakobson apresenta o que viria a ser conhecido – posteriormente e à revelia de Jakobson, é importante dizer – como "hipótese da descontinuidade". Vou retomar sinteticamente o raciocínio do autor.

O cerne da reflexão do linguista é que a criança, no balbucio, poderia produzir articulações estranhas a uma dada língua e até mesmo a um grupo de línguas: há "consoantes com uma grande variação de pontos de articulação, palatais, arredondadas, sibilantes, africadas, clics, vogais complexas, ditongos etc." (JAKOBSON, 1972, p. 21). No entanto, a passagem da fase do balbucio – considerado pré-linguístico por Jakobson – à fase em que realmente o som passa a ter um valor fonêmico – considerado linguístico por Jakobson – é marcada por grande perda da habilidade de produzir sons. A criança, então, deixaria de ser um *poliglota*, do ponto de vista articulatório, para começar a ser *o* falante de uma dada língua, ao menos do ponto de vista fonológico. A criança passaria, dessa maneira, a ter de reconhecer as oposições fonológicas e, mais adiante, as consequentes diferenciações que têm no significado das palavras, bem como passaria a ter a capacidade de guardá-las na memória para reproduzi-las. A partir disso, conforme Jakobson, encontra-se em formação um sistema fonêmico rigorosamente regulado por leis estruturais[144].

A dita passagem do balbucio às oposições fonológicas pertencentes a um dado sistema linguístico evidencia que o que a criança adquire é uma

---

144. É nessa passagem da fase pré-linguística à linguística que se verificaria, segundo os leitores de Jakobson, a dita *descontinuidade*. Não penso em discutir a pertinência ou não de uma "hipótese da descontinuidade" atribuída a Jakobson. Quanto a isso, limito-me a lembrar que há autores que retomam com muita propriedade o tema, argumentando a pertinência, ou não, dessa interpretação sobre a teoria de Jakobson (cf. Scarpa (2005b), Silva (2009) e Brum-de-Paula e Ferreira-Gonçalves (2008)).

dada língua[145]. Ao abrir mão de uma potencialidade aparentemente desmedida de articulação fônica para entrar no mundo específico de uma língua, a criança, ao atestar que o excesso articulatório do balbucio é inoperante em uma língua específica, coloca em evidência que a língua materna, antes de qualquer coisa, restringe.

Em que medida o trabalho de Jakobson pode ilustrar a ideia de que, na passagem de *infans* a falante, o que se dá é a aquisição do universo de uma língua? Ora, a pesquisa de Jakobson, independentemente do prisma sob o qual se a considere, coloca em evidência o que chamei de aspecto restritivo de uma língua como condição de possibilidade de acesso a um universo – aspecto este quase paradoxal. E isso por um motivo: a despeito da polêmica em torno de existir ou não descontinuidade entre o balbucio e a aquisição do sistema fonológico de uma língua, o que o linguista russo coloca em destaque é a evidente oposição entre um excesso articulatório desordenado e as relações distintivas que organizam um sistema fonológico.

Assim, falar uma língua é falar o que faz sentido nessa língua, e isso se mostra em todos os níveis da língua, desde a fonologia até o estabelecimento do quadro figurativo da enunciação no diálogo, como mostram as descrições de Benveniste e Hagège.

Considerado o raciocínio apresentado acerca do trabalho de Jakobson, a questão da passagem da criança de *infans* a falante passaria a encontrar

---

145. Parece que Jakobson tem mesmo razão em suas considerações. O Professor Gabriel Othero, indo ao encontro do que diz Jakobson, me fez lembrar que estudos recentes mostram que há um "período crítico" para a aquisição dos sons de sua língua materna, que vai do 0 aos 10-12 meses, mais ou menos. Nesse intervalo, a criança identifica *todos* os sons fonêmicos das línguas, incluindo aí consoantes, vogais, cliques etc. Depois desse período, ela passa a distinguir apenas os sons da língua que a cerca (ou das línguas, no caso de contexto bilíngue ou plurilíngue) e perde a capacidade de identificar perceptualmente sons que não estejam no inventário fonológico de sua(s) língua(s). Cf. KUHL, P. Early Language Acquisition: Cracking the Speech Code. In: *Nature Reviews Neuroscience*, vol. 5, n. 11, 2004. • KUHL, P. et al. Linguistic Experience Alters Phonetic Perception in Infants by 6 Months of Age. In: *Foundations of Pediatric Audiology*, 2006. • KUHL, P. *A genialidade linguística dos bebês*. TED Talk, 2010. Disponível em www.ted.com/talks/patricia_kuhl_the_linguistic_genius_of_babies?language=pt-br#t-76698

espaço em estudos que incluíssem a diversidade das línguas. A partir de uma espécie de *fenomenologia da fala da criança*, explícita nos estudos de Jakobson, em que a passagem do balbucio às primeiras oposições fonológicas atesta o que a entrada em uma dada língua impõe de restrição ao falante, é fácil seguir com a ideia antropológica de Benveniste, segundo a qual a língua dá acesso a um mundo, e considerar, com Humboldt, que cada língua encerra/produz uma "visão de mundo", para defender que falar uma língua dita materna decorre de uma operação que implica a instauração da criança como falante de um mundo. O *infans*, ao passar a falar uma dada língua, passa a existir em um mundo e a dar existência a esse mundo, que é, por sua vez, atualizado de modo muito singular em cada enunciação.

Nesse sentido, fonologia, sintaxe, morfologia, léxico, enfim, a língua inteira, permitem significar o mundo para a criança.

§ 5.8 CONCLUSÃO

O modelo epistemológico aqui proposto parte de um pressuposto geral que merece ser explicitado: o vir-a-ser falante de uma língua é uma experiência que está necessariamente atrelada à diversidade das línguas. Isso leva à admissão de algumas ideias que passo a retomar sinteticamente.

Em primeiro lugar, a passagem de *infans* a falante de uma língua é uma experiência sobre a qual não é facultado ao falante produzir uma narrativa de si. Essa ausência de metalinguagem coloca a criança numa condição de *superstes* e relega todos à condição de *testis*. Reconhecer isso é fundamental para circunscrever o horizonte de atuação do linguista.

Acompanha isso o caráter de necessária incompletude da fala da criança, fenômeno este atestado, explicado e descrito por inúmeras perspectivas. Para mim, a propriedade não-toda da fala da criança institui a autorreferencialidade fundante dessa fala, o que lhe confere um caráter indicial. A fala da criança indica como a língua tem lugar nela.

Assim, trata-se, desse ponto de vista, de adquirir uma língua, o universo de uma língua e, com ele, um mundo possível. Vê-se, aqui, a inseparabilidade entre língua, cultura e falante. Finalmente, a mesma língua que possibilita o vir-a-ser de um falante restringe.

Ao defender que a criança adquire o universo de uma língua, espero evidenciar ao menos um ponto importante para os estudos de aquisição da linguagem em geral: não se pode ignorar que tomar de maneira absoluta uma visão universalista ou uma visão relativista é desconhecer que há, nesse interregno, muita coisa que não pode ser reduzida a nenhuma polaridade. Acho que ninguém, seriamente, desconhece isso.

Ora, caso se admita minha interpretação sobre o fenômeno do "tornar-se" falante, não interessaria mais verificar *como* as línguas são adquiridas ou aprendidas; não se olharia para o uso produtivo da língua feito pela criança na sua relação com alguma capacidade inata (seja a de formar associações entre estímulos, seja a de acionar um dispositivo gramatical inato, seja a de um processamento mental), pois esse não seria tomado como evidência de uma capacidade. Em outras palavras, os dados de análise de uma dada língua não estariam, então, a serviço da explicação da capacidade da linguagem, uma vez que, do meu ponto de vista, não se adquiriria linguagem, mas língua.

A interpretação aqui exposta – quase uma hipótese – não ignora nem que o estudo descritivo do dito "processo de aquisição da linguagem" permite relacionar língua e linguagem, ou faculdade de linguagem, de maneira complexa, para dar respostas, ao menos parciais, a questões importantes[146], nem que a faculdade da linguagem pode ser entendida como um sistema complexo da mente/cérebro que permite a aquisição da língua cuja representação, em seu estágio inicial, poderia receber a forma de uma gramática universal. Ela apenas coloca em foco outro ponto: o *Homo loquens*[147].

---

146. Por exemplo, a existência ou não de um período crítico para a aquisição, a relação entre produção e percepção e a existência ou não de hierarquia de componentes na aquisição, entre outros.

147. Para um esboço de análise, no quadro de uma visão antropológica da enunciação, que contemple uma reflexão sobre a aquisição da linguagem, cf. "As três línguas maternas de George Steiner", neste livro (cf. § 9.5).

§ 6

O falante e a tradução

A CONDIÇÃO TRADUTÓRIA

Aprender a falar é aprender a traduzir.
Octavio Paz. *Traducción – Literatura y literalidad.*

§ 6.1 INTRODUÇÃO

Em 1959, o grande linguista russo Roman Jakobson (1896-1982) publicou aquele que viria a ser um dos textos mais importantes no campo dos estudos da tradução. Trata-se de "On Linguistic Aspects of Translation" – "Aspectos linguísticos da tradução", conforme a versão brasileira[148] –, que integra uma obra coletiva intitulada *On Translation* [*Sobre a tradução*][149]. O texto teve tamanho impacto que é difícil encontrar uma obra sequer sobre tradução que não o refira: Umberto Eco (2007), em *Quase a mesma coisa – Experiências de tradução*, dedica-lhe um detalhado capítulo no qual a relação entre tradução e interpretação – explicitamente posta pelo artigo – é avaliada; George Steiner (2002, p. 298) considera que ele produz um sistema cujo "alcance é de ordem muito mais global"; Antoine Berman (1984, p. 286), em *L'épreuve de l'étranger* [*A prova do estrangeiro*], conclui,

---

148. A versão brasileira desse ensaio integra a coletânea *Linguística e comunicação* (JAKOBSON, 1974, p. 63-72). Consultei também a versão publicada no segundo volume dos *Selected Writings – Word and Language* (JAKOBSON, 1971, p. 260-266).

149. Cf. Brower (1959).

após retomar o artigo: "a linguística de um Jakobson interroga os poetas, ela poderia também interrogar os tradutores"; Michaël Oustinoff[150] (2011, p. 23), por sua vez, considera-o "um artigo fundamental", no qual o autor "atribui à tradução um valor primordial que até então geralmente passava despercebido". Enfim, de todos os autores que reconhecem a potencialidade de "Aspectos linguísticos da tradução", destaca-se, ainda, Haroldo de Campos (2013, p. 87) que o toma como sustentação de sua "Transcriação" e o considera "uma *física* da operação tradutora, estrategicamente delineada a partir dos pressupostos da poética estrutural".

O leitor, no entanto, que não se apresse em concluir que "reconhecimento" equivale, no caso em questão, à aceitação unânime. Longe disso: o texto de Jakobson também suscitou franca oposição. Uma das mais contundentes, por exemplo, é a formulada por Jacques Derrida (2006, p. 25) que chama de "tripartição tranquilizadora" a famosa classificação (tradução *intralingual*, *interlingual* e *intersemiótica*) proposta por Jakobson no artigo. Há também críticas que são mais condescendentes, como, por exemplo, a de Anthony Pym (2017, p. 279), que situa Jakobson "como teórico fundamental no paradigma da tradução cultural", ao que acrescenta, no final de seu livro: "a tradução cultural [...] abre novos caminhos para a compreensão da tradução em contextos sociais. Para mim, contudo, o paradigma deixa de funcionar como teoria da tradução quando passa a não mais tratar de tradução" (PYM, 2017, p. 302).

Em minha opinião, o reconhecimento se deve ao fato de o texto enfrentar questões fundamentais – e polêmicas –, quando se busca olhar a tradução por um viés da significação linguística. É inegável o alcance heurístico

---

150. Em outro trabalho, "Roman Jakobson et la traduction des textes bibliques", Oustinoff lembra o sexto volume dos *Selected Writings – Early Slavic Paths and Crossroads*, inteiramente dedicados aos estudos da tradução. Eles permitem que "se tenha uma ideia mais precisa das concepções de Jakobson sobre tradução e sua extensão: longe de serem uma dimensão menor de seu trabalho, eles constituem, pelo contrário, uma face maior dele" (OUSTINOFF, 2009, p. 61).

que o artigo tem, em especial, graças à elaboração de um pensamento sobre tradução que está articulado a uma teoria geral da língua e da linguagem.

Nesse sentido, penso que retomar o artigo em suas grandes linhas de pensamento pode se revelar um procedimento pertinente para recolocar na ordem do dia questões que talvez ainda mereçam atenção. Entre essas, a principal diz respeito à relação do falante – que, no caso, inclui o tradutor – com a diversidade das línguas, o que pode receber a forma de uma indagação: Em que medida a experiência que tem um tradutor com as possibilidades e as impossibilidades de equivalência entre textos de diferentes línguas revela algo de sua natureza de falante?

Bem entendido, o procedimento aqui adotado indica que o artigo de Jakobson será tomado, para mim, como ponto de partida – mas não como ponto de chegada – para uma formulação própria acerca da tradução que, embora não seja associável *pari passu* ao pensamento do autor, não vai de encontro a ele.

§ 6.2 OS ASPECTOS LINGUÍSTICOS DA TRADUÇÃO

O artigo de Jakobson condensa elegância e rigor. Fórmula de difícil elaboração, mas comum aos grandes intelectuais, aqueles que, a exemplo de Humboldt, fazem "parte do muito restrito grupo de pensadores da linguagem – grupo que inclui Platão, Vico, Coleridge, Saussure, Roman Jakobson – que disseram sobre o seu tema alguma coisa de novo e de alcance global" (STEINER, 2002, p. 109). Minha proposta, então, é lê-lo buscando responder, em primeiro lugar, uma pergunta aparentemente óbvia: quais são os aspectos linguísticos da tradução determinados por Jakobson? Creio que somente após respondê-la – recolocando as proposições teóricas que sustentam sua reflexão – é possível apresentar a famosa classificação triádica que, deslocada de seu contexto teórico, adquiriu contornos excessivamente redutores.

O ponto de partida de Jakobson no ensaio é o significado linguístico; o próprio título do artigo encaminha uma perspectiva linguística *stricto sensu* de tratamento do tema. Para o russo, o significado de uma palavra "[...] não pode ser inferido de um conhecimento não linguístico [...]" (JAKOBSON, 1974, p. 64). Isso quer dizer que o significado de qualquer palavra é sempre um "fato linguístico" ou, como Jakobson (p. 64) mesmo diz, "um fato semiótico". O significado, então, não pode ser atribuído à "coisa" extralinguística. E a prova disso vem do fato de que é "necessário recorrer a toda uma série de signos linguísticos caso se queira fazer compreender uma palavra nova" (p. 64)[151]. Ou seja, é preciso fazer uso da língua para se compreender o sentido de uma palavra, e isso não apenas no caso de palavras "novas". Jakobson mesmo alarga essa ideia ao afirmar que:

> Para o linguista como para o usuário comum das palavras, o significado de um signo linguístico não é mais que a tradução por um outro signo que lhe pode ser substituído, especialmente um signo "no qual ele se ache desenvolvido de modo mais completo" [...] (JAKOBSON, 1974, p. 64).

Há muito a considerar a partir dessa passagem.

a) A equivalência da percepção do linguista à do falante comum em relação ao significado de um signo: ambos estão colocados no polo de quem busca conhecer o significado.

b) A ideia geral de que o significado de um signo é a sua tradução em outro signo: isso implica admitir que o significado somente pode ser circundado por expansão.

c) Finalmente, o entendimento, decorrente da ideia anterior, de que a tradução é uma condição geral e permanente do significado.

Essas três ideias estão sob a égide de uma maior: é com a língua que se fala da língua, tanto para o linguista como para o falante comum. Logo, não é facultado ao linguista e ao falante o ausentar-se da língua para explicar o sentido que seus constituintes têm. Dessa forma, a tradução tem papel essencial, já que coloca a língua a serviço da explicação da própria língua.

---

151. Haroldo de Campos (2013, p. 87) sintetiza esse percurso com primazia: "o núcleo do ensaio de Jakobson está em considerar o significado (*meaning*) como um fato semiótico (*semiotic fact*) e, na esteira de Peirce, em definir o significado de um signo linguístico como sua *tradução* (*translation*) em outros signos alternativos".

É nesse sentido que Jakobson relaciona a tradução à operação metalinguística. Isso fica mais evidente quando Jakobson afirma que "a faculdade de falar determinada língua implica a *faculdade* de falar acerca dessa língua. Tal gênero de operação '*metalinguística*' permite revisar e redefinir o vocabulário empregado" (JAKOBSON, 1974, p. 67, destaques meus).

Esclarece-se, aqui, um dos planos de reflexão de Jakobson em "Aspectos linguísticos da tradução": o da possibilidade da tradução (tradutibilidade).

A operação metalinguística, inerente à *faculdade de falar determinada língua*, está balizada pela "função cognitiva"[152]. Isso leva Jakobson (p. 67) a afirmar que "toda experiência cognitiva pode ser traduzida e classificada em qualquer língua existente". Ou ainda:

> Em sua *função cognitiva*, a linguagem depende muito pouco do sistema gramatical, porque a definição de nossa experiência *está numa relação complementar com as operações metalinguísticas* – o nível cognitivo da linguagem não só admite mas exige a interpretação por meio de outros códigos, a recodificação, isto é, a tradução (JAKOBSON, 1974, p. 70, destaques meus).

E conclui: "A hipótese de dados cognitivos inefáveis ou intraduzíveis seria uma contradição nos termos" (p. 70).

O autor, ao fazer essas considerações, amplia a discussão acerca da tradução para além do comumente feito. Ela passa a ser tratada como constituída por uma "experiência cognitiva" que enquadra, em um ângulo completamente inédito, "problemas complexos" como as diferenças e semelhanças gramaticais entre as línguas, a presença ou a ausência de processos gramaticais em línguas distintas, a expressão de operações cognitivas em contextos culturais etc.

Isso o conduz a formular uma conclusão que conhecerá notoriedade na história do pensamento acerca da tradução e das línguas: "as línguas diferem essencialmente naquilo que *devem* expressar, e não naquilo que *podem* expressar" (p. 69, destaques do autor), conclusão esta que, como

---

152. Jakobson denomina as funções da linguagem também com outros termos: a função cognitiva é também chamada de função *referencial* e função *denotativa*; a função emotiva, de *expressiva* (cf. JAKOBSON, 1974, p. 123).

disse acima, minimiza a impressão de que haveria impossibilidades de tradução. Para Jakobson, sempre é possível traduzir porque, mesmo que falte algum mecanismo gramatical em uma dada língua, o nível cognitivo da linguagem aceita interpretação, quer dizer, tradução, pois a definição da experiência é complementar à operação metalinguística, ou seja, ao fato de se poder falar dela por outros meios.

Há, contudo, uma ressalva para este raciocínio, formulada pelo próprio Jakobson:

> Mas nos gracejos, nos sonhos, na magia, enfim, naquilo que se pode chamar de mitologia verbal de todos os dias, e sobretudo na poesia, as categorias gramaticais têm valor semântico elevado. Nessas condições, a questão da tradução se complica e se presta muito mais a discussões (JAKOBSON, 1974, p. 70).

Um exemplo dado pelo linguista russo diz respeito ao que chama de "simbolismo dos gêneros": "O pintor russo Repin se desconcertava de ver o pecado representado como uma mulher pelos artistas alemães: ele não se dava conta de que 'pecado' é feminino em alemão (*die Sünde*), porém, masculino em russo (*grex*)" (p. 71, destaques do autor). No entanto, a dificuldade de tradução que aqui está posta é menos do âmbito cognitivo e mais do papel que a categoria gramatical de gênero tem nas atitudes, crenças e valores de uma comunidade linguística.

Chega-se, aqui, a outro plano de reflexão de Jakobson: o da intradutibilidade.

No caso da poesia, especificamente, é o sentido atribuído às formas que impõe limites à tradução:

> Em poesia, as equações verbais são elevadas à categoria de princípio construtivo do texto. As categorias sintáticas e morfológicas, as raízes, os afixos, os fonemas e seus componentes (traços distintivos) – em suma, todos os constituintes do código verbal – são confrontados, justapostos, colocados em relação de contiguidade de acordo com o princípio de similaridade e de contraste, e transmitem assim uma significação própria. A semelhança fonológica é sentida como um parentesco semântico. O trocadilho, ou, para empregar um termo mais erudito e talvez mais preciso, a paronomásia, reina na arte poética; quer esta dominação seja absoluta ou limitada, *a poesia, por definição, é intraduzível. Só é possível a transposição criativa*: transposição intralingual – de uma forma poética a

outra –, transposição interlingual ou, finalmente, transposição intersemiótica – de um sistema de signos para outro, por exemplo, da arte verbal para a música, a dança, o cinema ou a pintura (JAKOBSON, 1974, p. 72, destaques meus).

Entre as muitas observações que essa passagem enseja, importa, neste momento, entender claramente a ideia de "intraduzível" aí posta: ela não se encontra do lado da "função cognitiva" – já que, desse ponto de vista, como visto acima, o intraduzível seria uma "contradição nos termos" –, ela reside do lado do que Haroldo de Campos (2013, p. 89) denominou de "campo operacional do dispositivo translatício", quer dizer, "Jakobson, em verdade, não nega a possibilidade de tradução da informação poética; nega, tão somente, a possibilidade de aplicar, sem mais, à tradução poética os critérios da tradução referencial (cognitiva)" (CAMPOS, 2013, p. 92).

Ora, em se aceitando essa interpretação, é-se levado a compreender que o "intraduzível" de Jakobson é menos de ordem metafísica e mais de ordem operacional[153]. Quando se está frente a textos poéticos – em que há uma atribuição de sentido às formas que está muito além do sistema gramatical *per se* –, a estratégia do tradutor é mesmo a "transposição criativa".

A diferença entre a tradutibilidade dos valores cognitivos e a intradutibilidade da poesia diz respeito à função que orienta cada uma: a função metalinguística para a primeira e a função poética para a segunda.

Sem querer me demorar sobre a não menos célebre classificação das funções da linguagem[154] estabelecida por Jakobson, é importante lembrar

---

153. O tradutor e ensaísta Mário Laranjeira (1993, p. 28, destaques do autor) explica algo muito semelhante: "Ao dizer que 'a poesia é, por definição, intraduzível', Roman Jakobson não coloca em xeque a tradutibilidade do poema – pois que ele mesmo pratica a tradução poética e assim a chama –, mas quer simplesmente alertar para o fato de que se trata de uma tradução *sui generis*, podendo até merecer, quando necessário, denominação específica: transposição criativa".

154. Como é notório, Jakobson formula uma teoria em que as funções da linguagem estão distribuídas em seis: emotiva, conativa, referencial (cognitiva), fática, metalinguística e poética. Cada uma está, embora não exclusivamente, ligada a um dos fatores envolvidos na comunicação verbal: remetente, destinatário, contexto, contato, código e mensagem. Assim, tão sumariamente apresentado, não se faz justiça às proposições de Jakobson a respeito dos aspectos verdadeiramente ligados à estrutura do diálogo (cf. HOLENSTEIN, 1975; FRANK, 1992; MACHADO, 2007).

como cada uma das funções acima é definida para que se possa, a partir disso, efetivamente, formular algo a propósito da distinção tradutibilidade/ intradutibilidade.

Vou começar falando na função metalinguística.

No artigo "Metalanguage as a Linguistic Problem" ["Metalinguagem como um problema linguístico"], originalmente de 1956, Jakobson (1985, p. 117, destaques do autor) explica que "cada vez que o emissor e/ou o receptor necessitam verificar se utilizam o mesmo código, o discurso se centra no *código* e efetua assim uma função *metalinguística* (ou glosadora)". Em "Dois aspectos da linguagem e dois tipos de afasia", também de 1956, define: "A interpretação de um signo linguístico por meio de outros signos da mesma língua, sob certos aspectos homogêneos, é uma operação metalinguística" (JAKOBSON, 1974, p. 47). Em "A concepção de significação gramatical segundo Boas", de 1959, Jakobson explica longamente e exemplifica com o que chama de "equações bilíngues" e "interpretação de conceitos através de expressões equivalentes":

> *As equações bilíngues*, mas antes e acima de tudo, *a interpretação de conceitos através de expressões equivalentes*, eis exatamente o que os linguistas entendem por "significado" e o que corresponde à definição semiótica de Charles Peirce (1934), do significado de um símbolo como sua "tradução em outros símbolos". Destarte, o significado pode e deve ser expresso em termos de discriminações e identificações linguísticas, assim como, de outra parte, as discriminações linguísticas são sempre feitas em função de seu valor semântico. As reações das pessoas às línguas que falam, ou – como se poderia dizer hoje – *as "operações metalinguísticas"*, são proposições equacionais que surgem tão logo haja incerteza quanto a se ambos os interlocutores usam o mesmo código verbal e em que medida o discurso de um é compreendido pelo outro. Tais *interpretações metalinguísticas* de uma mensagem, através de paráfrases ou de efetiva tradução em outra língua, ou mesmo num diferente conjunto de signos, desempenham papel de enorme importância em qualquer processo de aprendizado de linguagem, tanto nas crianças como nos adultos (JAKOBSON, 1974, p. 93-94, destaques meus).

Para que se compreenda o raciocínio do russo, é fundamental ainda lembrar os "dois modos básicos de arranjo utilizados no comportamento verbal, *seleção* e *combinação*" (p. 129): a *seleção* se dá entre termos alternativos e implica possibilidade de substituição de um por outro que seja equivalente ao primeiro em um aspecto e diferente em outro. Tem-se aqui, juntas, *seleção* e *substituição*, "as duas faces de uma mesma operação" (p. 40). A *combinação*, por sua vez, se dá entre termos contíguos, em combinação uns com os outros, em que um serve de contexto para o outro. Tem-se aqui, também, "duas faces de uma mesma operação" (p. 39), a *combinação* e a *contextura*.

O exemplo que permite visualizar *seleção* e *combinação*, juntas, vem do próprio Jakobson:

> Se "criança" for o tema da mensagem, o que fala seleciona, entre os nomes existentes, mais ou menos semelhantes, palavras como criança, guri(ia), garoto(a), menino(a), todos eles equivalentes entre si, sob certo aspecto e então, para comentar o tema, ele pode escolher um dos verbos semanticamente cognatos – dorme, cochila, cabeceia, dormita. Ambas as palavras escolhidas se combinam na cadeia verbal. *A seleção é feita em base de equivalência, semelhança e dessemelhança, sinonímia e antonímia, ao passo que a combinação, a construção da sequência, se baseia na contiguidade* (JAKOBSON, 1974, p. 129-130, destaques meus).

Em síntese, a função metalinguística "faz uso sequencial de unidades equivalentes quando combina expressões sinônimas numa sentença equacional: A = A ('A égua é a fêmea do cavalo')" (p. 130). Isto é, os signos do eixo da combinação constroem uma equação de equivalência.

Fica claro, neste caso, que a tradutibilidade diz respeito, portanto, às condições de possibilidade de falar dos dados cognitivos. Nessa configuração, estão conjugadas a função cognitiva (referencial) e a função metalinguística. Por isso, Jakobson afirma que a função metalinguística e a função cognitiva são complementares. Do ponto de vista das funções da linguagem, há, na tradução, uma complementação de ambas. Também é nesses termos que se pode compreender a ideia de que as línguas *diferem naquilo que devem dizer e não no que podem dizer*, pois elas diferem naquilo que os recursos gramaticais próprios de cada língua impõem (o exemplo dado por Jakobson é o "simbolismo dos gêneros") e não sobre o que possam falar (função cognitiva, referencial).

Nada disso acontece com a função poética[155].

Segundo Jakobson (1974, p. 130), "poesia e metalinguagem [...] estão em oposição diametral entre si; em metalinguagem, a sequência é usada para construir uma equação, ao passo que em poesia é usada para construir uma sequência". Desse ponto de vista, Jakobson enunciará mais um dos seus princípios geniais: "*A função poética projeta o princípio de equivalência do eixo de seleção sobre o eixo de combinação*" (JAKOBSON, 1974, p. 130, destaques do autor).

Em outras palavras, a equivalência não é mais um recurso de construção de uma equação do tipo X é Y, como na metalinguagem; ela é a própria sequência, ou seja, a equivalência, na função poética, é um *recurso constitutivo da sequência*. Observe o exemplo:

> Em poesia, uma sílaba é igualada a todas as outras sílabas da mesma sequência; cada acento de palavra é considerado igual a qualquer outro acento de palavra, assim como ausência de acento iguala ausência de acento; longo (prosodicamente) iguala longo, breve iguala breve; fronteira de palavra iguala fronteira de palavra, ausência de fronteira iguala ausência de fronteira; pausa sintática iguala pausa sintática, ausência de pausa iguala ausência de pausa. As sílabas se convertem em unidades de medida, e o mesmo acontece com as moras ou acentos (JAKOBSON, 1974, p. 130).

Com isso, Jakobson destaca que a operação de tradução de textos abrigados, preponderantemente, na função poética (poesia, mas não somente) é bastante específica, em função das propriedades semânticas da configuração formal de seus elementos. É isso que significa a ideia de que se projeta

---

155. Importante lembrar que, para Jakobson (1974, p. 129), a função poética não se limita à poesia: "o estudo linguístico da função poética deve ultrapassar os limites da poesia, e, por outro lado, o escrutínio linguístico da poesia não se pode limitar à função poética. As particularidades dos diversos gêneros poéticos implicam uma participação, em ordem hierárquica variável, das outras funções verbais a par da função poética dominante". E exemplifica: "A poesia épica, centrada na terceira pessoa, põe intensamente em destaque a função referencial da linguagem; a lírica, orientada para a primeira pessoa, está intimamente vinculada à função emotiva; a poesia da segunda pessoa está imbuída de função conativa e é ou súplice ou exortativa, dependendo de a primeira pessoa estar subordinada à segunda ou esta à primeira" (JAKOBSON, 1974, p. 129).

na combinação a equivalência da seleção. É também isso que leva Haroldo de Campos (2013, p. 93) a concluir que

> quando opera a "função poética" [...] a equação de equivalência (no nível do significante, vale dizer, no que respeita à comparação e/ou contraste dos constituintes da "forma de expressão" e da "forma de conteúdo") é usada para construir a própria sequência (o sintagma do texto poético)[156].

Enfim, são esses os aspectos linguísticos da tradução que Jakobson tão simplesmente apresenta ao leitor. Somente depois de entendidos é que se pode compreender adequadamente a famosa classificação e o que ela implica em termos de discussão para o campo da tradução. Eu voltarei, mais adiante, aos aspectos linguísticos aqui apresentados para, a partir deles, apresentar um caminho próprio de entendimento dos "aspectos linguísticos da tradução" que, segundo penso, abre o campo para a discussão da tradução como experiência do falante em uma função tradutória.

§ 6.3 A CLASSIFICAÇÃO DAS "ESPÉCIES DE TRADUÇÃO"

A classificação proposta por Jakobson adquiriu, no decorrer do tempo, de maneira quase *ad hoc*, uma espécie de "vida própria", de autonomia. Quer dizer, muito facilmente se encontra referência à classificação triádica sem que esteja incorporada à epistemologia subjacente a ela. Assim, descontextualizada de sua episteme, a classificação não passa de mera taxonomia, cujo alcance não condiz com o que, originalmente, formulou seu autor.

Jakobson apresenta, nesses termos, a classificação das "espécies de tradução"[157] em "Aspectos linguísticos da tradução":

---

156. No longo ensaio "Comunicação na poesia de vanguarda", originalmente de 1968, Haroldo de Campos faz uma criativa abordagem dos conceitos de Jakobson, em especial, das funções da linguagem, e, nele, já enfatiza um ponto que será importante aqui: "nas mensagens, estas funções se combinam. O que distingue a natureza de uma dada mensagem é a hierarquia que nela se confere às funções em concorrência" (CAMPOS, 1969, p. 137).

157. Sobre essa classificação, assim se manifesta o filósofo Jacques Derrida (2006, p. 23-24, destaques do autor): "Para as duas formas de tradução, que não seriam traduções 'propriamente ditas', Jakobson propõe um equivalente definitório e uma outra palavra. A primeira, ele a traduz, pode-se dizer, por uma outra palavra: tradução intralingual ou *reformulação*,

1) A tradução intralingual ou *reformulação* (*rewording*) consiste na interpretação dos signos verbais por meio de outros signos da mesma língua.

2) A tradução interlingual ou *tradução propriamente dita* consiste na interpretação dos signos verbais por meio de alguma outra língua.

3) A tradução intersemiótica ou *transmutação* consiste na interpretação dos signos verbais por meio de sistemas de signos não-verbais (JAKOBSON, 1974, p. 64-65, destaques do autor).

Ora, o sucesso da tríade proposta por Jakobson talvez se deva (e, realmente, se trata de uma conjectura aqui), por um lado, ao apreço que, como bem se sabe, a linguística tem por taxonomias; por outro lado, ao uso da palavra "interpretação" para definir cada um dos tipos de tradução: as três modalidades de tradução têm "interpretação" em sua definição. Não seria, portanto, absurdo generalizar, a partir do que define Jakobson, com a afirmação de que "traduzir é interpretar". No entanto, dizer isso, de forma tão resumida, não é suficiente se não se faz remissão ao contexto teórico em que tal afirmação é possível. É fundamental que se compreenda que o raciocínio de Jakobson é de tal forma condensado que, se não for esmiuçado, corre o risco de passar por banal. A simples afirmação – nada autoexplicativa – de que "traduzir é interpretar" pode opacificar um encadeamento de ideias – crucial para a compreensão do conjunto – e de noções presentes no texto.

---

rewording. A terceira igualmente: tradução *intersemiótica* ou *transmutação*. Nesses dois casos, a tradução de 'tradução' é uma interpretação definitória. Mas no caso da tradução 'propriamente dita', da tradução no sentido usual, interlinguístico e pós-babélico, Jakobson não a traduz, ele retoma a mesma palavra: 'a tradução interlingual ou tradução propriamente dita'. Ele supõe que não é necessário traduzir; todo mundo compreende o que isto quer dizer porque todo mundo tem experiência disso, presume-se que todo mundo deve saber o que é uma língua, a relação de uma língua com a outra e, sobretudo, a identidade ou a diferença, de fato, de língua. Se tem uma transparência que Babel não teria encetado, é justamente aquela da experiência da multiplicidade das línguas e o sentido 'propriamente dito' da palavra 'tradução'". Tal interpretação de Derrida não deixa de causar espécie, uma vez que no texto de Jakobson encontra-se, logo à frente, uma "tradução" de "tradução interlingual ou tradução *propriamente dita*". Observe-se: "O nível cognitivo da linguagem não só admite, mas exige, interpretação por meio de outros códigos, *a recodificação, isto é, a tradução*" (JAKOBSON, 1974, p. 70, destaques meus). Em outras palavras, a tradução interlingual é "traduzida" por "recodificação". Não cabe, portanto, a observação de Derrida segundo a qual a ausência de interpretação definitória de "propriamente dita" para "tradução interlingual" implicaria a suposição, por parte de Jakobson, de transparência de sentido.

Em primeiro lugar, é necessário considerar que o ensaio trata dos "aspectos linguísticos" da tradução. É esse o seu contexto[158]. Os aspectos linguísticos dos quais fala Jakobson dizem respeito ao significado como uma propriedade linguística, que apenas pode ser "tocado" pela própria língua. A língua explica a própria língua ao colocar expressões, elementos, palavras, enfim, unidades em relação, de forma a afirmar ou negar a existência de sentidos. Trata-se de uma propriedade da língua – colocada por Jakobson como geral: "a faculdade de falar uma determinada língua implica a faculdade de falar acerca dessa língua" (JAKOBSON, 1974, p. 67).

Esse é o critério de Jakobson a partir do qual tudo o que é apresentado no ensaio se organiza. Essa "faculdade" é de tal forma geral que funda a unidade da atividade significante, que permite interrogar sobre a existência, ou não, dos tipos de relações semânticas possíveis entre elementos de mesma natureza ou de naturezas distintas dentro do sistema da língua. Dessa forma, não parece inadequado afirmar que é a partir do princípio de que é "[...] necessário recorrer a toda uma série de signos linguísticos caso se queira compreender uma palavra nova" (p. 64) que o autor instaura a classificação dos tipos de tradução.

Em segundo lugar, é para explicar o significado linguístico que Jakobson utiliza a palavra "tradução" e não o contrário; "[...] o significado de um signo linguístico não é mais que sua tradução por outro signo" (p. 64). Logo, a propriedade de a língua falar dela mesma é condição de possibilidade do que é apresentado no ensaio. Eu diria que a função metalinguística – uma metalinguagem natural, no caso[159] – está na base da

---

158. O que me mantém a certo distanciamento da opinião de Pym (2017), lembrada acima, que vê, em Jakobson, um precursor do paradigma da tradução cultural.

159. A distinção entre metalinguagem lógica e metalinguagem natural decorre da própria formulação de Jakobson: "Uma distinção foi feita na Lógica moderna entre dois níveis de linguagem, a 'linguagem-objeto', que fala de objetos, e a 'metalinguagem' que fala da linguagem. Mas a metalinguagem não é apenas um instrumento científico necessário, utilizado pelos lógicos e pelos linguistas; desempenha também papel importante em nossa linguagem cotidiana" (JAKOBSON, 1974, p. 127). Ou seja, há a metalinguagem dos lógicos e linguistas e a metalinguagem da "linguagem cotidiana".

abordagem do significado. E diria mais: a função metalinguística é uma atividade interpretativa.

Nesse caso, a operação metalinguística – da qual falarei adiante – tem papel destacado no entendimento do que seja interpretação. Ou seja, falar da língua com a própria língua é condição de todo falante na língua, e é assim que ele a "interpreta". Não há atividade linguística sem atividade metalinguística.

Em terceiro lugar, é necessário prestar atenção em um ponto nem sempre valorizado pelos linguistas, quando leem "Aspectos linguísticos da tradução": a tradução intersemiótica[160]. Sobre ela, cabe indagar: Em que a "transmutação" pode iluminar os demais tipos de tradução?

De início, é preciso ver que são os signos verbais os interpretados pelos sistemas de signos não verbais e não o contrário. Consequentemente, a base, o ponto de partida, é o sistema verbal. Ora, a "transmutação" ensina ao linguista – ao se apresentar como uma realidade externa ao seu objeto – o verdadeiro sentido da afirmação de que "[...] a tradução envolve duas mensagens equivalentes em dois códigos diferentes" (JAKOBSON, 1974, p. 65). É realmente a mensagem que importa.

§ 6.3.1 A interpretação como operação metalinguística

Bem entendido o que foi dito até aqui, a função metalinguística tem papel vital para um falante. Jakobson afirma isso textualmente em "Metalanguage as a Linguistic Problem", exemplificando com a aquisição da linguagem: "A interpretação de um signo linguístico por meio de outros signos linguísticos da mesma língua [...] é uma operação metalinguística que desempenha um papel essencial na aprendizagem infantil da língua" (JAKOBSON, 1985, p. 120).

O exemplo da aquisição de linguagem não é fortuito. Se a interpretação metalinguística é "essencial" na aquisição da linguagem, é porque se trata

---

160. Para um estudo aprofundado da tradução intersemiótica, cf. Machado (2007, p. 101-107).

de uma propriedade constitutiva da língua e do falante dessa língua: "O recurso à metalinguagem é necessário tanto para a aquisição da linguagem como para seu funcionamento normal" (JAKOBSON, 1974, p. 47), diz o linguista russo. Ou ainda: "Um recurso constante à metalinguagem é indispensável tanto para a assimilação criadora da língua materna como para seu domínio final" (p. 121).

Isso se confirma, segundo o autor, nos casos de "dissolução" da linguagem, quer dizer, casos de perturbação afásica, em especial, a de similaridade[161], reflexão com a qual Jakobson demonstra a imensidade de seu trabalho, guiado pelo princípio de que "a linguística interessa-se pela linguagem em todos os seus aspectos" (JAKOBSON, 1974, p. 34). O russo mostra que pacientes que são acometidos desse tipo de afasia, além de terem dificuldades em denominar, em iniciar um discurso, apresentam dificuldades de produzir contiguidade de termos equivalentes, isto é, de fazer metalinguagem. A predicação equacional do tipo $X = Y$, uma proposição metalinguística, é especialmente difícil para esse tipo de afásico, pois ele "não pode passar de sua palavra aos seus sinônimos ou circunlocuções equivalentes, nem a seus heterônimos, isto é, expressões equivalentes em outras línguas" (p. 37). E complementa: "a perda da aptidão bilíngue e a limitação a uma única variedade dialetal de uma só língua constitui manifestação sintomática dessa desordem" (1974, p. 47).

Fica muito evidente que, para Jakobson, a função metalinguística tem papel fundamental na constituição da própria língua e, por essa via, do próprio falante, uma vez que sua importância é atestada tanto na aquisição da linguagem como na "dissolução" afásica. Nesse sentido, a tradução – seja ela dentro da mesma língua ou entre língua(gen)s diferentes – aparece, para Jakobson, como mais uma realidade na qual se vê o papel da função metalinguística, motivo pelo qual "toda aptidão para a tradução, seja intralingual ou interlingual, desaparece nesses pacientes" (JAKOBSON, 1985, p. 121).

---

161. Cf. Flores, Surreaux e Kuhn (2008).

Enfim, numa síntese apenas comum aos grandes, em que estão juntas aquisição da língua materna, aquisição de segunda língua, dissolução da linguagem e ciência linguística, Jakobson diz:

> A construção da primeira língua implica uma aptidão para as operações metalinguísticas, e nenhuma familiarização com línguas ulteriores é possível sem o desenvolvimento desta aptidão; a dissolução da metalinguagem desempenha um papel substancial nas perturbações verbais. Finalmente, a tarefa urgente que se apresenta à ciência da linguagem, uma análise sistemática dos significados léxicos e gramaticais, deve começar por enfocar a metalinguagem como um problema linguístico fundamental. Cada vez vemos mais claramente que toda a mensagem verbal, na seleção e combinação de seus constituintes, implica um recurso ao código dado, e que a este perpétuo marco de referência subjaz um conjunto de operações metalinguísticas latentes (JAKOBSON, 1985, p. 121).

Levadas em conta essas considerações, fica possível entender que, em "Aspectos linguísticos da tradução", a função metalinguística está na base de tudo o que é possível fazer com a língua. Logo, a ideia de "interpretação" mobilizada para definir tradução é, antes de tudo, uma operação metalinguística. Não se poderia compreender "interpretação", no contexto jakobsoniano, à moda estritamente hermenêutica, mas, sim, à moda semiótica[162], o que é autorizado pela constante presença de Peirce[163] na reflexão do russo.

Assim, a afirmação "traduzir é interpretar" tem, em Jakobson, em primeiro lugar, sentido circunscrito a "traduzir é uma operação metalinguística". É assim que entendo o fato de Jakobson ter se esforçado para apresentar os aspectos linguísticos da tradução. Tais aspectos estão na dependência de uma função que é essencial à língua, a propriedade de falar de si mesma. A leitura hermenêutica, nesse caso, é secundária e uma consequência da operação metalinguística. Com isso, não quero negar que se pode entender que

---

162. Diz Jakobson em "Linguística e teoria da comunicação", publicado originalmente em 1961: "A definição semiótica do significado de um símbolo como sendo sua tradução em outros símbolos tem uma aplicação eficaz no exame linguístico da tradução intra e interlingual" (JAKOBSON, 1974, p. 84).

163. Vale ratificar: para Jakobson, "as equações bilíngues, mas antes e acima de tudo, a *interpretação* de conceitos através de expressões equivalentes, eis exatamente o que os linguistas entendem por 'significado' e o que corresponde à definição semiótica de Charles Peirce (1934), do significado de um símbolo com a sua 'tradução em outros símbolos'" (JAKOBSON, 1974, p. 93, destaques meus).

"traduzir é interpretar" contém uma ideia hermenêutica de atribuição de um dado sentido – como normalmente se faz –, mas, segundo penso, essa interpretação hermenêutica decorre de um aspecto linguístico, qual seja, a operação metalinguística.

Assim, quando Umberto Eco intitula "Interpretar não é traduzir" o sexto capítulo de seu *Quase a mesma coisa*, ele também se volta contra a visão hermenêutica da tradução construída com base em Jakobson. Observe-se que, embora a minha conclusão seja, em linhas gerais, a mesma de Eco, isso não se dá pelos mesmos motivos.

Eco considera que a tradução não pode ser vista como uma hermenêutica em Jakobson porque, segundo ele,

> Jakobson estava afirmando simplesmente que a noção de interpretação como tradução de signo a signo permite superar a diatribe sobre onde localizar o significado, na mente ou no comportamento, e não diz que interpretar e traduzir sejam sempre e de todo modo a mesma operação, mas que é útil abordar a noção de significado em termos de tradução (gostaria de glosar: *como* se fosse tradução) (ECO, 2007, p. 269, destaques do autor).

Para mim, "traduzir é interpretar" comporta duas instâncias de entendimento: a primeira, fundamental, um "aspecto linguístico da tradução", que diz respeito à função metalinguística como condição de possibilidade de se circundar o significado linguístico; a segunda, decorrente da anterior, de natureza propriamente hermenêutica. Esta, por sua vez, é uma consequência da operação metalinguística, de grande importância, sem dúvida, mas secundária em relação aos argumentos propriamente linguísticos de Jakobson.

Ao entender interpretação, no contexto dos aspectos linguísticos da tradução, como atividade metalinguística, redimensiona-se a afirmação de que "traduzir é interpretar".

§ 6.3.2 A tradução como interpretação – O que isso quer dizer?

Após o percurso feito, cabe voltar às "espécies de tradução". Inicialmente, vale observar que, no ensaio, Jakobson relaciona "interpretar" a "traduzir" antes de apresentar os três tipos de tradução já citados. Diz ele no final do parágrafo imediatamente anterior à "classificação":

> Distinguimos três maneiras de *interpretar* um signo verbal: ele pode ser *traduzido* em outros signos da mesma língua, em outra língua, ou em outro sistema de símbolos não verbais. Essas três espécies de *tradução* devem ser diferentemente classificadas (JAKOBSON, 1974, p. 64, destaques meus).

O caminho que Jakobson propõe vai, inicialmente, da *interpretação* – entendida como propriedade metalinguística – para a *tradução*, e não o contrário, o que se coaduna com a afirmação que fiz antes de que é para explicar o significado linguístico que Jakobson utiliza a palavra "tradução" e não o contrário. Na passagem acima, "traduzido" sucede "três maneiras de interpretar" e, em seguida, "tradução" complementa as "três espécies". Nesse caso, parece possível dizer que, antes de pensar que "traduzir é interpretar", Jakobson considera que "traduzir decorre do interpretar", o que não é trivial.

Ora, se é necessário, como Jakobson afirmara no começo de seu artigo, recorrer à língua para se compreender o significado da própria língua, isso implica que o significado linguístico somente pode ser compreendido por intermédio da língua, o que conduz à conclusão de que essa operação de compreensão "traduz" o significado. Essa "tradução" consiste em uma "interpretação", visto que determina um significado possível.

Além disso, a palavra "traduzido", nessa passagem do texto de Jakobson, em um excelente exemplo do que teoriza o linguista, *traduz intralinguisticamente* a palavra "interpretar", o que, de acordo com a sua própria classificação, seria uma *reformulação*. Dessa forma, tudo indica que Jakobson faz uma *reformulação* – uma "tradução intralingual" – entre "interpretar" e "traduzido", o que serve para mostrar como se faz para compreender o significado dentro de uma língua.

Somente após ter feito essa *reformulação*, Jakobson passa à célebre classificação. No interior desta, "tradução" é, então, naturalmente retomada, nos três casos, por "interpretação" (cf. acima).

Se meu raciocínio estiver correto – o de que Jakobson parte da "interpretação", uma operação metalinguística, para chegar à "tradução", e o de que "tradução" *reformula* "interpretação" –, então é correto concluir que é a operação metalinguística de intepretação que determina a tradução.

Essa ideia é de um alcance heurístico considerável, pois pode ser estendida a todas as demais operações que o falante faz com a língua. Se a função metalinguística está na base da atividade do falante, então haveria uma espécie de condição hermenêutica do falante, a partir da qual este se colocaria frente ao mundo, às línguas, à sua própria língua etc.

§ 6.3.3 Equivalência e interpretação

Isso posto, é possível recolocar em pauta a problemática da *equivalência*, termo caro ao campo da tradução. Quantos estudos já se desenvolveram na tentativa de demonstrar a eficácia (e a ineficácia) dessa ideia quando aplicada à realidade da tradução? Jakobson é figura fundamental nesse debate!

Não se pode negar que a palavra "equivalência" é central em "Aspectos linguísticos da tradução". Ela, inclusive, integra uma das afirmações mais contundentes do texto, a que já fiz referência acima, e que cabe, agora, repetir: "A *equivalência* na diferença é o problema principal da linguagem e a principal preocupação da Linguística" (JAKOBSON, 1974, p. 65, destaque meu).

O contexto de aparecimento dessa afirmação merece alguma atenção do leitor. Vou começar, exatamente, pela tradução brasileira dada a ela no interior de "Aspectos linguísticos da tradução". Em inglês, língua original do artigo, lê-se, como é de se esperar: "Equivalence in difference is the cardinal problem of language and the pivotal concern of linguistics" (JAKOBSON, 1971, p. 262). A tradução brasileira é bastante feliz no uso da palavra "linguagem", preterindo, neste contexto, "língua", outra palavra igualmente ali possível.

É, pois, como problema de "linguagem" que Jakobson apresenta a questão da equivalência. Isso fica claro na sequência do texto a seguir:

> Nenhum espécime linguístico pode ser interpretado pela ciência da linguagem sem uma tradução dos seus signos em outros signos pertencentes ao mesmo ou a outro sistema. Em qualquer comparação de línguas, surge a questão da possibilidade de tradução de uma para outra e vice-versa; a prática generalizada da comunicação interlingual, em particular as atividades de tradução, devem ser objeto de atenção constante da ciência linguística (JAKOBSON, 1974, p. 66).

É por ser uma questão de linguagem que tanto a interpretação de um "espécime linguístico" quanto "qualquer comparação de línguas" (*any comparison of two languages*), como atividades de tradução que são, precisam ser tratados pela linguística. Entendo que, dessa maneira, Jakobson amplia consideravelmente o escopo da tradução: ela deixa de ser um procedimento técnico circunscrito e passa a ser uma questão de linguagem, portanto, ampla.

Além disso, trata-se de uma equivalência que supõe a "diferença" como condição de possibilidade. Por isso, para Jakobson, a equivalência é sempre relativa, independentemente de se tratar de tradução intralingual ou interlingual – as quais, não por acaso, se assemelham sob o aspecto da ausência de equivalência completa. Na tradução intralingual, utiliza-se "[...] outra palavra, *mais ou menos* sinônima [...]. Entretanto, quem diz sinonímia não diz equivalência completa" (JAKOBSON, 1974, p. 65, destaques meus). Na tradução interlingual, também "[...] não há comumente equivalência completa [...]" (p. 65).

Enfim, Jakobson relativiza[164] a noção de "equivalência", se recusando a considerá-la "completa", ou seja, como uma simples igualdade de significados. Isso é importante compreender porque, adiante, se lerá no texto:

> [...] ao traduzir de uma língua para outra, substituem-se *mensagens* em uma das línguas, não por unidades de *código* separadas, mas por mensagens inteiras de outra língua. Tal tradução é uma forma de discurso indireto: o tradutor recodifica e transmite uma mensagem recebida de outra fonte. Assim, a

---

164. Não à toa, Jakobson termina seu ensaio reinterpretando o aforismo tradicional "*traduttore, traditore*", sobre o qual projeta duas perguntas fundamentais: "[...] tradutor de que mensagens? Traidor de que valores?" (JAKOBSON, 1974, p. 72).

tradução envolve duas mensagens *equivalentes* em dois códigos diferentes[165] (JAKOBSON, 1974, p. 65, destaques meus).

A relação mensagem/código[166]/equivalência, a propósito da tradução, é retomada no conhecido artigo "Shifters, Verbal Categories, and the Russian Verb" ["Embreantes, categorias verbais e o verbo russo"][167]. Nesse texto, escrito originalmente em inglês e publicado em 1957, Jakobson apresenta as relações entre código e mensagem distribuídas em quatro tipos, conforme sejam tratados como objeto de emprego ou como objeto de referência: a) dois tipos de circularidade, quando a mensagem remete à mensagem (M/M)[168] e o código ao código (C/C)[169]; b) dois tipos de imbricação (*chevauchement*), quando a mensagem remete ao código (M/C) e o código remete à mensagem (C/M)[170].

A tradução aparece como exemplo da relação (M/C):

> uma mensagem remetendo ao código corresponde ao que chamamos em lógica o modo autonímico do discurso. [...] Toda a interpretação que tem por objeto a elucidação de palavras e de frases – seja intralingual (circunlocuções, sinonímias) ou *interlingual* (*tradução*) – é uma mensagem que remete ao código (JAKOBSON, 2003, p. 178, destaques meus).

---

165. A esse respeito, vale considerar a observação de Steiner (2002, p. 299, destaques do autor), para quem Jakobson – ao considerar que a tradução envolve duas mensagens equivalentes em códigos diferentes – "[...] contorna o dilema hermenêutico fundamental, que se prende à questão de sabermos se faz sentido falarmos de mensagens *equivalentes* quando os códigos são *diferentes*".

166. Para uma síntese sobre o conceito semiótico de código em Jakobson, cf. Machado (2007, p. 70-86).

167. A versão desse texto aqui trabalhada é a francesa "Les embrayeurs, les catégories verbales et le verbe russe", presente em Jakobson (2003).

168. Por exemplo, o discurso citado: "Um enunciado no interior de um enunciado, uma mensagem no interior de uma mensagem e, ao mesmo tempo, é também um enunciado sobre um enunciado" (JAKOBSON, 2003, p. 177).

169. Por exemplo, os nomes próprios: "A significação geral de um nome próprio não pode se definir fora de uma remissão ao código. No código do inglês, 'Jerry' significa uma pessoa nomeada Jerry. A circularidade é evidente: o nome designa seja quem for que porte esse nome" (JAKOBSON, 2003, p. 177).

170. Por exemplo, os "*embrayeurs*", tradução francesa de "*shifters*" e que em português conheceu a tradução de "embreantes" ou "embreadores".

Reafirma-se aqui a propriedade metalinguística como aquela que determina maneiras de cercar o significado linguístico; a tradução, nessa perspectiva, é parte da faculdade de falar uma língua, uma vez que é parte da faculdade metalinguística. Eu diria, aliás, que *a tradução é uma condição do homem na língua*. A reflexão sobre a tradução, portanto, não pode estar desvinculada de uma teoria geral da língua/linguagem: eis uma importante lição que se pode tirar do raciocínio de Jakobson.

E como se pode pensar a *equivalência* a partir do conjunto das considerações feitas até aqui? Ora, há duas respostas possíveis, conforme sejam encaradas as relações acima expostas.

A primeira – mais evidente em "Shifters, Verbal Categories, and the Russian Verb" – diz respeito às relações entre código e mensagem ou, caso se queira, entre a língua e o texto. Nessa direção, é sempre de uma parcialidade que se trata, e a história dos estudos acerca da tradução é fértil em produzir "teorias" que tipificam as possibilidades e impossibilidades de equivalência na tradução[171]. Nesse cenário, a equivalência está normalmente atrelada à discussão de outra noção-chave do campo com a qual não me preocupei aqui: a fidelidade.

Nesse contexto, são comuns discussões que – embora reconheçam a parcialidade e as dificuldades da noção de *equivalência* – operam com a crença em um sentido a ser transmitido e na possibilidade, mesmo que parcial ou com limites, de transmiti-lo. Normalmente, essa problemática se reveste de amplos debates acerca da ética da tradução, o que é considerável, sem dúvida.

No entanto, há uma segunda resposta, cujas condições para formulá-la penso ter reunido. Se se considera a função metalinguística como uma operação que coloca o falante no centro da atividade de linguagem, a equivalência

---

171. Uma das mais consagradas é a distinção entre equivalência formal e equivalência dinâmica, desenvolvida por Nida (1964). Mas há outras. Para uma retomada pormenorizada dessa discussão, cf. Pym (2017), em especial os capítulos dois e três, "Equivalência natural" e "Equivalência direcional". Fundamental, também, é o capítulo "La equivalencia traductora" presente em Hurtado Albir (2017).

deixa de estar do lado da língua, da mensagem, da fidelidade, das unidades de tradução etc. para se colocar do lado do falante.

Nessa configuração, a equivalência não está mais atrelada à ideia de fidelidade e nem mesmo à das relações entre línguas e códigos. A equivalência é um produto no qual o tradutor se institui como um falante. A essa busca de "equivalência de discursos" chamo de "tradução como experiência de metalinguagem" (cf. § 6.4.1).

§ 6.4 A CONDIÇÃO TRADUTÓRIA

Embora a problematização instaurada por Jakobson – e espero ter deixado claro isso nas seções anteriores – vá além do que o próprio autor teve oportunidade de avaliar, as observações daqui para frente não podem ser imputadas diretamente a Jakobson. Sobre isso, vale lembrar a advertência feita acima de que o texto de Jakobson, apesar de ser o ponto de partida das reflexões que formulo, não pode ser considerado – por respeito à teorização do linguista – o ponto de chegada.

Duas ideias oriundas de Jakobson devem me guiar no desenvolvimento do que virá. A primeira – de maior importância – é a constatação de que a função metalinguística coloca o falante no centro de toda e qualquer operação com a língua. Essa formulação, embora não explícita em Jakobson, é absolutamente passível de ser articulada. Tentarei desdobrá-la para, a partir dela, fundamentar que a tradução é uma condição do homem na língua, minha tese maior aqui. A segunda – decorrente da anterior, que lhe serve de condição *sine qua non* – é a concepção de que a diversidade das línguas supõe, simultaneamente, equivalência e diferença. Equivalência e diferença são noções que apenas podem ser entendidas na sua amplitude quando ligadas à centralidade do falante na atividade metalinguística.

Antes de prosseguir, uma advertência: por profunda deferência à grandeza do raciocínio de Jakobson, gostaria que o leitor, daqui para frente, não o considerasse senão pelo que ele formula como inspiração do que virá. Seguirei com Jakobson, mas para ir a lugares não visitados pelo "homem-orquestra"[172].

§ 6.4.1 A tradução como experiência de metalinguagem

O título desta seção pode causar algum estranhamento. Mas o que pretendo desenvolver aqui diz respeito exatamente ao que chamo de "experiência de metalinguagem". Essa experiência situa o falante no centro da teoria e decorre da questão apresentada, acima, no início deste ensaio, qual seja: Em que medida a experiência de traduzir que tem um tradutor revela algo de sua natureza de falante?

Para tratá-la com mais vagar, gostaria, aqui, de evocar – mesmo que *en passant* – um outro autor, pouco lembrado quando o que está em discussão é essa dimensão metalinguística da língua: Émile Benveniste. Segundo penso, a questão da metalinguagem é transversal a todo o seu pensamento acerca da linguagem. Em sua terminologia, a metalinguagem estaria contida no que ele chama de "relação de interpretância". Para Benveniste,

> o privilégio da língua é de comportar simultaneamente a significância dos signos e a significância da enunciação. Daí provém seu poder maior, o de criar *um segundo nível de enunciação, em que se torna possível sustentar propósitos significantes sobre a significância*. É nesta *faculdade metalinguística* que encontramos a origem da relação de *interpretância* pela qual a língua engloba os outros sistemas (BENVENISTE, 1989, p. 66, destaques meus).

Não por acaso, Benveniste recorre a essa mesma "faculdade metalinguística" para explicar sua perspectiva sobre a tradução. Diz ele:

> Que a tradução se torne possível como processo global é também uma constatação essencial. Este fato revela a possibilidade que temos de nos elevarmos além da língua, de abstraí-la, de contemplá-la, ainda que utilizando-a em nossos ra-

---

172. A expressão é utilizada por François Dosse (1993, p. 75), em sua *História do estruturalismo*. Certamente, ela se deve ao fato de a obra do linguista russo reunir arte, criação e ciência. Essa relação faz Jakobson se manter como vanguardista e como interlocutor com diferentes áreas, abordando aspectos interdisciplinares. Como muito bem aponta Holenstein (1975), a diversidade de sua obra não se presta a um resumo monográfico.

ciocínios e em nossas observações. A *faculdade metalinguística*, a que os lógicos têm estado mais atentos do que os linguistas, é a prova da situação transcendente do espírito *"vis-à-vis"* da língua em sua capacidade semântica (BENVENISTE, 1989, p. 233, destaques meus).

Não pretendo me estender no que há de reflexão sobre tradução na obra de Benveniste[173]. Fazer isso excederia, e muito, meus objetivos aqui. Meu interesse é menos em sua discussão acerca da tradução e mais no que diz acerca da "faculdade metalinguística", ou ainda, da "interpretância" da língua. Benveniste a considera uma relação específica (*fundamental*) da língua:

> Do ponto de vista da língua, é a *relação fundamental*, aquela que divide os sistemas em sistemas que articulam, porque manifestam sua própria semiótica, e sistemas que são articulados e cuja semiótica não aparece senão através da matriz de um outro modo de expressão (BENVENISTE, 1989, p. 62, destaques meus).

Decorre disso que *a língua é o interpretante de si e de todos os sistemas semióticos*: "Nenhum outro sistema dispõe de uma 'língua' na qual possa se categorizar e se interpretar segundo suas distinções semióticas, enquanto que *a língua pode, em princípio, tudo categorizar e interpretar, inclusive ela mesma*" (p. 62, destaques meus). Vale parafrasear: a língua, em função da relação de interpretância que a caracteriza, pode interpretar a todos os sistemas, inclusive a si mesma.

E como a língua interpreta a si mesma? A resposta se esboça na 12ª aula que Benveniste ministra no Collège de France, no ano de 1969. Ali, ele fala em "autossemiotização da língua", quando "[...] o falante se detém sobre a língua em vez de se deter sobre as coisas enunciadas [...]" (BENVENISTE, 2014, p. 155). Ou seja, trata-se de uma atitude do falante sobre a língua e não sobre um certo conteúdo. Essa relação de interpretância[174] coloca em destaque o falante como elemento central da "faculdade metalinguística".

---

173. Para um estudo aprofundado sobre Benveniste e a tradução, cf. Nunes (2012), Hainzenreder (2016) e Hoff (2018).

174. Na formulação benvenistiana, a relação de interpretância daria origem a uma *semiologia de segunda geração* (cf. BENVENISTE, 1989, p. 67), de base discursiva (cf. ROSÁRIO, 2018).

O fato de o falante poder falar da língua com a língua lhe confere um estatuto muito singular: ele é – conforme meus termos – uma espécie de etnógrafo (FLORES, 2015) de sua própria experiência de falante. Então, não se trata de um comentário qualquer, mas de um recurso do qual o falante se vale para dizer algo sobre o que experimentou na língua, com a língua e sobre a língua.

Quanto à tradução, o comentário pelo qual tenho interesse é o que toma a experiência com a diversidade das línguas como elemento a ser tematizado, e não algum suposto conteúdo enunciado. Esse comentário permite ao falante – o tradutor – ocupar uma posição que instancia um sentido para a sua experiência acerca do que as línguas *devem* expressar relativamente ao que elas *podem* expressar. De certa maneira, o falante, ao falar do que viveu ao traduzir, produz uma espécie de metatradução, um segundo nível de enunciação, nas palavras de Benveniste.

Essa metatradução recebe, do ponto de vista fenomenológico, a forma de um comentário que eu chamo de *contorno de sentido*. O falante, ao comentar sua experiência de traduzir, *contorna-a* semanticamente, isto é, explicita um saber que cumpre uma função quase etnográfica na economia – no arranjo ou modo de funcionar de diversos elementos de um conjunto maior – do uso da língua.

A ideia defendida aqui, portanto, é que o tradutor, ao falar da experiência de traduzir – em prefácios[175], notas, posfácios etc. – é um etnógrafo[176] da sua própria presença na língua. Essa etnografia é parte de sua inscrição na ordem simbólica que é a cultura. Essa inscrição, por sua vez, se apresenta na interpretação que faz da língua, através dos comentários que a tomam pela via do sentido.

---

175. Para uma abordagem baseada em Benveniste que analisa prefácios de tradução, cf. Mitterand (1980), Flores e Hoff (2018).

176. Evidentemente, não desconheço o que implica, tecnicamente, a palavra etnografia – transcrever textos, selecionar informantes, mapear campos, elaborar diários de campos etc. –, e, se a utilizo aqui, é menos para defender a ideia, absurda, de que o falante é um etnógrafo no sentido *stricto* e mais para sublinhar que há a produção de um saber nos contornos de sentido operados por um falante.

Haroldo de Campos, no texto seminal "Comunicação na poesia de vanguarda", ao falar da função metalinguística, faz uma observação importante que pode ser útil aqui: "gostaríamos de acrescentar que esta função [a metalinguística] pode ser exercida com o concurso da função cognitiva na sua dimensão teórica ou formulativa, e então estaremos diante de atividades como a crítica literária, que é essencialmente de natureza metalinguística" (CAMPOS, 1969, p. 141)[177]. Ou seja, a crítica literária conjuga a função metalinguística com a função cognitiva (referencial)[178].

Acredito que os textos produzidos pelos tradutores sobre sua experiência de traduzir – as etnografias do tradutor – são da mesma natureza do que fala Haroldo de Campos, mas, em minha opinião, com uma particularidade: são comentários que, ao conjugar a função cognitiva com a metalinguística, falam da atividade metalinguística que é traduzir. O objeto da metalinguagem, a linguagem-objeto, nesse caso, é a atividade metalinguística de traduzir. O comentário do tradutor é metalinguagem de metalinguagem, ou ainda: é metalinguagem da experiência de metalinguagem.

---

177. No prefácio de *Metalinguagem e outras metas – Ensaios de teoria e crítica literária*, Campos (2006, p. 11) diz algo muito semelhante: "crítica é metalinguagem. Metalinguagem ou linguagem sobre a linguagem. O objeto – a linguagem-objeto – dessa metalinguagem é a obra de arte".

178. Quando Jakobson, em "Linguística e poética", apresenta os seis fatores (remetente, destinatário, contexto, contato, código e mensagem) determinantes das seis funções da linguagem (emotiva, conativa, referencial, fática, metalinguística e poética), ele faz uma observação cujos efeitos ainda não foram devidamente avaliados. Observe-se: "Cada um desses seis fatores determina uma diferente função da linguagem. Embora distingamos seis aspectos básicos da linguagem, dificilmente lograríamos, contudo, encontrar mensagens verbais que preenchessem uma única função. A diversidade reside não no monopólio de alguma dessas diversas funções, mas numa diferente ordem hierárquica de funções. A estrutura verbal de uma mensagem depende basicamente da função predominante. Mas conquanto um pendor (*Einstellung*) para o referente, uma orientação para o CONTEXTO – em suma, a chamada função REFERENCIAL, 'denotativa', 'cognitiva' – seja a tarefa dominante de numerosas mensagens, a participação adicional de outras funções em tais mensagens deve ser levada em conta pelo linguista atento" (JAKOBSON, 1974, p. 123, destaques do autor). Ou seja, tudo indica que a função referencial, cognitiva, parece ter alcance generalizado na língua. Sempre se fala de algo. Logo, as demais funções, de certa maneira, se conjugariam com a função referencial.

Sabe-se muito bem que esses comentários já deram origem a verdadeiras "teorias" da tradução[179]. Lembro apenas alguns dos mais famosos[180]: Cícero, São Jerônimo, Lutero, Herder, Humboldt, A.W. Schlegel, Goethe, Schleiermacher, Chateaubriand, Valéry, Benjamin, Pound, Borges, Octavio Paz etc. E há mais: a narrativa de Susan Sontag, as experiências de Umberto Eco, a crítica de Meschonnic, os intraduzíveis de Barbara Cassin etc. Entre nós, os atos desmedidos de Schnaiderman, e, sempre, as transcriações de Haroldo de Campos[181]. Todos esses autores são apenas um pequeno indicador do enorme número de tradutores que falaram sobre a experiência de traduzir. Outros poderiam ser acrescentados a uma lista que facilmente encontraria um tamanho desmedido.

Se lembro cada um deles, é menos pelo que podem contribuir para a formação de um pensamento teórico sobre a tradução – o que é sobejamente afirmado em qualquer reflexão sobre o tema e com o que estou de pleno acordo – e mais para nomear alguns dos que, ao tornar públicos seus comentários, elaboraram verdadeiros relatos de suas experiências com o traduzir e podem, metonimicamente, representar cada tradutor da história. Se houve um tempo em que a "teoria" da tradução dependeu desses comentários, hoje eles podem ser pensados no escopo de uma linguística que busque investigar o homem a partir do que ele diz acerca de sua experiência de falante, no caso, de tradutor.

---

179. Para uma visão de conjunto da história da tradução, cf., em Hurtado Albir (2017, p. 99-132), o capítulo "Evolución de la reflexión sobre la traducción" e, em especial, a seção "De Cicerón a las primeras teorías modernas". Diz a autora, do ponto de vista histórico: "Deve-se lembrar que a maioria das reflexões é feita em prólogos, críticas de traduções, de caráter pontual e diverso, em detrimento de tratados específicos sobre tradução; sem que isso seja feito em detrimento dos principais marcos bibliográficos" (HURTADO ALBIR, 2017, p. 122).

180. Boa parte deles tratados por Berman (1984), em *L'épreuve de l'étranger* [*A prova do estrangeiro*].

181. Vale consultar a excelente reunião presente em *Palavra de tradutor – Reflexões sobre tradução por tradutores brasileiros*, organizado por Marcia A.P. Martins e Andréia Guerini (2018). Encontram-se reflexões de Manuel Jacinto Nogueira da Gama, Silviano Santiago, Monteiro Lobato, Clarice Lispector, Millôr Fernandes, Barbara Heliodora, Haroldo de Campos e Paulo Henriques Britto.

Essa experiência pode ter configurações variadas: o "intraduzível" do qual fala Humboldt (2000) em sua introdução à tradução de Ésquilo, a "língua pura" na introdução à tradução de Baudelaire por Benjamin (2011), a estupefação de Susan Sontag (2005) ao "ser traduzida" em sua experiência de direção de *Esperando Godot*, de Beckett etc. Mas, em todas, vejo que o falante, ao comentar a sua relação com a língua (a sua e a do outro) – e, muito especialmente, a sua experiência frente ao que nela está dito –, constrói um saber sobre essa língua, um saber que simultaneamente coloca língua e falante – o tradutor – em destaque. O falante constrói uma hierarquia de estruturas significantes acerca da língua, determinando-a como um fenômeno produzido, percebido e interpretado a partir das lentes de quem, no caso do tradutor, está "por dentro" do fenômeno. O falante, enfim, coloca em ato a ideia da equivalência na diferença, produz um discurso sobre isso e atesta a natureza discursiva da busca de equivalência.

O contorno que o falante dá, na língua e pela língua, à experiência de traduzir é da ordem do sentido. Pela natureza metalinguística da língua, chega-se a uma linguística do homem falante, de um saber que advém de sua condição de falante.

A linguística do homem falante se interessa pelo que o homem diz da língua, sobre a língua, a respeito da língua. É tempo de dar lugar a essa etnografia que coloca o tradutor como um falante etnógrafo da própria língua. Esse contorno – que, por vezes, também gostaria de chamar de "narrativo" porque, de certa forma, o falante constantemente conta coisas sobre si e sobre sua língua – que o falante dá à sua enunciação e/ou à enunciação do outro diz respeito à natureza metalinguística da linguagem, à capacidade que esta tem de conter os mecanismos necessários para que o homem coloque em prática, cotidianamente, a propriedade da autointerpretação. É nesse aspecto que considero o falante um etnógrafo da própria língua.

§ 6.4.2 A língua e as línguas

Se a função metalinguística é, conforme Jakobson, de tal forma constitutiva da língua que fenômenos como a aquisição e a afasia não fazem mais do que ressaltar seu valor, e se a língua é constitutiva do falante – as funções da linguagem em seu conjunto assim o mostram –, então parece possível concluir que a língua do falante entra sempre em conta na tradução. Em outras palavras, o falante, para traduzir, parte de sua própria língua. Embora essa ideia não esteja explícita no texto de Jakobson, é plausível admiti-la. Afinal, é a partir de sua língua que o falante "interpreta" as línguas.

O exemplo disso é possível encontrar em outro grande linguista: Émile Benveniste. No artigo "Categorias de pensamento e categorias de língua"[182], Benveniste procede a uma análise da língua ewe, falada no Togo e em Gana, buscando ver como nela se apresenta a noção de "ser", presente na língua grega. Ao comparar os fatos de expressão linguística entre as duas línguas – ewe e grego –, conclui que as funções do verbo "ser" em grego correspondem "aproximativamente" a cinco verbos distintos em ewe. Ao que acrescenta: "não se trata de uma divisão de uma mesma área semântica em cinco porções, mas de uma distribuição que acarreta uma combinação diferente, até mesmo nas noções vizinhas" (BENVENISTE, 1988, p. 78).

Ao proceder a essa análise, Benveniste ressalva que ela é feita a partir do exterior – e não do interior – do ewe. Quer dizer, usa-se o grego, a língua indo-europeia, para descrever as cinco possibilidades presentes em ewe; no entanto, "no interior da morfologia ou da sintaxe ewe, nada aproxima esses cinco verbos entre eles. É em relação aos nossos próprios usos linguísticos que lhes descobrimos qualquer coisa em comum" (p. 79). Trata-se de uma análise "egocêntrica", nas palavras de Benveniste, que esclarece melhor o próprio grego na medida em que coloca luzes sobre um fato que é característico das línguas indo-europeias.

Nesse sentido, até se poderia dizer que sempre se faz uma "análise egocêntrica" na tradução. O tradutor, em sua prática, parte de um texto em uma língua que não coincide com a sua língua. Ou ainda, para usar os termos do campo, a "língua de partida" é sempre a do tradutor e não coincide, ne-

---

182. Estudado, aqui, em detalhe no quarto capítulo (cf. § 4).

cessariamente, com a língua do "texto de partida". É a "língua de partida" do tradutor que se encontra no "texto de chegada".

Caso se admita essa interpretação, então equivalência e diferença estão ligadas à centralidade do falante na atividade metalinguística. Em outras palavras, equivalências e diferenças nas línguas são percebidas no exercício da faculdade metalinguística. Isso quer dizer que existe uma condição tradutória do falante na língua que decorre do fato de que "a faculdade de falar determinada língua implica a faculdade de falar acerca dessa língua", o que vai ao encontro do fato de Jakobson ter proposto os três tipos de tradução em conjunto, pois, cada uma, a seu modo, está na dependência da atividade do falante de reflexão sobre a língua.

A tradução acompanha a faculdade de falar; ela não é algo que acontece por acréscimo com o falante; não se trata de adquirir uma competência ou mesmo de desenvolvê-la; a tradução é algo que está na natureza do falante e, por conseguinte, da língua. É evidente que na "tradução propriamente dita" há um *fato notável* a ser considerado:

> Falando grosseiramente, o fato de que se pode dizer "a mesma coisa" numa como noutra categoria de idiomas é a prova, por sua vez, da independência relativa do pensamento e ao mesmo tempo de sua modelagem estreita na estrutura linguística (BENVENISTE, 1989, p. 233).

O "fato notável" a que Benveniste faz referência diz respeito à "modelagem" que as línguas impõem ao que se quer dizer, o que se coaduna com a ideia de Jakobson segundo a qual as línguas diferem entre si pelo que obrigam a dizer e não pelo que facultam dizer.

O exemplo vem, novamente, de Benveniste. Em um artigo de 1956, "As relações de tempo no verbo francês" – no qual busca apresentar dois planos de enunciação, o plano histórico e o plano de discurso –, Benveniste busca apoio nos textos traduzidos, que ele considera "testemunhos [...] que nos informam sobre as equivalências espontâneas que um autor encontra para fazer passar uma narrativa escrita numa outra língua para o sistema temporal que convém ao francês" (BENVENISTE, 1988, p. 269). E, em nota de rodapé, explica detalhadamente:

> Para citar dois exemplos de traduções recentes, o tradutor da novela de Ernest Hemingway intitulada *La grande rivière au coeur double* (na coletânea *The Fifth Column and the Forty-nine First Stories*; em francês, *Paradis perdu* – Paris, 1949) empregou continuamente o aoristo ao longo de quarenta páginas (com o imperfeito e o mais-que-perfeito). Salvo por duas ou três frases de monólogo interior, a narrativa toda, em francês, está disposta nessa relação temporal, porque nenhuma outra era possível. Igualmente, a versão francesa de Heyerdahl, *L'expédition du Kon-Tiki*, apresenta exclusivamente no aoristo, em capítulos inteiros, a maioria da narrativa (BENVENISTE, 1988, p. 269, nota 232, destaques do autor).

Ora, o aoristo – que, em francês, equivale ao *passé simple* ou ao *passé défini* – é o que "convém ao francês" na tradução da narrativa. Alguém duvida que o tradutor partiu de sua língua para traduzir Hemingway? Ainda mais: Alguém duvida que o tradutor, na sua condição de falante, ao traduzir, fala da língua (da sua e da do outro)?

A equivalência na diferença é, na verdade, a condição do falante na língua, esteja ele em situação de tradução intralinguística ou interlinguística.

§ 6.5 Conclusão

Para finalizar, eu gostaria de chamar atenção apenas para um ponto que é vital para a proposta aqui esboçada: a tradução implica – para não dizer que exige – uma discussão a propósito da língua materna. É isso que a faculdade metalinguística mostra, uma vez que ela ocupa lugar fundamental tanto na aquisição da linguagem quanto na transposição de seus textos para outras línguas.

A língua materna – constitutiva que é do falante – faz a mediação necessária para que todos os fenômenos da linguagem ocorram, e a tradução não foge a isso. Na operação de tradução, há um vai e vem que, de um lado, abre a língua materna à diversidade das línguas e, de outro lado, abre para o falante a possibilidade de que venha a produzir em outras línguas a partir da sua própria língua.

A tradução tem, nesse caso, uma função reflexiva que é dupla: sobre a língua materna e sobre a diversidade das línguas. A diversidade é abordada a partir do reconhecimento da especificidade da língua materna, o que faz da tradução uma verdadeira condição do *Homo loquens*.

§ 7

O falante e a voz
UMA ANTROPOLOGIA DA ENUNCIAÇÃO[*]

Esta fonética, serei o único a detectá-la?
Roland Barthes. "O grão da voz".

§ 7.1 INTRODUÇÃO

O objetivo geral aqui – de certa forma, explícito no título acima – é esboçar uma proposta de entendimento da voz no escopo de uma antropologia da enunciação. Assim formulado, tal objetivo pode, dada a aparente clareza que o caracteriza, encobrir duas necessidades de explicitação conceitual: a noção de "voz" evocada e o entendimento do que vem a ser uma "antropologia da enunciação". Nenhum desses termos é evidente na linguística, merecendo, portanto, maior atenção.

Desse ponto de vista, então, seria possível dizer que há um objetivo anterior ao apresentado acima, cujo duplo propósito seria, de um lado, explicitar os termos pelos quais se pode conceber a voz como um objeto passível de abordagem no âmbito dos estudos linguísticos e, de outro lado, evidenciar as linhas fundamentais de uma visada sobre a linguagem, concebida como uma antropologia da enunciação, que comporta a voz como objeto de estudo.

---

[*] O presente capítulo reúne e desenvolve reflexões presentes em Flores, 2015, 2017b.

É justo, então, que eu explique os motivos que me levam a adotar um *parti pris* tão pessoal. Em vista disso, a seguir, faço o seguinte percurso: inicialmente, busco definir o sentido de "voz" aqui mobilizado. Faço isso a partir da análise histórico-crítica da maneira como a voz comparece nos estudos da linguagem, em geral, e na linguística, em particular. A voz é uma desconhecida para a linguística, uma ausente da configuração disciplinar da linguística, e isso é facilmente verificável na história do pensamento linguístico. No final dessa parte, ao explicitar algumas razões que impuseram essa espécie de "mutismo" da voz nos estudos da linguagem, concluo que é possível abordá-la a partir de duas perspectivas que se opõem metodologicamente: ou vinculando-a à língua, entendida como *factum grammaticae* (cf. MILNER, 1995) ou vinculando-a ao falante, entendido como *Homo loquens*, em que a propriedade *loquens* define uma função (enunciativa) que caracteriza fundamentalmente o homem. É nessa segunda possibilidade que penso a voz como objeto de uma antropologia da enunciação.

Em seguida, apresento algumas ideias que podem ser reunidas na expressão "antropologia da enunciação", perspectiva que coloca o falante no centro dos estudos da linguagem e que vê na capacidade *loquens* do homem a fonte de um saber de natureza linguística. A antropologia da enunciação, nos termos que a defino aqui, é o estudo de um saber sobre o homem que advém da sua capacidade de enunciar. Nessa parte, também sugiro alguns princípios metodológicos da tomada antropológica da enunciação, considerando, em especial, a proposição da noção de "contorno de sentido", visível na função metalinguística natural de usar a língua para comentar a língua, como uma categoria de análise da antropologia da enunciação.

Finalmente, a partir dessas considerações, apresento um pequeno estudo da voz no escopo teórico-metodológico esboçado. Ilustra-se o proposto com uma análise de comentários feitos acerca da voz de cantores e cantoras brasileiros, os quais serão tratados, aqui, apenas como "cifras", para usar a expressão de Roland Barthes em "O grão da voz", ou seja, no sentido de que não têm valor absoluto e servem apenas para condensarem valores relativos aos comentários que os acompanham: não os divinizo e não os considero imperfeitos.

§ 7.2 A VOZ HUMANA, UMA DESCONHECIDA

A voz é uma *cabeça de Medusa*, expressão tomada de empréstimo de Émile Benveniste, que a usa em "Os níveis da análise linguística", artigo publicado, originalmente, em 1964. Benveniste a utiliza quando, ao tratar a relação entre a *forma* e o *sentido* na linguagem, dirige uma crítica sagaz à linguística de seu tempo, a qual, em sua opinião, facilmente prioriza o estudo da forma em detrimento do sentido: "O que não se tentou para evitar, ignorar ou expulsar o sentido? É inútil: essa cabeça de Medusa está sempre aí, no centro da língua, fascinando os que a contemplam" (BENVENISTE, 2006, p. 126).

Tem razão Benveniste. O estudo do sentido na linguagem historicamente tem se mostrado um ponto fraco da linguística; ele escapa, em muitos aspectos, às metodologias linguísticas conformadas que são aos ideais de cientificidade de uma disciplina desejosa de reconhecimento pelas ciências exatas e da natureza. O sentido é uma cabeça de Medusa; ele petrifica quem ousa olhá-lo.

O destino da voz parece ser o mesmo: ela também petrifica. A voz se liga a muitos e distintos campos – literários (JOSSE, 2016; QUIGNARD, 1999; DESSONS 2015), discursivos (MALISKA & SOUZA, 2017; PIOVEZANI, 2009), estéticos (BLANCHOT, 2011; PARRET, 2002), antropológicos (LE BRETON, 2011), psicanalíticos (VIVÈS, 2012a, 2012b; LEW & SAUVAGNAT, 1989; DELBE, 1995; ASSOUN, 1999), sociais (JUNGZO, 1998) e filosóficos (AGAMBEN, 2006; DERRIDA, 1994) entre outros – sem que algo, aparentemente, os ligue entre si. Talvez esse "transbordamento disciplinar"[183] seja uma das explicações para a quase absoluta exclusão da voz do horizonte dos linguistas, a despeito da sua absoluta presença na linguagem.

---

183. Observe-se o que diz Martine de Gaudemar (2013, p. 7) na introdução que faz ao livro *Les plis de la voix*, que reúne estudos sobre a voz: "Uma voz se constitui através de diálogos e interações, ela se dá, se perde, se sufoca, se altera, se eleva, se evanesce, se cala... Ela se faz esquecer nas palavras pronunciadas, mas ela age através dela, por seu timbre, sua intensidade, sua cor, suas modulações. Ela demanda uma extrema atenção para aparecer

Na verdade, a voz humana é uma desconhecida tanto dos estudos da linguagem em geral quanto dos estudos da linguística em particular. Vários são os motivos que contribuem para esse ensurdecimento em relação à voz. Em primeiro lugar, a expressão "voz humana" – que não por acaso dá nome à célebre peça de Jean Cocteau (*La voix humane* [*A voz humana*]), cuja força poética resulta da profundidade dos sentimentos, *demasiado* humanos, da personagem – não tem sentido óbvio, sem ambiguidade. Uma rápida vista de olhos no campo dos estudos gerais sobre a linguagem permite ver que, à aparente evidência da expressão "voz humana", é possível contrapor algumas considerações que, de um lado, problematizam sua configuração fenomenológica e, de outro lado, colocam em xeque sua real apreciação pelos estudos da linguagem (filosóficos, linguísticos etc.). Observem-se alguns exemplos.

Herman Parret[184], semioticista e filósofo da linguagem, propõe uma discussão nos seguintes termos: "Há *sons*, *ruídos* produzidos pelo ser humano, que não pressuponham a voz, que sejam, em certo sentido, *anteriores à voz*, como o balbucio das crianças e o riso?" (PARRET, 2002, p. 23, destaques do autor). Ao que responde: "Tudo dependerá evidentemente da definição de voz que se precisará construir, na sua relação com a sonoridade e com o ruído" (p. 23). Acrescenta, ainda, que a palavra "voz" pode ser usada apenas

---

e ser ouvida como tal, porque ela está sempre associada a outras dimensões (fisiológica, linguageira, cultural, artística, social), e apenas é encontrada em alguns desses usos. É por isso que este livro trata de diferentes aspectos da voz e associa muitas abordagens oriundas de diferentes disciplinas: psicologia, psicanálise, ciências da linguagem, musicologia, antropologia, filosofia. Essas abordagens estão longe de contornar a voz: outras abordagens, histórica, sociológica, etológica, etnológica, teriam sido possíveis. Até mesmo desejáveis caso se queira multiplicar os pontos de vista, que sugerem, assim, a relação entre o que toca a voz e um 'fato social total' no sentido de Mauss, engajando múltiplas dimensões, ou uma 'forma de vida' no sentido de Wittgenstein".

184. A obra de Parret é muito mais vasta do que essa breve menção sugere. Trata-se de um livro complexo em que são tratadas as questões relativas à voz humana, à qualidade da voz, ao som e ao silêncio, à voz na arte contemporânea, à voz e ao corpo, à voz e à comunidade e à voz e ao tempo, entre outras.

metaforicamente, quando aplicada a outros seres (com vida ou não) que não o homem (animais ou máquinas). Isso, no entanto, não é suficiente para "isolar, entre os 'ruídos do mundo', uma classe específica de ruídos ou de sons gerados pela voz humana" (p. 23).

Grosso modo, o que Parret parece questionar é a existência de um critério seguro que permita isolar ruídos, em geral, de sons produzidos pela voz, em particular. Com base em Aristóteles, ele conclui: "a voz humana, ao contrário do ruído e da voz animal, é eufônica e sinfônica" (p. 26), quer dizer, ela é *semantizada* e *estetizada*.

Não muito longe do que diz o semioticista, mas indo em outra direção, o filósofo italiano Giorgio Agamben pergunta:

> Existe uma voz humana, uma voz que seja voz do homem como o fretenir é a voz da cigarra ou o zurro é a voz do jumento? E, caso exista, é esta voz linguagem? Qual a relação entre voz e linguagem, entre *phoné* e *logos*? E se algo como a voz humana não existe, em que sentido o homem pode ainda ser definido como o vivente que possui linguagem? (AGAMBEN, 2008b, p. 10, destaques do autor).

Distanciando-se de uma visão aristotélica, que articula a voz em termos da relação entre *phoné* e *logos*, Agamben supõe um hiato entre voz e linguagem que, no constructo teórico do filósofo, pode abrir espaço para uma ética, na justa medida em que é "um espaço vazio" entre a potência do dizer e o ato.

Também o medievalista Paul Zumthor (2005, p. 62), em resposta à pergunta de André Beaudet, que indagava "como se explica que nós ainda não tenhamos uma ciência da voz?", assim se manifesta:

> A voz se destaca destas evidências por assim dizer tão óbvias, que a reflexão científica só alcança alguns de seus aspectos. Uma ciência da voz deveria abarcar tanto uma fonética quanto uma fonologia, chegar até uma psicologia da profundidade, uma antropologia e uma história (ZUMTHOR, 2005, p. 62).

E conclui mais adiante: "A língua é mediatizada, levada pela voz. Mas a voz ultrapassa a língua; ela é mais ampla do que ela, mais rica [...] a voz, utilizando a linguagem para dizer alguma coisa, se diz a si própria, se coloca como presença" (p. 63).

Finalmente, Corrado Bologna[185], talvez a primeira e mais reiterada personalidade dos estudos sobre voz, sentencia:

> A sua natureza é essencialmente física, corpórea; está relacionada com a vida e com a morte, com a respiração e com o sono; emana dos mesmos órgãos que presidem à alimentação e à sobrevivência. Antes mesmo de ser o suporte e o canal de transmissão das palavras através da linguagem, a voz é um imperioso grito de presença (BOLOGNA, 1987, p. 58).

O que essas ínfimas passagens de trabalhos tão densos ilustram? Simplesmente que o tema da "voz" está longe de ser considerado algo pacífico entre aqueles que problematizam a existência humana; daí o pouco poder autoexplicativo da expressão "voz humana" e sua quase nenhuma presença no campo dos estudos da linguagem.

A voz, de fato, tem tantas faces, tantos aspectos, tantas possibilidades de ser escutada que pode, facilmente, interessar a muitos campos do conhecimento, ou a nenhum. No entanto, e isso é inegável, a voz não prescinde da linguagem, embora não equivalha *pari passu* a ela. E, sendo a linguística uma autoridade em matéria de linguagem, não é fácil não ceder à tentação de ver a voz no escopo da linguística. Mas não de qualquer linguística: de uma linguística que inclua o *Homo loquens* em seu horizonte de possibilidades.

§ 7.2.1 O mutismo da voz no campo da linguística

A filósofa Adriana Cavarero, em um livro de rara beleza, *Vozes plurais – Filosofia da expressão vocal*, parece encontrar a origem tanto da natureza da problematização, na atualidade, quanto da ausência da voz nos estudos da filosofia (e, também, da linguística). Segundo ela, o *logos* perdeu a voz. Quer dizer, desde a sua origem – e Cavarero está pensando especial-

---

185. Bologna (1987) propõe que se considere, de um lado, a metafísica da voz e, de outro, a antropologia da voz.

mente na filosofia platônica –, a "filosofia tapa os ouvidos" e promove uma desvocalização do *logos*. O *logos*, a razão, o discurso, a linguagem, enfim, dizem respeito, na tradição do pensamento filosófico, à conexão de palavras. É nesse plano da conexão, que "liga" de acordo com determinadas regras, que está centrada a atenção da filosofia: "Centrada, inclusive com prejuízo – mas talvez fosse melhor dizer: sobretudo com prejuízo – do plano acústico da palavra" (CAVARERO, 2011, p. 50-51).

Cavarero tem razão. A ausência da voz coincide com a (excessiva?) presença do *logos*, da razão, que a abafa. E a que se deve esse "ensurdecimento racional"?

Ora, a filósofa considera que a voz é uma "unicidade que faz de cada um de nós um ser diferente dos demais" (p. 17) e que tal unicidade "não é característica do homem em geral, mas de cada ser humano na medida em que vive e respira" (p. 18). No entanto, adverte: não se trata de uma relação tautológica entre a própria voz e o próprio ouvido, "mas de um comunicar-se da unicidade que é, ao mesmo tempo, uma *relação* com outra unicidade" (p. 20, destaques da autora), isto é, a voz implica a escuta. Assim, "no registro da voz, ecoa a condição humana da unicidade [...] [e] tal condição é essencialmente relacional" (p. 22-23). Cavarero chama o estudo da problemática da unicidade relacional da voz de *fenomenologia vocálica da unicidade*.

Assim entendida a voz – como um dado indiscutivelmente singular e único –, é fácil compreender o ensurdecimento que a filosofia tem em relação a ela: "A singularidade inimitável de cada ser humano, a unicidade encarnada que distingue cada um de qualquer outro, é, para os gostos universalistas da filosofia, um dado supérfluo, se não desconcertante, além de epistemologicamente impróprio" (p. 24).

É uma evidência: esse ensurdecimento gera distanciamento, pois a tradição filosófica e epistemológica determina que, em proveito da abstração generalizada de vocação universalista da ciência, se evite tratar o que é único, singular e irreproduzível, do que a voz é um exemplo.

Tal análise e suas consequências são estendidas à linguística[186] pela própria Cavarero, o que merece ser citado na íntegra, apesar da extensão:

> A despeito de sua aceleração novecentista e de seus complexos desenvolvimentos, pode-se de fato desenterrar o percurso teórico que leva a linguística moderna a herdar do estatuto metafísico uma desatenção programática sobre a unicidade da voz. O que, obviamente, não depõe contra a legitimidade dos estudos linguísticos nem sequer diminui o seu interesse, mas testemunha, de modo exemplar, como os saberes dirigidos aos fenômenos da palavra podem ocupar-se da voz sem preocupar-se com a singularidade de cada voz. Em outros termos, a voz – estudada na perspectiva da linguagem e, ainda mais, numa perspectiva que entende linguagem como sistema – torna-se a esfera geral das articulações sonoras na qual a unicidade do som é, paradoxalmente, aquilo que *não* soa. A linguagem enquanto código, a sua alma semântica que aspira ao universal, torna imperceptível, na voz, o *próprio* da voz. A unicidade plural das vozes não passa pelo filtro metodológico do ouvido linguístico (CAVARERO, 2011, p. 24-25, destaques da autora).

A análise acima pode causar algum espanto junto aos linguistas, que acreditam estudar o que é tangível da voz em seus tratados de fonética e fonologia. Porém, Cavarero pode ter alguma razão em dirigir à linguística críticas da mesma natureza das que dirige à filosofia. As disciplinas linguísticas que poderiam se deixar tocar pela voz – a fonética e a fonologia são exemplos disso – nada mais fazem do que desviar, na abordagem que dão ao tema, da realidade dos falantes em favor de uma abstração – o sistema fonológico de uma língua, as dimensões articulatória, auditiva e acústica da voz. O linguista, quando pensa falar em voz, limita-se ao fonema, à prosódia, ao suprassegmental etc. São poucos os que veem além (ou aquém, dependendo do ponto de vista).

Na fonética e na fonologia, realmente, nada há que trate da singularidade da voz, ao menos não nos termos explicitados pela filósofa. No máximo, a linguística abriga, nos limites bastante rígidos de suas metodologias, aspectos implicados na prosódia – em seu viés acústico ou fonológico (cf. SCARPA, 1999) –, na produção da fala – a partir de recursos tecnológi-

---

186. Deve-se excetuar o excelente *La vive voix – Essais de psycho-phonétique*, de Iván Fónagy (1991).

cos de análise acústica (cf. MARCHAL & REIS, 2012) – e no tratamento fonético *stricto sensu* (cf. CAGLIARI, 2009), entre outros. O *Dicionário de fonética e fonologia* (SILVA, 2011), por exemplo, não reserva nenhuma de suas entradas a um verbete sobre "voz", embora, evidentemente, trate com bastante propriedade todos os aspectos "[...] relevantes para o estudo do português e da fonética e da fonologia em geral" (p. 8)[187].

É bem verdade, entretanto, que, na atualidade, especificamente em relação aos estudos prosódicos, encontra-se alguma preocupação em tratar de algo que se aproxime do que Cavarero considera próprio à unicidade da voz. Barbosa (2010, p. 1), por exemplo, diz que "[...] no cenário de pesquisa atual, a prosódia tem seu campo de estudo nos domínios linguístico, paralinguístico e extralinguístico". Nos três domínios, segundo o autor,

> estudam-se as funções prosódicas de demarcação (indicadores de constituintes prosódicos, como sílabas, palavras fonológicas, grupos acentuais, sintagmas entoacionais, entre outros), proeminência (saliência de um constituinte prosódico em relação a outro) e de marcação discursiva (marcadores de turno num diálogo, modalidade da frase, entre outros) (BARBOSA, 2010, p. 1).

Essas funções prosódicas estão ligadas à entoação, ao ritmo, à "[...] imbricação entre restrições biomecânicas ligadas à produção da fala [...] e restrições linguísticas e paralinguísticas ligadas à percepção da fala" (p. 1). Para o autor, as funções linguísticas do ritmo, da entoação, da acentuação e do acento lexical e frasal têm lugar nos estudos linguísticos; já os fenômenos "linguageiros e comunicativos" (p. 1) – marcadores discursivos, ênfase, atitudes, emoções e os fenômenos ligados a fatores sociais e individuais (como gênero e sexo, classe social, faixa etária, condição de saúde) – têm lugar nos estudos extralinguísticos e paralinguísticos.

Admitida a distinção feita por Barbosa entre linguístico, extralinguístico e paralinguístico, aquilo que Cavarero (2011) abriga na ideia de uma

---

187. A pesquisa em outros dicionários de linguística também não obteve êxito. São eles: *Dicionário de linguística* (DUBOIS et al., 1998), *Dicionário de ciências da linguagem* (NEVEU, 2008), *Dicionário de linguagem e linguística* (TRASK, 2004) e *Dicionário de linguística e fonética* (CRYSTAL, 2008).

fenomenologia vocálica da unicidade teria alguma relação com os ditos fenômenos "linguageiros e comunicativos", uma vez que ali seriam abordados "fatores individuais". Porém, Barbosa (2010) insiste em dizer que tais fenômenos têm lugar em estudos *extralinguísticos* e *paralinguísticos*, o que resguarda uma especificidade ao "linguístico" que vai ao encontro do que Cavarero (2011, p. 25) denomina de "linguagem como sistema". Sendo os aspectos individuais considerados extralinguísticos ou paralinguísticos, a linguística pode se eximir de abordá-los.

Em outras palavras, os estudos linguísticos, quando olham para a voz, tratam-na no interior de uma concepção de linguística, de ciência, que é refratária aos ditos "fatores individuais". O efeito disso é a exclusão da unicidade da voz do escopo da linguística, apesar da explícita admissão da existência de elementos na voz que não podem ser tratados no mesmo quadro metodológico da fonética e da fonologia. Em suma, o gesto de reconhecimento da vinculação da voz ao falante é exatamente o mesmo que a exclui da linguística.

Na verdade, há um aspecto paradoxal na enunciação vocal, singular e individual, com o qual o linguista tem dificuldades de lidar, e é Émile Benveniste quem assinala isso. Em "O aparelho formal da enunciação", ele afirma que "o [aspecto] mais imediatamente perceptível e o mais direto – embora de um modo geral não seja visto em relação ao fenômeno geral da enunciação – é a realização vocal da língua" (BENVENISTE, 1989, p. 82).

Benveniste (1989, p. 82) diz que "os sons emitidos e percebidos [...] procedem sempre de atos individuais, que o linguista surpreende sempre que possível em uma produção nativa, no interior da fala". No entanto – e é aí que se mostra o aspecto paradoxal da enunciação vocal individual –, normalmente se procura, em linguística, "[...] eliminar ou atenuar os traços individuais da enunciação fônica recorrendo a sujeitos diferentes e multiplicando os registros, de modo a obter uma imagem média de sons, distintos ou ligados" (p. 82). Ele adverte:

> Mas cada um sabe que, para o mesmo sujeito, os mesmos sons não são jamais reproduzidos exatamente, e que a noção de identidade não é senão aproximativa

mesmo quando a experiência é repetida em detalhe. Estas diferenças dizem respeito à diversidade das situações nas quais a enunciação é produzida (BENVENISTE, 1989, p. 82-83).

Ou seja, Benveniste é claro em destacar – e resgatar – a materialidade corporal da enunciação, isto é, o falante, além de assinalar com veemência a paradoxal atitude do linguista.

A voz – entendida como única e singular – remete ao falante, ao *Homo loquens*, ao corpo, que, como se sabe, excede o limite da ciência. As disciplinas linguísticas, na abordagem que dão ao tema, desviam da realidade do falante em favor da abstração, seja da língua como sistema, seja do falante como mero *enunciador, locutor, emissor* etc. Consequentemente, exclui-se a voz – e, com ela, o falante – do horizonte da linguística.

O homem na sua condição de falante, o *Homo loquens*, não opera na análise linguística da linguagem nem mesmo quando é da voz que se busca falar (cf. FLORES, 2017b). Evitando tratar da voz, daquilo que há de único nela, ou seja, do falante, a linguística evita rivalizar com uma forma de fazer ciência na qual impera a repetição como critério de verificação. Sua exclusão pode ser notada até mesmo no campo em que talvez fosse mais esperada a sua presença: o da linguística da enunciação. Por exemplo, Oswald Ducrot (1987, p. 161), em seu "Esboço de uma teoria polifônica da enunciação" – cujo objetivo é "contestar" o "pressuposto da unicidade do sujeito falante" –, adota vários procedimentos para afastar o "perigo" de que o falante possa intervir no arcabouço teórico-metodológico da polifonia.

Desses procedimentos, destaco dois: primeiramente, Ducrot escolhe uma noção de enunciação que não leva em conta o ato: a enunciação é, para ele, "o acontecimento constituído pelo aparecimento de um enunciado" (DUCROT, 1987, p. 168); em seguida, distingue o locutor (ser de discurso) do sujeito falante (ser empírico) e admite apenas o primeiro no escopo da teoria.

Para mim, Ducrot nada mais faz que dar estatuto teórico à exclusão do falante dos estudos linguísticos. Muitos poderiam advertir que meu raciocínio sofisma, uma vez que, se o objetivo do autor é exatamente contestar a unicidade do sujeito falante – ou seja, é dar estatuto teórico a essa exclusão –, é natural que ele opere tal exclusão. De minha parte, não estou convencido de que, para propor uma teoria polifônica da enunciação – na qual locutores e enunciadores sejam concebidos como seres de discurso –, seja necessário excluir o falante. São instâncias diferentes, que não se recobrem. Além disso, não tenho certeza quanto à verdadeira eficácia metodológica de tal exclusão.

Mas não gostaria que se pensasse que faço aqui uma crítica circunscrita a Ducrot. Apenas tomo-o como um caso ilustrativo. Outros não faltam. As diferentes vertentes sociolinguísticas (interacional, dialetológica, etnográfica, sociologia da linguagem etc.), por exemplo, mesmo que sustentem a admissão da variação linguística e dos aspectos sociais e culturais presentes na identidade do falante, não deixam de referi-los a uma dada comunidade linguística. Ainda aqui não é o falante que está no centro, mas o que dele é possível deduzir acerca do conjunto da variação linguística. Em resumo: a exclusão do falante do escopo da linguística implica a exclusão da voz e vice-versa.

Enfim, apesar da crítica contundente que faço à linguística, entendo que a voz não poderia mesmo se conformar a ela, considerados os moldes de cientificidade contemporâneos que a sustentam. A voz tem tantas faces, tantos aspectos, tantas possibilidades de ser escutada que seria, no mínimo, ingênuo reduzi-la à linguística – muito menos à contemporânea.

O falante comum sabe muito bem que a voz se destaca em todo o dizer. É a essa especificidade que é dado destaque quando se comenta o falar alheio em termos quase triviais: "parece que estou vendo o fulano falar...", "eu reconheceria essa voz em qualquer lugar", "ele falou igual a x". Os elementos sobre os quais incidem esses comentários são significativos, sem dúvida, mas abordá-los excede uma *semântica* linguística propriamente dita. Afinal, como fazer cálculos proposicionais, descrições lexicais, explicações gramaticais de algo que é amplo o suficiente para caracterizar o *Ser* e específico o suficiente para não ser generalizado? Isso não parece ser objeto da linguística que se conhece.

A propósito da relação da linguística com a voz, Jean-Jacques Courtine (1988, p. 12), criticamente, avalia:

> O corpo é exterior à língua; a língua é estrangeira à voz; o som não tem existência linguística. A substância "amorfa" da voz, os "múltiplos movimentos" de articulação bucal necessários à fala devem, portanto, ser analisados, decompostos, transcritos, instrumentalizados. A emergência de um paradigma formal e técnico da comunicação teve por efeito dessubstancializar a voz numa teoria do signo, descorporizar a língua.

A despeito desse cenário adverso à abordagem da voz no campo da linguística, vale ainda indagar: é possível uma linguística que comporte, em algum sentido, o estudo da voz? Uma resposta afirmativa exigiria que a linguística se reconfigurasse epistemologicamente de forma a comportar a singularidade como um fenômeno passível de ser tomado como objeto de investigação, o que, nos termos que estou defendendo, coincidiria com a realidade do falante. O olhar do linguista deveria deixar de mirar a abstração das propriedades linguísticas para fixar os olhos no *Homo loquens*. Não mais a língua, mas o falante que fala sob o efeito de ser constituído pela língua.

A voz, como *locus* privilegiado dos estudos acerca do homem, dá corpo à propriedade da linguagem de se fazer presente por um invólucro que é uma verdadeira substância do *Ser*. Admitindo-se o *Homo loquens* no âmago da linguística, pode-se chegar a uma linguística do homem falante, uma linguística que se interessa pelo que diz o homem *da* língua, *sobre* a língua, *a respeito* da língua, *com* a língua. Mas isso ainda está por ser feito.

Isso posto, seria possível, então, admitir – ou, ao menos, conjecturar – dois pontos de vista de tratamento da voz no campo da linguística.

O primeiro é compatível com a cientificidade que caracteriza fortemente a área, em que, apesar de se reconhecer as especificidades de uma enunciação vocal singular, a trata no âmbito generalizante dos "fatores individuais" extralinguísticos. Têm lugar, aqui, as abordagens fonéticas e fonológicas cujo filtro metodológico evita o falante na condição de *Homo loquens*. Esse ponto de vista foi alvo da leitura crítica aqui proposta.

Ora, mesmo que possam apresentar matizes de técnicas e procedimentos, os estudos oriundos desse ponto de vista têm em comum o olhar para o que Milner (1995) chama de *factum grammaticae* (cf. "Apresentação – A linguística como reflexão antropológica"):

> Se existe uma ciência da linguagem, ela deve atribuir propriedades à linguagem; isso supõe que ela atribui propriedades a cada língua; e isso supõe, por sua vez, que ela atribui propriedades a cada fragmento de uma língua. Mas o que garante que seja simplesmente possível, de maneira geral, atribuir propriedades a dados da língua? A resposta sobre esse ponto é simples: a garantia consiste somente na existência, de fato, do que chamamos gramáticas. Toda e qualquer gramática consiste em atribuir propriedades a um dado de língua. Se as gramáticas existem de fato, então, é preciso concluir que uma tal atribuição é possível. Em outras palavras, a linguística como ciência se apoia sobre o *factum grammaticae* (MILNER, 1995, p. 54-55).

Do *factum grammaticae* – que poderia ser entendido tanto como o sistema que os linguistas tentam estabelecer quanto como as descrições propostas para esse sistema – está excluído o *Homo loquens*, o que conduz, imediatamente, ao segundo ponto de vista possível acerca da voz. Neste, o olhar é dirigido menos à "gramática" de uma língua e mais ao sujeito falante, ao *Homo loquens*.

Desse olhar, aqui nomeado antropologia da enunciação, deve surgir uma perspectiva que coloca em evidência um saber sobre a língua que advém do fato de o homem falar. Vou tentar esboçá-lo a seguir.

§ 7.3 A LÍNGUA NO HOMEM – UMA ANTROPOLOGIA DA ENUNCIAÇÃO

Do meu ponto de vista, a enunciação é uma *função* que caracteriza o *Homo loquens* e identifica o caráter fundamentalmente verbal da condição humana. A enunciação – em uma inspiração nitidamente benvenistiana – é entendida, aqui, como o ato de dizer algo que coloca em cena um saber sobre a natureza *loquens* do homem. Essa função constitui um objeto antropológico (cf. "Apresentação") na justa medida em que dá a conhecer os efeitos da presença da *língua no homem*. A antropologia da enunciação visa, portanto, esse saber sobre o homem que advém do fato de o homem falar – expressar-se verbalmente.

A língua no homem, colocada no centro de uma antropologia da enunciação, evoca como objeto fenômenos – a voz talvez seja um dos mais evidentes, mas há outros (a tradução, a aquisição, a dissolução da linguagem, a arte verbal etc.) – que dão as condições necessárias e suficientes para que se investigue um saber sobre a língua a partir do sujeito falante. Nesses termos, a antropologia da enunciação resgata para o seu interior a grande lição de Jakobson (1974, p. 34), para quem "a linguística interessa-se pela linguagem em todos os seus aspectos – pela linguagem em ato, pela linguagem em evolução, pela linguagem em estado nascente, pela linguagem em dissolução". No entanto, essa ideia não é evidente aos olhos de um linguista hoje em dia.

Em primeiro lugar, é preciso compreender que se trata de uma antropologia no sentido amplo de "conhecimento do homem" e não em algum sentido específico ou aplicado a um domínio qualquer. Além disso, trata-se de uma antropologia da enunciação, quer dizer, do dizer do homem acerca da presença da língua nele. Ou seja, o homem fala do fato de experienciar, em diferentes fenômenos, a presença da língua nele. Desse ponto de vista, a antropologia da enunciação estuda o fato de o falante tematizar a posição de falante ao tratar de fenômenos em que ele – ou qualquer outro falante – está implicado. É um retorno reflexivo que o falante produz ao falar sobre como opera a língua para aqueles que a falam.

E como isso pode ser viabilizado no interior de um saber tão disciplinarizado como a linguística? Ora, embora pareça estranho ao linguista, sugiro percorrer um caminho que começa com o historiador italiano Carlo Ginsburg (1989) que, em um ensaio primoroso, "Sinais: raízes de um paradigma indiciário", argumenta em favor da existência do que chama de *paradigma indiciário*.

Segundo ele, há um conjunto de pesquisas que podem ser colocadas sob uma mesma perspectiva desde que se admita que todas dão *relevância a fenômenos aparentemente negligenciáveis* (GINZBURG, 1989, p. 10). Em outras palavras, na interpretação de Ginzburg, no final do século XIX, no campo das ciências humanas, teria surgido uma espécie de modelo epistemológico cuja característica essencial seria a de se dedicar à interpretação de dados "residuais", "marginais", mas de grande potencialidade teórica.

Ginzburg defende a tese de que o paradigma indiciário é tributário da semiologia médica – disciplina que mostra como diagnosticar doenças a partir da consideração de sintomas superficiais –, o que permite ao autor delinear uma inusitada analogia entre o neurologista e psicanalista Sigmund Freud, o historiador Giovanni Morelli e a personagem de Sir Arthur Conan Doyle, Sherlock Holmes.

Na verdade, Ginzburg vai longe na defesa de sua tese da existência desse modelo epistemológico indiciário e chega mesmo a propor que a atenção à indicialidade estaria desde sempre na origem do homem. A atividade da caça, por exemplo, teria feito do homem, o caçador, um grande reconstrutor de "formas e movimentos das presas invisíveis pelas pegadas na lama, ramos quebrados, bolotas de esterco, tufos de pelos, plumas emaranhadas, odores estagnados" (GINZBURG, 1989, p. 151). O homem "aprendeu a farejar, registrar, interpretar e classificar pistas infinitesimais como fios de barba" (p. 151).

E esse saber, esse "patrimônio cognoscível", fora transmitido em narrativas – Ginzburg chega a considerar que "talvez a própria ideia de narrativa (distinta do sortilégio, do esconjuro ou da invocação) tenha nascido pela primeira vez numa sociedade de caçadores, a partir da experiência da decifração das pistas" (p. 152) – que articulam dados aparentemente desimportantes, o que conduz a uma realidade que não foi diretamente experimentável. A tese de Ginzburg, neste ponto, é sedutora: o caçador foi o primeiro a narrar porque foi o único capaz de ler, no mutismo das pistas, uma série de eventos.

Para mim, o que Ginzburg surpreende no pensamento do final do século XIX, embora ele não o nomeie assim, é a constitutiva dependência da pesquisa ao ponto de vista do pesquisador. Explico-me: os "indícios" tão belamente detectados por Ginzburg nada mais são do que o produto de um olhar, uma escuta, um tatear, que são muito singulares, talvez mesmo inéditos, no tempo em que foram formulados. E o exemplo maior lembrado por Ginzburg é mesmo Sigmund Freud. Afinal, foi depois de repetidas e malogradas tentativas de explicar o psíquico a partir de dados da neurofisiologia que Freud elaborou o método sobre o qual viria, no século XX, se edificar toda a psicanálise. Esse método, por excelência, resguarda algo essencial: se há uma universalidade do inconsciente – afinal, supor-lhe existência é algo extensível a todo e qualquer ser humano – não é dela que se *trata* em *uma* psicanálise[188]; esta é sempre singular, portanto, refratária à universalidade da ciência.

O falante também fornece um conjunto de pistas acerca da sua experiência de falante. E, nesse ponto, estou absolutamente de acordo com Ginzburg: tal qual o animal que caminha entre os ramos, ignorante das marcas que deixa, o falante "*vive* dando pistas", e faz isso comentando o efeito que a vivência de linguagem tem nele. O linguista raramente se ocupou de olhar as "pistas" que o falante dá de sua condição de falante. Essas pistas conduzem a um conhecimento sobre o homem que advém do fato de o homem falar.

Nesse sentido, a categoria que dá acesso aos procedimentos analíticos que indicam (no sentido de um conjunto de "pistas") a presença da língua no homem é o comentário, entendido como um *contorno de sentido*, isto é, uma operação natural do falante que visa à explicação e à compreensão das formas e da presença da língua nele. O *contorno de sentido* é uma espécie de hermenêutica natural, na medida em que o falante fala para atribuir sentido à sua posição de falante, em função de um dado fenômeno linguístico. O

---

188. Para uma análise epistemológica da psicanálise e a ciência, cf. o livro *A-cientificidade da psicanálise*, de Joël Dor (1993).

contorno de sentido pertence, portanto, à função metalinguística natural e produz uma hermenêutica natural. De certa maneira, o comentário, o *contorno de sentido*, é uma narrativa que o falante produz sobre sua história de falante, o que o alça à condição de um etnógrafo da própria língua (cf. FLORES, 2015).

Em resumo, o *contorno de sentido* é um comentário que o falante faz sobre a experiência linguística – a sua ou a de um outro – no contexto de um fenômeno linguístico qualquer. O comentador enfoca o conjunto dos meios expressivos utilizados por ele mesmo ou pelo outro; sobre esse conjunto é produzido um *contorno*, ou seja, um saber que o falante articula, uma interpretação sobre um elemento qualquer de um dado fenômeno. Fazendo uso da natureza metalinguística da linguagem, o falante coloca em prática a capacidade de delimitar mecanismos necessários e suficientes para que a propriedade da linguagem de interpretar a si mesma (cf. BENVENISTE, 1989, p. 62) se efetive.

Esse *contorno*, em minha opinião, é a grande categoria de acesso a uma "antropologia da enunciação", cujos objetos, ou postos de observação, para usar uma expressão de Henri Meschonnic (2010), permitiriam mostrar um saber sobre o homem (o antropológico) que advém do fato de o homem falar (a enunciação).

Ainda aqui cabe uma observação: quando afirmo que o falante comenta a sua posição de falante, isso precisa ser entendido no sentido mais amplo possível. Ele comenta a respeito de si e do outro. Em ambos os casos, é a condição de falante que está posta. Por exemplo, quando o falante comenta a experiência que tem com a sua voz ou com a voz de um outro qualquer, em ambas as instâncias é de sua experiência que ele está falando[189].

Ao linguista interessado no que estou propondo, caberia ver as condições de elaboração de um pensamento sobre a língua cujo parâmetro é o falante.

---

189. Com essa ideia, espera-se deixar claro que o falante pode comentar tanto a sua própria experiência de falante como a de outro qualquer. Nos dois casos, trata-se de uma "etnografia" de si, uma vez que o falante explicita sua relação tanto na condição de falante propriamente dito como na condição de quem *produz* uma escuta.

Esse pensamento, sob a aparência de um comentário "leigo", esconde uma sofisticada operação, qual seja: a de cada falante voltar reflexivamente sobre as possibilidades significativas particulares que cada fenômeno de língua opera. A antropologia da enunciação é uma outra linguística – talvez, aos olhos de alguns, menos científica – que supõe que o fato de a língua ser constitutiva do homem lhe dá a condição de especial "conhecedor" dela.

Em outras palavras, o falante, ao falar sobre os efeitos que os diferentes fenômenos de língua têm sobre ele, se historiciza como *Homo loquens* em sua língua. Nesse sentido, uma antropologia da enunciação não estuda dados, mas fenômenos e, em especial, o que o falante diz de sua relação com esses fenômenos.

No entanto, é bom que se advirta, a antropologia da enunciação, ao mirar o que diz o falante sobre fenômenos da língua, não faz teoria deles. Isto é, a antropologia da enunciação, ao estudar o que diz o falante de sua experiência com a diversidade das línguas em uma situação de tradução, por exemplo, não produz uma teoria da tradução, mas uma reflexão sobre o efeito da tradução na experiência de falante. É nesse sentido que se estuda um saber que advém do fato de o homem enunciar; é nesse sentido, também, que se considera que é *a língua no homem* que determina esse saber.

Ocorre o mesmo com a voz. A antropologia da enunciação, ao tematizar a presença da voz no homem, não produz uma teoria da voz, uma fonética ou uma fonologia novas, mas tão somente uma reflexão sobre o homem como falante, ou melhor, sobre a experiência do homem acerca do fato de que tem voz.

O que a voz pode dizer de alguém? Que está triste? Alegre? Inseguro? Apaixonado? Irado? A lista certamente não teria fim. Essas alternativas são uma espécie de etiqueta que identifica o valor que quem ouve atribui à parcela do que ouviu. E que parcela é essa? A da voz, que revela tanto quanto esconde; que trai tanto quanto atrai. Como diria o antropólogo David le Breton (2011, p. 52): "A voz é um princípio essencial do sentimento de si".

O que pulsa numa voz escapa àquilo que geralmente costuma se tomar como sua porção "tangível". É o tom, o volume e as tantas tentativas de adjetivá-la (voz rouca, voz áspera etc.). Porém, os sons emitidos pelo homem, através da voz, são dinâmicos e efêmeros. Isso me leva a dizer que falar em voz é falar em efeitos. Em que lugar a voz encontra abrigo? Na escuta do outro. É a partir do que o outro devolve sobre nossa própria voz que nos constituímos enquanto *donos da voz*, parafraseando Chico Buarque na canção.

Esse efeito é uma espécie de acabamento de sentido de quem ouve, sob a forma de algo que se poderia considerar uma narrativa quase etnográfica, que revela a presença do homem na língua. A voz e o ouvido são as duas faces de um mesmo fenômeno. Portanto, a voz somente tem existência para o outro, o lugar do ouvido, tanto de quem fala como de quem escuta.

Esse "acabamento de sentido", essa "narrativa quase etnográfica" (cf. FLORES, 2015), que eu chamo de *contorno de sentido*, no caso da voz, é uma espécie de acabamento de conjunto que o locutor dá, em seu discurso, à face reconhecida como significante da língua. Em linhas gerais, ele desempenha uma função modal constitutiva do discurso. Logo, o estudo do *contorno de sentido* é de natureza semântico-interpretativa e diz respeito à capacidade que a língua tem de conter os mecanismos necessários para que o homem coloque em prática, cotidianamente, a propriedade da autointerpretação. Trata-se de um comentário que o falante faz sobre um ou mais elementos de natureza vocal – utilizada por ele ou por um outro falante – sobre os quais ele produz uma interpretação.

Fazendo uso da natureza metalinguística da língua, o falante coloca em prática a propriedade da linguagem de se autointerpretar. O *contorno de sentido* é, portanto, a "pista", o indício, como diria Ginzburg, de que o falante reconhece algo da voz que significa muito singularmente em uma dada situação. Na falta de um "universal" ao qual referir esse "sentimento", ele comenta a voz, fala dela, e, assim, fala de sua posição como afetado pela língua.

§ 7.4 A VOZ NO CONTEXTO DE UMA ANTROPOLOGIA DA ENUNCIAÇÃO

As considerações feitas até o momento são relativamente abstratas; no entanto, elas podem ser ilustradas por um fenômeno muito familiar: o comentário feito pelo falante acerca da voz cantada, a qual Roland Barthes chamou, em "O grão da voz", de o "espaço (gênero) muito preciso onde uma *língua encontra uma voz*" (BARTHES, 2009, p. 257, destaques do autor). Ou ainda: "O grão da voz, quando esta se encontra em dupla postura, em dupla produção: *de língua e de música*" (p. 257, destaque meu).

O recurso que faço à "voz cantada", é justo dizer, se deve à influência direta da obra de Barthes – muito especialmente do ensaio "O grão da voz", em que ele toma por objeto de estudo, em oposição paradigmática, o barítono suíço Charles Panzéra (1896-1976) e o barítono alemão Dietrich Fischer-Diskau (1925-2012). A voz é reiteradamente um tema importante para Barthes. Ele a estuda em inúmeros ensaios, com destaque para a constante presença de Benveniste em sua reflexão, autor este de extrema importância para os meus propósitos[190].

Em 2012, a revista *Rolling Stone Brasil*, de circulação nacional e especializada em música, publicou, em sua 73ª edição, uma lista do que considerou, à época, "as 100 maiores vozes da música brasileira" (AS 100, 2012). Na apresentação da lista, no site da revista, assim ela se manifesta:

> Na edição de aniversário de seis anos da *Rolling Stone Brasil*, mantemos a tradição de apresentarmos as listas definitivas da música brasileira e mundial. Desta vez, o *ranking*, elaborado por um time de 60 especialistas, define quais são as 100 maiores vozes da história da nossa música. *O que é ter uma voz marcante?* Naturalmente, qualidades como potências e afinação são bem-vindas. Mas muitas vozes transmitem emoção e expressividade, mesmo sendo fora do padrão (AS 100, 2012, destaque meu).

---

190. Por exemplo, na "segunda parte" de *O óbvio e o obtuso* (BARTHES, 2009) encontram-se nada menos que sete ensaios dedicados ao tema: "Escuta", "Música prática", o famoso "O grão da voz", o excelente "A música, a voz, a língua", "O canto romântico", "Amar Schumann" e "Rasch".

Independentemente da pertinência, ou não, da elaboração de listas como essas – que hierarquizam elementos de naturezas muito distintas e com características tão singulares que inviabilizam qualquer termo de comparação –, o fato é que a revista faz acompanhar a lista uma pergunta, destacada na citação acima, fundamental para os meus propósitos aqui. Observar os termos pelos quais a revista encaminha respostas a essa pergunta deve permitir reunir elementos para pensar os aspectos antropológicos da enunciação ligados à voz[191].

O que mais me interessa aqui é que a revista publicou, juntamente com a lista, uma série de comentários feitos por também cantores (inclusive alguns constantes no dito inventário) acerca das vozes então "classificadas". Tais comentários merecem alguma atenção no âmago de um estudo antropológico da enunciação[192]. Observe-se, abaixo, a lista de comentários relativos aos "dez primeiros colocados", em ordem crescente:

> 1) O cantor Seu Jorge a propósito da voz de Tim Maia: "O timbre de Tim Maia era muito particular e muito pessoal. De grande extensão, ia do grave ao agudo e era marcante, com o sotaque da música brasileira. Você percebe samba, jovem guarda, forró, tudo fundido dentro dessa particularidade de *black music*" (AS 100, 2012).
>
> 2) A cantora Maria Rita sobre a voz de Elis Regina: "Buscava a perfeição no que fazia, não nivelava por baixo, não se contentava com pouco. E ela era, sim, uma musicista, com destaque especial pra sua noção de divisão, onde e como colocar notas curtas, onde sustentar uma nota, sempre pensando na história que a letra contava" (AS 100, 2012).
>
> 3) A cantora Rita Lee a propósito da voz de Ney Matogrosso: "[...] é incomparável. Nunca houve entre os cantores brasileiros uma figura tão sedutora, chique e atrevida. Públicos feminino e masculino são hipnotizados por sua voz e presença. Não há quem não fique apaixonado. O timbre da voz é inigualável. Quando se ouve, sabe-se na hora quem é. Isto se chama personalidade e ele a aplica em

---

191. Há autores que se dedicam exclusivamente ao estudo da "palavra cantada", tema este que não recobre a noção de "fala". Para mais esclarecimentos, cf.: Cagliari (2009, p. 159) e Carmo Jr. (2007, 2012).

192. Observe-se que, no tratamento do *corpus*, a seguir, são analisados comentários de terceiros sobre as vozes dos cantores destacados. Isso se coaduna com o que foi dito acima quanto à possibilidade de se desenvolver uma reflexão acerca da atividade metalinguística sobre a voz que considere a atenção reflexiva em relação à voz do outro.

todos os poros de sua arte. Bobagem falar em momentos mais importantes da vida de um artista do calibre dele, que nunca se repete. Foi inesquecível quando o vi pela primeira vez. Foi uma aparição do outro mundo: um ET elegante vestindo um kabuki mucho louco com uma voz assexuada, cantando uma ciranda portuguesa" (AS 100, 2012).

4) O cantor Max de Castro a propósito da voz de Wilson Simonal: "Simonal inaugurou uma nova escola de canto no Brasil. Ele uniu todas as escolas vocais, desde o *cool* da bossa nova até a potência vocal, acrescentando uma influência do suingue, na maneira mais criativa de se interpretar uma música. Não somente por saber cantar as notas originais, mas também por criar uma divisão diferente e novas possibilidades de melodias paralelas" (AS 100, 2012).

5) O cantor Caetano Veloso a propósito da voz de Maria Bethânia: "Bethânia surgiu para o público como apenas e exclusivamente uma voz. Foi na Bahia. O diretor de teatro Álvaro Guimarães montou *O boca de ouro*, de Nelson Rodrigues, e o espetáculo abria com um longo *blackout* em que se ouvia a voz de uma garota desconhecida cantando 'Na cadência do samba', de Ataulfo Alves. Ela tinha 17 anos, mas era já essa voz de timbre rico e afeto intenso que nos impressiona até hoje. Ninguém via a figura que sustentava aquela voz nas trevas. Mas o espetáculo começava com uma força ímpar no teatro mundial. Conheço a voz de Bethânia desde dentro: ela foi se desenvolvendo pertinho de mim – e tinha os elementos genéticos que estão presentes na minha própria voz, na de meus outros irmãos, na de meus filhos" (AS 100, 2012).

6) O cantor Marcelo Jeneci a propósito da voz de Roberto Carlos: "Sua voz é a voz do amigo que a gente precisa ter durante toda a vida. Esse feito fez dele um dos compositores mais importantes na história da música brasileira" (AS 100, 2012).

7) A cantora Tulipa Ruiz a propósito da voz de Gal Costa[193]: "[...] é uma das mais bonitas que já ouvi. O jeito que ela se apropria das letras, da história, me faz pensar que ela está totalmente à vontade dentro de uma música. Gal se relaciona com o que canta" (AS 100, 2012).

8) O cantor Ney Matogrosso a propósito da voz de Caetano Veloso: "[...] se transformou num cantor maravilhoso quando voltou da Inglaterra, deu um pulo enorme. Até então eu o achava em tudo excelente, menos como cantor. Ele descobriu lá um jeito de cantar que depois evoluiu muito" (AS 100, 2012).

9) O cantor Paulinho da Viola a propósito da voz de Clara Nunes: "[...] era uma cantora que a gente ouvia e sabia imediatamente quem era. Tinha uma voz muito bonita e foi muito importante para o samba e para a música brasileira. Como intérprete, fez parte de uma geração de cantoras que você ouvia e sabia imediatamente quem era, porque elas tinham sua forma de interpretar, deixavam sua identidade na voz" (AS 100, 2012).

---

193. Para um estudo especificamente da voz da cantora, no quadro de uma antropologia da enunciação, cf. Flores (2015).

10) O cantor Samuel Rosa a propósito da voz de Milton Nascimento: "[...] é um dos principais artistas da música brasileira. Ele sintetiza, na inovadora assinatura musical dele, uma série de habilidades. Tem voz linda e um timbre inconfundível e muito particular. Ao ouvi-lo, não se faz referência direta a algo da nossa música, mesmo havendo mistura riquíssima ali de música mineira, sacra, hispânica e latina, e até dos Beatles e do *folk* de Dylan" (AS 100, 2012).

Os comentários acima, em que a voz é considerada na constituição da música, encontram eco no belo texto de Roland Barthes, "A música, a voz, a língua", no qual ele afirma: "A minha avaliação da música passa pela voz" (BARTHES, 2009, p. 266). E acrescenta, a propósito da voz em sua relação com a música:

> A voz humana é, com efeito, o lugar privilegiado (eidético) da diferença: um lugar que escapa a toda a ciência, pois não há nenhuma ciência (fisiologia, história, estética, psicanálise) que esgote a voz: classifiquem, comentem historicamente, sociologicamente, esteticamente, tecnicamente a música, haverá sempre um resto, um suplemento, um *lapsus*, um não dito que se designa ele próprio: a voz (BARTHES, 2009, p. 266).

Tem razão Barthes: a voz humana é refratária à indiferença, portanto, refratária a um discurso completamente conformado a um ideal de cientificidade, porque "*não há* nenhuma voz humana no mundo que não seja objeto de desejo – ou de repulsa: não há voz neutra" (p. 266).

Os comentários acima, na medida em que constituem um discurso *sobre* a voz, são, sem dúvida, um excelente exemplo do que fala Barthes, além de, ao traduzirem a voz pela língua, servirem de ilustração do que foi antes considerado uma hermenêutica natural. É desse ponto de vista que vou tratá-los aqui.

Como, nesses comentários, a língua traduz a voz? O conjunto dos comentários permite, incialmente, surpreender vários aspectos da voz – interligados entre si – que buscam ser "colocados em palavras".

Há, inicialmente, a apreciação a partir da eleição de elementos técnicos – "timbre" (1); "extensão" (1); "grave" (1); "agudo" (1); "notas curtas" (2); "sustentar uma nota" (2); "timbre da voz" (3); "uma divisão diferente" (4); "timbre" (5); "timbre" (10); há, também, a apreciação estética sob a forma de uma avaliação predicativa (cf. BARTHES, 2009) – "era marcante" (1); "é incomparável" (3); "é inigualável" (3); "é a voz do amigo" (6); "é uma das mais bonitas" (7); "tinha uma voz muito bonita" (9); "tem voz linda" (10); e há, por último, a constatação da *fenomenologia vocálica da unicidade* de que fala Cavarero (2011) – "era muito particular e muito pessoal" (1); "quando se ouve, sabe-se na hora quem é" (3); "a gente ouvia e sabia imediatamente quem era" (9); "identidade na voz" (9); "muito particular" (10).

Esse conjunto – traduzido na língua via terminologia *técnica, predicativo* e *reconhecimento da unicidade* – constitui uma primeira possibilidade de a língua falar sobre a música; constitui também uma primeira possibilidade de situar o *Homo loquens*.

No entanto há, também, o que excede essa apreciação e que diz respeito à figura do sujeito falante, do *Homo loquens*. Uma pergunta que cabe, aqui, é: Como a língua traduz o saber que advém da prosódia da enunciação? (Cf. BARTHES, 2009, p. 259.) Ou ainda: Como a voz, nesses comentários, pode ser vista como objeto de uma antropologia da enunciação? Em uma primeira interpretação, seria possível pensar que o fato de o conjunto dos comentários se dirigir sempre a um nome próprio, o cantor ou a cantora "donos da voz", evidenciaria uma instância de referência ao falante. Não é essa a proposta que se está defendendo aqui.

O *Homo loquens*, termo que resume a proposta de uma antropologia da enunciação, não é o *Homo sapiens* – o protagonista das histórias sobre a evolução humana –, nem mesmo as representações figurativas que a linguística construiu ao longo de sua abertura à natureza discursiva da linguagem (os locutores, enunciadores, sujeitos etc.). O *Homo loquens* é constituído na linguagem, e sua natureza é feita de linguagem. Ele é sujeito por ser falante, um sujeito falante. Assim, antes de ser uma categoria da antropologia da enunciação, ele é a sua condição. Por isso, a enunciação do *Homo loquens* deixa à mostra um saber sobre a sua natureza, sobre os efeitos da presença da língua nele.

E que saber os comentários deixam vir à tona?

Ora, esse saber aparece precisamente na falta de "objetividade" que gira em torno da palavra técnica, falta esta que é preenchida de maneira a evidenciar um saber sobre a língua que é de ordem quase metafísica: o timbre de Tim Maia, além de suas características técnicas, tem "sotaque da música brasileira" (1); a "noção de divisão" de Elis Regina é acompanhada de um "sempre pensando na história que a letra contava" (2); o "timbre da voz" de Ney Matogrosso hipnotiza (3); o timbre da voz de Maria Betânia é "rico" e de "afeto intenso" (5). A materialidade da voz se impõe e exige ser comentada, o que é sempre insuficiente; as palavras apenas registram o que da voz excede, para além ou para aquém.

Soma-se a isso um outro ponto fundamental: os aspectos interligados entre si tentam falar sobre algo para o que a língua não oferece uma palavra pronta: a voz de Milton Nascimento (10), por exemplo, além de "linda" e de "um timbre inconfundível e muito particular", "não faz referência direta a algo da nossa música", embora apresente uma "mistura riquíssima". A voz de Maria Bethânia (5), por sua vez, requer até uma metáfora espacial, pois o comentador afirma conhecê-la "desde dentro".

Não há a palavra certa para nomear a voz. Resta apenas contorná-la de sentido. Esse *contorno* (cf. FLORES, 2015) permite ao falante falar semanticamente da materialidade da língua, o que explicita um saber, o seu saber, acerca dela. Esse saber cumpre uma função quase etnográfica na economia – no arranjo ou modo de funcionar de diversos elementos de um conjunto maior – do uso da língua na medida em que narra a sua experiência de falante. É nesse sentido que se poderia defender que o falante, ao falar da língua – muito especialmente, da materialidade da língua –, é um etnógrafo da própria língua. Essa etnografia se apresenta na interpretação que faz da língua, através dos comentários que a tomam, no caso da voz, via significante.

A significação que vem à tona com os comentários encontra na língua uma possibilidade de contornar uma experiência para a qual "faltam palavras".

Enfim, vale lembrar que o que se vê nos comentários é uma tentativa de a língua traduzir a voz através daquilo que se escuta dela. O que pulsa numa voz escapa àquilo que geralmente costuma se tomar como sua porção "tangível" (o tom, o volume e as tantas tentativas de adjetivá-la – voz rouca, voz áspera etc.). Porém, os sons emitidos pelo homem, através da voz, são dinâmicos e efêmeros. Logo, falar em voz é falar em efeitos.

Assim, o próprio da voz humana é o fato de que ela significa de uma maneira paradoxal: ela é, simultaneamente, o específico de cada um – que, inclusive, não admite reprodução ou cópia –, e o partilhado com o outro. A voz tem essa propriedade de ser única e, ao mesmo tempo, social. Talvez, por isso seja tão própria para dar voz ao *Homo loquens* na linguística.

§ 7.5 CONCLUSÃO

Do que foi dito, uma conclusão se impõe: de um lado, não se pode ignorar que a voz não se conforma à linguística, ao menos não aos moldes de ciência sobre os quais se edifica a linguística moderna; de outro lado, não se pode negar que a voz humana não é algo que se opõe à linguagem.

No entanto, quando se trata da voz, está-se frente ao *Homo loquens* – ao *homem falando com outro homem*, como diria Benveniste (1988, p. 285) –, ao homem que se apresenta como tal ao falar. E o homem está além do objeto da linguística. Seria necessário refundar o olhar da linguística sobre a linguagem para, nele, incluir o homem falante e, com este, a sua voz. Seria preciso, portanto, renunciar à mestria que o discurso científico da linguística fornece. As conclusões aqui esboçadas, então, não pertencem ao campo da ciência da demonstração, embora não cheguem a ignorá-lo completamente: pela natureza da problemática que a voz evoca, nem seria justo vinculá-la integralmente e nem opô-la completamente à ciência linguística.

Sem dúvida, há uma singularidade na voz que é inimaginável em qualquer outra face da linguagem porque a voz é um índice da presença do falante em sua fala. Ela introduz o falante em sua fala, como diria Benveniste. A voz é talvez o maior dêitico que o homem pode preencher. Ela é, à moda dos indicadores primordiais da enunciação, única, relacional e transcendente.

A linguística em geral pouco se interessa pela voz ou porque sua vocação generalista não reconhece a singularidade como um objeto ou porque não tem instrumentos para abordá-la. Ambas as atitudes seriam reconhecíveis em uma "arqueologia" dos discursos sobre a voz na linguística. A fonologia interessaria nessa arqueologia menos pelo que diz sobre a voz – ela, sabe-se bem, a ignora – e mais pelo que deixa de dizer, ou seja, pelo que circunscreve como o que não cabe em seu escopo.

Para abordar a voz, não é necessária uma linguística do texto, do discurso, da fonologia. Basta uma linguística do homem falante; e uma linguística nesses termos é, inevitavelmente, uma antropologia. A linguística do falante encontra na voz um de seus maiores *locus* porque um discurso sobre a voz somente é possível caso se inclua o falante. A linguística do falante deveria se desfazer do locutor, do enunciador, como seres discursivos construídos no interior de uma abstração de método. Não se trata mais de corroborar a cisão ser no mundo/ser de discurso, porque essa cisão é uma das grandes causas da relegação da voz ao inefável. A linguística, ao assumir a cisão entre ser do mundo/ser do discurso, opera um duplo recalcamento: do homem e de sua voz. O efeito disso é a ilusão de que apenas pode ser da ordem do linguístico o que não diz respeito ao ser do mundo. Porém, a voz é o grande elo do homem com o *logos*.

Cada voz é única, singular, capaz de dar a conhecer um homem novo. Pela voz articulam-se corpo, linguagem e falante, que, juntos, produzem uma instância de constituição recíproca no qual um elemento nada vale sem o outro. A linguística do homem falante precisa se debruçar sobre o que faz desse falante alguém capaz de transmitir e de se singularizar nessa transmissão.

§ 8

O escafandro e a borboleta ou o testemunho da fala que falta ao falante

Outros devem possuir lembranças diversas. Não as contesto,
mas espero que não recusem as minhas: conjugam-se,
completam-se e me dão hoje impressão de realidade.
Graciliano Ramos. *Memórias do cárcere.*

§ 8.1 INTRODUÇÃO

O título deste capítulo é evidentemente autoexplicativo. Quem não conhece – ao menos de ouvir falar – o drama de Jean-Dominique Bauby, o
redator-chefe da revista *Elle* na França que, aos 43 anos de idade, acometido por um acidente vascular cerebral, se vê atingido pelo que é conhecido
como *locked-in syndrome*?[194] Ele fica completamente imobilizado: sem poder falar, comer, se movimentar, respirar longe de aparelhos. Resta-lhe apenas um olho, o esquerdo, com o qual Bauby consegue dizer "sim", piscando
uma vez, e dizer "não", piscando duas vezes. Com esse mesmo olho, ele
escreveu *O escafandro e a borboleta*, livro que narra parte do que viveu em
seu íntimo, impermeável e hermeticamente fechado. Essa história conhe-

---

194. O próprio Bauby (2009, p. 8) definiu essa síndrome no "Prólogo" de seu livro: "[...]
paralisado dos pés à cabeça, o paciente fica trancado no interior de si mesmo com o
espírito intato".

ceu grande divulgação em 2007, quando o cineasta Julian Schnabel lançou um filme homônimo[195] que narra a saga de Bauby.

Jean-Dominique Bauby escreveu *O escafandro e a borboleta* graças ao método desenvolvido por sua fonoaudióloga – por ele chamada de "o anjo da guarda" –, segundo o qual letras do alfabeto eram pronunciadas na ordem decrescente de frequência no francês, e Bauby piscava a pálpebra esquerda quando a letra desejada era dita. Observe-se como o próprio Bauby descreve o método:

ESARINTULOMDPCFBVHGJQZYXKW

A aparente desordem desse alegre desfile não é fruto do acaso, mas de cálculos inteligentes. Mais que um alfabeto, é uma *hit-parade* em que cada letra é classificada em função de sua frequência na língua francesa. Assim, o E vai caracolando na frente, e o W enganchado atrás para não ser largado pelo pelotão. O B bronqueia porque ficou perto do V, com o qual é sempre confundido. O orgulhoso J se espanta por estar tão longe, ele que começa tantas frases. Envergonhado porque o H não hesitou em lhe roubar o lugar, o gordo G vai grunhindo de raiva, e, o tempo todo no "tu lá tu cá", o T e o U saboreiam o prazer de não terem sido separados. Toda essa reclassificação tem um porquê: facilitar a tarefa de todos os que quiserem comunicar-se diretamente comigo.

O sistema é bem rudimentar. Meu interlocutor desfia diante de mim o alfabeto versão ESA... até que, com uma piscada, eu o detenha na letra que é preciso anotar. Aí recomeça a mesma manobra para as letras seguintes e, não havendo erro, depressinha conseguimos uma palavra inteira, depois segmentos de frases mais ou menos inteligíveis. Essa é a teoria, as instruções de uso, a nota explicativa (BAUBY, 2009, p. 23-24, destaques do autor).

Eu sei que devo desculpas ao leitor por iniciar um capítulo com tão longa citação, mas ela é necessária! Não vejo maneira mais justa do que a de começar um texto sobre a fala que falta ao falante senão com um testemunho de quem vê de dentro, um *superstes*.

É sobre testemunho e testemunha que este capítulo versará. Adianto ao leitor que a obra de Bauby – tomada aqui como um testemunho – é o guia de tudo o que será apresentado. Ela é – nos termos do que tenho considerado uma antropologia da enunciação – um depoimento, uma narrativa de

---

195. O filme é uma produção franco-estadunidense de 2007, dirigida por Julian Schnabel.

si, que dá forma e consistência a um saber sobre o homem que diz respeito à sua condição de falante. Poucas vezes se viu um relato vindo de tamanha profundeza. Não à toa, traduz-se *locked-in syndrome* por *síndrome do encarceramento*. Bauby fala de dentro do cárcere e nos brinda com um saber sobre nós mesmos!

A narrativa de Bauby deveria interessar mais aos linguistas. É devido a essa convicção que eu a retomo aqui. Pode-se argumentar que o livro não se configura em um *corpus*, nos moldes com os quais a linguística trabalha. Pode-se dizer que os valores estético, testemunhal etc. do livro não são suficientes para alçá-lo a um *corpus* científico. Pode-se dizer que os "dados" carecem de objetividade, visto que o "informante" é excessivamente afetado pelas condições narradas. Pode-se, enfim, dizer que não é possível fazer um estudo científico com base em tais "dados". Ora, em resposta, apenas insisto que os linguistas deveriam prestar mais atenção no que os falantes dizem, principalmente quando estes dizem algo de sua condição de falante, o que é obviamente o caso de Bauby. Quanto a ser (ou não) um estudo científico, abro mão dessa menção gloriosa porque não vejo em que ela poderia me ser mais útil do que as palavras de Bauby.

Do ponto de vista das condições de possibilidade de instauração de uma narrativa, *O escafandro e a borboleta* mostra Bauby na posição inversa à da criança. Eu retomo, em sua amplitude, essa ideia do grande linguista russo Roman Jakobson, mais especificamente de sua obra publicada em 1941, que viria a ser um divisor de águas nos estudos linguísticos relativos à patologia de linguagem.

Kindersprache, Aphasie und Allgemeine Lautgesetze [*Linguagem infantil, afasia e leis gerais da estrutura fônica*] foi escrito durante o exílio de Jakobson em Oslo e Estocolmo[196]. Nele, o russo elabora uma controvertida hipótese segundo a qual "a dissolução do sistema sonoro linguístico no afásico

---

196. O texto foi escrito, originalmente, em alemão, entre 1939 e 1941. A versão aqui referida é a tradução inglesa: cf. Jakobson (1972). O texto integra o primeiro volume dos *Selected Writings* (JAKOBSON, 1962).

fornece uma exata imagem-espelho do desenvolvimento fonológico da linguagem da criança" (JAKOBSON, 1972, p. 60). Nesses termos, a ordem da aquisição de linguagem seria inversa à ordem da dissolução da linguagem na afasia, o que permitiria afirmar que as primeiras aquisições por parte da criança seriam candidatas à maior resistência em casos de afasia[197].

A tal "hipótese do espelho invertido" é de longe o tópico mais debatido, e de menor consenso, no campo comum à linguística e às patologias da linguagem, e os termos de existência – ou não – das relações entre afasia e aquisição de linguagem têm sido terreno de acirrados debates tanto de um lado quanto de outro[198]. No entanto, a lembrança da reflexão de Jakobson e de sua função inspiradora deste capítulo não sinaliza uma intenção de retomar essa discussão nos termos pontuais em que fora elaborada. Meu interesse é outro: creio que Jakobson tem razão – ao menos heuristicamente – em ver alguma relação entre a aquisição da linguagem e a sua "dissolução" (a palavra é de Jakobson). Há, em ambas, evidente incompletude da linguagem,

------

197. A esse respeito, Scarpa (2005b, p. 23) considera que *Child Language, Aphasia and Phonological Universals* constituiu, *a posteriori*, o que foi denominado de *hipótese da descontinuidade* – "diferente natureza estrutural entre os sons do balbucio e os das primeiras palavras, mesmo que alguns deles sejam, na substância, os mesmos" –, *da identidade* – que supõe que "tanto o adulto quanto a criança (quanto o afásico) relacionam-se com a/movem-se na mesma língua" – e da *regressão* – "(relativa à afasia): a progressão, na fala do afásico, seria inversa, obedecendo ao mesmo tipo de implicação relacional". Scarpa elabora uma crítica bem fundamentada quando diz que "sua hipótese [de Jakobson] exerceu impacto duradouro na aquisição da fonologia e na afasiologia, porém rapidamente incorporou uma perspectiva empiricista de procurar, na fala da criança, evidência em favor da 'ordem de aquisição dos fonemas'. Obviamente, a 'hipótese da regressão' foi relegada ao esquecimento até bem recentemente porque não poderia mesmo sobreviver com uma interpretação empiricista e perceptualista" (SCARPA, 2005b, p. 24). Por fim, Scarpa (p. 24) argumenta que as críticas a Jakobson "na sua maioria, não se sustentam", já que não se referem ao essencial da tese do autor, isto é, "o caráter distintivo, relacional do sistema fonológico das primeiras palavras, por oposição à natureza mais errática ('à procura de sentido segundo Jakobson') do balbucio". Enfim, a autora considera viável retomar as hipóteses jakobsonianas "[...] tanto pelo caráter relacional do sistema fonológico-prosódico e pela aproximação entre as noções de descontinuidades (relacional) e identidade (criança, afásico e adulto normal movem-se na mesma língua)" (SCARPA, 2005a, p. 844).

198. A esse respeito, cf. Scarpa (2005a, 2005b) e Schneider (2011).

embora tais incompletudes sejam de naturezas distintas em relação à própria linguagem. O linguista, se não desviar seu olhar dessa evidência, não pode deixar de encontrar tanto na aquisição de linguagem como na patologia de linguagem um *locus* privilegiado do falante.

Certamente, esse falante não está presente da mesma maneira em um e em outro caso. Da perspectiva do testemunho que o falante pode dar, há, sim, entre aquisição e dissolução, uma posição se não invertida ao menos muito oposta. É nesse ponto que vejo alguma potencialidade na ideia de Jakobson: independentemente das diferenças empíricas que aquisição e dissolução porventura possam ter e levando em conta a possibilidade de construção de uma narrativa de si – de uma autoetnografia –, a criança e Bauby não reúnem as mesmas condições de fala. Eles parecem ocupar – ao menos em sentido *lato* – uma posição invertida em relação ao testemunho que podem dar sobre a sua condição de falante na incompletude da linguagem.

Ora, ao homem não é facultada a possibilidade de falar de sua passagem de *infans* a falante[199]; essa passagem pode, no máximo, ser narrada por terceiros, o que significa que o falante não é testemunha de si, mas apenas do outro. No caso da afasia e talvez mesmo de várias outras perturbações da linguagem não classificadas como afasia (como é o caso da *locked-in syndrome* de Bauby), não raras vezes se encontram testemunhos no qual o falante não aparece como terceiro, mas, sim, como quem vê de dentro. Essas narrativas são de grande pujança e de notável valor, revelador da condição humana na linguagem. O testemunho de Bauby não deixa margem de dúvidas quanto a isso.

Dito de outra maneira: não há metalinguagem possível para a criança que a permita falar do fato de poder falar; ao contrário, é essa possibilidade metalinguística que permite a Bauby construir uma narrativa de si.

Bem entendido, isso não significa que a diferença entre a criança – o vir-a-ser falante – e Bauby seja o fato de que este testemunha "de dentro"

---

199. Trato disso no quinto capítulo deste livro (cf. § 5).

enquanto aquela estaria relegada a uma posição "externa". Não é assim que penso. Para mim, ambos falam de "dentro"; no entanto, a criança não consegue narrar essa experiência[200], o que, muitas vezes, é possível nos casos da dita dissolução da linguagem.

A lembrança de Jakobson aqui tem também outro propósito, além de reeditar, em outras bases, a ideia de uma inversão entre aquisição e dissolução da linguagem. Na verdade, também concordo com Jakobson quando, em um texto que se tornou um clássico, *Dois aspectos da linguagem e dois tipos de afasia*, publicado originalmente em 1956, ele afirma que "a desintegração afásica das estruturas verbais pode abrir, para o linguista, perspectivas novas no tocante às leis gerais da linguagem" (JAKOBSON, 1974, p. 36). Ora, tal afirmação é passível de ser generalizada de modo a ser estendida a qualquer perturbação da linguagem. Ou seja, observar a linguagem em estado sintomático abre, para o linguista, novas possibilidades de compreensão do funcionamento linguístico. Do meu ponto de vista, isso apenas pode ser feito quando se leva em conta o sujeito falante, pois é sobre a propriedade *loquens* que incidem as perturbações de linguagem, logo é dela que advém um saber que é caro ao linguista.

À guisa de introdução gostaria, ainda, de lembrar que este capítulo é um exercício de construção de uma outra maneira de olhar para a linguagem, em especial quanto aos seus aspectos sintomáticos, mais consoante com o entendimento da linguística como um conhecimento antropológico. Em função desse propósito, ele se estrutura sobre as noções – já tão debatidas nas ciências humanas em geral, mas ainda não apresentadas à linguística – de testemunha e de testemunho (cf. § 8.2); a partir delas, as ideias de *reconhe-*

---

200. Importante lembrar que, no § 5, considero que o fato de a criança não poder dar um testemunho de si relativamente à passagem de *infans* a falante não implica que ela não possa ter uma dimensão de *superstes*, de quem vê de dentro. Para mim, a criança é em ato *superstes* da experiência de vir-a-ser falante. Quer dizer, seu testemunho não é narrado, mas dito no *aqui-agora*. Isso me levou a afirmar, no quinto capítulo, que a fala da criança é um *índice de si mesmo* na medida em que testemunha o que ainda não é, na criança, *a* língua, mas, ao mesmo tempo, permite que se venha a saber algo sobre a sua entrada na língua.

cimento e *compreensão* – distintas "faculdades do espírito", associadas aos planos semiótico e semântico da língua, conforme Benveniste (1989, p. 66) – são alçadas a um patamar metodológico de estudo do testemunho de Bauby (cf. § 8.3). Finalmente, um pequeno comentário sobre "a afasia de Benveniste", com o qual espero levar o leitor à experiência de encontrar, no linguista, um falante.

§ 8.2 A TESTEMUNHA E O TESTEMUNHO

Começo falando da testemunha porque, na configuração teórica que proponho para a linguística, ela é o *sujeito falante*. A antropologia da enunciação é uma linguística feita de testemunhas e de testemunhos. Bauby é testemunha de sua experiência radical na linguagem, e é assim que penso abordá-lo aqui, com base na obra *O que resta de Auschwitz – O arquivo e a testemunha*, do filósofo italiano Giorgio Agamben.

Como bem lembra Jeanne Marie Gagnebin, na excelente apresentação que faz à tradução brasileira do livro de Agamben, *O que resta de Auschwitz* ocupa um lugar singular no conjunto da obra do filósofo. Nele, se esboça,

> [...] entre as linhas dolorosas de Primo Levi e nos *comentários* incisivos de Giorgio Agamben, como uma definição de outra ética: não mais uma doutrina de normas (cuja grandeza, mesmo obsoleta, ambos reconhecem), mas uma postura firme e ao mesmo tempo hesitante, incerta, um encarregar-se de transmitir algo que pertence ao sofrimento humano, mas cujo nome é desconhecido. Algo que faz implodir as definições da dignidade humana e as coerências discursivas (GAGNEBIN, 2008, p. 15, destaques meus).

Composto por quatro capítulos – "A testemunha", "O 'muçulmano'", "A vergonha, ou do sujeito" e "O arquivo e o testemunho" –, o livro permite ao filósofo desenvolver um sólido raciocínio a propósito do testemunho, a partir da análise do relato de Primo Levi, um ex-prisioneiro em Auschwitz. "Um tipo perfeito de testemunha é Primo Levi. Quando volta para casa, entre os homens, conta sem parar a todos o que lhe coube viver" (AGAMBEN, 2008a, p. 26). Primo Levi relata o que viveu, e é isso que o torna uma testemunha perfeita.

Agamben utiliza três palavras latinas para designar diferentes aspectos da testemunha: *testis*, *superstes* e *auctor*. Os sentidos de tais palavras são explicitados especialmente no primeiro e no quarto capítulos da obra.

No primeiro capítulo, ele explica que há, em latim, dois termos que podem representar a testemunha: *testis*, "[...] de que deriva o nosso termo testemunha, significa etimologicamente aquele que se põe como terceiro (*terstis*) em um processo ou em um litígio entre dois contendores", e *superstes*, que "[...] indica aquele que viveu algo, atravessou até o final um evento e pode, portanto, dar testemunho disso" (AGAMBEN, 2008a, p. 27, destaques do autor).

Essas mesmas duas palavras são estudadas por Benveniste (1995b) em *O vocabulário das instituições indo-europeias*, a monumental obra de linguística comparada publicada pelo linguista em 1969. No segundo volume da obra, dedicado ao léxico do *poder*, *direito* e *religião*, no sétimo capítulo ("Religião e superstição") do Livro 3 ("A religião"), encontra-se a seguinte informação: em latim, há dois termos para testemunha: a) *testis* e b) *superstes*.

Benveniste confirma a análise de Agamben: "[...] *testis* é aquele que assiste como um 'terceiro' (*terstis*) a um caso em que dois personagens estão envolvidos" (BENVENISTE, 1995b, p. 278, destaques do autor). Assim, em um texto sânscrito encontra-se: "todas as vezes em que duas pessoas estão presentes, Mitra está lá como uma terceira pessoa" (p. 278). Mitra, o deus, é a testemunha, o terceiro, o *testis*.

Quanto a *superstes*, tem-se, em *super*, o sentido de "acima de", "além de", "de modo a abranger ou a fazer um avanço". Por exemplo: *supercilium* está "além dos cílios" e "os protege". Também a título de exemplo: "A morte ocorreu em uma família [...] aquele que passou por um perigo, uma prova, um período difícil, que sobreviveu, é *superstes*" (p. 277, destaques do autor). E não é apenas isso: ser um *superstes* é também "ter passado por um acontecimento qualquer e subsistir *muito mais além* desse acontecimento" (p. 278, destaques do autor), "portanto, [...] ter sido testemunha de tal fato" (p. 278). Diz ainda Benveniste (p. 278, destaques do autor): "Que se mantém (*stat*) sobre (*super*) a mesma coisa, que assiste ao fato; que está presente". Essa é a posição da testemunha em relação ao fato se ela é um *superstes*.

Em resumo: *testis* é o que assiste algo e pode testemunhar o que viu, é o que "está ali às claras, visto pelas partes" (p. 122); *superstes* é aquele que "subsiste além de", aquele que testemunha ao mesmo tempo em que é um sobrevivente, em suma, "aquele que se mantém no fato", que está nele presente como testemunha. Explica ainda Benveniste (voc., II, 3, VII, p. 278, destaques do autor): "*Superstes* descreve a 'testemunha' seja como aquele que 'subsiste além de', testemunha ao mesmo tempo *sobrevivente*, seja como 'aquele que se mantém no fato', que está aí presente". Enfim, um vê de fora; outro, de dentro.

Aos olhos de Agamben (2008a, p. 27), "é evidente que Levi não é um terceiro; ele é, em todos os sentidos, um supérstite". Levi, então, é uma testemunha no sentido restrito de *superstes*, aquele que viveu algo e tenta relatá-lo, nunca se colocando na posição de *testis*, de testemunha no sentido de terceiro. Ser um *superstes* significa contar uma história de dentro da história.

Para mim, a mesma evidência se estende a Bauby em *O escafandro e a borboleta*: seu testemunho é dado da perspectiva de quem vê de dentro; ele é um sobrevivente, o que fica muito claro na falta de economia dos detalhes na descrição de sua descoberta do cárcere. Inicialmente, é o sentimento de esperança de voltar a falar que está registrado: "ninguém ainda me pintara um quadro exato da situação, e, a partir de pedaços de conversas pescados aqui e ali, eu forjara a certeza de que logo recobraria fala e movimentos" (BAUBY, 2009, p. 11). Mas, em seguida, é a realidade que logo se impõe: "'Você se deu bem com a cadeira', comentou o ergoterapeuta com um sorriso que pretendia conferir caráter de boa notícia àquelas palavras, mas elas na verdade soavam para mim como um veredicto. De súbito eu entrevia a assombrosa realidade" (p. 11).

No entanto, Bauby, diferentemente de Primo Levi, narra em cena; ele diz o que vive no presente, o que lhe concede uma configuração temporal distinta do testemunho que é dado *a posteriori*. Nesse sentido, sua narrativa deveria interessar ao linguista nem tanto pelo que diz sobre dificuldades de comunicação, de interação com o outro, de se ver compreendido – isso, na medida em que se considera a situação clínica de Bauby é quase uma obviedade –, mas principalmente pelo fato de a narrativa conter, em si, uma espécie de tradução (em um sentido bastante amplo da palavra), em que o falante faz a sua língua "passar por" um código, para voltar a ser língua. Logo, a narrativa contém um esforço de tradução no interior da própria língua, via código externo à língua.

É o próprio Bauby quem explica isso. Após ter apresentado "a teoria, as instruções de uso, a nota explicativa" (p. 24) do código ESA, ele diz:

> Mas há a prática, a irreflexão de uns e o bom-senso de outros. Nem todos agem da mesma maneira diante do código, como também se chama esse *método de tradução* de meus pensamentos. Quem costuma fazer palavras cruzadas e jogar mexe-mexe ganha disparado. As garotas se saem melhor do que os garotos. De tanto praticar, algumas conhecem o jogo de cor e nem usam o sacrossanto caderno, metade memento, para lembrar a ordem das letras, metade bloco de notas, onde são registradas todas as minhas frases, como oráculos de pitonisa (BAUBY, 2009, p. 24-25, destaques meus).

Assim, de um lado, é fato que Levi e Bauby são ambos *superstes*, testemunhas que veem de dentro; de outro lado, não se pode ignorar que a forma de engajamento no ato de narrar é o que os diferencia: *a posteriori* em relação à cena, em um; contemporaneamente em relação à cena, em outro.

O testemunho de Bauby – um legítimo representante da verdade da privação da fala, cuja credibilidade é inquestionável – é, desse prisma, a antítese do que diz Agamben ao falar das testemunhas do horror de Auschwitz, a partir dos relatos de Primo Levi:

> A testemunha comumente testemunha a favor da verdade e da justiça, e delas a sua palavra extrai consistência e plenitude. Nesse caso, porém, o testemunho vale essencialmente por aquilo que nele falta; contém, no seu centro, algo intestemunhável, que destitui a autoridade dos sobreviventes. As "verdadeiras" testemunhas, as "testemunhas integrais" são as que não testemunharam, nem teriam

podido fazê-lo. São os que "tocaram o fundo", os muçulmanos[201], os submersos. Os sobreviventes, como pseudotestemunhas, falam em seu lugar, por delegação; testemunham sobre um testemunho que falta (AGAMBEN, 2008a, p. 43).

Sim, o relato de Primo Levi sobre o qual Agamben estrutura toda a sua reflexão é constitutivamente paradoxal: se, por um lado, não há testemunha integral que possa falar do horror de Auschwitz (as testemunhas integrais teriam de ser aquelas que voltaram da câmara de gás, os mortos, ou os "muçulmanos"), por outro lado, há sobreviventes cujo testemunho se edificam sobre o reconhecimento da impossibilidade de tudo dizer. É por isso que um dos pontos que mais interessa a Agamben não é o relato de Levi em si, mas a "zona cinzenta" que esse relato faz emergir, a lacuna do testemunho, o intestemunhável representado pelo muçulmano.

Os únicos capazes de dar o valor verdadeiro do extermínio, do horror, são os muçulmanos, prisioneiros que nada mais são do que cadáveres ambulantes, privados da linguagem, os não homens que o horror fabricou. O valor do testemunho, então, reside paradoxalmente naquilo que lhe falta, pois "[...] não há voz para a extinção da voz [...]" (p. 44). Assim, o testemunho do sobrevivente diz respeito à impossibilidade de testemunhar integralmente e ao reconhecimento dessa impossibilidade.

É esse paradoxo que falta em Bauby. Ele não só sobrevive ao horror do encarceramento no próprio corpo como narra o que vê de lá concomitantemente, na cena. Ou, como diria Benveniste: sua narrativa é contemporânea à instância de discurso que o contém. É por isso que considero que, em Bauby, se há paradoxo, este não se encontra do lado do testemunho – nem da testemunha –, mas dos meios para fazê-lo. Quer dizer, quando

---

201. "O intestemunhável tem nome. Chama-se, no jargão do campo, *der Muselmann*, o muçulmano" (AGAMBEN, 2008a, p. 49, destaques do autor). "O assim chamado *Muselmann*, como era denominado, na linguagem do Lager, o prisioneiro que havia abandonado qualquer esperança e que havia sido abandonado pelos companheiros, já não dispunha de um âmbito de conhecimento capaz de lhe permitir discernimento entre bem e mal, entre nobreza e vileza, entre espiritualidade e não espiritualidade. Era um cadáver ambulante, um feixe de funções físicas já em agonia" (AMÉRY, 1987, p. 39, apud AGAMBEN, 2008a, p. 49).

se vê privado da fala, é, paradoxalmente, na fala – denominada "código ESA" – que encontra o seu lugar.

No quarto capítulo de *O que resta de Auschwitz*, Agamben acrescenta elementos ao seu raciocínio ao apresentar a palavra latina *auctor*. Segundo o filósofo, o termo significa, na origem, "[...] quem intervém no ato de um menor (ou de quem, por algum motivo, não tem a capacidade de realizar um ato juridicamente válido) para lhe conferir o complemento de validade que necessita" (p. 149). Por exemplo, o tutor pronunciando *"auctor fio"* dá ao tutorado a autoridade que lhe falta.

Na interpretação de Agamben, entre as antigas acepções de *autor*, há também outras três: a de "vendedor", a "de quem persuade" e a de "testemunha". Quanto a este último sentido, Agamben assim se manifesta, colocando em relação os termos *testis, superstes* e, agora, *auctor*:

> [...] os três termos que em latim expressam a ideia do testemunho adquirem, cada um deles, a sua fisionomia própria. Se *testis* indica a testemunha enquanto intervém como terceiro na disputa entre dois sujeitos, e *superstes* é quem viveu até o fundo uma experiência, sobreviveu à mesma e pode, portanto, referi-la aos outros, *auctor* indica a testemunha enquanto o seu testemunho pressupõe sempre algo – fato, coisa, ou palavra – que lhe preexiste, e cuja realidade e força devem ser convalidadas ou certificadas (AGAMBEN, 2008a, p. 150, destaques do autor).

Isso leva o filósofo a concluir que "o testemunho sempre é, pois, um ato de 'autor', implicando sempre uma dualidade essencial, em que são integradas e passam a valer uma insuficiência ou uma incapacidade" (p. 150). Assim, o raciocínio de Agamben se completa com brilhantismo: se o ato de *auctor* completa o do incapaz, pode-se também considerar que essa incapacidade (representada pelo "muçulmano") preexiste ao ato de *auctor*, logo o integra, dando sentido ao ato de um *auctor* testemunha: "assim como o tutor e o incapaz, o criador e a sua matéria, também o sobrevivente e o muçulmano são inseparáveis, e só a unidade-diferença entre eles constitui o testemunho" (p. 151).

Nada há a acrescentar à formulação de Agamben: o testemunho de Primo Levi – paradoxal que é – integra a impossibilidade de tudo dizer à possibilidade de dizer algo, ao mesmo tempo em que as diferencia. Configura-se, então, uma dupla estrutura do testemunho como ato de um *auctor*.

No entanto, no caso de Bauby, também há aqui diferenças fundamentais: ao contrário da narrativa de Levi, a experiência de Bauby não pode ser referida a um "muçulmano", que a validaria constitutivamente. Isso implicaria, então, que a narrativa de Bauby é apenas o testemunho de um *superstes*, sem dimensão de autoria? Não penso assim. Mais uma vez, é necessário recorrer a Benveniste.

No "Livro 2" ("O direito") do segundo volume de *O vocabulário das instituições indo-europeias*, no sexto capítulo ("O censor e as auctorias"), Benveniste explica que a noção de *censor* ("magistrado romano com funções especificamente normativas") é complementada por *auctor*, que é, por sua vez, um nome de agente de *augeo* ("acrescer, aumentar"), palavras não só da esfera política mas também religiosa[202].

Para Benveniste, o sentido de *auctor* não deriva do sentido atestado de *augeo*, "aumentar" (equivalente a "acrescer, tornar maior *alguma coisa que já existe*"), mas de um mais antigo que "indica, não o fato de aumentar o que existe, e sim o ato de produzir fora de seu próprio seio; ato criador que faz surgir alguma coisa de um meio fértil e que é privilégio dos deuses ou das grandes forças naturais, não dos homens" (BENVENISTE, 1995b, p. 151). É esse sentido que o nome de agente *auctor* atesta; "qualifica-se de *auctor*, em todos os domínios, aquele que 'promove', que toma iniciativa, que é o primeiro a produzir alguma atividade, aquele que funda, que garante, e finalmente o 'autor'" (p. 151-152). Nesse caso, *auctor* está ligado, como agente, ao sentido antigo de *augeo*, "fazer sair, promover".

Em outras palavras, Bauby é *auctor* na justa medida em que "promove" um lugar de fala que não existia antes dele. A isso se acresce um aspecto

---

202. Nesse capítulo, Benveniste formula um raciocínio muito maior do que estou expondo, uma vez que há outras palavras estudadas ("*censor*", sem dúvida, mas também "*auctoritas*"). Como meu interesse está limitado à interpretação do linguista em relação a "*auctor*", a apresentação do raciocínio do linguista é apresentada de maneira bastante limitada.

primordial: o testemunho de Bauby não diz respeito a uma coletividade; ao contrário disso, ele encontra lugar na solidão de uma experiência que é sua e de mais ninguém.

É tempo de reunir o que foi dito a propósito do testemunho de Bauby. De um lado, há uma dimensão *superstes* de seu testemunho, com características muito próprias de um falante que já quase não pode falar. Diferentemente do que propõe Agamben, que vê no testemunho de Primo Levi uma impossibilidade constitutiva de tudo dizer que é relativa a outro que não o próprio Levi, o "muçulmano"[203], a narrativa de Bauby engaja nela mesma essa impossibilidade. Quer dizer, a condição da enunciação de Bauby é a sua própria impossibilidade de enunciar. Nesse sentido, ratifica-se o impossível que constitui o possível do testemunho, tal como estipula Agamben, mas de uma maneira muito singular, ou seja: quando o que está em causa é a falta da fala, essa falta se mostra na fala. É essa lógica que me leva a estender a reflexão para além do testemunho de Bauby – e mesmo de sua *locked-in syndrome* –, a toda e qualquer manifestação sintomática da linguagem. Trata-se, enfim de uma posição do falante na linguagem que poderia ser formulada da seguinte maneira: a falta da fala se mostra na fala, logo aquela é constitutiva desta na instância de discurso que a contém. Reúnem-se, aqui, o paradoxo e a relação de impossibilidade-possibilidade, ambos constitutivamente marcados em um discurso de quem "fala de dentro", de quem é um sobrevivente, um *supérstite*.

De outro lado, há uma dimensão *auctor* na narrativa de Bauby, como fundador de uma posição de fala, uma verdadeira criação. Também aqui há um paradoxo que diz respeito à "[...] estrutura íntima dual do testemunho como ato de um *auctor*" (AGAMBEN, 2008a, p. 151): ele promove um

---

203. "O testemunho apresenta-se no caso como um processo que envolve pelo menos dois sujeitos: o primeiro é o sobrevivente, que pode falar, mas que não tem nada de interessante a dizer; e o segundo é quem 'viu a Górgona', quem 'tocou o fundo' e tem, por isso, muito a dizer, mas não pode falar" (AGAMBEN, 2008a, p. 124).

lugar de fala que integra uma impossibilidade. Bauby é *auctor* na medida em que dá existência a algo que não existia antes – a sua posição de fala – integrando, nela, o possível e o impossível de falar.

A trajetória feita até aqui – complexa e até mesmo sinuosa – é suficiente para fundamentar o entendimento de que o falante é o ponto nodal de uma linguística que indaga o conhecimento sobre o homem que advém do fato de o homem falar. O falante é sempre testemunha de sua experiência na linguagem e, embora seja sempre possível encontrar as três posições – *testis*, *superstes* e *auctor* – de testemunho, a dimensão de *superstes* não pode ser esquecida. É dela que o linguista pode tirar a rica informação acerca do efeito que tem para o falante o fato de ele experienciar essa condição no interior dos fenômenos da linguagem.

O caso de Bauby é, nesse sentido, paradigmático. Ele pode ser tomado *ad exemplum* das demais produções sintomáticas da linguagem: em todas, o falante enuncia de um lugar que lhe é exclusivo e, paradoxalmente, é pela via da linguagem que o faz. Na verdade, o falante é o ponto de articulação entre todas as posições testemunhais que são facultadas ao homem.

Enfim, esboçadas as ideias acerca da testemunha e dos testemunhos, é tempo de submetê-las à análise linguística, o que pode receber a forma de uma pergunta: como a experiência de Bauby é traduzida na linguagem?

§ 8.3 ENTRE O SEMIÓTICO E O SEMÂNTICO – O HIATO E A DISSOCIAÇÃO

Há uma especificidade no testemunho de Bauby que é constitutiva de toda a fala sintomática: o sintoma de linguagem – e isso desde um ínfimo desvio fonológico até a mais grave anomia – constrói uma posição de falante caracterizada por esse sintoma, o que implica perceber que a relação que ele tem com a "sua" língua é bastante singular. Isso quer dizer também que o falante, nesse caso, se beneficia menos da ilusão que todo o falante tem da transparência da língua.

Em outras palavras, é própria, de todo o falante, a "ilusão necessária" de que sua língua comunica integralmente, transmite informações, funciona de forma a cumprir propósitos comunicacionais, enfim, tem uma dimensão de transparência. Trata-se, sem dúvida, de uma ilusão, pois todos sabem, também, o quanto há de ambiguidade, de implícitos, de não ditos, de subentendidos no discurso de cada um. No entanto, e isso faz parte da ilusão da transparência, o falante supõe a possibilidade de desfazer tais "problemas". Quantas crises o mundo já testemunhou decorrente da reivindicação da melhor interpretação de textos, discursos, dogmas, opiniões, valores...?

No entanto, nas formações sintomáticas, é a própria língua – na sua dupla propriedade semiótica e semântica, nas palavras de Benveniste – que se interpõe como elemento a ser considerado, o que determina uma condição de falante muito singular. De certa forma – e isso salta aos olhos no testemunho de Bauby –, a condição tradutória natural do homem na língua (cf. § 6) – uma propriedade metalinguística que coloca o falante no centro de toda e qualquer operação com a língua na tentativa de circundar o significado linguístico – tem uma especificidade nos casos sintomáticos da linguagem.

Bauby tem consciência dessa especificidade. Quando ele fala da forma como "uns e outros" se relacionam com o "método de tradução" de seus pensamentos, ele pontua exatamente o lugar da língua nessa "tradução":

> Os emotivos são os que se perdem mais depressa. Com a voz em surdina, adivinham o alfabeto a mil por hora, anotam algumas letras a esmo e, diante do resultado sem pé nem cabeça, exclamam com o maior descaro: "Sou uma nulidade!" Afinal de contas, até que é repousante, pois eles acabam assumindo toda a conversa, fazendo perguntas e dando respostas sem que eu precise ficar instigando. Tenho mais medo dos evasivos. Se pergunto: "Como vai?", respondem "Bem", e no ato já me passam a jogada. Com esses, o alfabeto vira tiro de barragem, e é preciso ter duas ou três perguntas prontas de antemão para não soçobrar. Os pés-de-boi é que nunca se enganam. Anotam todas as letras, escrupulosamente, e nunca procuram penetrar o mistério de uma frase antes que ela esteja terminada. Nem pensar em completar uma palavra sequer. Com o pescoço na forca eles não acrescentarão por iniciativa própria o "melo" ao "cogu", o

"mico" que segue o "atô" e o "nável" sem o qual não há como acabar o "intermi" nem o "abomi". Essa lentidão torna o processo enfadonho, mas pelo menos são evitados os contrassensos em que se atolam os impulsivos quando deixam de confirmar suas intuições. No entanto, entendi a poesia desses trocadilhos no dia em que, como eu pedisse meus óculos (*lunettes*), alguém me perguntou com grande elegância o que eu queria fazer com a lua (*lune*)... (BAUBY, 2009, p. 25-26, destaques do autor).

É por isso que digo que o testemunho de Bauby é o testemunho de uma língua que falta. Tal registro é feito, paradoxalmente, com a língua. Convém se deter um pouco mais sobre isso e, para tanto, mais uma vez, é Benveniste quem pode auxiliar.

Em 1966, Benveniste finda sua conferência proferida em um congresso de filósofos com uma formulação emblemática, para dizer o mínimo, que tem ocupado alguns especialistas da linguagem[204]. Diz ele a propósito da tradução entre línguas diferentes: "atinge-se aqui a diferença entre o semiótico e o semântico" (BENVENISTE, 1989, p. 233). No parágrafo seguinte, ainda falando em tradução, acrescenta:

[...] que a tradução se torne possível como processo global é também uma constatação essencial. Este fato revela a possibilidade que temos de nos elevarmos além da língua, de abstraí-la, de contemplá-la, ainda que utilizando-a em nossos raciocínios e em nossas observações. A faculdade metalinguística, a que os lógicos têm estado mais atentos do que os linguistas, é a prova da situação transcendente do espírito "*vis-à-vis*" da língua em sua capacidade semântica (BENVENISTE, 1989, p. 233).

Ora, tenho me esforçado para mostrar que o testemunho de Bauby contém uma tradução. Ou seja, o relato decorre da passagem pelo código ESA. Evidentemente, não estou sugerindo que a tradução se dê *no* código, uma vez que este nem mesmo é uma língua; minha ideia é que a tradução se dá *pelo* código, quer dizer, *através* dele. Isso mostra a capacidade que a língua tem de "[...] tudo interpretar, inclusive ela mesma" (BENVENISTE, 2014, p. 190), como anotou um aluno de Benveniste anos mais tarde, em suas aulas no Collège de France. Ou ainda, nas palavras do próprio linguista:

---

204. Por exemplo, Nunes (2012), Hainzenreder (2016) e Hoff (2018).

"A língua é o único sistema significante que pode descrever a si mesmo em seus próprios termos. A propriedade metalinguística é própria à língua, pelo fato de ela ser o interpretante dos outros sistemas" (p. 155).

A que deve a língua essa propriedade de tudo interpretar inclusive a si mesma? Benveniste responderá essa questão, em outro artigo, com a distinção entre o *semiótico* e o *semântico*. Para ele, a língua "[...] é investida de uma DUPLA SIGNIFICÂNCIA. Trata-se propriamente de um modelo sem analogia. A língua combina dois modos distintos de significância, que denominamos de modo SEMIÓTICO por um lado, e modo SEMÂNTICO, por outro" (BENVENISTE, 1989, p. 64, destaques do autor).

O semiótico é o modo de significação cuja unidade é o signo linguístico; seu critério de validade é ser *reconhecido* – identificado no interior e no uso da língua. Os signos, no modo semiótico, estão numa rede de relações e oposições intralinguísticas do tipo binário entre si; eles são distintivos, não dizem respeito às relações entre a língua e o mundo e têm valor genérico e conceitual, nunca particular. Além disso, sua existência, por estar ligada ao reconhecimento, se decide por um "sim" ou "não" dado pelos locutores que falam a língua. Os exemplos de Benveniste (2005, p. 64)[205] para o "sim": *arbre* (árvore) – *chanson* (canção) – *laver* (lavar) – *nerf* (nervo) – *jaune* (jovem) – *sur* (sobre). Já os exemplos para o "não" são: **orbre* (órvore) – **vanson* (vanson) – **laner* (laner) – **derf* (dervo) – **saune* (sovem) – **tur* (tobre).

> Desta forma, cada signo será chamado a afirmar sempre e com a maior clareza sua própria significância no seio de uma constelação ou em meio ao conjunto dos signos. Tomado nele mesmo, o signo é puramente idêntico a si mesmo, pura alteridade em relação a qualquer outro, base significante da língua, material necessário da enunciação. Existe quando é reconhecido como significante pelo conjunto dos membros da comunidade linguística, e evoca para cada um, grosso modo, as mesmas associações e as mesmas oposições. Tal é o domínio do critério do semiótico (BENVENISTE, 1989, p. 65).

---

205. Optei por referir a versão original do texto nessa passagem. As traduções aqui são de minha responsabilidade.

O semântico é o modo de significação do discurso; seu critério de validade é ser *compreendido*[206]. O semântico diz respeito à língua em emprego e em ação, sua função é comunicar. A unidade do semântico é a palavra, entendida como uso particular dos signos. Aqui, tem-se o "aqui-agora" da enunciação, a referência, a produção do discurso.

> Com o semântico entramos no modo específico de significância que é engendrado pelo DISCURSO. Os problemas que aqui se colocam são função da língua como produtora de mensagens. Ora, a mensagem não se reduz a uma sucessão de unidades que devem ser identificadas separadamente; não é uma adição de signos que produz o sentido, é, ao contrário, o sentido (o "intencionado"), concebido globalmente, que se realiza e se divide em "signos" particulares, que são as PALAVRAS. Em segundo lugar, o semântico toma necessariamente a seu encargo o conjunto dos referentes enquanto que o semiótico é, por princípio, separado e independente de toda referência. A ordem semântica se identifica ao mundo da enunciação e ao universo do discurso (BENVENISTE, 1989, p. 65-66, destaques do autor).

Enfim, para Benveniste, "a língua é o único sistema em que a significação se articula assim em duas dimensões. [...] O privilégio da língua é de comportar simultaneamente a significância dos signos e a significância da enunciação" (p. 66). É isso que faz da língua um sistema especial se comparado aos demais sistemas de significação existentes na sociedade e em diferentes culturas. A língua é o único sistema que pode tudo interpretar, inclusive a si mesma, e isso se deve a essa dupla significância, de onde "[...] provém seu poder maior, o de criar um segundo nível de enunciação, em que se torna possível sustentar propósitos significantes sobre a significância" (p. 66). Logo, "é nesta faculdade metalinguística que encontramos a origem da relação de interpretância pela qual a língua engloba os outros sistemas" (p. 66).

Isso posto, eu gostaria de chamar a atenção sobre uma passagem dessa reflexão de Benveniste que não é normalmente objeto de atenção por parte

---

206. "Que se trata claramente de duas ordens distintas de noções e de dois universos conceituais, pode-se mostrar ainda pela diferença quanto ao critério de validade que é requerido por um e por outro. O semiótico (o signo) deve ser RECONHECIDO; o semântico (o discurso) deve ser COMPREENDIDO" (BENVENISTE, 1989, p. 66, destaques do autor).

de seus leitores, em geral, e que, em minha opinião, é de especial importância para entender o que estou formulando acerca do testemunho de Bauby, tomado, aqui, vale repetir, *ad exemplum* de todas as manifestações sintomáticas da linguagem. Observe-se:

> A diferença entre reconhecer e compreender envia a duas faculdades distintas do espírito: a de perceber a identidade entre o anterior e o atual, de uma parte, e a de perceber a significação de uma enunciação nova, de outra. *Nas formas patológicas da linguagem, as duas faculdades estão frequentemente dissociadas* (BENVENISTE, 1989, p. 66, destaques meus).

Considerando-se que o "reconhecer" é do âmbito do *semiótico* e o "compreender" do âmbito do *semântico*, seria possível concluir que nas ditas "formas patológicas" evidencia-se uma espécie de "disjunção" entre semiótico e semântico. Ora, isso não deveria espantar, uma vez que o próprio Benveniste (p. 66) admite que "do signo à frase [discurso] não há transição [...]. Um hiato os separa". Em suas aulas, Benveniste chega inclusive a afirmar que há duas linguísticas diferentes para cada um desses âmbitos:

> Percebemos, portanto, uma distinção entre dois mundos e duas linguísticas:
>
> • O mundo das formas de oposição e de distinção, o semiótico, que se aplica a inventários fechados, e se apoia em critérios de distintividade, mais ou menos elaborados. Desse mundo depende também a distinção que aparece em várias línguas ameríndias entre duas séries consonânticas para as categorias do diminutivo e do aumentativo (*karok, wiyot, wishram*), alternâncias consonânticas morfofonológicas. O mesmo ocorre para o intensivo do tarahumara. A distinção está nas próprias coisas.
>
> • O outro mundo é o do *sentido produzido* pela enunciação: o semântico (BENVENISTE, 2014, p. 191-192, destaques do autor).

O signo é da ordem do descontínuo; o discurso, da ordem do contínuo: "a enunciação não é uma acumulação de signos [...]" (p. 189), ela instaura uma outra ordem de sentido. É isso que leva Benveniste à distinção até mesmo de método para descrevê-los[207].

---

207. "Distingo entre as unidades ditas signos da língua, tomados em si e enquanto eles significam, e a frase onde os mesmos elementos são construídos e agenciados em vista de um enunciado particular. Concebo então duas linguísticas distintas. Esta é, no estágio presente de estudos, uma fase necessária desta reconstrução que somente começamos a

Em que essa distinção, esse hiato, que, ao que tudo indica, é radicalizado nas "formas patológicas" – uma vez que Benveniste supõe desde sempre uma cisão entre semiótico e semântico –, pode fazer entender o testemunho de Bauby? A resposta se encontra justamente na palavra utilizada por Benveniste: entre semiótico e semântico há um *hiato*, ou seja, uma interrupção de continuidade, até mesmo uma ausência de continuidade; nas "formas patológicas", há dissociação, ou seja, desfaz-se uma associação, uma união. A diferença é evidente: semiótico e semântico, embora distintos e descontínuos, estão associados, são duas maneiras de ser da própria língua, inerentes a ela; nas patologias, é essa necessária associação que se desfaz. O falante, nesse caso, não se situa na aporia do hiato que há entre semiótico e semântico, na eterna operação de conversão da língua em discurso; ele se perde entre o semiótico e o semântico.

Nesse sentido, o código ESA é, para Bauby, o meio pelo qual se dá uma espécie de tradução; ele permite que se (re)associe semiótico e semântico. O que estava dissociado se reassocia; reconhecimento e compreensão se reencontram.

Com isso, não estou dizendo que, antes de passar pelo código ESA, Bauby esteja privado de língua; isso seria um contrassenso. O que estou dizendo é que, por meio do código ESA, Bauby volta a preencher o *shifter*, o eu, o indicador maior de subjetividade. Benveniste é claro em dizer que há signos que se distinguem dos demais signos linguísticos porque não remetem nem "[...] à 'realidade' nem a posições 'objetivas' no espaço ou no tempo, mas à enunciação, cada vez única, que as contém, e reflitam assim o seu próprio emprego" (BENVENISTE, 1988, p. 280). Eles têm papel fundamental na "comunicação intersubjetiva", o qual "[...] consiste em fornecer o

---

empreender, e desta descoberta da língua, que está ainda em seu início. No estágio presente, é necessário elaborar métodos e conjuntos conceituais distintos, estritamente apropriados a seu objeto. Acho totalmente e altamente vantajoso, para a clarificação das noções pelas quais nos interessamos, que se avance por linguísticas diferentes, se elas devem, separadas, conquistar cada uma maior rigor, deixando para ver em seguida como elas podem se juntar e se articular" (BENVENISTE, 1989, p. 240).

instrumento de uma conversão, a que se pode chamar a conversão da linguagem em discurso. É identificando-se como pessoa única pronunciando *eu* que cada um dos locutores se propõe alternadamente como 'sujeito'" (p. 280-281, destaques do autor). Esses indicadores da enunciação – dos quais o "eu" tem valor preponderante – permitem colocar a língua em utilização.

Ou seja, o código ESA, ao proceder a reassociação entre semiótico e semântico, permite que se restaure o lugar do hiato. Ao restaurar o hiato, Bauby reencontra a condição do homem na língua, a de estar entre semiótico e semântico, convertendo a língua em discurso.

Isso está claro no testemunho de Bauby, ao relatar um pesadelo que tivera:

> No meu sonho, bem que eu gostaria de fugir, mas, tão logo tenho a oportunidade, um incrível torpor me impede de sequer um passo. Estou petrificado, mumificado, vitrificado. Se o que me separa da liberdade é uma porta, não tenho forças para abri-la. Mas essa não é a única angústia. Refém de uma seita misteriosa, temo que meus amigos caiam na mesma cilada. Tento de todos os modos preveni-los, mas o sonho está perfeitamente em fase com a realidade. Sou incapaz de pronunciar qualquer palavra (BAUBY, 2009, p. 58).

É essa incapacidade de restituir um lugar de fala que a passagem pelo código vem amenizar. E não é sempre assim? O falante comum não está sempre constituindo um lugar de fala? Não é isso que Benveniste ensina ao dizer que o "eu" é feito apenas de discurso, que ele é uma "realidade de discurso" e não uma realidade objetal? Além disso, como "realidade de discurso" que é, o "eu" se define apenas na "alocução", instituindo, assim, o "tu" como a outra categoria de linguagem necessária. Ora, a experiência de Bauby apenas radicaliza uma experiência que é de todos: o homem precisa habitar a estrutura da enunciação para ser homem.

A radical dissociação semiótico/semântico em Bauby está ligada à sua impossibilidade – também radical – de ocupar um lugar na tríade enunciativa das categorias de pessoa, tempo e espaço. É essa dificuldade que o código vem atenuar. E sua importância diz respeito ao fato de também ele, pela precariedade de seu modo de operação (abrir e fechar um olho uma ou duas vezes), radicalizar algo que é inerente à posição do falante, ou seja, a imprescindibilidade das condições que precisam estar reunidas para que o falante enuncie. O testemunho de Bauby mostra pelo avesso a condição do homem na língua e os efeitos da língua nele.

Creio que, tomado como modelo das "formas patológicas da linguagem", no sentido de representante típico de algo, o testemunho de Bauby reúne as condições para, ao menos em um aspecto, admitir uma generalização: o falante atingido por qualquer perturbação da linguagem vê-se questionado no seu mais fundamental direito, que é o de ser falante, o que se mostra na dissociação entre o semiótico e o semântico.

§ 8.4 A AFASIA DE BENVENISTE

> No sábado, dia 6 de dezembro de 1969, Émile Benveniste foi para a Rua de la Tour, em Passy, no seu médico, o Doutor Gaston Eliet, se vacinar contra a gripe. Ao sair do restaurante no qual havia, em seguida, almoçado, desfalece, fulminado por um acidente vascular cerebral. A ambulância o conduz ao hospital Ambroise-Paré de Boulogne-sur-Seine, onde o primeiro diagnóstico não deixa nenhuma esperança; o lado direito está paralisado e a hemiplegia o privou, também, da fala. Seu estado comatoso faz que se tema o pior, mas dele por vezes emerge, e esses poucos lampejos reanimam a esperança. Entre seus primeiros visitantes, uns consideram a causa perdida e não mais voltarão, persuadidos de que Émile Benveniste já não está em nosso mundo. Outros, que serão os poucos fiéis, reconhecem, ao contrário, seu retorno progressivo à consciência (REDARD, 2014, p. 201).

Assim Georges Redard, professor da Universidade de Berna e reitor da Universidade de Genebra, especialista em línguas do Irã e do Afeganistão, amigo de Émile Benveniste[208], apresenta o mal de que fora acometido Benveniste.

Os comentários reunidos por Redard (2014, p. 201-203) são tocantes: "Ele compreende tudo e não consegue dizer nada" (Padre Jean de Menace, amigo de Benveniste). "Convencido de que manteve sua lucidez" (Bernard

---

208. Cf. Coquet e Fenoglio (2014).

Halpern, colega do Collège de France). "[...] uma presença extraordinária, pois sua inteligência e sua afetividade estão intactas" (François Lhermite, médico que o tratou no Hospital Salpêtrière). "Roman Jakobson salienta, após uma visita, que a afasia é de expressão e que a faculdade de percepção não foi, portanto, atingida". O Padre Jean de Menace escreve, ainda, em uma carta datada de 24 de abril de 1970 e enviada à esposa de Mossé (amigo de Benveniste):

> Trata-se apenas do Benveniste de sempre (exceto durante a guerra, na Suíça), ensimesmado, discreto em relação a seus sentimentos e não gostando de importunar ninguém [...]. As pessoas sadias não podem imaginar a que ponto um homem inteligente pode ficar deprimido e quase sem vitalidade por não se fazer compreender em relação a coisas muito simples – um travesseiro mal-arrumado, calor etc. – que pedem uma solução imediata. A mim, que sou extrovertido e colérico, isso me exaspera de um modo extraordinário [...]. Ele se fecha ainda mais, e essa falta de reação é, acredito, malcompreendida pelos médicos que não o conheceram anteriormente (MENASCE, 1970, apud REDARD 2014, p. 204-205).

Diz também o próprio Redard (2014, p. 203) que Benveniste responde, em fevereiro de 1976, "[...] uma sequência de perguntas feitas de tal maneira que suscitam uma única resposta, positiva ou negativa". Por fim, relata:

> Aquiescendo com a cabeça, desaprovando com um grande gesto, ele escuta com atenção, o semblante alegre ou sombrio conforme as novidades que lhe são trazidas. Cada carta é para ele uma alegria, ele sorri ou, até mesmo, ri abertamente das brincadeiras; ele questiona com os olhos, que ficaram opacos, com os quais deve dizer tudo, e que ficam marejados de desesperança quando não consegue se fazer compreender (REDARD, 2014, p. 203).

Julia Kristeva (2014, p. 62-66), no prefácio que faz à publicação das *Últimas aulas* de Benveniste no Collège de France, narra assim suas impressões: "'Tinha-se' a impressão de que o paciente não compreendia mais a fala. 'Mas ele também não reagia muito às histórias familiares que lhe contavam antes do acidente, isso o entediava demais', atenuava Carmelia Benveniste[209]. "Eu estava convencida de que, intelectualmente, ele continuava

---

209. Irmã de Benveniste.

presente." "Ele continuava presente no ato da interlocução e conservava a noção de tempo." Finalmente, ela relata uma situação que fala por si:

> Durante um desses encontros, no hospital de Créteil, ele pediu que eu me aproximasse do leito, ergueu-se, estendeu o indicador como na foto aqui reproduzida e, muito timidamente, com esse mesmo sorriso adolescente, se pôs a "escrever" na camisa que eu vestia. Surpresa, tão perturbada quanto constrangida, não ousei me mexer e não consegui adivinhar o que ele desejava escrever ou desenhar com esse estranho gesto. Eu perguntei se ele queria beber, ler ou ouvir algo. Ele sacudiu a cabeça em sinal de negação e recomeçou a traçar no meu peito esses sinais tão perturbadores quanto indecifráveis. Acabei lhe dando uma folha de papel e uma caneta Bic. Então, com a mesma escrita em letras maiúsculas que ele escolhera para autografar seu livro, traçou: *THEO*.
>
> Eu mal sabia naquela época – 1972 ou 1973? – que Benveniste chegara à França como aluno da escola rabínica. Tampouco ele me falara da Shoah. Eu não tinha uma visão global de seus trabalhos em linguística geral, o segundo volume dos *Problèmes de linguistique générale* ainda não estava concluído e, de todo modo, meus conhecimentos insuficientes não me teriam permitido assimilá-lo. Mas eu estava convencida de que a paralisia verbal não havia destruído completamente sua inteligência. Aquele "THEO" tinha um sentido.
>
> Hoje em dia, lendo seus últimos textos em relação ao restante de sua obra, não pretendo propor uma interpretação: "THEO" permanecerá para mim enigmático para sempre (KRISTEVA, 2014, p. 64-65, destaques da autora).

Finalmente, o relato de Meschonnic, de quando foi vê-lo, em companhia de Jean Lallot, oito dias antes da morte de Benveniste: "Ele me apertava fortemente a mão cada vez que ele ficava feliz com o que dizíamos" (MESCHONNIC, 2009, p. 109).

O leitor já deve ter percebido: todos os testemunhos acima são feitos por um terceiro, um *testis*. É apenas pelo terceiro que se sabe a respeito da afasia de Benveniste. Ao linguista não é concedida a posição de *superstes*, e Redard não deixa de questionar os motivos que impediram de restituir a Benveniste seu lugar de fala: "Uma reeducação [...], não seria possível? A pergunta é inútil, mas foi feita" (REDARD, 2014, p. 203).

Desta vez, é a reflexão de Paul Ricoeur que será útil aqui, e isso ao menos por um motivo: ele é um especialista do testemunho terceiro.

Na segunda parte de seu livro *A memória, a história, o esquecimento*, dedicada ao percurso epistemológico da operação historiográfica, há uma seção dedicada ao testemunho. Como Ricoeur está interessado em refletir sobre a operação historiográfica, é esperado que "a memória declarativa" que se exterioriza no testemunho seja o ângulo privilegiado.

Embora Ricoeur não utilize amplamente o termo *testis* – ele se limita a mencioná-lo, também a partir da análise de Benveniste, em uma nota de rodapé (cf. nota 24 do livro) – é como tal que ele o aborda em sua obra. Além disso, para ele, o testemunho tem a mesma amplitude e o mesmo alcance que a atividade de contar, de narrar, o que lhe confere uma configuração próxima da conversação comum.

A operação de testemunhar tem, segundo Ricoeur (2007), muitos componentes – ele enumera seis, ao todo – que lhes são essenciais, dos quais eu gostaria de reter apenas um: "a especificidade do testemunho consiste no fato de que a asserção de realidade é inseparável de seu acoplamento com a autodesignação do sujeito que testemunha" (RICOEUR, 2007, p. 172). Quer dizer, é desse acoplamento que vem a fórmula "eu estava lá" que atesta "indivisamente a realidade da coisa passada e a presença do narrador nos locais da ocorrência". Enfim, "é a testemunha que de início se declara testemunha. Ela nomeia a si mesma" (p. 172).

Ora, o que chama a atenção nessa proposição de Ricoeur é o caráter eminentemente enunciativo do testemunho do *testis*: a autorreferencialidade[210] do testemunho implica considerá-lo a partir das categorias de pessoa, tempo e espaço que "indicializam" a narrativa. Por isso, Ricoeur (2007, p. 173) conclui, com razão, que "a autodesignação faz aflorar a opacidade inextricável de uma história pessoal que foi ela própria 'enredada de histórias'".

A partir do exposto, pode-se ver que os testemunhos acima comportam a ideia de "autorreferencialidade" da narrativa do *testis*. Além da evidente indicialidade da fórmula "eu estava lá", o que vejo nas narrativas a respeito da "afasia de Benveniste" é a dimensão quase perlocutiva que as acompanha. Isto é, a testemunha autorreferencia em sua narrativa não

---

210. Tratei disso no cap. 2 deste livro.

apenas a situacionalidade vivida, mas também o "efeito" que tem nela o fato narrado. No caso, a suposição, ou não, de um falante.

Em outras palavras, no caso específico das "formas patológicas da linguagem", o testemunho do terceiro (*testis*) inclui, em maior ou menor medida, a suposição de um *superstes*, de quem, de uma maneira qualquer, poderia falar "de dentro". A "afasia de Benveniste" apenas mostra de forma extremada que, ao se comentar a enunciação de outrem, é como produção linguageira de um sujeito que ela precisa ser tomada. Creio que é sempre assim: quando é fala da fala de outrem, não há como ignorar o falante.

§ 8.5 CONCLUSÃO – UMA LINGUÍSTICA QUE FALA DA FALHA

Esta última parte deste texto, acredito, precisa dizer algo sobre a linguística e o linguista. Não posso ignorar que a proposta de uma "linguística do testemunho e da testemunha" como via de abordagem das "formas patológicas da linguagem" é, no mínimo, estranha às configurações epistemológicas do campo dos estudos linguísticos.

Na realidade, os ditos "distúrbios", "patologias", "sintomas" de linguagem – independentemente da designação que recebam – não constituem tema novo no escopo da linguística em geral. De uma forma ou de outra, é preciso admitir, linguística e linguista – e isso desde o grande Roman Jakobson[211] – já foram tocados pelas problematizações que tais manifestações linguageiras apresentam. Facilmente, são encontrados estudos que contemplam aspectos de aquisição desviante, neurolinguísticos, psicolinguísticos e desenvolvimentistas, entre outros. Isso não quer dizer, porém, que, do ponto de vista epistemológico, elas estejam abrigadas na configuração epistemológica da linguística.

A maneira como a linguística tem dialogado com as "perturbações" de linguagem não inclui questionamentos nem sobre as bases epistemológicas

---

211. Cf. Flores, Surreaux e Kuhn (2009).

da linguística, nem sobre os métodos de análise, nem sobre a singularidade dessas enunciações. Os estudos linguísticos não as apreendem num quadro teórico-metodológico que lhe dê *status* diferenciado. Contrariamente a isso, o que se vê é uma tentativa de descrevê-las menos como singularidade de fala de um sujeito falante e mais como "especificidades" de uma dada patologia.

A minha proposta é abordar o tema a partir do falante e, quando o que está em questão é o sujeito falante, não se trata mais de pensar os termos pelos quais o estado patológico pode diferir de uma suposta "normalidade".

O desafio para uma linguística que se dedica a olhar para o *Homo loquens* é pensar – em especial nos casos em que o falante está abalado em sua condição de falante – o vínculo entre o homem e a sua enunciação numa relação de unicidade e singularidade. Quer dizer, uma linguística como conhecimento antropológico não olha para a "patologia", mas para os termos da presença do homem na língua. Isso implica considerar o aspecto relacional – o "eu" e o "outro" – da enunciação. É nesse ponto que vejo a pertinência dos testemunhos: se "de dentro" ou como "terceiro", pouco importa, é sempre como falante que o homem pode falar de sua propriedade *loquens*.

Há uma singularidade na enunciação de cada falante que não pode ser desprezada. Logo, não é compreensível que, nos casos sintomáticos da linguagem, se desvie o olhar dessa singularidade e se passe a contemplar o patológico em si. A ideia de que o sintoma não pode ser desvinculado do falante permite uma outra linguística, que não se reduz a regras, padrões, características generalizantes. Não se trata mais de uma linguística do patológico, mas uma linguística do homem falante, o que é uma reflexão antropológica. A linguística do falante encontra nos *testis* e nos *superstes* a ancoragem para falar do saber acerca do homem que advém da enunciação de cada um.

§ 9

O falante e o paradoxo da metalinguagem

*A saga do dizer não se deixa aprisionar
por nenhum enunciado.*
Martin Heidegger. *A caminho da linguagem.*

§ 9.1 PRÓLOGO – "O PARADOXO DO GRAMÁTICO"

Não é comum citar longamente um autor; não é menos incomum, ainda, fazer isso em um "Prólogo", gênero de texto do qual se espera a exposição elucidativa do que vai se desenrolar – ao menos se tomado em seu sentido etimológico, oriundo do antigo teatro grego, como a primeira parte da tragédia. Mas tenho motivos para assim proceder, pois é exatamente esse o papel que o texto abaixo, de Claudine Normand[212], desempenha neste capítulo: ele elucida e anuncia tudo o que virá. Então, achei justo que comparecesse desde o início.

Não pude resistir em iniciar este capítulo apresentando a reflexão de uma linguista cuja ausência, hoje em dia, é sentida por muitos daqueles que não pensam bestamente sobre a linguagem, para usar uma expressão do psicanalista Jacques Lacan[213]. Nele, Normand – quase à moda dos diálogos

---

212. Cf. Normand (2002). O texto é apresentado em tradução feita por Daniel Costa da Silva.

213. Lacan inicia sua aula de 19 de dezembro de 1972, dedicada a Roman Jakobson, e na presença do linguista, exatamente desta maneira: "Parece-me difícil não falar bestamente da linguagem. No entanto, Jakobson, está aí você, é o que você consegue fazer" (LACAN, 1985, p. 24).

platônicos em que os interlocutores estão vivamente comprometidos com a busca em torno de um saber – traz à tona o grande problema da meta-linguagem[214], com o qual o linguista não pode nunca deixar de se haver. Leia-se o texto.

O paradoxo do gramático

– Não, não há metalinguagem, não mais do que pequenas economias! O que há é *linguagem*. Isto é, língua, línguas, sem que uma domine a outra.

– Isso não seria resolver o problema com desenvoltura?

– Digamos que é enfrentá-lo sem o álibi de uma teoria. Pois eu gostaria de tomar o dizer *nu*.

– "Tomar o dizer nu"! Que pretensão e que ênfase! Existem psicanalistas para isso. Além disso, sabe-se que eles têm dificuldade de fazê-la surgir, esta fala nua – você quer dizer "verdadeira", eu presumo –, a famosa verdade, bem ba-nal, que todos depreciam e, de repente, exibem sem a ter desejado.

– Justamente este não é o resultado que me interessa, mas que cada um possa produzi-lo, e isso, porque fala, porque dispõe de uma língua que é, ela própria, seu modo de emprego. Quando se descobre, mais tarde, que se disse muito mais – de uma maneira diferente, ou até melhor, às vezes – do que aquilo que se queria dizer, percebe-se que é somente a língua que tem este poder de formu-lar o que era apenas vago, inconsistente e que parecia indizível.

– Banalidades desde Freud! Conhecemos bastante somente essas feridas narcísi-cas – feridas do eu que se deixou capturar – e como é possível ficar mortificado por isso!

– Mortificado, provavelmente, quando a gente acredita ser o senhor da situação, mas por que não fascinado com esse saber ignorado? Eu não falo dos experi-mentos de escrita automática, nem do trabalho do escritor sobre o que resiste a ele diante de um mundo que clama e desencoraja as palavras; meu sujeito – meu objeto, se preferir, está à disposição de todo ser dito "falante"; é o ateliê modes-to em que são elaboradas as expressões mais fortes, assim como as distinções mais refinadas, através dos meios mais corriqueiros. E isso, preste bem atenção, porque aquele que fala obedece a restrições formais bastante exatas. Quando ele viola essas restrições é que se percebe sua existência! Mas, na maioria das vezes, não há necessidade de ir contra e de "enganar a língua", como recomendava

---

214. Esta não é a única vez que Claudine Normand se dedica ao tema. Cf. tb. os textos "Il n'y a pas de métalangage", "Métaphores et métalangage" e "Les parasites du métalangage", todos integrantes da obra *Allegro ma non tropo – Invitation à la linguistique* [*Allegro ma non tropo – Convite à linguística*] (cf. "Referências"), além do capítulo "O *Curso de linguística geral*, metáforas e metalinguagem", presente em *Convite à linguística* (cf. "Referências").

Roland Barthes, para que se diga o mais direto, aquilo que não poderia ter sido melhor formulado ao se dedicar deliberadamente a isso e que se insere sub-repticiamente em um advérbio (*Ainda você!*), na escolha do artigo (*Um pedaço* [*un bout*] *de caminho não é o fim* [*le bout*] *do mundo*), ou a variação de um indefinido: preocupação do *Tem alguém aí?*; promessa do *Alguém veio te ver*; admiração do *Este aí é alguém!*; nervosismo do *Essa criança é algo!* Isso é apenas um falar comum, língua ordinária.

– A língua *ordinária*, que ficção é essa? Quem fala aqui? O *locutor ideal*? Ele já foi usado muitas vezes sem dar conta do que você está tentando mostrar...

– É verdade, eu não posso me contentar com esse suporte de estruturas, nem passar para outro lugar... Não mais "sujeito", com *s* maiúsculo ou minúsculo, outra ramificação teórica que eu respeito de longe. O que eu gostaria de tornar visível – não explicar, ao que eu renuncio – é uma realidade singular: ela é fictícia, sem dúvida, uma vez que é geral, mas, ao mesmo tempo, manifesta-se de maneira cada vez particular e concreta, quando está em ação naquele que fala sua língua naturalmente, sem pesquisa, sem esforço, porque ele a aprendeu, porque ele a pratica em sua vida cotidiana e a transmite, como se diz de um precioso bem de família, para seus filhos que, por sua vez... Que toda sua vida esteja envelopada, tecida por essa atividade cujo princípio lhe escapa, isso é o que sempre me surpreende.

Um dia alguém me disse (foi uma crítica): "Quem tem medo da língua?" E entendi que eu tinha medo, de fato, dessa coisa – como nomeá-la? – a mais familiar e a mais estranha. Correndo o risco de ingenuidade, escolhi o deslumbramento e escolhi tentar compartilhá-lo.

– Mas a respeito disso mesmo, você conseguiria falar de outra maneira a não ser a distância, na metalinguagem dos linguistas?

– A esperança seria que ela se deixasse esquecer! (NORMAND, 2002, p. 7-9, destaques da autora).

Com uma linguagem que toca o poético, a linguista reflete sobre "essa verdade banal" que está "à disposição do ser dito falante", um "atelier" (a expressão é primorosa) que se dá porque esse falante "se dobra" sobre a sua própria língua e produz uma realidade singular que está a serviço do falante.

O que o texto de Claudine Normand recomenda, em seu final, é de suma importância, pois instaura a distinção sobre a qual se edifica o meu raciocínio aqui, qual seja: sobre essa atividade do falante, pode-se tentar falar a distância, com a "metalinguagem dos linguistas", mas também pode-se falar dela não esquecendo que o linguista é também falante. Esse é o paradoxo do gramático, figura ancestral que condensa a do "linguista de profissão" de hoje em dia. Esse é o paradoxo nomeado no título deste capítulo: é sempre da relação do falante com a língua que se trata, independentemente do fato de esse falante, em algumas circunstâncias, ser um linguista.

§ 9.2 INTRODUÇÃO

Este capítulo é sobre o fato, aparentemente banal, de o falante usar a língua para falar da língua, o que, segundo o linguista Roman Jakobson, diz a respeito da função metalinguística do discurso:

> Como o Jourdain de Molière, que usava a prosa sem o saber, praticamos a metalinguagem sem nos dar conta do caráter metalinguístico de nossas operações. Sempre que o remetente e/ou o destinatário têm necessidade de verificar se estão usando o mesmo código, o discurso focaliza o código; desempenha uma função METALINGUÍSTICA (JAKOBSON, 1974, p. 127, destaque do autor).

Muitos, além de Jakobson, são os especialistas que se dedicam ao estudo das inúmeras abordagens "meta" no campo da linguagem – Louis Hjelmslev (1975), Harris (1971), Josette Rey-Debove (1978; 2003), Authier-Revuz (1995) –, incluindo também as abordagens do fenômeno geral da reflexividade das línguas – François Récanati (1979) – e da distinção entre uso e menção – John Lyons (1980) –, entre outros autores. É grande também a diversidade de termos que circunscrevem fenômenos linguísticos vizinhos, distintos e até mesmo opostos: metalinguagem (natural *versus* lógica), glosa (metalinguística *versus* metaenunciativa), reflexividade (transparência *versus* opacidade) e autonímia (conotação autonímica *versus* modalização autonímica), apenas para lembrar esses.

Como é possível antever, o campo que amplamente identifico como da ordem "do uso da língua para falar da língua" – que considero parte da ampla dimensão reflexiva da linguagem – é vasto, heterogêneo e até contraditório. Ele recobre disciplinas bastante distintas entre si – semiótica, filosofia, linguística, lógica etc. – e perspectivas teóricas igualmente singulares no interior de tais disciplinas.

De minha parte, eu gostaria de fazer duas delimitações na abordagem do tema: em primeiro lugar, tenho interesse no aspecto da metalinguagem que Jakobson relaciona ao uso cotidiano da linguagem. Suas palavras, dada a clareza que as caracteriza, são indispensáveis aqui:

> Uma das grandes contribuições da lógica simbólica para a ciência da linguagem é a ênfase dada à distinção entre linguagem-objeto e metalinguagem. Como diz Carnap, "para falar sobre qualquer linguagem-objeto, precisamos de uma metalinguagem". Nesses dois níveis diferentes da linguagem, o mesmo estoque linguístico pode ser utilizado; assim, podemos falar em português (como metalinguagem) a respeito do português (como linguagem-objeto) e interpretar as palavras e as frases do português por meios de sinônimos, circunlocuções e paráfrases portuguesas. É evidente que operações desse tipo, qualificadas de metalinguísticas pelos lógicos, não são de sua invenção: longe de se confinarem à esfera da Ciência, elas demonstram ser parte integrante de nossas atividades linguísticas habituais. Muitas vezes, em um diálogo, os interlocutores cuidam de verificar se é, de fato, o mesmo código que estão utilizando. "Está me ouvindo? Entendeu o que eu quero dizer?" Pergunta o que fala, quando não é o próprio ouvinte que interrompe a conversa com um: "O que é que você quer dizer?" (JAKOBSON, 1974, p. 46).

Define, ainda, Jakobson: "A metalinguagem não é apenas um instrumento científico necessário, utilizado pelos lógicos e pelos linguistas; desempenha também papel importante em nossa linguagem cotidiana" (p. 127)[215]. Trata-se, então, de uma prática de linguagem, ligada à faculdade de falar uma língua – "a faculdade de falar determinada língua implica a faculdade de falar acerca dessa língua" (p. 67) –, que faz parte do funcionamento natural de toda língua.

Assim, a metalinguagem, tal como a compreendo com apoio em Jakobson, diz respeito à capacidade geral de o falante usar a língua para falar

---

215. Jakobson estuda a metalinguagem em diferentes manifestações linguageiras: "a metalinguagem é deficiente nos afásicos que apresentam uma desordem da similaridade, chamada 'perturbação sensorial' [...]. Toda a aptidão para a tradução, seja intralingual ou interlingual, desaparece nesses pacientes. A aquisição da primeira língua implica uma aptidão para as operações metalinguísticas, e nenhuma familiarização com outras línguas é possível sem o desenvolvimento dessa aptidão; a desordem da metalinguagem desempenha um papel substancial nas perturbações verbais. Finalmente, a tarefa urgente que se apresenta à ciência da linguagem, uma análise sistemática dos significados léxicos e gramaticais, deve começar enfocando a metalinguagem como um problema linguístico fundamental" (JAKOBSON, 1985, p. 121).

da língua, quer dizer, à atividade habitual, cotidiana, de todo falante, ou, ainda, ao que Rey-Debove (1978, p. 8) considera ser da ordem da "metalinguagem natural" por oposição à "metalinguagem formalizada".

Nesse sentido, a metalinguagem natural está no interior da língua natural. Michel Arrivé propõe uma distinção[216] que pode auxiliar no refinamento dessa ideia. Segundo ele, "a quem empreende um esforço de classificação das metalinguagens impõe-se de imediato uma primeira dicotomia: a das *metalinguagens lógicas* e das *metalinguagens linguísticas*" (ARRIVÉ, 1994, p. 119). As metalinguagens lógicas tomam por objeto uma linguagem formal cujas unidades não são signos, portanto, não se confundem com as unidades da língua natural. Suas unidades são símbolos "afetados de maneira biunívoca a objetos de pensamento" (p. 119). As metalinguagens linguísticas se dividem em duas, conforme seja interna ou externa à língua-objeto (a natural): a) as metalinguagens internas – na esteira de Jakobson e Harris – são consideradas integrantes da língua natural; b) as metalinguagens externas – ligadas a Saumjan e Montague – são "sistemas de cálculo" sobre a língua tomada como objeto.

A partir disso, cabe esclarecer que a metalinguagem objeto de estudo neste capítulo é a natural (e não a formalizada), a cotidiana (e não a científica), a linguística (e não a lógica), a interna (e não a externa), observável no uso que o falante faz da língua, no discurso, portanto.

Colocar-se nessa perspectiva é marcar um ponto de vista muito singular: o reconhecimento da importância da reflexividade da língua como propriedade universal e específica das línguas naturais. Em outros termos: as línguas se caracterizam por conterem as formas apropriadas à autorreferência. Essa concepção – de inspiração jakobsoniana – recebe fundamento mais desenvolvido, a seguir, da teoria da linguagem elaborada por Émile

---

216. A esse respeito, cabe conferir também a distinção proposta por Auroux (1979, p. 12): "Uma metalinguagem pode ser interna ou externa a uma língua dada; ela pode ser transcendente ou imanente, transparente ou opaca, o importante é conceber as relações entre essas categorias e as problemáticas que se escondem sob sua utilização".

Benveniste (cf. § 9.3), especialmente de sua teorização acerca da propriedade de interpretância da língua.

Em segundo lugar, minha reflexão diz respeito a um tipo particular de
metalinguagem natural: trata-se do *comentário* que o falante[217] faz a propósito da sua posição de falante (ou de qualquer outro) no âmbito de um
dado fenômeno linguístico. Desses comentários advém um saber sobre o
homem que diz respeito a sua relação com a língua, o que confere a tais comentários o estatuto de um objeto antropológico, passível de ser abrigado
em uma antropologia da enunciação.

Como lembra Agamben, em um livro de grande erudição, *O tempo que
resta – Um comentário à Carta aos Romanos* (2016), o comentário – ao
lado da tradução – é uma prática *bimilenária*. Eu acrescentaria que é uma
prática que tem a ver com muitos campos do conhecimento – filosófico,
político, psicanalítico, crítico etc. –, e o linguístico é apenas um entre os
tantos que a ele se referem. O filósofo francês Edmond Ortigues (1987,
p. 218-233), em um belo verbete da *Enciclopédia Einaudi* – "Interpretação" –, acrescenta uma ideia importante: o intérprete é um intermediário
que coloca em relação uma expressão primeira com uma expressão segunda (a interpretação), tendo em vista outrem. Trata-se de uma relação que
faz aparecer a segunda expressão como um "comentário da primeira". O
comentador, o intérprete, faz nascer algo novo a partir do que já existe.
Para Ortigues, o comentário – muito especialmente o exegético – é uma
hipótese que diz respeito a determinados aspectos que se quer colocar em
questão; como qualquer hipótese, pode e deve ser apreciada por outros.

---

217. Embora não seja a perspectiva aqui adotada, cabe conferir os estudos oriundos da
chamada "linguística popular", tradução livre que faço da expressão francesa "*linguistique
populaire*", a qual, por sua vez, designa a "*folk linguistique*", do inglês, e a "*volkslinguistik*", do
alemão. Nesses estudos, estão compreendidos "todos os enunciados que podem ser qualifi-
cados de *expressões* naturais [...] que designam ou se referem a fenômenos linguageiros ou
que funcionam no nível da metacomunicação" (BREKLE, 1989, p 39). Ou ainda, conforme
Paveau (2007, p. 98), todos os trabalhos que se apoiam "sobre os saberes espontâneos dos
locutores". Cf. tb. Preston (2008), Paveau (2008) e Brekle (1989).

Para tanto, é necessário levar em conta critérios de significação e vínculos estabelecidos. Quer dizer, o comentário implica quem o faça; além disso, implica outrem: ele tem a estrutura do diálogo.

Deslocando essas considerações para o comentário, entendido como uma especificação da metalinguagem natural, é fácil ver que o falante, ao comentar a sua posição de falante, ou mesmo de outro qualquer, contorna um sentido, uma interpretação. Em outras palavras, o comentário metalinguístico comporta uma interpretação que contém uma hipótese do falante, com a qual ele busca explicar a relação que mantém com a língua, na situação de um dado fenômeno linguístico. Essa interpretação consiste numa verdadeira etnografia dos efeitos da língua no falante, uma etnografia de si.

A discussão especificamente voltada ao campo do comentário, que considero uma hermenêutica natural, é feita adiante (cf. § 9.4).

§ 9.3 A INTERPRETÂNCIA DA LÍNGUA

Buscar, na continuidade de Jakobson, apoio na teoria de Benveniste para fundamentar uma perspectiva de metalinguagem inerente à língua, não é atitude inédita. Authier-Revuz (1995) procede da mesma maneira em *Ces mots qui ne vont pas de soï* [*Essas palavras que não são evidentes*]. A autora, ao explicar o "poder de reflexividade das línguas naturais", explicitamente assim se coloca:

> Reivindicar, como eu fiz, a "função metalinguística" reconhecida por Jakobson e a "metalinguagem natural" explorada por J. Rey-Debove [...] é se situar numa perspectiva que sublinha a importância dessa propriedade de reflexividade da linguagem – sua capacidade de ser sua própria metalinguagem, graças à existência em qualquer língua de um conjunto de formas que permitem garantir essa reflexividade – essencial, enquanto parece ser específica das línguas naturais, e, como tal, especificamente humana (AUTHIER-REVUZ, 1995, p. 8-9).

A isso ela acrescenta: "Essa dimensão da linguagem – mecanicamente associada frequentemente ao nome de Jakobson – é como um fio condutor que atravessa os *Problemas de linguística geral*" (p. 9). Authier-Revuz cita algumas passagens das obras de Benveniste em que o autor se dedica a refletir sobre a metalinguagem como uma propriedade inerente à língua[218].

Na verdade, Benveniste faz da dita "função metalinguística" a pedra de toque – uma espécie de padrão de aferimento – da especificidade da linguagem humana em sua realização nas línguas. No artigo "Comunicação animal e linguagem humana", Benveniste (1988, p. 65) diz textualmente que a diferença da linguagem humana em relação à "linguagem" das abelhas – objeto de estudo comparativo no artigo – é que "a abelha não constrói uma mensagem a partir de outra mensagem", ou seja, isso significa que, nesse caso, "não pode haver comunicação relativa a um dado 'linguístico'". Em "A forma e o sentido na linguagem", no contexto da discussão acerca da diferença entre os âmbitos semiótico e semântico da língua, ele lembra que "a faculdade metalinguística, a que os lógicos têm estado mais atentos que os linguistas, é a prova da situação transcendente do espírito *vis-à-vis* da língua em sua capacidade semântica" (BENVENISTE, 1989, p. 233).

Além dessas passagens, Benveniste dedica (1989, p. 62) um estudo inteiro à capacidade da língua de "[...] tudo categorizar e interpretar, inclusive

---

218. Anos mais tarde, no prefácio que faz à obra *Parler des mots – Le fait autonymique en discours* [*Falar de palavras – O fato autonímico em discurso*], volume que reúne textos do Colóquio "Le fait autonymique dans les langues naturalles" ["O fato autonímico nas línguas naturais"] ocorrido na Universidade Paris 3, de 5 a 7/10/2000, Authier-Revuz (2003, p. 7) voltará a dar a Benveniste o lugar de destaque na problematização do tema, ao falar do fenômeno da autonímia: "Pedra angular do que Benveniste chama o 'poder' e o 'privilégio' das línguas naturais". E mais adiante, quando comenta a respeito da "propriedade fundamental da linguagem humana que é a sua reflexividade, ou seja, sua capacidade de tomar a si mesma por objeto", quer dizer, "uma propriedade específica das línguas naturais, apreendida, positivamente, como função, poder e também restrição da linguagem humana" (AUTHIER-REVUZ, 2003, p. 67), ela lembra Jakobson e depois Benveniste: "O nome de Jakobson vem evidentemente de imediato à mente, com as múltiplas passagens, em seus *Ensaios de linguística geral*, que testemunham, associadas aos termos 'faculdade' ou 'função metalinguística', a preocupação constante em retirar a metalinguagem da esfera científica da lógica ou da linguística para colocá-la no mesmo nível de 'nossas atividades linguísticas usuais'" (p. 67). "Considera-se menos frequentemente que essa dimensão reflexiva da linguagem humana é um fio que atravessa a obra de Benveniste que a caracteriza como um 'poder maior' e um 'privilégio' da língua natural, entre todos os outros sistemas de signos da esfera humana" (p. 67-68).

ela mesma". Trata-se do artigo "Semiologia da língua" (publicado, originalmente, em 1969), que, aliado às últimas aulas ministradas por Benveniste no Collège de France, entre os anos 1968 e 1969, recentemente publicadas (cf. BENVENISTE, 2014), constituem a principal fonte para abordar o tema em Benveniste. Darei um pouco mais de atenção a esses dois trabalhos do linguista.

Benveniste desenvolve, no final da década de 1960, uma reflexão original acerca do lugar da língua frente os demais sistemas semiológicos[219]. Partindo da formulação saussuriana de que a língua é o principal sistema de signos (cf. SAUSSURE, 1975), Benveniste (2014, p. 103) indaga, então: "sob qual ponto de vista" a língua pode ser considerada o principal sistema de signos?

A resposta dada é complexa e composta de argumentos detalhados. O linguista se empenha sobremaneira para formulá-la, e isso se evidencia tanto na elaboração do artigo "Semiologia da língua" quanto nas aulas em seu seminário no Collège de France. No interior do conjunto da construção teórica de Benveniste – sobre o qual seria demasiado se deter aqui –, há algumas ideias que são importantes para a compreensão da língua em sua propriedade "meta".

Tomando como proposição de base a ideia de que "[...] a natureza essencial da língua, que comanda todas as funções que ela pode assumir, é sua natureza *significante*" (BENVENISTE, 2014, p. 90, destaques do autor), Benveniste considera que isso está, de alguma maneira, posto já em Saussure, quando este assume o caráter semiológico da língua e a sua constituição por signos linguísticos, o que torna a linguística um ramo da "grande ciência dos signos", a semiologia.

Porém, Benveniste não se limita a constatar o caráter semiológico da língua; ele quer saber o que, no sistema de signos linguísticos, lhe é exclusivo. Nesse ponto, ele introduz uma reflexão ausente em Saussure: "[...]

---

219. Para um estudo aprofundado da reflexão semiológica de Benveniste, cf. Rosário (2018).

determinar se o sistema semiológico considerado pode se interpretar por si mesmo ou se ele deve receber sua interpretação de outro sistema semiológico" (BENVENISTE, 2014, p. 109). A problemática colocada agora diz respeito à *relação de interpretância entre sistemas*.

Ora, Benveniste encaminha um raciocínio muito autêntico aqui. Para ele, "[...] a principal diferença entre a língua e os 'sistemas semióticos' é que *nenhum sistema semiótico é capaz de se tomar, ele próprio, como objeto, nem de se descrever em seus próprios termos*" (p. 120, destaques do autor). Benveniste diz isso após ter defendido uma tese importante sobre a língua na sua relação com os demais sistemas, conforme mostram as anotações de um de seus alunos no Collège de France:

> 1) a língua é formada de unidades significantes (propriedade constitutiva de sua natureza, propriedade absoluta); 2) a língua pode organizar essas unidades significantes de uma maneira significante (propriedade distintiva). Nenhum dos sistemas semiológicos, como os sinais de trânsito em Saussure, encontra em si mesmo a justificação de seu poder significante. Todos estão em relação com a língua: *a língua desempenha, diante de todos os outros, o papel de interpretante semiológico, isto é, de modelo que serve para definir os termos e suas relações*. Ora, a própria língua é um sistema semiológico. Ela é, hierarquicamente, o primeiro dentre eles (BENVENISTE, 2014, p. 112, destaques meus).

Está posto um raciocínio nunca antes formulado: a língua é o único sistema semiológico que pode se autointerpretar e interpretar os outros sistemas semiológicos. Na aula de 3 de março de 1969, Benveniste é claro: "A língua é o único sistema significante que pode descrever a si mesmo em seus próprios termos. *A propriedade metalinguística é própria à língua, pelo fato de ela ser o interpretante dos outros sistemas*" (p. 155, destaques meus).

E a que deve a língua esse "poder"? Isso equivale a perguntar: "Pode-se discernir por que a língua é o interpretante de todo sistema significante?" (BENVENISTE, 1989, p. 64). A resposta dada por Benveniste é de um alcance inimaginável: o fato é que a língua tem uma maneira muito específica de significar, que não é extensível a nenhum outro sistema. A língua "[...] é investida de uma DUPLA SIGNIFICÂNCIA" (p. 64, destaques do autor), um modelo sem qualquer outra analogia: "A língua combina dois modos distintos de significância, que denominamos modo SEMIÓTICO por um lado, e modo SEMÂNTICO, por outro" (p. 64, destaques do autor). Ou ainda:

> O privilégio da língua é de comportar simultaneamente a significância dos signos e a significância da enunciação. Daí provém seu poder maior, o de criar *um segundo nível de enunciação*, em que se torna possível sustentar propósitos significantes sobre a significância. *É nesta faculdade metalinguística que encontramos a origem da relação de interpretância* pela qual a língua engloba os outros sistemas (BENVENISTE, 1989, p. 66, destaques meus).

O semiótico é o modo de significância cuja unidade é o signo linguístico, intralinguístico, sistêmico; o semântico é o modo do discurso, da enunciação, do diálogo. No semiótico, os signos devem ser reconhecidos; no semântico, devem ser compreendidos. Embora um não exista sem o outro, não se concebe transição entre o semiótico e o semântico. São planos distintos: de um lado, o semiótico, as unidades da língua tomadas em si; de outro, esses mesmos elementos agenciados em uma enunciação particular, o semântico.

Dessa proposição teórica de Benveniste me interessa especificamente a noção de autointerpretação da língua, uma vez que a ideia de que a língua interpreta os demais sistemas semiológicos abre para uma discussão que vai além do escopo da linguística. Tudo indica que Benveniste funda uma nova disciplina, a "semiologia da língua", ou seja, um estudo dos sistemas semiológicos que se dá com base no discurso e não mais no signo, como pensava Saussure[220]; no entanto, o aspecto da autointerpretância é o que melhor contribui para a articulação teórica aqui pretendida.

A partir daí, estão reunidas as condições para pensar a dita "função metalinguística" de uma maneira completamente diferente. Sendo a língua o único sistema semiológico que pode se autointerpretar – Benveniste usa também a expressão "autossemiotização"[221] (BENVENISTE, 2014, p. 155) –, o que se deve à sua dupla significância, a do sistema e a do discurso, é lícito conceber que o falante – na sua condição de diálogo eu-tu – está implicado

---

220. No final de "Semiologia da língua", Benveniste (1989, p. 67) propõe uma "semiologia de segunda geração", não mais construída sobre a noção de signo, mas dependente do discurso. Há uma análise detalhada disso em Flores (2013a, 2017).

221. Cf. Benveniste (2014, p. 157), "a língua semiotiza tudo"; "a língua semiotiza a si mesma".

nessa "função", pois é pela ação do falante que se cria "um segundo nível de enunciação", um nível que produz significação sobre a significação. Ou seja, nesse caso, "[...] o falante se detém sobre a língua em vez de se deter sobre as coisas enunciadas; ele leva em consideração a língua e a descobre significante [...]" (p. 155).

De certa forma, essa ideia está contida em germe na formulação de Jakobson. Cabe lembrar, a esse respeito, que o russo definia a "função metalinguística" tendo em vista a necessidade de o "remetente" ou de o "destinatário" – para usar seus termos – verificar a utilização do mesmo código. Isto é, Jakobson já prevê um lugar para o falante (por ele chamado de remetente/destinatário) em sua definição de "função metalinguística". No entanto, Benveniste acrescenta algo que é vital para focalizar outro aspecto da metalinguagem: a faculdade metalinguística – essa à qual os lógicos têm dado mais atenção do que os linguistas – é um "segundo nível de enunciação", o que permite concluir que é um nível de enunciação distinto, com características distintas, se comparado à enunciação cotidiana.

Isso quer dizer que as categorias que são próprias da enunciação (pessoa, espaço e tempo) se instauram de maneira específica nesse "segundo nível". Ora, não posso deixar de conjecturar acerca dessa outra configuração enunciativa: como se organizam as categorias da enunciação no segundo nível de enunciação, que é o nível em que a língua se autointerpreta?

A trindade natural (cf. DUFOUR, 2000, p. 102-107) "eu", "tu" e "ele" se articula em torno das relações de pessoa e não pessoa. Isso é sabido por todos os que conhecem a teoria da linguagem de Benveniste[222]. Em "eu" e

---

222. Conforme Flores (2013a), a diferença entre pessoa ("eu" e "tu") e não pessoa ("ele") se evidencia em três características: a) unicidade específica: *eu* e *tu* são sempre únicos: "o 'eu' que enuncia, o 'tu' ao qual 'eu' se dirige são cada vez únicos. 'Ele', porém, pode ser uma infinidade de sujeitos – ou nenhum" (BENVENISTE, 1988, p. 253); b) inversibilidade: "eu" e "tu" são inversíveis entre si. O "ele" não pode ser invertido com os dois primeiros; c) predicação verbal: "A 'terceira pessoa' é a única pela qual uma *coisa* é predicada verbalmente" (p. 253, destaques do autor). Tudo o que não pertence a "eu" ou "tu" recebe como predicado a forma verbal de terceira pessoa.

"tu" há, simultaneamente, a pessoa implicada e um discurso sobre essa pessoa: "*Eu* designa aquele que fala e implica ao mesmo tempo um enunciado sobre o 'eu': dizendo *eu*, não posso deixar de falar de mim" (BENVENISTE, 1988, p. 250, destaques do autor); da mesma maneira, "'tu' é necessariamente designado por *eu* e não pode ser pensado fora de uma situação proposta a partir do 'eu'; e, ao mesmo tempo, *eu* enuncia algo como um predicado de 'tu'" (p. 250, destaques do autor). Assim, "eu" e "tu" têm traços em comum, o que possibilita tratá-los como integrantes de um mesmo conjunto: a categoria de pessoa. Com o "ele", é diferente: "da terceira pessoa, porém, um predicado é bem enunciado somente fora do 'eu-tu'; essa forma é assim excetuada da relação pela qual 'eu' e 'tu' se especificam. Daí, ser questionável a legitimidade dessa forma como 'pessoa'" (p. 250, destaques do autor). O "ele" é não pessoa.

Assim, "eu" e "tu", presentes, falam sobre o "ele", o ausente. Essa estrutura, que pode ser chamada enunciativa, em que a pessoa se opõe à não pessoa e, juntas, constituem as condições de possibilidade de enunciação, é, da perspectiva da organização estrutural, exatamente a mesma quando se está no "segundo nível de enunciação", na função metalinguística natural. Desse ponto de vista, então, pode-se dizer que há isomorfia entre linguagem e metalinguagem. No entanto, a especificidade da estrutura enunciativa no "segundo nível de enunciação" – o da metalinguagem – diz respeito ao que está subsumido na condição de "ele". No caso da metalinguagem natural, o "ele" é a própria língua. Paradoxalmente, o falante fala presentemente com a língua sobre a língua (o ausente).

A metalinguagem natural – quando a mensagem focaliza o código, nos termos jakobsonianos – é a faculdade de o falante enunciar a outrem a propósito da língua. Ou seja, para que "eu" fale a "tu" é necessário que exista o ausente, o "ele". Sobre isso, porém, uma precisão conceitual se impõe: se, por um lado, é verdade que o "ele" é o ausente, uma vez que não participa do tempo e do espaço de "eu" e, eventualmente, de "tu", por outro lado, não se pode ignorar que essa ausência recebe uma nomeação, qual seja, o "ele", representante da ausência. Logo, há um elemento de presença na ausência de "ele": o fato de essa ausência se fazer representar por "ele". No caso da metalinguagem natural, tal ausência recebe nomeação da própria língua: "– O que você quis dizer com essa palavra? – Eu quis dizer X".

Isso posto, um deslocamento importante deve ser tentado aqui: eu disse acima que a metalinguagem natural na qual estou interessado tem a forma específica do *comentário que o falante faz sobre a experiência (sua ou de outrem) de falante*. Em outras palavras, "eu" fala a "tu" histórias de sua relação com "ele" (a língua). Essa relação necessariamente se faz representar no campo da presença via fenômenos de linguagem em que o falante experiencia a sua, ou de outro qualquer, condição de falante: a tradução, a aquisição e a dissolução são apenas os fenômenos mais evidentes.

É no comentário que o falante faz que vejo instaurar-se a especificidade não apenas das categorias de pessoa e não pessoa, mas também das categorias de espaço e tempo. Evidentemente, o "aqui" e o "agora" continuam, na metalinguagem, como na enunciação em geral, sempre, concomitantes à enunciação de "eu". Entretanto, tal como especifiquei acima, o "ele" que não comunga do "aqui"/"agora" do falante é a própria língua. Eis o paradoxo: o "eu" fala a "tu", com a língua, sobre a língua, o "ele", o ausente. A operação metalinguística não está "a salvo" da restrição enunciativa.

Tem razão Benveniste, então, quando diz que a faculdade metalinguística "prova" a "situação transcendente do espírito" em face (*vis-à-vis*) da língua em sua propriedade semântica: a prova é nada menos o fato de o falante poder usar a sua própria língua para falar da língua e, por essa atividade, se enunciar. Ao se deter sobre a língua – e é esse ponto que gostaria de acrescentar – o falante a objetiva, a coloca na posição do ausente, da não pessoa, e faz isso com a própria língua.

Volta-se, assim, ao paradoxo do qual se partiu em companhia de Claudine Normand: nada – além do desejo de cientificidade – separa o falante do linguista. Ambos são falantes e não podem deixar de ser falantes para falar da língua. Minha proposta é, então, que o linguista tome para si a tarefa de estudar a função metalinguística no que ela tem de autossemiotização da língua porque, nessa atividade do falante, vejo surgir um saber do e sobre o homem que advém de sua posição de falante, o que pode ser de interesse para uma perspectiva antropológica da linguagem.

Na verdade, pode-se fazer uma antropologia da enunciação ao se observar a enunciação do homem que toma a língua por objeto. Essa ideia precisa ser desenvolvida em todas as direções porque, acredito, tem um alcance heurístico considerável.

§ 9.4 O COMENTÁRIO – O FALANTE COMO ETNÓGRAFO DE SI NA LÍNGUA

Denis Thouard, na segunda parte de um livro suficientemente denso para não se deixar expor em poucas palavras, *Et toute langue est étrangère – Le projet de Humboldt* [*E toda língua é estrangeira – O projeto de Humboldt*], ao apresentar a importância da diversidade das línguas para Humboldt, em especial do chinês, fala no "caráter hermenêutico das línguas naturais" e na "sagacidade hermenêutica" do locutor (THOUARD, 2016, p. 222). Ideias preciosas, que precisam ser mais bem examinadas.

Para Thouard, ao estudar o chinês e ver o quanto os valores gramaticais nessa língua só podem ser aferidos a partir de interpretação, Humboldt reconhece uma propriedade universal das línguas que é a da inexistência de uma sintaxe sem semântica e de ambas sem contexto de discurso. O chinês, nesses termos, apenas radicalizaria a dependência recíproca entre discurso e gramática.

Nesse sentido, Humboldt vai defender a ideia de que a língua é *energeia*, quer dizer, uma atividade:

> A força do discurso singular é a de transformar continuamente o horizonte de sentido constituído pelo já dito. Essa atividade incessante é dedicada à inovação em virtude da transformação dos contextos que dão de fato a toda repetição o estatuto de uma ressemantização (THOUARD, 2016, p. 228).

A relação interlocutiva, própria a todo o discurso, a alteridade, a confrontação com o interlocutor, tudo isso é constitutivo da língua caso se a entenda como relação. A implicação recíproca entre locutor e interlocutor se encontra no interior do discurso. E isso fica muito evidente no chinês porque, "na relação de interlocução, ambos participam igualmente da construção do sentido" (p. 222). Trata-se de uma atividade hermenêutica que se configura como uma propriedade universal da linguagem e que o chinês não faz mais do que colocar em destaque: existe uma dimensão interlocutiva hermenêutica que é própria da linguagem humana.

Segundo Thouard, Humboldt pensa constantemente na interdependência entre compreensão e não compreensão: "falar é, em si, já fazer o ensaio de uma clarificação de seus próprios pensamentos e da possibilidade de uma compreensão mútua de si e do mundo" (p. 231). Do ponto de vista da não compreensão, por outro lado, impõe-se uma autorreflexão crítica. Ambas, compreensão e não compreensão, são constitutivas da linguagem humana, o que configura uma hermenêutica interlocutiva como propriedade universal das línguas[223].

Creio que é possível associar a função metalinguística, entendida como a propriedade de autossemiotização da língua, à ideia de que o falante, quando do usa a língua para falar da língua, faz uso de uma hermenêutica natural que o alça à condição de um comentador da língua, ou ainda, de um comentador da sua relação com a língua. A metalinguagem não é mais que um uso da língua, seja para fins de formalização, seja para fins de descrição, seja para fins de explicação. É na língua, com a língua e através da língua que se constrói a metalinguagem, uma propriedade universal das línguas naturais.

O falante explica a própria língua e, ao fazer isso, historiciza a sua relação com ela. Ele produz uma espécie de etnografia de si, na condição de falante de uma língua. Assim, por exemplo, quando Steiner, a seguir

---

223. Para aprofundar a questão da hermenêutica em Humboldt, cf. as p. 443-453 de Quillien (2015).

(cf. § 9.5), fala da sua história de falante trilíngue, ele produz um saber sobre si que diz respeito a sua experiência de falante. Comentários da mesma natureza são encontrados em inúmeras situações, desde as mais formulares – prefácios, notas, diários de campo – até as mais prosaicas e cotidianas – observações sobre a voz de alguém, sobre modos de falar, sobre situações em que a língua se interponha. Todos esses comentários apresentam um traço comum: o falante fala da experiência do ser falante, do *Homo loquens*. Esse comentário produz um conhecimento do homem – especificamente, sobre os efeitos da língua no homem – que pode ser acolhido em uma linguística que estuda o saber que advém do homem pelo fato de ele enunciar uma *antropologia da enunciação*.

Para se "obter" esse saber, é necessário olhar a língua pelos olhos do homem que a fala. É por isso que a antropologia da enunciação põe o falante no centro da discussão. Isso, então, já anuncia certo método: aquele que estuda a língua deve se colocar do ponto de vista de quem fala (o que não deveria ser novidade, já que o linguista é, ele mesmo, um falante). Há, aqui, uma obviedade da qual não é possível se afastar: o linguista não deixa de ser falante para falar da língua, o que significa que sua atividade de falante, comum, ordinário, é constitutiva de sua atividade de estudar a língua. A linguística – como a área dedicada a falar da língua ou da linguagem – é, nesse sentido, uma metalinguagem a qual, tal como foi aqui sugerido, não está esvaziada de falante. Fazer linguística, enfim, não implica excluir o falante.

Uma antropologia da enunciação, entendida nesses termos, estuda o falante situado em fenômenos de língua e não em "dados" coletados. Sobre tais fenômenos, os falantes buscam, no diálogo, uma maneira de explicá-los, de descrevê-los, de forma a "resolver" a incompreensão natural da língua. Ou seja, a função metalinguística natural – recurso com o qual o falante comenta a experiência de falante no interior desses fenômenos – está ligada à incompreensão natural. Essa incompreensão, situada em fenômenos dos quais o falante é o centro, pode ser vista na tradução, na aquisição, na voz, na poesia. Porém, é bom alertar, a antropologia da enunciação não produz uma teoria desses fenômenos, mas uma crítica, um novo dizer.

A incompreensão natural constitutiva da língua permite ao falante exercer uma hermenêutica natural, que tem lugar graças à metalinguagem natural, constituída que é por operações de reorganização interpretante. Em função disso, o comentário que o falante faz acerca de sua experiência de falante no interior de algum fenômeno de língua produz um contorno de sentido, o que é próprio à autointerpretação da língua. Nesse sentido, quando o falante enuncia a sua posição de falante, ele "afunila" (cf. FLORES, 2013b) um sentido, produz um contorno de sentido.

Os comentários do falante cumprem esse papel de "afunilar" e podem ser descritos em diferentes perspectivas, das quais destaco três:

a) Quanto ao fenômeno linguístico circunscrito (tradução, aquisição, patologia, poesia etc.): busca-se, aqui, estudar como língua e falante são apresentados um em relação ao outro.

b) Quanto ao comentário propriamente dito: busca-se, aqui, ver os termos pelos quais o falante usa a língua para falar da língua – a propriedade da interpretância (cf. BENVENISTE, 1989, 2014).

c) Quanto à função que têm na enunciação do falante: busca-se, aqui, ver como o falante está situado no interior da enunciação.

Como vale supor, o comentário introduz o falante na metalinguagem, o que proporciona uma verdadeira revolução na formalização. A tomada antropológica da enunciação se dedica, então, a identificar e descrever tais comentários, tanto em relação a sua forma como a seu sentido. O linguista interessado nessa antropologia da enunciação teria de ficar atento à relação compreensão/incompreensão da língua, pois é nesse ínterim que o falante se situa como etnógrafo de sua experiência *loquens*.

Ou seja, a antropologia da enunciação toma como "objetos" de investigação o dizer do homem sobre o fato de a língua estar nele. Cabe, então, estudar as condições de elaboração de um pensamento sobre a língua a partir do falante. Trata-se mesmo de estudar, no discurso de cada homem, os meios pelos quais ele volta – reflexivamente, interpretativamente, hermeneuticamente, metalinguisticamente etc. – sobre os efeitos da língua no homem, contornando-os de sentido.

§ 9.5 AS TRÊS LÍNGUAS MATERNAS DE GEORGE STEINER

Este item busca ilustrar os termos gerais da consideração da *experiência do falante como objeto de uma linguística como reflexão antropológica, uma antropologia da enunciação*. Para tanto, tomei a liberdade, talvez inadvertidamente, de apresentar uma longa passagem do livro de George Steiner, *Depois de babel*[224], o que, reconheço, não é comum. Trata-se de um lindo excerto no qual o autor narra sua relação com suas "três línguas maternas".

Steiner, com sua narrativa de si – um *comentário* sobre sua experiência de falante –, me permite defender que o falante é uma espécie de etnógrafo da sua própria condição de falante. Porque a língua está nele, porque o identifica como homem, ele produz certa tentativa de compreensão do efeito que tem nele o fato de ter a propriedade *loquens*. Ele é um etnógrafo na medida em que literalmente conta a sua relação com a língua, com as línguas e, por aí, com a linguagem: é o saber do falante que toma a sua relação com a língua como referente e como referida, para usar os termos de Benveniste.

Reitero que a noção de *comentário* é aqui essencial. Ela diz respeito ao que chamei acima de *hermenêutica natural*, que o falante produz acerca de sua condição de falante. Essa propriedade que o falante tem de falar de sua experiência constitui uma metalinguagem natural, que situa o homem em relação aos fenômenos linguísticos experienciados. O falante comenta a sua relação com a língua ao falar de sua experiência – ou da de qualquer outra

---

224. Cabe aqui uma observação de caráter editorial: utilizei somente neste capítulo a tradução brasileira do livro de Steiner. Em todas as outras vezes que o livro foi referido, vali-me da tradução lusitana. Minha decisão não decorre de escolha tradutória, mas de uma contingência. Na verdade, eu há muitos anos conheço e trabalho a obra a partir de sua edição portuguesa. No entanto, para este caso específico, em função da extensão de texto utilizada, considerei mais adequado facilitar o acesso ao leitor brasileiro a partir da referência à tradução brasileira (cf. "Referências").

pessoa – no interior de fenômenos linguísticos (tradução, voz, aquisição etc.). Esse comentário evidencia um saber sobre o homem que advém de sua natureza de falante.

A dimensão narrativa, contida na ideia de o falante ser seu próprio etnógrafo, é um componente essencial da visada linguística como uma reflexão antropológica.

Essa tentativa de compreensão que o comentário constitui tem – e isso fica bem claro com o texto abaixo – a forma de um *contorno de sentido* que o falante produz, uma operação que visa à explicação e à compreensão que estão em jogo em todo processo interpretativo. O falante, ao comentar, contorna de sentidos a sua experiência de falante. Para conhecer o *Homo loquens*, é preciso interpretar. E o contorno de sentido é uma fenomenologia que dá acesso a uma hermenêutica. A linguística como um saber antropológico alça o comentário à condição de indício da presença da língua no homem.

A seguir, a passagem, além de ilustrar, de maneira condensada, boa parte do que foi defendido neste capítulo, serve também como uma espécie de "*corpus* ilustrativo". Encontra-se, ali, uma concentração enorme de "experiências", que evocam inúmeros problemas gerais da linguística: línguas, pensamento, realidade, aquisição, referência, cultura, sociedade etc.

Como o leitor facilmente concluirá, o relato abaixo é de uma riqueza inconteste. Raras vezes tem-se uma narrativa de si em que a experiência de falante esteja tão destacada. E é em torno da experiência de si, como falante de uma língua, que a ideia do *Homo loquens* se constrói. Assim, à moda de uma alegoria em que o conjunto simbolizante corresponde *pari passu* ao simbolizado (cf. LALANDE, 1996), a experiência de Steiner serve de guia dos primeiros passos da antropologia da enunciação.

Leia-se com atenção:

> Meu pai nasceu ao norte de Praga e foi educado em Viena. O sobrenome de minha mãe, Franzos, sugere uma possível origem alsaciana, mas o antecedente mais próximo era provavelmente galiciano. Karl Emil Franzos, o romancista e primeiro editor do *Woyzeck* de Büchner, era um tio-avô. Eu nasci em Paris e cresci em Paris e Nova York.

Não tenho qualquer lembrança de uma primeira língua. Até onde vai minha consciência, possuo fluência igual em inglês, francês e alemão. O que posso dizer, escrever ou ler em outras línguas veio mais tarde e conserva uma "marca" de aquisição consciente. Minhas três línguas, no entanto, eu as experiencio como centros perfeitamente equivalentes de mim mesmo. Eu as falo e escrevo com indistinguível facilidade. Testes realizados sobre minha habilidade de nelas executar computações rápidas e rotineiras não mostraram qualquer variação significativa de velocidade ou precisão. Em meus sonhos, as três aparecem com igual densidade verbal e estimulação simbólico-linguística. A única diferença é que o idioma dos sonhos segue, com bastante frequência, a língua que eu estava usando durante o dia (mas repetidas vezes já tive sonhos fortes em inglês ou francês estando num contexto de fala alemã – ou o contrário). Tentativas para localizar por hipnose uma "primeira língua" falharam. Em meio a um acidente de trânsito, enquanto meu carro era arremessado contra os carros que se aproximavam vindo na direção contrária, eu aparentemente gritei uma frase ou uma sentença de uma certa extensão. Minha esposa não se lembra em que língua foi. Mas mesmo um tal teste de primazia linguística em estado de comoção não prova nada. A hipótese de uma tensão extrema desencadear a língua fundamental ou primordial de alguém pressupõe, num caso de multilinguismo, que uma tal língua exista. Meu grito pode simplesmente ter vindo na língua que eu estava usando minutos antes, ou em inglês, a língua que uso com minha esposa.

Meu contexto normal era poliglota, como é o das crianças de Val d'Aosta, do país basco, de partes de Flandres ou entre falantes de espanhol e guarani no Paraguai. Minha mãe começar uma sentença numa língua e terminar em outra era prática corriqueira e desapercebida. Em nossa casa, as conversas eram interlinguísticas não só no interior de uma sentença ou segmento de fala, mas também entre falantes. Eu só percebia que estava respondendo em francês a uma pergunta feita em alemão ou inglês ou vice-versa se alguém me interrompesse ou chamasse a minha atenção. Mesmo essas três "línguas maternas" eram apenas uma parte do espectro linguístico de minha tenra infância. Partículas resistentes de tcheco e iídiche continuavam ativas na fala de meu pai. E, para além de tudo isso, como um eco familiar de uma voz que já não se ouvia, estava o hebraico.

Essa matriz poliglota era bem mais que o acaso de uma situação privada. Ela organizava e inscrevia, em minha apreensão da identidade pessoal, o arranjo rico e impressionantemente complexo da sensibilidade do humanismo judaico e centro-europeu. A língua era, tangivelmente, uma opção – uma escolha entre expressões inerentemente iguais (ainda que alternativas) e núcleos de autoconsciência. Ao mesmo tempo, a falta de uma única língua nativa acarretava um certo distanciamento de outros colegas de escola franceses, uma certa extraterritorialidade em relação à comunidade social e histórica circundante. Para aquele que é multicentrado, a noção mesma de "meio social", de um enraizamento singular ou privilegiado, é suspeita. Nenhum ser humano habita um "reino central", todos somos hóspedes uns dos outros. Foi essencial para a minha apreensão de um mundo complexo a percepção de que a *chestnut tree* (castanheira) no jardim da casa era tanto uma *marronier* quanto uma *Kastanienbaum* e de que essas três configurações coexistiam, mesmo que, no momento da enunciação, isso se desse em graus variados de sinonímia e presença real. Pelo que guardo nas minhas mais remotas memórias, eu agia no interior do saber tácito de que *ein Pferd* (um cavalo) e *un cheval* eram a mesma coisa e/ou coisa muito diferente, ou ocupavam pontos diversos de uma modulação que ia da equivalência perfeita à disparidade. Não me passava pela cabeça a ideia de que uma dessas encarnações fonéticas pudesse ter primazia ou superioridade sobre as outras. Mais tarde, vim a sentir algo parecido, embora não inteiramente, a propósito de *un cavallo* e *un albero castagno*.

Quando comecei a pensar sobre a linguagem – esse salto por sobre a própria sombra (que poucas culturas tentaram) e essa tentativa de examinar a membrana externa da própria sombra a partir de seu interior –, perguntas óbvias emergiram. Perguntas implícitas em minha circunstância pessoal, mas também de interesse teórico bem mais amplo.

Haveria, afinal de contas, apesar da minha incapacidade de "perceber o fato", uma língua primeira, uma *Muttersprache* verticalmente mais profunda do que as outras duas? Ou a minha percepção de completa paridade e simultaneidade era acurada? Qualquer das alternativas conduzia a modelos problemáticos. Uma estrutura vertical sugere um alinhamento de estratos em todos os pontos. Nesse caso, qual das línguas viria em segundo lugar e qual em terceiro? Se, por outro lado, minhas três línguas são igualmente nativas e básicas, que espaço múltiplo contém sua coexistência? Deve-se imaginá-las como um contínuo sobre uma espécie de Cinta de Moébio, interseccionando-se, mas ainda assim preservando a integridade e os mapeamentos distintivos de sua superfície? Ou deve-se, ao contrário, representá-las como as dobras e interpenetrações dinâmicas de um estrato geológico em um terreno que evoluiu sobre múltiplas tensões? As línguas que falo – depois de se apartarem para formar identidade própria a partir de um centro comum e de um impulso ascendente – se combinam e recombinam em um conjunto intercalado, estando cada idioma, por assim dizer, em um contato horizontal com os outros, mas ainda assim mantendo-se contínuo e intacto? Tal enlaçamento seria provavelmente um mecanismo constante. Ao falar, pensar, sonhar em francês, eu comprimiria seletivamente (energizaria seletivamente com cargas de uso armazenado e realimentação momentânea) o estrato ou fenda mais "próxima" do componente francês em meus níveis de subconsciência e consciência. Esse estrato, sob pressão de uma geração e estímulos recíprocos (o francês entrando do exterior), "se projetaria para cima", e se tornaria a superfície temporária, o contorno invisível do terreno mental. Quando eu revertesse para o alemão ou para o inglês, um processo análogo ocorreria. Mas a cada substituição linguística ou "nova projeção" a estratificação subjacente teria em alguma medida se alterado. A cada transferência de energia para a superfície articulada, o plano da língua mais recentemente utilizada deveria ser cruzado e a "crosta" mais recente quebrada.

E se existe um centro comum, que símile geológico ou topológico pode fornecer o modelo? Nos primeiros 18 meses de vida e até o 26º, o francês, o alemão e o inglês constituíram um magma semântico, um aglomerado totalmente indiferenciado de competência linguística? Em algum nível profundo de consciência ativada ou, melhor, de pré-consciência, essas línguas ainda se apresentam assim? O núcleo linguístico, para manter a imagem, permanece "derretido" e as três correntes linguísticas relevantes se misturam completamente, ainda que "mais próximo da superfície" elas se cristalizem em formações distintas? No meu caso, tal magma conteria três elementos. Essa é a situação de cada indivíduo no bastante estudado trilinguismo (alemão, friulano, italiano) de Sauris, um enclave linguístico alemão nos Alpes Cárnicos do nordeste da Itália. Pode haver mais elementos? Há seres humanos total e irreflexivelmente quadrilíngues? Poderia haver alguém cujo senso de reflexo linguístico primário se estende por cinco línguas? (No nível da competência aprendida, consciente, há, é claro, bastante evidência de que indivíduos talentosos podem efetivamente dominar perto de uma dúzia de línguas.) Ou qualquer configuração nativa para além daquela do bilinguismo é passível de suspeição, de forma que, como parecem acreditar alguns psicolinguistas, mesmo minha própria experiência de uma tríade indivisível teria se derivado, de um modo que não consigo explicar, de uma divisão anterior em apenas dois centros linguísticos? E o que se pode dizer do acervo original em si mesmo? Ele é radicalmente individualizado ou, para não fugir do meu próprio caso, o mesmo núcleo dinâmico de material semântico condensado está presente em qualquer um que começa com essas três línguas particulares? Todas as crianças que crescem totalmente bilíngues, digamos em inglês e malaio, são portadoras do mesmo centro gerativo (a matriz, por assim dizer, da competência linguística nascente); ou as proporções elementares de mistura são um tanto diferentes para cada indivíduo – assim como não há dois lingotes de aço, moldados na mesma caldeira e no mesmo forno em instantes sucessivos, idênticos ao nível molecular?

Uma mentalidade poliglota funciona diferentemente daquela que usa uma única língua ou cuja outra língua foi adquirida por aprendizagem posterior? Quando uma pessoa multilíngue na origem fala, as outras línguas que não estão em uso naquele momento fazem pressão sobre a massa verbal que ela está de fato articulando? É possível afirmar, num sentido discernível, talvez até mensurável, que as opções que faço quando pronuncio palavras e sentenças em inglês são ampliadas e tornadas mais complexas pela "presença ou pressão circundante" do francês e do alemão? Se tal sentido de fato existe, tal ação tangencial pode subverter meus usos do inglês, tornando-os em certo grau instáveis, provisórios, marginais. Essa possibilidade pode dar sustento ao rumor pseudocientífico de que indivíduos multilíngues ou crianças criadas simultaneamente em meio a um número "muito grande" de línguas (há um número crítico?) tendem à esquizofrenia e a desordens de personalidade. Ou é possível que, ao contrário, tal "interferência" de outras línguas torne meu uso de língua mais rico, mais consciente de suas especificidades e seus recursos? Pelo fato de meios alternativos estarem tão à mão, as formas verbais usadas podem ser avivadas com a vontade e com um foco deliberado. Em suma: aquela "entreligação das mentes", pela qual Samuel Daniel enalteceu John Flório, o grande tradutor, restringe ou amplia a faculdade da enunciação expressiva? Uma coisa é certa: ela deve ter uma influência marcante.

Como uma sensibilidade multilíngue internaliza a tradução, a efetiva passagem de uma de suas primeiras línguas para outra? Alguns especialistas na área de tradução simultânea declaram que um falante nativo bilíngue não se torna um intérprete excepcional. O melhor intérprete é aquele que ganhou fluência em sua segunda língua conscientemente. A pessoa bilíngue não "vê as dificuldades", a fronteira entre as duas línguas não é suficientemente precisa em sua mente. Ou, como diz Quine ceticamente em seu livro *Word and Object*, pode ser "que a pessoa bilíngue tenha sua própria correlação semântica privada – de fato, seu sistema privado implícito de hipóteses analíticas –, e que isso está de alguma forma inscrito em seu sistema nervoso". Se isso é verdadeiro, há aí uma sugestão de que um indivíduo bi ou trilíngue não aja transversalmente ao traduzir. A mente poliglota, por alcançar pelo interior o núcleo simbólico, subverte as linhas divisórias entre línguas. Numa matriz genuinamente multilíngue, o movimento intelectual realizado no ato das escolhas alternativas – ou tradução – é antes parabólico do que horizontal. A tradução é um discurso dirigido para o interior, uma descida, ao menos parcial, pela "escada em espiral do ego", para usar a expressão de Montaigne. Que luz esse processo lança sobre a questão vital da direção primeira ou alvo da fala humana? Os mecanismos da conversa consigo mesmo, do diálogo interior entre sintaxe e identidade, são diferentes num falante poliglota e num falante de uma só língua? É possível – como argumentarei à frente – que a comunicação dirigida ao exterior seja apenas uma fase secundária, socialmente estimulada, na aquisição da linguagem. Falar consigo mesmo seria a função primária (essa hipótese, sopesada por L.S. Vygotsky no início da década de 1930, não recebeu suficiente atenção desde então). Para um ser humano que domina várias línguas nativas e tem um senso de identidade pessoal alcançado no curso de um discurso interior multilíngue, o voltar-se para fora, o encontro linguístico com os outros e com o mundo teria de ser muito diferente (metafísica e psicologicamente diferentes) daquele experienciado pelo falante de uma só língua materna. Mas pode essa diferença ser formulada e medida? Há graus de monismos linguísticos e de multiplicidade que possam ser acuradamente descritos e testados?

Em que língua sou *eu*, "am *I*", "suis-*je*", "bin *ich*" quando estou no meu mundo mais íntimo? Qual o som do ego? (STEINER, 2005, p. 142-146, destaques do autor).

George Steiner – um especialista da linguagem humana cuja envergadura é inconteste – fala de sua experiência de vir-a-ser falante a partir da contraposição entre consciência ("O que posso dizer, escrever ou ler em outras línguas veio mais tarde e conserva uma 'marca' de aquisição consciente") e inconsciência ("Não tenho qualquer lembrança de uma primeira língua"), apresentando as "três línguas maternas" como uma experiência constitutiva de si ("Minhas três línguas, [...] eu as experiencio como centros perfeitamente equivalentes de mim mesmo").

As evidências apresentadas por Steiner da ausência de primazia de uma língua sobre a outra são numerosas: "testes realizados", "sonhos", "hipnose" "estado de comoção", "contexto poliglota" indicam, de maneira inconteste, para Steiner, as suas "três línguas maternas". E não é apenas isso; tal "matriz poliglota" possibilita uma "identidade pessoal" que transita entre um "arranjo rico e impressionantemente complexo da sensibilidade do humanismo judaico e centro-europeu" e "uma certa extraterritorialidade em relação à comunidade social e histórica circundante". Essa situação é que permite a visão de um mundo que pode tanto reconhecer "graus variados de sinonímia" (*chestnut tree*, *marronier* e *Kastanienbaum*) como permitir uma "modulação" que vai da "equivalência perfeita à disparidade" (*ein Pferd* e *un cheval*).

Além disso, Steiner acumula a figura do falante e do pensador porque é a partir de sua "circunstância pessoal" que se instaura "um interesse teórico" explicitado em "perguntas": "Haveria [...] uma língua primeira" ou "completa paridade e simultaneidade"? Em que termos descrever as relações entre as "três línguas maternas"? "Contínuo"? "Bordas"? "Centro comum"? "Contato horizontal"? "Magma"? Esses questionamentos se complexificam ainda mais: "Pode haver mais elementos?" "Há seres humanos total e irreflexivelmente quadrilíngues?" Com "cinco línguas"? "Uma mentalidade poliglota funciona diferentemente?" Finalmente, a grande pergunta: "Aquela 'entreligação das mentes', pela qual Samuel Daniel enalteceu John Flório, o grande tradutor, restringe ou amplia a faculdade da enunciação expressiva?" Está colocado o problema da constituição do falante na língua, para Steiner.

Em uma segunda atitude reflexiva, Steiner desloca seu comentário acerca da *aquisição da língua* (evidentemente repleto de inúmeras nuanças)[225] para o escopo da *tradução*[226]: "Como uma sensibilidade multilíngue internaliza a tradução, a efetiva passagem de uma de suas primeiras línguas para outra?" Não há "fronteira entre as duas línguas" em tradução? Ou há "sistema privado implícito de hipóteses analíticas"?

Tudo isso, no lindo comentário de Steiner, desemboca na *autorreferência*[227] como organizadora do mundo do homem. Quando conclui seu relato de suas "três línguas maternas", questionando "Em que língua sou *eu*?", a autorreferência toma um valor organizador na medida em que o grande ensaísta se pergunta sobre os termos pelos quais a língua impõe uma ordem para a sua experiência vivida. A autorreferência que ali se explicita é a da língua indexada ao homem.

É possível, então, ver, na narrativa de Steiner, o falante tendo lugar na língua e a língua tendo lugar nele. O falante da narrativa referencia a si mesmo em sua relação com a língua – no caso, as línguas. A partir disso, creio que, para encerrar essa discussão, é conveniente que o leitor volte à narrativa de Steiner e reflita: como o mundo é por ele percebido? O que as diferenças e semelhanças entre as línguas ensinam a ele? E, a partir disso: O que sua narrativa de si ensina sobre a relação entre a língua e o pensamento[228], a língua e a realidade[229], a língua e o falante[230], as línguas entre si, a língua, as línguas e a linguagem[231] etc.? Enfim, o que essa experiência de Steiner ensina?

---

225. O tema da aquisição de uma língua foi tratado, neste livro, no quinto capítulo (cf. § 5).

226. A tradução foi abordada, neste livro, no sexto capítulo (cf. § 6).

227. A autorreferência foi tratada, neste livro, no segundo capítulo (cf. § 2).

228. A relação entre pensamento, língua, línguas e linguagem é tratada no quarto capítulo, neste livro (cf. § 4).

229. Cf. § 2.

230. Cf. "Apresentação – A linguística como reflexão antropológica".

231. As relações entre linguagem, língua e línguas são abordadas no primeiro capítulo neste livro (cf. § 1).

Como início de resposta, vale considerar que a língua está sempre ali a permitir ou a impedir de dizer, e somente o falante pode estabelecer a jurisprudência sobre isso. É providencial, portanto, que Steiner termine seu relato indagando: "Em que língua sou *eu*, 'am *I*', 'suis-*je*', 'bin *ich*' quando estou no meu mundo mais íntimo? Qual o som do ego?"

§ 10

A língua, o falante e os outros problemas gerais

*A linguagem é, de fato, um objeto difícil e [...] a análise
do dado linguístico se faz por caminhos árduos.*
Émile Benveniste. *Problemas de linguística geral I.*

§ 10.1 INTRODUÇÃO

Sylvain Auroux (1998), logo no início de seu livro *A filosofia da linguagem*, define a abordagem problematológica em torno da linguagem – ao menos do ponto de vista da filosofia da linguagem tal como o autor a concebe – a partir da consideração de que o conhecimento é a busca de respostas a problemas. Segundo o autor, há diferentes tipos de problemas: a) há problemas aos quais é suficiente a aplicação de um dado método que seja reconhecido para fornecer determinadas respostas; b) há problemas para os quais não se encontrou, ainda, um método de resolução; c) há problemas para os quais não existem métodos de resolução; finalmente, d) há problemas não saturados, quer dizer, formulados de modo incompleto, que exigem ser saturados, completados, para ter resolução.

O problema filosófico – não se pode esquecer que Auroux empenha-se na formulação de uma *filosofia* da linguagem – se parece com os problemas do último tipo. Isto é, são problemas não saturados, mas com uma particularidade: há várias maneiras de saturá-los e, a cada vez, tem-se uma resposta diferente.

Esse raciocínio é perfeitamente aplicável ao caso da problematização em torno da linguagem, e o utilizei em cada um dos capítulos precedentes. Todos os "problemas" apresentados aceitariam receber outras propostas de solução, além daquelas aqui esboçadas.

Ora, a máxima saussuriana de que é "o ponto de vista que cria o objeto" (SAUSSURE, 1975, p. 15) adquire, nesse caso, um contorno específico: o objeto[232] de uma reflexão acerca da linguagem pode mudar porque podem mudar tanto a construção das perguntas quanto as possibilidades de respondê-las. No entanto, para Auroux (1998, p. 20, destaques do autor),

> qualquer que seja a orientação [...] ela é sempre suscetível de estar ligada, em seu desenvolvimento e seus esforços, aos seguintes problemas:
>
> • A natureza da linguagem e sua relação com a humanidade: os outros animais falam? A linguagem supõe *entidades intencionais* (ideias, significações), até mesmo uma propriedade específica do espírito humano (*a intencionalidade*)? Qual é a origem da linguagem? De onde vem o fato de que falamos? A esse tipo de questão é preciso juntar as que só apareceram no século XVIII: elas concernem à natureza da escrita e a sua relação com a linguagem.
>
> • A linguagem e o pensamento: pode-se pensar sem linguagem? O pensamento é uma linguagem interior? Os conceitos gerais não são apenas palavras?
>
> • A linguagem e a realidade: o que significam os diferentes elementos de nossas línguas? Um termo isolado pode ser verdadeiro? A verdade do que dizemos depende das palavras de que dispomos para dizê-lo?

O que chama a atenção nessa passagem é que, de certa maneira, Auroux propõe três grandes grupos de questões que teriam a propriedade da transversalidade, tal como eu a defini na "Apresentação" deste livro.

Há o grupo referente às problematizações em torno da natureza da linguagem e, nele, estão contidas questões que contribuem para pensar o que é específico da linguagem. Há o grupo referente às relações entre pensamento e linguagem. Por fim, o grupo das relações entre linguagem

---

232. Sobre o problema do objeto da linguística na reflexão saussuriana, cf. Colombat, Fournier e Puech (2010), em especial a "Questão 45", "Comment le problème de l'identification de l'*objet* de la linguistique est-il posé chez Saussure?" ["Como o problema da identificação do *objeto* da linguística é colocado por Saussure?"]

e realidade. Ora, observe-se que muitos dos temas que integram essas questões são diretamente abordados neste *Problemas gerais de linguística*; outros são apenas tangencialmente discutidos; outros ainda, não foram contemplados[233]. O fato de receberem maior ou menor atenção, neste momento, diz respeito menos a certa ordem de importância e mais à generalidade que têm e à transversalidade que os constitui. Assim, a reflexão de Auroux cumpre, aqui, o papel de corroborar a existência do que chamo de temas transversais à linguística, desde que se assuma uma visada problematológica do campo.

Isso posto, dois pontos ainda merecem atenção, uma vez que, juntos, constituem o tema do presente capítulo.

O primeiro tem a ver com o fato de se ter, enfim, plena consciência de que, tal como este livro está configurado, não se busca propor o retorno a uma linguística geral em sentido estrito. Trata-se, antes, de defender que, independentemente da perspectiva assumida, há problemas com os quais toda e qualquer linguística em algum momento tem de se haver. São temas que dizem respeito ao fazer do linguista, e dele se espera algum posicionamento. Isso é desenvolvido a seguir (cf. § 10.2), em especial na contraposição com a ideia de uma "linguística geral", desenvolvida no final do século XIX e durante o século XX.

O segundo ponto tem a ver com o fato de que, aos temas discutidos nos capítulos anteriores, é possível acrescentar outros que, somados, dão extensão considerável à ideia de que há problemas transversais à linguística. Para abordá-los, o linguista pode – e deve – escolher um dado ponto de vista e, consequentemente, uma ancoragem no conhecimento positivo capaz de estudá-lo. A sugestão da continuidade desse debate é também feita adiante nos temas que integram o item § 10.3.

---

233. Para orientar o leitor, no final deste livro encontra-se um "Índice de assuntos por capítulo", em que se explicitam onde, no interior do assunto maior de cada capítulo, outros assuntos têm lugar.

§ 10.2 DA LINGUÍSTICA GERAL AOS PROBLEMAS GERAIS

Vou começar com uma observação óbvia: a expressão "linguística geral" conheceu notoriedade no século XX. Ela intitula grandes livros de grandes linguistas[234]: a *Estética como ciência da expressão e linguística geral*[235], de Benedetto Croce, em 1902; o *Curso de linguística geral*[236], de Ferdinand de Saussure, em 1916; o *Linguística histórica e linguística geral*[237], de Antoine Meillet, em 1921; os *Elementos de linguística geral*[238], de Andrè Martinet, em 1960; os *Problemas de linguística geral I e II*, de Émile Benveniste, 1966 e 1974 respectivamente; os *Essais de linguistique générale* [*Ensaios de linguística geral*], de Roman Jakobson, em 1963. Entre nós, no Brasil, há a publicação dos *Princípios de linguística geral*, de Mattoso Câmara, em 1942. Essa situação requer interpretação.

O terceiro volume da monumental *Histoire des idées linguistique* [*História das ideias linguística*] (2000), obra de referência coordenada por Sylvain Auroux, traz em sua sétima parte, intitulada "La linguistique générale" ["A linguística geral"], um conjunto de reflexões fundamentais para repensar, na atualidade, o sentido que se pode atribuir à expressão "linguística geral", ou ainda, para melhor fundamentar – e reler – o que chamei acima de *linguística geral em sentido estrito*. Em seu artigo na obra, Auroux (2000, p. 435) considera que o conceito de linguística geral não se remete a uma problemática unitária, objeto de um consenso. Sua função é colocar em causa a hegemonia da gramática comparada no final do século XIX, seguindo, para isso, caminhos muito diversos e, não raras vezes, opostos.

---

234. Anexo a este capítulo encontra-se um quadro retirado de Auroux (2000), cf. "Anexo 1 – Amostra da produção em Linguística Geral (1870-1933)".

235. Cf. *Estetica come Scienza dell'Espressione e Linguistica Generale* [*Estética como ciência da expressão e linguística geral*]. A edição utilizada aqui é a brasileira, de 2016.

236. Cf. *Cours de linguistique générale* [*Curso de linguística geral*]. A edição utilizada é a brasileira, de 1975.

237. Cf. *Linguistique historique et linguistique générale* [*Linguística histórica e linguística geral*]. A edição utilizada é a francesa (MEILLET, 1948).

238. Cf. *Éléments de linguistique générale* [*Elementos de linguística geral*]. A edição utilizada é a brasileira de 1978.

Claudine Normand (2000a, p. 442), na mesma obra, explica que a abundância de trabalhos de linguistas, publicados no início do século XX – cujo objetivo era refletir sobre os estudos precedentes e os contemporâneos para propor, a partir deles, uma síntese –, marca o reconhecimento de uma linguística geral, expressão esta que nunca pode ser considerada de maneira neutra, visto que aberta a diferentes interpretações. Normand mostra claramente que à vontade dos linguistas de desenvolver uma ciência unificada se contrapunha uma série de problemas. Um dos principais era determinar qual seria o ponto de vista unificador, o que a leva a afirmar que o termo "remete menos a uma totalidade empírica [...] do que à formulação de uma 'ideia'" (p. 443).

Ou seja, a linguística geral é menos um método definido que permite reconhecer em um conjunto de obras um procedimento unificador e mais um termo que sintetiza um projeto de unificação. Normand é cética em relação às condições de realização de tal projeto. Para ela, "*linguística* e *geral* associam, idealmente, a prática de uma ciência (as observações e demonstrações da gramática comparada e da linguística histórica) e a filosofia dessa ciência" (p. 443). O termo "linguagem", que resumiria a generalidade das "línguas", seria o objeto dessa reflexão (abstrata e sintética) chamada "linguística geral". Nesse cenário, duas questões subsumidas na expressão "linguística geral" insistem – e persistem – sem respostas satisfatórias: "Qual a relação entre essa linguística e as linguísticas particulares (objetos e métodos)? Qual a relação entre a linguagem e as línguas (corolário da anterior)?" (p. 444).

Ora, o fato é que o estatuto da "generalidade" e mesmo do que seja linguística é muito diferente em cada caso de ocorrência da expressão "linguística geral". Mais adiante, Normand (2000b, p. 449-462) atenta para um ponto: a ideia de uma linguística geral implica reflexão acerca de temas como a relação da linguística com as outras ciências (incluídas aí a definição do que a constitui como ciência *per se* e a delimitação do que pode ser considerado das disciplinas vizinhas a título de complementariedade). A autora apresenta o que chama de "generalidade dos princípios", em que, a partir do que ensina Saussure, há menor interesse em uma perspectiva de síntese globalizante e maior interesse em uma epistemologia propriamente dita, uma vez que a generalidade aqui é evocada sob a forma de leis (p. 463-471).

Por último, Normand defende que a expressão "linguística geral" remete, essencialmente, a duas empreitadas distintas: ou à síntese ou aos fundamentos. Essa dualidade está ligada ao duplo entendimento de "geral": "generalização a partir dos dados coletados ou generalidade de princípios de coleta dos dados" (p. 470). Essa distinção encontra ilustração, de um lado, entre aqueles que acreditam poder dominar um conjunto de saberes adquiridos consensuais (Whitney, Bréal, Paul, Meillet, Vendryes, Jespersen...), de outro, entre os que são mais ligados aos princípios filosóficos (Sweet, Kruzewski, Baudouin de Courtenay, Henri, Saussure...).

Finalmente, Colombat, Founier e Puech (2010, p. 209-210) consideram que se pode atribuir três grandes sentidos à ideia de "generalidade" linguística: a) o primeiro, ancorado no final do século XIX, já sob influência saussuriana, diz respeito aos *princípios gerais de uma descrição das línguas, isto é, a unidade geral, articulada, sistemática, dos princípios que permitem descrevê-las em sua diversidade e em suas semelhanças*"; b) o segundo diz respeito a "uma *generalização tendencial* dos resultados de linguísticas 'particulares'"; c) o terceiro está ligado à "redistribuição das problemáticas de pensamento entre as disciplinas que definem ou redefinem seu objeto".

Como se pode notar, não há unanimidade nem na definição do que viria a ser uma linguística geral nem nos pontos de vistas que se poderia assumir para delimitá-la. Nesse sentido, parece ter razão Auroux (1988, p. 44) ao considerar que o "sentido menos restritivo que se pode assinalar em 'geral' consiste em glosar o termo por 'não restrito a uma língua qualquer'". O mesmo Auroux, anos mais tarde, dirá:

> A linguística geral é um projeto, nascido no último terço do século XIX, para reduzir a diversidade dos conhecimentos positivos que concernem às línguas humanas a um número restrito de princípios firmes e seguros. [...]. [Entretanto,]

> a ideia de que a linguística geral seja uma 'ciência' autônoma é muito discutível, principalmente porque isso supõe que a linguística o seja no mesmo sentido. Frequentemente, designa-se com este nome uma abordagem global dos princípios gerais que se utilizam na construção positiva do conhecimento das línguas e da faculdade da linguagem (AUROUX, 1998, p. 16).

A partir do exposto, espero ter ficado evidente a pertinência, ou não, de uma linguística geral. Os termos pelos quais um projeto dessa natureza surgiu na história da linguística, e mesmo os motivos que o levaram a perder força, são temas que exigem reflexão detida de epistemólogos da linguística, filósofos da linguagem, historiadores das ideias linguísticas etc.

Em nada este *Problemas gerais de linguística* remete a uma ideia de linguística geral em sentido estrito. A noção de *transversalidade*, indicada na "Apresentação", não se coaduna com a noção de *generalidade* tal como pensada a partir do final do século XIX. Se fosse preciso definir o meu ponto de vista, diria que entendo os problemas gerais de linguística à moda do que propõe Walter Benjamin em seu ensaio de 1935, "Problemas da sociologia da linguagem"[239].

Nesse texto, Benjamin (1992, p. 197-227) reúne "a questão sempre inacabada das relações entre a linguagem e o pensamento"; as relações entre o escrito e o oral – "as recentes discussões sobre a linguagem da mão e a linguagem dos sons" –; "a teoria da afasia"; a "interrogação sobre a origem da linguagem"; a origem das línguas; a discussão sobre "as possibilidades onomatopeicas da voz humana" e a "representação simbólica"; as "afinidades [da linguagem] com o desenho"; as relações entre "os conceitos linguísticos primitivos", "os conceitos míticos" e "os conceitos lógicos"; as psicopatologias; a "linguagem gestual"; as relações da linguagem "com certos grupos sociais, econômicos"; o "estudo do calão"; a "atenção particular às coisas que as palavras designam"; a terminologia especializada; as relações entre linguística e lógica; as funções da linguagem; a dêixis; a

---

239. A edição utilizada aqui é a portuguesa (cf. BENJAMIN, 1992).

questão da linguagem humana em relação à linguagem animal; a aquisição da linguagem, "a linguagem infantil"; e a voz, entre outras questões.

O que o texto do filósofo ensina? A resposta está resumida, em minha opinião, no título: os "problemas da sociologia da linguagem" são os problemas gerais de natureza linguística que afetam a vida do homem como ser social que é. A síntese disso é feita pelo próprio Benjamin ao citar a seguinte passagem de Goldstein[240] (1933, p. 495-496, apud BENJAMIN, 1992, p. 229):

> A partir do momento em que o homem usa a linguagem para estabelecer uma relação viva com ele próprio ou com os seus semelhantes, a linguagem já não é um instrumento, não é um meio; é uma manifestação, uma revelação da nossa essência mais íntima e do laço psicológico que nos liga a nós próprios e aos nossos semelhantes.

Isso leva Benjamin (1992, p. 229) a afirmar: "Explícita ou tacitamente, um tal ponto de vista está no início de toda a sociologia da linguagem". Para mim, se ele está no início da sociologia de Benjamin, ele pode muito bem estar no início de uma problematização geral para a linguística[241]. Essa concepção não parece ir de encontro ao que formula Benveniste em sua aula de 2 de dezembro de 1968 no Collège de France, só que, dessa vez, reabilitando o sintagma "linguística geral" sob uma nova ótica:

> Vamos, portanto, continuar falando de problemas de "linguística geral". Uma noção que pode ser entendida em diversos sentidos. Podemos dar ao termo "geral" um valor dimensional: o conjunto das línguas, as leis de sua evolução. *Tal como eu a compreendo, a linguística geral é a linguística que se interroga sobre si mesma*, sobre sua definição, sobre seu objeto, sobre seu estatuto e sobre seus métodos. Trata-se, portanto, de uma interrogação incessante, que se desenvolve,

---

240. A referência citada por Benjamin é: GOLDSTEIN, K. "L'analyse de l'aphasie et l'étude de l'essence du langage". In: *Psychologie du langage*, Paris, 1933, p. 495-496.

241. Em um contexto de reflexão diferente do que sugiro com a ideia de *transversalidade*, mas dentro da discussão em torno da "linguística geral", Colombat, Fournier e Puech (2010, p. 211, destaques dos autores) assim se manifestam sobre o texto de Benjamin: "Em um belo ecletismo largamente transdisciplinar, o sintagma 'linguística geral' se transforma então em 'problemas gerais de ordem linguística', a serviço do tema central da socialidade linguística, e mesmo da sociedade como *fato* linguístico". Essa interpretação dos autores vem ao encontro do que chamo de problemas gerais de linguística.

> que se renova, na medida em que a experiência do linguista se aprofunda e seu
> olhar se amplia (BENVENISTE, 2014, p. 90, destaques meus).

Enfim, tanto os problemas da sociologia da linguagem lembrados por Benjamin quanto a linguística geral "que se interroga a si mesma" se coadunam nos problemas gerais de linguística aqui apresentados.

§ 10.3 OUTROS PROBLEMAS GERAIS

Além dos "problemas" abordados neste livro com mais vagar e para os quais, às vezes, formulei conscientemente respostas quase pessoais, outros poderiam também fazer parte do grupo de problemas transversais à linguística? Creio que sim. A lista poderia ser consideravelmente ampliada desde que se aprecie um ponto essencial: os problemas são interrogantes do fazer do linguista. Quer dizer, ao situar uma rede de questões que fazem parte da reflexão acerca da linguagem, em geral, está-se circunscrevendo um campo de atuação do linguista.

Independentemente do quadro teórico mobilizado, há grandes temas geradores de reflexão cuja existência epistemológica está na dependência do fazer do linguista. Caso se considerem grandes linguistas do século XX – Croce, Saussure, Meillet, Jakobson, Jespersen, Vendryes, Cassirer, Benveniste, Bloomfield, Harris, Chomsky, Labov, Hjelmslev etc. – e mesmo de séculos anteriores – Condillac, Rousseau, Herder, Bopp, Schlegel, Grimm, Humboldt, Schleicher, Bréal, Whitney etc. –, será possível ver que, em todos, de uma maneira ou de outra, os problemas aqui destacados tiveram lugar.

Bem entendido, isso não significa que se encontre nos autores discussões explícitas sobre essa lista de temas; o que defendo é que, em algum momento, é possível situá-los no interior de cada teoria. Isso, em minha opinião, atesta que, seja qual for o olhar do linguista e a direção para a qual ele olhe, sendo a linguagem uma propriedade do humano, em algum momento ele topará com os problemas aqui elencados.

Como forma de deixar entreaberta a pesquisa na área, a seguir apresento, de maneira quase descritiva e sem maior aprofundamento, alguns temas que merecem atenção do linguista. Minha intenção aqui é menos abordá-los em toda a amplitude e profundidade que ensejam e mais listá-los e, assim, sugerir continuidade ao debate aqui instaurado. Em cada caso, procuro sempre expor ao leitor os termos pelos quais eu trataria a questão.

§ 10.3.1 Universal ou universais?

A discussão em torno dos "universais linguísticos" é, hoje em dia, muito facilmente encontrada no âmbito da Gramática Gerativa. Fala-se em propriedades comuns às línguas naturais, ou seja, que podem dizer respeito tanto às condições abstratas que regem uma gramática, os *universais formais*, como às categorias ou aos elementos que estariam presentes nas línguas e com as quais elas são analisadas, os *universais substanciais*.

Realmente, Chomsky, em *Aspects of the Theory of Syntax* [*Aspectos da teoria da sintaxe*], de 1965, se dedica a fazer a distinção entre "universais formais" e "universais substanciais". Segundo ele: "Uma teoria da estrutura linguística que visa à adequação explicativa leva em conta os universais linguísticos" (CHOMSKY, 1965, p. 27). Ele acrescenta: "O estudo dos universais linguísticos é o estudo das propriedades de qualquer gramática gerativa para uma língua natural" (p. 27). E conclui:

> É útil classificar os universais linguísticos como formais ou substanciais. Uma teoria de universais substanciais afirma que itens de um tipo particular em qualquer idioma devem ser retirados de uma classe fixa de itens [...].
>
> Também é possível, no entanto, procurar propriedades universais de um tipo mais abstrato. Considere uma alegação de que a gramática de todas as línguas satisfaz certas condições formais especificadas. A verdade desta hipótese não implicaria, por si só, que qualquer regra particular devesse aparecer em todas ou mesmo em quaisquer duas gramáticas. A propriedade de ter uma gramática que atenda a uma determinada condição abstrata pode ser chamada de linguística formal universal, se mostrada como uma propriedade geral das línguas naturais (CHOMSKY, 1965, p. 27-29).

Ora, é importante lembrar que essa distinção tem valor muito específico na reflexão do linguista e no âmbito do pensamento cartesiano, quer dizer, relativamente ao papel da noção de mente no construto teórico gerativista. Assim, nessa concepção, a análise das estruturas gramaticais profundas das línguas conduziria à forma geral da linguagem, constituída por estruturas universais balizadoras das variações em línguas particulares, o que atestaria o aspecto mental desse conhecimento.

Conforme Auroux (1998, p. 357), "levar a sério uma asserção universal é com efeito admitir que ela vale não somente para todo o real, mas para todo o possível; dito de outro modo, é atribuir-lhe um valor legal". É nessa espécie de "legalidade" que parece se assentar a gramática gerativa.

Na formulação de Auroux (1998, p. 356), "um universal linguístico é uma proposição que afirma uma propriedade linguística que se torna verdadeira quando todos os elementos, que na proposição permitem identificar uma língua, são substituídos por variáveis quantificadas". Ora, caso se afirme que em qualquer língua os elementos pertencentes à mesma classe são substituíveis em um mesmo contexto, então se deve aceitar que tal formulação é universal. No entanto, é bom lembrar, esse universal diz respeito ao método que o determina e não propriamente às línguas. Trata-se, em síntese, da explicitação do modo de construção das categorias de uma teoria.

Por outro lado, a proposta de Greenberg (1966) permite ir além das variações categoriais, pois é alicerçada em uma perspectiva de estrutura implicacional. Observe-se o exemplo:

> Seja por exemplo o universal: "Se em uma língua o objeto pronominal segue o verbo, então o objeto nominal o segue também". O francês não é um contraexemplo: já que nele o objeto pronominal (p. ex. /je l'ai vu/) [port. Eu a/o vi] precede o verbo, o antecedente é falso e consequentemente a condicional é sempre verdadeira. A asserção permaneceria igualmente verdadeira se por acaso existisse uma língua que não possui nem nome nem pronome. Ela seria falsa se existisse uma língua em que o objeto pronominal segue o verbo e em que o objeto nominal precede o verbo. No fundo, o que afirma o universal é que uma tal língua é impossível (AUROUX, 1998, p. 356-357, destaques do autor).

As observações acima – recolhidas brevemente em apenas três autores (Chomsky, Greenberg e Auroux) – introduzem, na ordem do dia, além da complexidade do tema, algo que, em minha opinião, vai em duas direções: em primeiro lugar, cabe refletir se se trata de uso substantivo ou de uso adjetivo da palavra "universal"; em segundo lugar, cabe voltar ao título desta seção – "Universal ou universais?"[242] – para ver se a passagem do singular ao plural tem consequências.

O uso adjetivo de "universal", no contexto de estudo da linguagem, pode indicar duas possibilidades de sentido (cf. LALANDE, 1996): a) que se estende a todo um Universo (e.g., "gravitação universal" ou "gramática universal"); b) que se estende a todo um conjunto, em oposição a "particular" (e.g., a "categoria sujeito é universal"). Em uso substantivo, podem-se depreender dois sentidos também: a) aquilo que tem caráter de universalidade (cf. uso adjetivo "b"); b) aquilo que é expresso por um termo geral que possa ser predicado de diferentes sujeitos (normalmente usado no plural, "os universais"). Este último sentido, muito próximo aos estudos da linguagem, diz respeito também a "qualquer propriedade, constante, invariável, que pareça poder ser atribuída ao comportamento humano independentemente de diferenças étnicas e culturais" (CARDONA, 1984, p. 345)[243]. Há algumas evidências quando se aplicam essas ideias às línguas e à linguagem.

Por exemplo, todas as línguas teriam um sistema de unidades fonológicas, assim como disporiam de processos de construção de frases, no sentido de que são compostas por um componente sintagmático. Todas as línguas possuiriam a dupla articulação, quer dizer, uma organização no nível dos fonemas e também dos morfemas. Ou ainda, seria possível aceitar que todas as

---

242. No § 4.3.2 e § 4.3.3, foi encaminhada uma perspectiva possível da discussão universal *versus* universais da linguagem.

243. O verbete do linguista italiano Giorgio Raimondo Cardona (1943-1988), "universais/particulares", presente no segundo volume da prestigiosa *Enciclopédia Einaudi* (cf. "Referências"), é, para mim, uma das leituras mais essenciais quando o que está em discussão é o histórico dessa problemática.

línguas se organizam, basicamente, da mesma maneira: um conjunto infinito de frases, com forma fonética e com estrutura significativa. Seria possível admitir, também, que a existência de regras sintáticas, de regras fonológicas, de unidades lexicais são evidências incontestes do esquema comum de organização das línguas.

O fato, porém, é que, com essa lista de "admissões", se distinguem coisas com estatutos epistemológicos muito distintos. Vou dar apenas um exemplo.

De um lado, há os universais fonológicos (cf. JAKOBSON; FANT & HALLE, 1952), em que se fornece uma lista de traços binários relativos às oposições possíveis em todas as línguas, que formam um sistema de traços definidos segundo critérios acústicos e articulatórios que estariam presentes em todas as línguas, diferindo, no entanto, no modo como combinam esses traços. Esses "universais" seriam considerados por Chomsky "de substância".

De outro lado, há aspectos do componente sintático, tais como relações de encaixe de estruturas; operações de transformação que alteram as relações gramaticais na frase (movimento, inserção etc.); operações de transformações que permitem rearranjo dos constituintes principais de uma frase em diferentes ordens lineares. Especificamente em referência às "relações de encaixe", é possível concluir que se trata de uma propriedade recursiva das línguas. A recursividade poderia ser considerada um "universal formal", ainda em uma interpretação chomskyana.

Tais observações levam a pensar no aspecto criativo da linguagem humana, no qual se destaca um caráter ilimitado da linguagem, atribuível à natureza humana, que permite a um falante qualquer criar e compreender uma classe potencialmente ilimitada de frases novas em sua experiência. A criatividade seria, então, um universal geral da linguagem.

Assim, embora a suposição de que o tema dos universais seja pertinente no contexto da reflexão linguística – a lista acima poderia ser consideravelmente aumentada –, pode-se admitir que ela não é unânime nem sobre o que está abrigado sob essa denominação nem sobre os termos pelos quais essa ideia pode ser concebida.

Além disso, não se pode desconhecer que a questão dos universais linguísticos está, desde sempre, presente nas investigações linguísticas.

Por exemplo, em Saussure (1975, p. 13), é uma tarefa da linguística "procurar as forças que estão em jogo, de modo permanente e universal, em todas as línguas e deduzir as leis gerais às quais se possam referir todos os fenômenos peculiares da história". Sabe-se bem que, em suas conferências na Universidade de Genebra, em 1891, Saussure já anunciava, quase 20 anos antes de seus derradeiros cursos de linguística geral, que ao "fato universal da linguagem" (SAUSSURE, 2004, p. 130) correspondem princípios de "valor universal" (p. 137). Em Jakobson, além dos universais fonológicos (cf. acima), há todo um programa de viabilização dos universais em seu trabalho. Como comprovação disso, basta pesquisar o índice de assuntos dos dois primeiros volumes dos *Selected Writings*. São inúmeras as ocorrências. Eugenio Coseriu (1974, p. 48-49), por sua vez, faz uma distinção bastante operacional. Há, para ele, cinco tipos de universalidades: três primárias (conceitual, essencial e generalidade histórica) e duas secundárias, derivadas das combinações das três primárias (a combinação *possibilidade/generalidade* e a combinação *possibilidade/necessidade*). A cada universalidade, correspondem universais: os universais *possíveis, essenciais* e *empíricos* (do primeiro tipo de universalidades); os universais *seletivos* e os *implicativos* (do segundo tipo de universalidades).

Enfim, além desses exemplos sumariamente lembrados, há muitos outros – Hjelmslev (1975), Mounin (1975), Hagège (1985) etc. –, que fundamentam seus argumentos em uma perspectiva que se poderia chamar de linguística *stricto sensu*. É justo, porém, que se estenda a discussão para o que eu chamaria de abordagem *lato sensu*. Ou seja, cabe ver que, nas ditas recorrências, similaridades, semelhanças entre as línguas, há algo que é próprio à natureza simbólica do ser humano. Nesse caso, o linguista, ao indagar sobre a passagem de uma perspectiva generalista – ligada à ideia de universalidade – a uma perspectiva que contemple a diversidade das línguas, teria de incluir em sua indagação o falante, para quem a língua existe como possibilidade de vida em sociedade.

O projeto de um estudo das línguas que inclua o homem não deixa de se colocar no escopo da discussão dos universais, no entanto, com uma visada diferente: é universal que o homem se singularize ao falar sua língua. Trata-se de reivindicar para os estudos da linguagem a pertinência da universalidade de cada falante. Cada língua é particular, cada falante é singular, e é precisamente nisso que ambos são universais. Como lembra Humboldt em 1822: "A individualidade é a unidade da diversidade" (2000, p. 131). Se, de um lado, não se pode ignorar que uma língua é uma particularidade frente à outra língua, por outro lado, é incontestável também que a verdadeira particularidade se faz "no locutor a cada vez que fala. Apenas no indivíduo é que a língua recebe sua determinação última" (HUMBOLDT, apud THOUARD, 2016, p. 169)[244].

O fato é que a problemática do universal/universais é inseparável de outra não menos complexa, a diversidade das línguas, que, por sua vez, é inseparável da natureza falante do homem. Vou começar pelas línguas.

Desde que se reconheça que as línguas são diferentes e que se reconheça que são línguas, reconhece-se, pelo mesmo gesto, aspectos que as unificam e aspectos que as diversificam. Desta vez é Milner quem explica:

> Mas, dizendo *as línguas*, dizemos algo mais ainda: certamente estamos fazendo a suposição de que elas são várias e estão reunidas, mas também de que é sempre possível diferenciá-las entre si. Pois esse plural é, na verdade, uma coleção de singulares ao mesmo tempo iguais e discerníveis (MILNER, 1978, p. 16, destaques do autor).

No entanto, Milner adverte:

> Sempre há sentido em dizer *uma* língua, de tal maneira que sempre se possa, para um segmento qualquer, determinar se ele lhe pertence ou não. Ora, nada é menos certo: mesmo se admitindo que nós saibamos sempre, para um segmento de uma

---

244. Cf. Borsche (2015).

> realidade, determinar se ele é ou não língua, isso não implica que sempre se possa atribuí-lo a uma determinada língua mais do que a outra (MILNER, 1978, p. 16, destaques do autor).

E ilustra:

> Ao lado de casos comuns, em que a distinção é trivial, há aqueles em que identidade e diferença se embaralham: O que dizer dos diferentes tipos de sintaxe entre os quais um mesmo sujeito poderia ocasionalmente adotar, conforme o seu humor ou as circunstâncias? O que dizer de dois sujeitos, convencidos de falarem a mesma língua, e de cujos julgamentos de gramaticalidade, entretanto, podemos testemunhar divergências constantemente? O que dizer dos dialetos, dos "níveis de língua"? (MILNER, 1978, p. 17).

Enfim, para Milner, ainda que se possa dizer se duas línguas são, ou não, iguais, isso não implica que se possa afirmar, com certeza, que toda locução – considerando que uma língua é um conjunto de locuções – seja idêntica a si mesma.

Creio que a relação entre o universal e o particular nas línguas se inscreve na escrita da morfologia mesma da palavra "línguas", que estenografa o diverso no repetível. Observe-se o grafo:

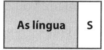

Ao dizer "as línguas", simultaneamente se afirma a unidade (é uma língua) e a diversidade (é uma dada língua), o universal (possui propriedades de língua) e o particular (tem uma configuração própria). Mas ainda há mais: o falante. Para mim, o falante é o universal por excelência que se singulariza no interior de cada língua.

Em outras palavras, é evidente que, na invariância, se inclui a diversidade das sociedades humanas, decorrente de inúmeros fatores sócio-bio-psicológicos, mas também é evidente que cada cultura se coloca a si mesma no centro do universo porque compartilha com esse universo o fato de que precisa existir naqueles que a constituem como cultura, ou seja, os seres humanos. *Em termos linguísticos, isso significa que o universal precisa existir em cada um para ser universal. Logo, a sua existência está ligada àqueles que o falam. Nesse sentido, não há língua que dispense o falante.*

Finalmente, espero ter deixado claro que, em linguística, quando se usa a expressão "universais linguísticos", não se está, com isso, fazendo referência a nenhum tema consensual. Há muitas formas de se conceber esses "universais". As diferenças estão ligadas ao quadro teórico mobilizado para defini-los e ao que se considera passível de ser incluído nessa ideia. Além disso, ao lado do universal se perfilam inúmeras outras questões que são também muito importantes para que se possa falar da natureza de linguagem do homem, que não encontram abrigo numa perspectiva única de concepção de ciência.

§ 10.3.2 Origem das línguas e origem da linguagem

De certa maneira, esse tema já compareceu neste livro, mesmo que tangencialmente, ao tratar de assuntos conexos. Longe de querer estabelecer um guia de entendimento acerca do tema, meu interesse aqui é, além de lembrar a sua atualidade, registrar a pertinência de o linguista, em algum momento de sua atividade, se perguntar acerca da origem da língua e da linguagem.

O assunto é tão antigo quanto polêmico e vai de par com outro, a língua universal[245]. A prova é que ambos foram terminantemente interditados pela Sociedade Linguística de Paris, fundada em 1866. Observe-se a redação dada ao segundo artigo do Estatuto da Sociedade: "Art. 2 – A sociedade não admite nenhuma comunicação concernente seja à origem da linguagem, seja à criação de uma língua universal" (AUROUX, 2000, p. 422). O mínimo que se pode dizer é que, de lá para cá, tudo mudou.

---

245. No final deste capítulo, encontra-se um anexo que reúne pequena cronologia dos estudos sobre a origem das línguas e da linguagem entre o século XVII e início do século XX (cf. "Anexo 2 – Breve cronologia de estudos sobre a origem das línguas e da linguagem (séc. XVII-XX)"). Os estudos atuais podem ser encontrados nas excelentes bibliografias disponibilizadas por Auroux (2008), Hombert (2005), Hombert e Lenclud (2014).

Na atualidade, o debate conheceu uma renovação, em especial, a partir dos trabalhos controversos de Merrit Ruhlen (2007)[246]. Ele, a partir do método comparativo, propõe distribuir as línguas em 12 grandes famílias linguísticas. Além disso, apresenta 27 raízes de palavras que seriam comuns ao conjunto de línguas do mundo e que pertenceriam a uma língua original, de onde teriam surgido as demais. Esse trabalho não teve aceitação entre os especialistas, mas reacende o debate.

A bibliografia atual sobre o tema é gigantesca e escrita em diferentes línguas do mundo[247]. Basta consultar o livro de Sylvain Auroux (2008), *A questão da origem das línguas, seguido de A historicidade das ciências*, e o monumental trabalho de Jean-Marie Hombert e Gérard Lenclud (2014), *Comment le langage est venu à l'homme* [*Como a linguagem apareceu no homem*], para constatar que o assunto é tão controverso quanto atual, além de ser objeto recente de pesquisa e interesse pela comunidade científica. Inúmeras são as revistas – científicas ou de divulgação – interessadas no tema.

O fato é que a ele está atrelada uma série de outros problemas. Segundo Auroux (2008, p. 41),

> a questão da origem das línguas se refere a alguns lugares que parecem se organizar de maneira dicotômica, e consequentemente se apoiar em teses paradoxais. Estes pares são bem posicionados desde a Antiguidade. A origem então é:
>
> | 1 – divina | ou | 2 – humana |
> |---|---|---|
> | 3 – convencional | ou | 4 – natural |
> | 5 – progressiva | ou | 6 – momentânea |
> | 7 – arbitrária | ou | 8 – motivada |
> | 9 – contingente | ou | 10 – necessária. |

---

246. No âmbito da linguística gerativa, esses questionamentos remontam à década de 1970. Muito foi incorporado no trabalho recente, que deu origem à área da Biolinguística. Cf. Chomsky (2018b).

247. No Brasil, o assunto volta à discussão desde a publicação de *Origens da linguagem*, de Franchetto e Leite (2004). Na atualidade, vale consultar o capítulo "Origem e diversidade das línguas", presente em *Uma breve história da linguística* (MOURA & CAMBRUSSI, 2018), em que as teorias de Platão e de Rousseau são contempladas com detalhamento. Cf. tb. Berwick e Chomsky (2017).

Ou seja, os argumentos gravitam em torno de aspectos sociais, culturais, biológicos, religiosos e filosóficos, apenas para lembrar alguns. Essa discussão passa pelos mitos da criação do homem, pelas teorias filosóficas (Platão, Descartes, Rousseau, Herder e Condillac são apenas os mais lembrados), pelos relatos de experiências, pela contraposição com a linguagem dos animais etc. Além disso, o tema está ligado às relações com o pensamento, com a sociedade, com a cultura e com aspectos ontogenéticos e filogenéticos da linguagem humana e afeta o trabalho de linguistas, antropólogos, arqueólogos, biólogos, sociólogos, psicólogos etc. Os termos que estão implicados nessa problemática são muitos: origem, mito, religião, criação, criacionismo, evolução, seleção natural, faculdade, cérebro, cultura, sociedade etc.

O que essa realidade ensina? Que "a origem da linguagem e das línguas" é um tema refratário a abordagens fechadas à interdisciplinaridade. Talvez esse seja o assunto que mais convoca à reflexão em diferentes campos do conhecimento.

§ 10.3.3 A língua no homem, a comunicação no animal

Muitos são os autores que têm se dedicado a avaliar o que diferencia, ou não, a linguagem humana da linguagem animal[248].

Inúmeras são as perspectivas de pesquisa: pode-se partir da linguagem humana, caracterizá-la e, em seguida, ver em que medida tais características

---

248. No Brasil, o capítulo "Os animais têm uma forma de comunicação tão complexa quanto a nossa", do livro *Mitos de linguagem* (OTHERO, 2017), é um excelente guia de introdução aos grandes problemas da área. Cabe conferir também, como guia introdutório de pesquisa, o capítulo "A questão da linguagem animal", presente em Auroux (1998). Finalmente, deve-se considerar que a obra *Comment le langage est venu à l'homme* (cf. "Referências"), escrita pelo linguista Jean-Marie Hombert e pelo antropólogo Gérard Lenclud (2014), é, na atualidade, a principal fonte de referência quando se busca estudar a história do questionamento sobre a origem da linguagem e o estado atual da produção científica sobre o tema. Recomenda-se, para o assunto em questão, principalmente, a leitura dos cap. 3 e 4: "Systèmes de communication animaux et langage humain" e "La communication chez les primates non humains: du geste à la parole".

podem ser encontradas na realidade animal; pode-se, também, partir do comportamento animal, atribuindo-lhe algum sentido por identificação de determinados comportamentos; pode-se, ainda, partir dos sinais emitidos pelos animais, isolando-os e compreendendo o conteúdo que veiculam; pode-se, enfim, tentar reproduzir esses sinais como forma de obter respostas semelhantes às dadas pelos animais, entre outras possibilidades.

Ou seja, independentemente do ponto de vista adotado, o que permanece é uma espécie de comparação entre o que é humano e o que é animal para, dessa comparação, deduzir o que seria próprio a cada um. Ora, embora, em tese, esse não seja um procedimento sobre o qual se possa ter alguma ressalva, resta sempre uma questão em suspenso: O que se considera ser a linguagem nesse contexto?

Um dos debates mais famosos sobre o tema – com efeitos não apenas no campo da linguística – foi protagonizado por Émile Benveniste e o zoólogo alemão Karl von Frisch, que, como se sabe, foi agraciado com um Prêmio Nobel de Fisiologia/Medicina em 1973[249] em função de seus trabalhos sobre a linguagem dos insetos, incluindo, em especial, as abelhas. Além disso, como detalha Gerard Dessons (2006, p. 43-49), o debate Benveniste/Frisch obteve alguma repercussão em sua época. Prova disso é que a revista de ciências humanas *Diogène* publicou, em seu sétimo número, em 1954, uma carta de Karl von Frisch em resposta ao artigo de Benveniste, "Comunicação animal e linguagem humana", de 1952, publicado no primeiro número da mesma revista. Essa carta é seguida de uma resposta dada pelo próprio Benveniste a pedido da revista.

Vale destacar também que o filósofo e etólogo Dominique Lestel (2002)[250] acrescenta a essa cena uma terceira personagem: o biólogo inglês J.B.S. Hal-

---

249. Cf. NobelPrize.org (2018).

250. O artigo de Lestel (2002) é o trabalho que melhor sintetiza essa discussão, incluindo dados recentes, à época, de pesquisas. Mais recentemente, em uma artigo presente na grande obra coordenada por Jean-Marie Hombert – *Aux origines des langues et du langage* [*As origens das línguas e da linguagem*] –, Dominique Lestel (2005, p. 76-77) defende a hipótese

dane, que se manifesta acerca do texto de Benveniste em um artigo, publicado também na revista *Diogène*, em 1953. Vou me deter um pouco sobre o debate Benveniste/Frisch/Haldane, em especial para tentar recuperar a lógica argumentativa de Benveniste, porque acredito que, dessa contraposição, algo elucidativo sobre a linguagem humana pode aparecer.

Em "Comunicação animal e linguagem humana", o título já evidencia o que é de quem: comunicação está para o animal, assim como linguagem está para o homem. Benveniste se volta contra, especialmente, a parte do trabalho de Frisch que defende que as abelhas se mostram capazes de produzir e interpretar mensagens complexas. Segundo Benveniste (1988, p. 67), a comunicação nas abelhas "[...] não é uma linguagem, é um código de sinais". Observem-se os argumentos do linguista.

Em primeiro lugar, para ele, "[...] não há linguagem sem voz" (BENVENISTE, 1988, p. 65). Uma segunda observação decorre dessa: sendo a linguagem humana de natureza vocal, ela pode ocorrer, inclusive, em situações em que outros sentidos estejam ausentes (a visão, p. ex.), o que evidencia a primazia do aspecto vocal.

Esses dois primeiros apontamentos de Benveniste são extremamente polêmicos. Frisch reprova-os fortemente: a linguagem de sinais utilizada por surdos, lembra Frisch, também não utiliza o sistema vocal e, nem por

---

segundo a qual a maioria das características da linguagem já se encontram esparsas nos sistemas de comunicação de muitos animais. Para Lestel (2005, p. 76), a emergência da linguagem é correlativa a outras características cognitivas do humano, em especial, a "capacidade de delegar, a capacidade de desviar a inteligência do outro em seu proveito e a capacidade de organizar e manipular as cadeias de procedimentos". E acrescenta: "a linguagem é muitas vezes percebida como um sistema de comunicação que apresenta características únicas que a distinguem do conjunto das comunicações animais. Entre as características frequentemente evocadas, podemos citar a reflexividade, a capacidade de elaborar uma mensagem a partir de uma outra mensagem, a abertura, o diálogo, a dupla articulação, o deslocamento, o simbolismo e a sintaxe. Trabalhos recentes em etologia tendem, no entanto, a relativizar a exceção *comunicativa* do humano" (LESTEL, 2005, p. 77, destaques do autor). Se as observações de Lestel parecem incontestáveis do prisma que mira a face "animal" de seu argumento, isso, no entanto, não impede de se ver que ele mereceria ainda uma análise detida quanto ao entendimento que articula a respeito da especificidade da linguagem humana.

isso, deixa de ter seu valor de linguagem reconhecido. Benveniste responde a essa objeção de maneira não menos polêmica: para ele, a linguagem de sinais não é independente do vocal.

O tema é dado a discussões de todos os tipos: técnicas, políticas e sociais, entre outras. Não poucas vezes, esse posicionamento de Benveniste o levou a ser acusado de ter assumido uma atitude estreita – e mesmo preconceituosa – acerca da linguagem de sinais. Não me cabe, aqui, defender Benveniste, muito menos atenuar algum preconceito que porventura possa ser encontrado em sua concepção de linguagem. No entanto, é fundamental que se compreenda o contexto em que se dá a argumentação de Benveniste. Poucas vezes ele se reporta à linguagem de sinais utilizada por surdos[251] e, no debate com von Frisch, ao fazer referência à voz, Benveniste tem em mente, só e somente só, a contraposição desta com a dança das abelhas. Parece-me evidente que Benveniste não está, aqui, reduzindo a linguagem humana à voz ou a alguma propriedade sonora, nem mesmo negando que haja linguagem em alguma outra substância que não a fônica. Sua observação é mais simples: a linguagem humana encontrou sua materialidade por excelência na voz, o que me parece incontestável.

Em seguida, Benveniste (1988, p. 65) lista uma terceira especificidade da linguagem humana: o diálogo "[...] é a condição da linguagem humana", uma vez que "falamos com outros que falam, essa é a realidade humana". As abelhas não "dialogam", motivo pelo qual – quarto ponto a ser destacado – sua comunicação diz respeito, sempre, a um dado objetivo e não a um dado linguístico: "[...] a mensagem de uma abelha não pode ser reproduzida por outra". Não há transmissão (ou retransmissão) de uma mensagem por outra. No homem, é diferente: vê-se que "[...] a referência à experiência objetiva e a reação à manifestação linguística se misturam livremente, ao infinito"

---

251. Pode-se encontrar algumas raras passagens nos *Problemas de linguística geral*. Por exemplo, no segundo capítulo do *Problemas de linguística geral II*, em que Benveniste diz, com base em Saussure, que "a linguagem dos surdos-mudos" é um "sistema significante" da mesma ordem que a língua (BENVENISTE, 1989, p. 33ss.).

(BENVENISTE, 1988, p. 65). Consequentemente, na linguagem humana, pode-se construir uma mensagem a partir de outra mensagem. Uma abelha pode construir uma mensagem apenas a partir de um dado da realidade.

Na continuidade, Benveniste explicita um quinto ponto: o conteúdo veiculado pela linguagem humana é ilimitado; o conteúdo veiculado pelas abelhas é sempre o mesmo: relativo à fonte de alimento.

Em sexto lugar, "[...] na linguagem humana, o símbolo em geral não configura os dados das experiências, no sentido de que não há relação necessária entre a referência objetiva e a forma linguística" (p. 66).

Finalmente, o sétimo ponto: a linguagem humana se deixa decompor para ser analisada.

Observe-se que Benveniste baliza sua argumentação de maneira muito específica, sem se estender a aspectos psicológicos, afetivos ou mesmo de inteligência: Benveniste quer tão somente avaliar se o que faz uma abelha para indicar a fonte de néctar às suas companheiras, por exemplo, pode ser considerado como sendo da mesma ordem que um signo linguístico.

Em 1968, em resposta a uma pergunta feita por Guy Dumur, ele mantém sua posição:

> G.D. – *O senhor está interessado na linguagem das abelhas tal como tornou-se possível estudá-la a partir dos trabalhos de von Frisch. Ela é da mesma ordem?*
>
> É.B. – Esta linguagem tem uma significação. Tanto quanto possamos compreendê-la, as danças das abelhas representam alguma coisa e suas companheiras a compreendem. Esta linguagem é significante porque dita um comportamento que verifica a pertinência significante do gesto. Por outro lado, se faço um gesto para abrir um livro, é um gesto útil, mas ele não significa, ele não tem alcance conceitual (BENVENISTE, 1989, p. 33-34).

Em suma, a linguagem das abelhas não tem alcance conceitual, o que a torna significante apenas em relação à utilidade que tem.

Em "Vista d'olhos sobre o desenvolvimento da linguística", texto de 1963, ao falar da faculdade simbólica do homem, Benveniste retorna ao tema da "linguagem" das abelhas e volta a defender seu ponto de vista. Dessa vez, ele o faz a partir da distinção entre sinal e símbolo.

Para Benveniste (1988, p. 28),

> Um sinal é um fato físico ligado a um outro fato físico por uma relação natural ou convencional: relâmpago anunciando a tempestade; sino anunciando a refeição; grito anunciando o perigo. O animal percebe o sinal e é capaz de reagir adequadamente a ele. Pode-se treiná-lo a identificar sinais vários, isto é, a ligar duas sensações pela relação de sinal.

O homem, animal que é, também reage ao sinal; no entanto, ele utiliza símbolos instituídos, cujos sentidos exigem interpretação e não apenas capacidade de percepção sensorial, "[...] pois o símbolo não tem relação natural com o que simboliza. O homem inventa e compreende símbolos; o animal, não. Tudo decorre daí" (p. 29). E conclui: "Entre a função sensório-motora e a função representativa, há um limiar que só a humanidade transpôs" (p. 29). A especificidade do que coloca Benveniste diz respeito a ele vincular o fato de o homem se comunicar à propriedade humana da linguagem. É isso. Mesmo quando o homem usa a linguagem em sua forma mais simples, a da "comunhão fática", nos termos do antropólogo Bronislaw Malinowski, tal uso diz respeito a uma capacidade fundamental do homem de ser social, dialogal, e não a um uso meramente utilitário.

Como disse acima, esse debate de Benveniste com Karl von Frisch conheceu notoriedade além dos muros da linguística. O psicanalista Jacques Lacan, por exemplo, faz aparecer duas vezes, em seus *Escritos*, referência a essa polêmica (cf. LACAN, 1998, p. 21, 298). Em ambas, ele corrobora a perspectiva benvenistiana, à qual acrescenta um argumento interessante e nada estranho à visada de Benveniste (com uma pitada de Saussure, é verdade). Assim começa o psicanalista, em tom um tanto jocoso: "todos admitem agora que a abelha, ao voltar à colmeia depois de sua coleta de pólen, transmite às suas companheiras por dois tipos de danças a indicação da existência de um butim próximo ou distante" (LACAN, 1988, p. 298). E acrescenta: "[...] as outras abelhas respondem a essa mensagem dirigindo-se imediatamente para o lugar assim apontado" (p. 298). Finalmente, questiona: "Mas, será isso uma linguagem?" (p. 298), explicando que

> podemos dizer que se distingue dela precisamente pela correção fixa entre seus signos e a realidade que expressam. É que, numa linguagem, os signos adquirem valor por sua relação uns com os outros [...]. Outrossim, se a mensagem da modalidade [modalidade das abelhas] aqui descrita determina a ação do *socius*, jamais é retransmitida por ele. E isso quer dizer que continua presa à sua função de retransmissora da ação, da qual nenhum sujeito a isola como símbolo da comunicação em si (LACAN, 1998, p. 298-299, destaques do autor).

É sobre a questão da "retransmissão" – lembrada por Lacan, acima – que Dominique Lestel faz incidir a presença – esquecida por todos, segundo Lestel – do biólogo inglês J.B.S. Haldane. Lestel diz que Haldane considera a descoberta de Frisch da mesma envergadura que o deciframento dos hieróglifos feito por Champollion, mas alerta para a necessidade de "[...] distinguir cuidadosamente entre o que é descrito e a interpretação que lhe é dada" (LESTEL, 2002, p. 97). Segundo Lestel, Haldane entende que, numa colmeia, abelhas executam movimentos que, sem dúvida, provocam uma espécie de *feedback* em outras abelhas, porém, isso não é suficiente para levar a concluir que as primeiras comunicam uma informação às demais. Na verdade, Haldane não considera muito clara a distinção entre ação e comunicação. Os animais podem não só produzir movimentos de intenção como também respondê-los. No entanto, esses movimentos são ritualizados e, quanto mais ritualizados forem, mais fácil será a resposta a eles. Haldane sugere, enfim, que a dança das abelhas é um movimento extremamente ritualizado e não propriamente uma mensagem. Em resumo: a dança das abelhas é uma predição de movimentos futuros (o encontro da fonte de alimento) e não uma descrição de movimentos passados.

Disso resulta, segundo Lestel, que Haldane isola uma propriedade muito particular da linguagem humana: "O humano é aquele que se interessa pelo passado. O homem difere dos outros animais por suas relações com o tempo e as relações de comunicação entre os homens devem ser julgadas nessa perspectiva" (p. 98).

Considero um argumento de grande alcance – se não para diferenciar integralmente o homem dos outros animais, ao menos para resguardar algo que parece saltar aos olhos do observador comum (e é, no mínimo, justificável, em matéria de linguagem, não ir em demasia de encontro ao observador comum) – o fato de Benveniste lembrar o "ilimitado" dos conteúdos passíveis de serem veiculados pela linguagem humana. O homem pode falar de tudo e de todos, inclusive da própria linguagem, a sua e a do outro.

Esse ponto é interessante porque ele tem um estatuto diferente se comparado com os demais listados pelo linguista: a mensagem de uma abelha não admite equívoco, ambiguidade, duplicidade de sentido etc. A abelha não pode deixar de cumprir seu papel de mensageira da boa-nova, a localização da fonte do alimento. Não se duvida, porém, que o homem seja capaz de se valer das frestas da linguagem tanto para transmitir o riso como o horror. Será que é por isso que Henri Bergson (1983, p. 11-12), em seus ensaios sobre o riso, ao afirmar que "não há comicidade fora do que é propriamente humano" se pergunta: "acaso [o riso] não dirá nada sobre a arte e a vida?" As abelhas não riem de suas companheiras, também não mentem, nem mesmo podem "falar" do que "falaram" às outras abelhas. Isso não é algo negligenciável.

Enfim, não há dúvidas: o percurso feito por Benveniste autoriza ver "[...] onde começa a linguagem e como se delimita o homem" (BENVENISTE, 1988, p. 67). A afirmação de que a linguagem está na natureza do homem, que não é uma fabricação, precisa ser compreendida *à la lettre*: a linguagem está contida na definição de homem, portanto, na sua natureza.

De minha parte, creio que, menos importante do que procurar propriedades de uma linguagem que seja exclusiva do homem ou dos animais, menos importante do que alicerçar o argumento em uma perspectiva estritamente ligada à evolução biológica das espécies e menos importante do que atribuir ao humano características psicossociais que lhe seriam exclusivas é perceber como as propriedades da linguagem se combinam no homem. É de sua combinação que nasce o exclusivamente humano, e não do atestado de sua existência.

§ 10.3.4 O problema do signo linguístico

Em um de seus textos mais complexos, "A forma e o sentido na linguagem", de 1967, Benveniste se manifesta a respeito da noção de "signo" de maneira próxima a uma advertência: "Não se pode deixar de ficar admirado por ver tantos autores manipularem inocentemente este termo 'signo' sem discernir o que ele contém de restrições para quem o adota e em que ele o compromete a partir daí" (BENVENISTE, 1989, p. 224).

O linguista tem razão. O uso de "signo", e das muitas noções nele implicadas, não é sem consequências para quem o faz. Mesmo excluindo-se o uso do termo em relação às realidades não linguísticas – em que poderia ser tomado, em sentido amplo, como qualquer elemento (objeto, forma, fenômeno etc.) que remete a algo diferente de si mesmo e que o representa, ou que pode ser usado em seu lugar, em diversas situações –, a ideia de "signo" está longe de ser unânime e parece indicar, em cada caso, atitudes epistemológicas distintas e, muitas vezes, antagônicas. Além disso, o termo não é propriedade privada da linguística, mesmo quando utilizado em relação apenas à linguagem humana. Facilmente encontra-se sua ocorrência nos campos da filosofia, semiótica, psicologia, história, antropologia e psicanálise, apenas para lembrar alguns[252].

Os linguistas, na atualidade, contentam-se em lembrar o suíço Ferdinand de Saussure quando o tema é o "signo linguístico". Isso não é sem justificativa. Saussure realmente estabeleceu um divisor de águas quanto à questão,

---

252. Sobre isso, assim se pronuncia Roland Barthes (1988, p. 39), em seu *Elementos de semiologia*, originalmente de 1964: "Este termo *signo*, presente em vocabulários bem diferentes (da Teologia à Medicina) e de história muito rica (do Evangelho à Cibernética), é por isso bastante ambíguo". Além disso, Barthes lembra o campo nocional ao qual "signo" está associado: "[...] insere-se numa série de termos afins e dessemelhantes, ao sabor dos autores: *sinal, índice, ícone, alegoria* são os principais rivais do signo" (p. 39, destaques do autor). Finalmente, cabe lembrar que Barthes avalia esses termos nas teorias do psicólogo Wallon, do filósofo Hegel, do psicanalista Jung e do filósofo Peirce, o que corrobora a ideia de que o assunto é de interesse muito geral.

mas é ingenuidade pensar que a ideia de signo nasceu com Saussure ou mesmo que ele tenha dado a única – e a última – palavra sobre o tema[253].

Encontra-se reflexão sobre "signo", na Antiguidade[254], em Platão, em Aristóteles, nos estoicos, entre os epicuristas, em Agostinho; na Idade Média e no Renascimento, em Roger Bacon, John Duns Scott e William de Ockam; nos séculos XVII e XVIII, na Gramática de Port-Royal, na Lógica de Arnauld e Nicole, em Leibniz, em Francis Bacon, em Hobbes, em Locke, em Berkeley, em David Hume, em Vico, em Condillac, em Diderot e em Herder; e, no século XIX, em Humboldt, sem dúvida. Enfim, entrando no século XX, tem-se Peirce e Saussure[255]. Evidentemente, há outros que, a partir desses, buscaram ver no "signo" o elemento estruturador da Semiologia ou da Semiótica (Hjelmslev, Benveniste, Ogden e Richards e Ullmann, entre outros). No entanto, a lista é suficiente para comprovar o alcance epistemológico do termo.

Sylvain Auroux (1998, p. 97) dedica um considerável capítulo de seu *Filosofia da linguagem* para tratar a natureza do signo linguístico. Nele, busca responder uma questão que é fundamental e a qual vale a pena ser recolocada: "em que consiste a questão do signo linguístico?" É suficiente dar definições do tipo "um signo é alguma coisa colocada no lugar de outra coisa e que vale por essa coisa"? É próprio do signo ter significação? Mas o que é significação? Ora, vê-se claramente que esse modo de abordar o signo evoca muitas questões que tocam em inúmeros pontos de uma teoria linguística[256].

---

253. No Brasil, não posso deixar de fazer referência ao pequeno livro de Isaac Epstein, *O signo*, publicado nos anos de 1980 no número 15 da antiga "Série princípios" da Editora Ática. Nele, o autor, além de avaliar comparativamente a noção de signo em Peirce, Morris, Schaff, Saussure, Cassirer, Wittgenstein, Gadamer e Eco, discute a noção em relação às noções de ícone, índice, símbolo, sinal e substitutivos *stricto sensu*. Para além do conteúdo que veicula – o que, em minha opinião, pode ser objeto de discussão –, esse pequeno livro serve, ele mesmo, como "índice" da pertinência e da abrangência do assunto.

254. Para um estudo detalhado das concepções clássicas de signo, cf. Manetti (1993).

255. Um rápido histórico é encontrado em Nöth (1995).

256. A esse respeito, vale consultar a análise de Michel Foucault (1995) acerca do signo, presente no capítulo "Representar" de *As palavras e as coisas*.

Deslocando-se um pouco a problemática para um outro aspecto, seria possível indagar: de que é feito um signo? Como ele é constituído? Ou seja, uma coisa é querer saber o que é um signo, outra bem diferente é querer saber de que um signo é constituído.

As respostas, sabe-se bem, são várias. Auroux lembra, incialmente, duas: a relação entre som, estados da alma e forma das coisas, em Aristóteles; som, ideia e coisa, na filosofia pós-cartesiana etc. Há, aqui, três termos em relação. Nesses termos, "a questão do signo é então a dos modos de relacionamento pelos quais elementos físicos, os sons, valem por outra coisa que não sua própria natureza física" (AUROUX, 1998, p. 98).

Mas teria de ser sempre assim? Ou se poderia ter um signo que não fosse constituído de três partes? Poderia existir um signo composto de duas partes? Qual delas seria suprimida?

Um signo "bifacial" parece ter sido a opção de Saussure. Como se sabe, deve-se ao genebrino não a criação da noção ou mesmo do termo – uma vez que, como visto acima, ele faz parte da tradição filosófica geral –, mas a promoção de uma nova perspectiva de entendimento da questão, ligando-a, em especial, à natureza arbitrária, não convencional e imotivada. O signo linguístico é, para Saussure, um conjunto constituído por um significante e um significado que desconhece causalidade externa à própria relação sistêmica que o cria. Nesse sentido, Saussure retoma uma longa tradição filosófica em torno da linguagem para recolocá-la em outros termos, distante do debate convencionalistas *versus* naturalistas, polarização esta explicitada na filosofia platônica (cf. *Crátilo*, p. ex.). O signo linguístico, como informa o *Curso de linguística geral*, é de natureza arbitrária e linear, o que impõe uma perspectiva de língua estranha à que a percebe em relação ao "mundo dos objetos" (SAUSSURE, 1975).

No entanto, não se pode esquecer que o signo em Saussure, por ter a marca da arbitrariedade, quer dizer, da total ausência de motivação – de qualquer natureza – que estabeleça a relação significante/significado, não deixa de fazer intervir um terceiro elemento – a realidade. Seu lugar é o da negatividade.

Bem entendido, não estou dizendo que a definição de signo saussuriana é triádica, nem mesmo estou fazendo ecoar aqui a crítica que lhe dirigiu Benveniste no final dos anos de 1930, no célebre artigo "Natureza do signo linguístico" (cf. FLORES, 2017c), acerca da diferença entre arbitrariedade e necessidade. Minha tese é outra: Saussure somente pôde formular sua teoria do signo com a exclusão da realidade; logo, essa exclusão opera na formulação do conceito. É mais ou menos isso que diz Dufour (2000, p. 120, destaques do autor) ao falar do drama de Saussure em estabelecer novas bases para uma nova ciência:

> [...] para desenvolver uma ciência binária, Saussure precisou subtrair dela o "terceiro termo". Esta expulsão *voluntária* da forma trina é, parece-me, tanto a origem quanto a expressão desse drama. Pode-se imaginar que, se Saussure não soubesse o que estava fazendo, teria estado mais livre para expor a binariedade e constituir a nova ciência da linguagem. Mas conhecer a impossibilidade *e* a necessidade desse gesto de exclusão institui num ato de pensamento uma dúvida tenaz e paralisante.

Em resumo, parece que qualquer perspectiva que se assuma para pensar em torno do signo – se em relação à sua natureza, se em relação à constituição interna – impõe pensar sobre a disciplina que o inclui como termo fundamental: a semiologia para alguns; a semiótica para outros. Falar nessas duas disciplinas implica falar em teoria da significação, seja em uma perspectiva linguística, seja em uma perspectiva simbólica ampla, o que não deixa de colocar problemas sobre a possibilidade de uma ciência unificadora em torno da significação.

Ogden e Richards são talvez os responsáveis pela formulação mais célebre de signo, apresentada em uma obra cujo título é emblemático, *O significado de significado – Um estudo da influência da linguagem sobre o pensamento e sobre a ciência do simbolismo*[257], em 1923. Nela, apresenta-se uma visão ternária de signo como relação de um som com um pensamento, um conceito, e uma referência externa. Ora, além do símbolo (que poderia ser

---

257. A edição aqui trabalhada é a 8ª, de 1946 (ODGEN & RICHARDS, 1946).

associado, *grosso modo*, ao "significante" de Saussure), em um vértice do triângulo, tem-se a referência (o pensamento, o significado) e o referente (a coisa, o objeto extralinguístico). Esse esquema triádico[258] (cf. OGDEN & RICHARDS, 1946, p. 11) se sustenta na ideia de que o "significado, esse termo crucial de toda teoria da linguagem, não pode ser tratado sem uma teoria satisfatória de signos" (p. 48). Mas, vale questionar, existe essa "teoria da significação"? Ou seria necessário produzir tantas teorias da significação quantas fossem necessárias e fazer intervir uma noção própria de signo nelas?

Deixe-me voltar à advertência de Benveniste, apresentada acima: escolher usar o termo "signo" não é sem consequência para quem o faz ou se recusa a fazê-lo. Sobre o que ela chama a atenção? Sobre um ponto essencial: qualquer perspectiva de signo adotada, no campo da linguagem, implica a escolha de uma forma de conceber a relação da linguagem com o mundo, com as coisas em si. É nesse contexto que faz sentido pensar em arbitrariedade, convencionalidade, naturalidade, mentalismo, mecanicismo etc. Como se pode ver, Benveniste tem razão.

§ 10.3.5 A língua e os demais sistemas semiológicos

Ferdinand de Saussure (1975, p. 24, destaques meus), em seu *Curso de linguística geral*, afirma: "A língua é um sistema de signos que exprimem ideias, e é comparável, por isso, à escrita, ao alfabeto dos surdos-mudos, aos ritos simbólicos, às formas de polidez, aos sinais militares etc. etc. *Ela é apenas o principal desses sistemas*".

A passagem é famosa. Todos a recordam quando a intenção é reiterar o aspecto semiológico da língua, quer dizer, o fato de a língua, além de ser um sistema específico, compartilhar, com outros sistemas, características que

---

258. Para uma análise de diferentes perspectivas de abordagem triádica do signo, cf. o excelente ensaio de Izidoro Blikstein (2003), *Kaspar Hauser ou a fabricação da realidade*. Nele, o autor volta aos temas implicados na discussão colocada pelas relações entre linguagem, percepção, conhecimento e realidade.

são próprias à ideia semiológica, em especial, a propriedade de significar. Isso tem considerável importância se o leitor lembrar que, na sequência, Saussure, no *Curso de Linguística Geral*, formaliza o ato fundador prospectivo da semiologia:

> Pode-se, então, conceber *uma ciência que estude a vida dos signos no seio da vida social*; ela constituiria uma parte da Psicologia Social e, por conseguinte, da Psicologia Geral; chamá-la-emos de *Semiologia* (do grego *sēmeîon*, "signo"). Ela nos ensinará em que consistem os signos, que leis os regem. Como tal ciência não existe ainda, não se pode dizer o que será; ela tem direito, porém, à existência; seu lugar está determinado de antemão. A Linguística não é senão uma parte dessa ciência geral; as leis que a Semiologia descobrir serão aplicáveis à Linguística e esta se achará destarte vinculada a um domínio bem definido no conjunto dos fatos humanos (SAUSSURE, 1975, p. 24, destaques do autor).

A partir de então, a linguística integra um campo maior, o da semiologia, e adquire *status* de semiologia também. Não seria errado, considerando essa elaboração de Saussure, dizer que a linguística é uma semiologia, uma semiologia linguística.

Essa proposição de Saussure foi a fonte de muitas discussões no século XX. A partir dela pode-se situar, no mínimo, a glossemática de Hjelmslev, a perspectiva semiótica dos estudos de Algirdeas Greimas, a semiologia de Roland Barthes e a semanálise de Kristeva, entre muitos outros. No entanto, ninguém foi mais atento a Saussure que Benveniste. Enquanto os outros[259] se preocuparam em dar estatuto disciplinar à ideia saussuriana, Benveniste tomou um outro caminho[260].

O que chamou a atenção de Benveniste foi a seguinte passagem de Saussure (1975, p. 24): "a tarefa do linguista é definir o que faz da língua um sistema especial no conjunto dos fatos semiológicos". Ele dedica suas últimas

---

259. A história da "aventura semiológica", principalmente junto à intelectualidade francesa, é muito bem contada por François Dosse (1993, 1994), nos dois volumes de sua *História do estruturalismo* (em especial o cap. 23, "1964: A brecha para a aventura semiológica", e o cap. 24, "A idade de ouro do pensamento formal").

260. O trabalho semiológico de Benveniste é detalhadamente estudado em Rosário (2018), Flores (2017a) e Flores (2013a).

aulas no Collège de France[261] para, de certa forma, cumprir essa tarefa. Observe-se o primor do questionamento apresentado por Benveniste na aula de 6 de janeiro de 1969:

> Saussure procurou a *característica* pela qual se pode classificar a língua. Feita de signos, ela é, portanto, uma disciplina semiológica.
>
> Nós nos encaminhamos assim para um novo problema. Como é possível que haja sistemas semiológicos? Quantos eles são? Seriam sempre os mesmos sistemas ou sistemas diferentes? E se eles são diferentes, no que se diferenciam? Haveria uma relação entre eles, e se há, qual seria essa relação?
>
> Saussure não formulou nenhuma dessas questões. Ele se contentou em remeter à semiologia futura a tarefa de definir o signo, seu lugar etc. Ele somente disse que a língua era o "principal" sistema semiológico. Porém, sob qual ponto de vista? (BENVENISTE, 2014, p. 103, destaques do autor).

Dos muitos comentários que essa citação mereceria, vou me deter em três: a) a consideração da linguística como uma disciplina semiológica, o que tem efeitos para pensá-la no interior das ciências humanas, contrariamente às perspectivas – em especial, as desenvolvidas nos Estados Unidos na época – que aproximam a linguística das ciências biológicas. Se a linguística é uma disciplina semiológica, seu destino é a significação e, como tal, a discussão do homem como um ser social; b) a série de perguntas impõe que se observe de perto as relações entre a língua e os demais sistemas semiológicos, para que, dessa observação, advenham diferenças e semelhanças; c) a grande pergunta: se a língua é o principal sistema semiológico, a que deve ela essa preeminência? Essa pergunta é textualmente colocada no artigo contemporâneo às aulas no Collège de France, "Semiologia da língua": "Qual é o lugar da língua entre os sistemas de signos?" (BENVENISTE, 1989, p. 43).

Benveniste apresenta a resposta na aula do dia 27 de janeiro de 1969 e também a publica em "Semiologia da língua". Vou começar pelas aulas:

> [...] a língua seria ainda um sistema semiótico, no sentido em que são os outros sistemas? Ela não seria outra coisa? Creio que a principal diferença entre

---

261. Cf. Benveniste (2014).

a língua e os "sistemas semióticos" é que *nenhum sistema semiótico é capaz de se tomar, ele próprio, como objeto*, nem de se descrever em seus próprios termos (BENVENISTE, 2014, p. 120, destaques do autor).

Eis a diferença entre a língua e os demais sistemas semiológicos. Na visão de Benveniste, a língua tem uma propriedade que a singulariza frente aos demais sistemas: a propriedade metalinguística, via pela qual pode tomar a si mesma como objeto, pode falar de si própria.

Também no artigo "Semiologia da língua", Benveniste busca verificar o que há na língua que a diferencia. A partir da recusa da validade da noção peirceana de signo para o tratamento da língua e da aceitação do princípio saussuriano do signo, Benveniste constrói sua argumentação de que a língua é "[...] o único modelo de um sistema que seja semiótico simultaneamente na sua estrutura formal e no seu funcionamento" (BENVENISTE, 1989, p. 63).

A grande *novidade do método saussuriano*, de que a linguística faria parte da semiologia, depende da noção de signo, pois é esta que, por princípio, pode ser estendida a outras ordens de fatos humanos e sociais ou a sistemas homólogos à língua – os ritos simbólicos, as formas de polidez, os sinais militares etc. A natureza da relação necessária com a semiologia se define pelo princípio da arbitrariedade do signo: "o que liga a linguística à semiologia é este princípio colocado no centro da linguística, o de que o signo linguístico é 'arbitrário'" (p. 50). É a arbitrariedade do signo que funda o conjunto de sistemas que seria o objeto da semiologia. Isso está em Saussure, e Benveniste soube ler muito bem:

> Uma observação de passagem: quando a Semiologia estiver organizada, deverá averiguar se os modos de expressão que se baseiam em signos inteiramente naturais – como a pantomima – lhe pertencem de direito. Supondo que a Semiologia os acolha, seu principal objetivo não deixará de ser o conjunto de sistemas baseados na arbitrariedade do signo (SAUSSURE, 1975, p. 82).

A partir disso, Benveniste pode formular sua ideia: a linguística tem uma relação necessária com a semiologia e, embora Saussure não tenha definido a natureza dessa relação para além do princípio do arbitrário do signo, pode-se supor que os demais sistemas (ritos e formas de polidez, p. ex.) somente se sustentam sobre uma relação semiológica através de um discurso sobre eles: "estes signos, para nascerem e se estabelecerem como sistema, supõem a língua, que os produz e os interpreta" (BENVENISTE, 1989, p. 51). Isso leva Benveniste a concluir que, além dos sistemas de signos, as relações entre os sistemas constituem também o objeto da semiologia. Note-se bem: as relações entre os sistemas.

A conclusão aqui é evidente: a arbitrariedade do signo é, aos olhos de Benveniste, insuficiente para estabelecer as relações entre os sistemas que fariam parte da semiologia. Observe-se.

Benveniste, em "Semiologia da língua", aborda o signo no domínio do *semiótico, cuja significação se estabelece intrassistema, mediante distinção. A esse domínio, Benveniste contrapõe o domínio do semântico, cuja unidade é a frase.* Essa é a especificidade da língua, que a diferencia de todos os outros sistemas: operar, simultaneamente, nos domínios semiótico e semântico.

Para Benveniste, a língua é o único sistema semiológico que tem a *dupla significância* do modo semiótico e do modo semântico. E sintetiza:

> A língua é o único sistema em que a significação se articula assim em duas dimensões. Os outros sistemas têm uma significância unidimensional: ou semiótica (gestos de cortesia; *mudrās*), sem semântica; ou semântica (expressões artísticas), sem semiótica. O privilégio da língua é de comportar simultaneamente a significância dos signos e a significância da enunciação. Daí provém seu poder maior, o de criar um segundo nível de enunciação, em que se torna possível sustentar propósitos significantes sobre a significância. É nesta faculdade metalinguística que encontramos a origem da relação de interpretância pela qual a língua engloba os outros sistemas (BENVENISTE, 1989, p. 66, destaques do autor).

Benveniste dá à noção de interpretância da língua um lugar de grande destaque nessa formulação. Compreenda-se, então, que Benveniste concorda com Saussure ao supor que a língua é o mais importante dos sistemas semiológicos. No entanto, Benveniste parece não atribuir essa importância à natureza arbitrária do signo linguístico, como faz Saussure, mas ao fato de ser a língua o único sistema que se articula, simultaneamente, no modo semiótico e no modo semântico, o que a transforma no interpretante por excelência de si e dos outros sistemas.

Tem-se, então, a resposta benvenistiana à pergunta saussuriana: Por que a língua é o mais importante dos sistemas semiológicos? Porque é o único sistema que é articulado simultaneamente pelos modos semiótico e semântico, graças ao que tem a capacidade de interpretância, que lhe permite falar de si e de qualquer outro sistema: "[...] a língua pode, em princípio, tudo categorizar e interpretar, inclusive ela mesma" (BENVENISTE, 1989, p. 62).

Isso posto, cabe, finalmente, deter-se apenas na parte final do artigo "Semiologia da língua", pois, nela, formula-se a ideia de que Benveniste inclui em sua teoria a noção de signo de Saussure, mas a redimensiona:

> Em conclusão, é necessário ultrapassar a noção saussuriana do signo como princípio único, do qual dependeria simultaneamente a estrutura e o funcionamento da língua. Esta ultrapassagem far-se-á por duas vias:
>
> • na análise intralinguística, pela abertura de uma nova dimensão de significância, a do discurso, que denominamos semântica, de hoje em diante distinta da que está ligada ao signo, e que será semiótica;
>
> • na análise translinguística dos textos, das obras, pela elaboração de uma metassemântica que se construirá sobre a semântica da enunciação.
>
> Esta será uma semiologia de "segunda geração", cujos instrumentos e o método poderão também concorrer para o desenvolvimento das outras ramificações da semiologia geral (BENVENISTE, 1989, p. 67).

Benveniste acredita que se deve ultrapassar a noção de signo de Saussure como *princípio único*: ou seja, não se trata de ultrapassar Saussure, mas de ir além do signo saussuriano como única possibilidade de instauração de uma semiologia. Com isso, pode-se concluir que Benveniste pensa existir mais outro princípio, além do signo, para instaurar-se uma semiologia. Há duas vias para fazer essa ultrapassagem: a primeira é intralinguística; a segunda, translinguística, decorreria da elaboração de uma *metassemântica*.

Benveniste é lacônico acerca dessa "nova" disciplina e apenas lança o seu princípio: ela se dará sobre a semântica da enunciação. No entanto, a conclusão é programática: a metassemântica será uma "semiologia de segunda geração", diferente daquela "de primeira geração" – a de Saussure, fundada sobre o signo como princípio único –, pois será fundada sobre a enunciação e está por ser feita.

Em Flores (2017a), defendi que a "semiologia da língua", a "semiologia de segunda geração", decorre da propriedade que tem a língua de interpretar a si mesma e interpretar os demais sistemas. Essa é a *ultrapassagem* em relação a Saussure, e ela não se dá como uma negação da linguística saussuriana, mas como a fundação de um outro campo que inclui Saussure: o campo da "semiologia da língua", não mais uma semiologia do signo.

Para terminar esta seção, gostaria de lembrar Roland Barthes – exímio leitor de Benveniste –, em um texto de grande notoriedade, "O grão da voz". Ao aceitar a proposição benvenistiana da interpretância da língua em relação aos demais sistemas, ele pergunta: "como se desembaraçará a língua quando tem de interpretar a música?" (BARTHES, 2009, p. 255). A pergunta tem valor heurístico e pode ser estendida a todos os demais sistemas semiológicos. Creio que, sobre isso, há muito ainda a ser feito. (Em relação à música, vale a pena ler o texto de Barthes. É inspirador!)

§ 10.3.6 As relações entre a forma e o sentido

O linguista Mário Perini, em 1985, na primeira edição de um pequeno grande livro que teve muita influência no Brasil – *Para uma nova gramática do português* –, no qual ele explicita os fundamentos de uma gramática do português em bases linguísticas, formula uma questão que vai além do escopo de uma gramática, e que é, em minha opinião, um grande problema geral de linguística (creio, inclusive, que é nesses termos que Perini o apresenta). Leia-se:

> Como seria uma "boa" gramática do português? Idealmente, ela deveria desempenhar a contento duas funções: (a) descrever as formas da língua (i. é, sua fonologia, sua morfologia e sua sintaxe); e (b) explicitar o relacionamento dessas formas com o significado que veiculam. Esses estão entre os objetivos de qualquer gramática, ainda que nem sempre estejam claramente formulados ou bem diferenciados. [...]

> Com efeito, simplificando um pouco as coisas, pode-se dizer que natural consiste de um conjunto de recursos formais que servem (juntamente com o contexto extralinguístico) para transmitir um conteúdo. *As relações entre a forma e o conteúdo são extremamente complexas, e em grande parte permanecem obscuras ainda hoje para os linguistas. Qualquer doutrina gramatical que venha a ser proposta precisa levar em conta a complexidade dessa relação, sob pena de cair em inadequações sérias a cada passo* (PERINI, 1989, p. 21-22, destaques meus)[262].

Ora, o que o linguista assevera no contexto de produção de uma gramática descritiva de uma língua – tema de sua pesquisa específica – tem grande alcance heurístico. Acredito que, inclusive, pode-se considerar que qualquer linguística deve, em um dado momento, prever ou mesmo definir os termos pelos quais pensa ser possível, ou não, abordar as relações entre a forma e o sentido na língua.

O tema é tão amplo e polêmico que não escapou a nenhum dos maiores linguistas dos últimos tempos.

Em primeiro lugar, Saussure é claro em defender uma teoria de conjunto, da inseparabilidade entre léxico, gramática e discurso, que se projeta numa perspectiva semântica de entendimento de cada elemento linguístico, perspectiva esta que é sustentada por uma *teoria do valor linguístico*. A *teoria do valor* – apresentada no cap. IV da segunda parte do *Curso de linguística geral*, que sintetiza o segundo curso de linguística geral ministrado na Universidade de Genebra – dá contornos a uma linguística que coloca o sentido no centro, o que implica a constituição de um objeto semântico. Assim, não há fonologia, morfologia e sintaxe esvaziadas de sentido. Todos os níveis da análise linguística, todas as unidades, todos os elementos de uma língua são

---

262. Perini retoma o tema em várias de suas obras. Por exemplo, em Perini (1994, p. 25, destaques do autor): "A pergunta relevante aqui é a seguinte: *Como se relacionam as duas faces, a formal e a semântica, dos enunciados da língua?* Fazer essa pergunta nos leva a procurar descrever os modos de relacionamento entre formas e significados". Em Perini (1996, p. 40): "Entende-se, portanto, a descrição como composta essencialmente de três componentes: uma descrição formal; uma descrição semântica; e, finalmente, um sistema que relaciona o plano semântico com o plano formal". A isso, ele acrescenta: "Os exemplos mais reveladores (e também os mais difíceis de estudar) são aqueles em que uma diferença formal corresponde a uma diferença semântica" (PERINI, 1996, p. 41).

elementos de sentido. De certa forma, pode-se dizer que a teoria do valor busca, exatamente, não dissociar a forma e o sentido, e faz isso determinando que o sentido atravessa cada componente da língua, o que torna cada um distinto e, ao mesmo tempo, unido ao conjunto do qual faz parte.

No cap. VII da segunda parte do *Curso de linguística geral* encontram-se passagens que atestam isso: "A interpenetração da morfologia, da sintaxe e da lexicologia se explica pela natureza, no fundo idêntica, de todos os fatos de sincronia" (SAUSSURE, 1975, p. 158). Ou ainda: "[...] formas e funções são solidárias, e é difícil, para não dizer impossível, separá-las" (p. 157).

Noam Chomsky, por sua vez, não raras vezes é acusado de preterir o estudo do sentido em favor do estudo da forma[263]. No entanto, mesmo aí isso deve ser mais bem explicado. Chomsky não nega a pertinência dos estudos semânticos. Especificamente sobre o tema que me ocupa aqui, cabe lembrar que Chomsky publicou um importante trabalho em 1977, *Essays on form and interpretation*[264]. Ao que tudo indica, Chomsky, na verdade, toma distância de estudos de natureza essencialmente semântica. Em sua reflexão, informa Guimarães (2017, p. 224), "fenômenos relativos ao significado sempre ocuparam lugar de destaque em pesquisa na GGT [Gramática Gerativa Transformacional], e sempre serviram como evidências contra ou a favor de análises morfossintáticas específicas". A isso, acrescenta o linguista: "[...] é fato que as sentenças significam. Costuma-se conceber uma teoria semântica, distinta da sintaxe, para tratar do significado das sentenças. Para Chomsky, principalmente a partir da TRL [Teoria da Regência e Ligação], isso pode ser feito na própria sintaxe" (GUIMARÃES, 2017, p. 228). Em outras palavras, "[...] o significado é extraído da própria sintaxe" (GUIMARÃES, 2017, p. 231).

---

263. Para uma discussão muito bem guiada sobre o assunto, cf. Guimarães (2017, p. 223-263), em especial o item 4.4, "Há lugar para a semântica na linguística chomskyana?" Fundamental também é a versão comentada de *Estruturas sintáticas* (CHOMSKY, 2015).

264. A edição por mim consultada é a francesa; cf. Chomsky (1980).

Émile Benveniste, o grande linguista francês, dedica um de seus textos ao tema: "A forma e o sentido na linguagem", publicado em 1967 a partir de uma conferência em um congresso de filósofos proferida em 1966. Trata-se de um texto de difícil compreensão, tanto em função do tema como da interlocução pretendida. Já em seu início, Benveniste adverte:

> Evidentemente, abordo o tema como linguista e não como filósofo. No entanto, é necessário ver que não trago aqui qualquer coisa como o ponto de vista dos linguistas; um tal ponto de vista que seja comum ao conjunto ou ao menos a uma maioria de linguistas não existe (BENVENISTE, 1989, p. 220-221).

A falta de unanimidade entre os linguistas é a marca do campo, segundo ele. Mas há, também, aqueles que, a exemplo de Leonard Bloomfield[265], se recusam a estudar o problema sob a alegação de que não se trata de uma questão propriamente linguística, estando mais de acordo com psicólogos e filósofos.

Benveniste assume uma perspectiva segundo a qual forma e sentido não se opõem; pelo contrário, são "noções gêmeas" que, juntas, mostram "o ser mesmo da linguagem", pois o conjunto que formam "nos coloca no centro do problema mais importante, o problema da significação" (BENVENISTE, 1989, p. 222). Para ele,

> Antes de qualquer coisa, a linguagem significa, tal é seu caráter primordial, sua vocação original que transcende e explica todas as funções que ela assegura no meio humano. Quais são estas funções? Tentemos enumerá-las? Elas são tão diversas e tão numerosas que enumerá-las levaria a citar todas as atividades de fala, de pensamento, de ação, todas as realizações individuais e coletivas que estão ligadas ao exercício do discurso: para resumi-las em uma palavra, eu diria

---

265. A esse respeito, vale consultar dois textos de Bloomfield, incluídos, respectivamente, no primeiro e no terceiro volumes dos *Fundamentos metodológicos da linguística*, organizados por Marcelo Dascal, no final dos anos de 1970. Trata-se do artigo "Um conjunto de postulados para a ciência da linguagem", em que Bloomfield dedica a segunda parte para definir a relação entre "forma e significado": "Os traços vocais comuns a enunciados idênticos ou parcialmente idênticos são formas; os traços de estímulo-reação correspondentes são significados" (BLOOMFIELD, 1978, p. 48). Há, também, o artigo "O significado", em que Bloomfield (1982) desenvolve uma visão semântica preocupada com traços situacionais e mesmo psicológicos do falante. Essa discussão tem lugar numa perspectiva antimentalista em um contexto em que mentalistas e mecanicistas dividem a cena, em especial, nos Estados Unidos.

que, bem antes de servir para comunicar, a linguagem serve para *viver*. Se nós colocamos que à falta de linguagem não haveria nem possibilidade de sociedade, nem possibilidade de humanidade, é precisamente porque o próprio da linguagem é, antes de tudo, significar. Pela amplitude desta definição pode-se medir a importância que deve caber à significação (BENVENISTE, 1989, p. 222, destaques do autor).

Em outras palavras, a relação entre a forma e o sentido, em Benveniste, está atrelada à ideia de que a língua, antes de tudo, *significa*, pois, vale reiterar, ela *serve para viver* porque sem ela não há nem homem nem sociedade. E essa propriedade da linguagem deve-se ao fato de que tem significação.

Enfim, parti da formulação do linguista brasileiro Mário Perini para defender que é inerente ao fazer do linguista, em geral, a preocupação das relações entre forma e sentido na língua. Exemplos não faltam: Saussure, Chomsky, Bloomfield e Benveniste têm aqui apenas valor ilustrativo da pertinência do tema.

Resta a ser investigado um tema de absoluta grandeza no interior dos estudos linguísticos: como reunir a forma e o sentido da língua em uma análise que contemple simultaneamente os aspectos analítico e sintético. Explico-me: ao se olhar para as relações entre forma e sentido – supondo-se que essa seja uma tarefa para o linguista – de um ponto de vista analítico, busca-se operar uma análise por dissecação, decompondo as entidades em partes ou unidades menores; porém, se o ponto de vista é sintético, as relações entre a forma e o sentido interessam como conjunto dos elementos, como totalidade, como globalidade. Algum dia a linguística poderá fornecer elementos para unir o analítico e o sintético via forma e sentido?

§ 10.4 CONCLUSÃO

Este capítulo, de certa forma, cumpre o papel de dar destaque a "outros" problemas gerais de linguística – como já indicado no título –, os quais ou foram estudados tangencialmente nos capítulos anteriores ou, até mesmo, não foram estudados. O leitor deve ter percebido que os temas aqui lembrados não tiveram tratamento equivalente ao dos precedentes. Quer dizer:

não tiveram nem o mesmo aprofundamento nem a mesma preocupação em formular um ponto de vista completo de abordagem. A ideia foi tão somente lembrá-los, para que o leitor os tenha em mente.

Não se trata de buscar se eximir de alguma ausência ou de algum inacabamento. Desde que se considere que o fazer científico está em movimento, a incompletude lhe é constitutiva – senão necessária! O fato é que os problemas gerais de linguística, devido à transversalidade que têm, se cruzam e se entrecruzam. Em função disso é que, quando se aborda um, se é levado a tocar em outro.

Ora, não é isso que se fez quando foi estudada a relação entre a língua e o pensamento no quarto capítulo? Nele, além da relação explicitada no seu título, outras foram chamadas: a tradução, as relações entre universais e particulares, a diversidade das línguas etc.

Em síntese, cabe reiterar, os problemas são gerais de linguística porque são pertinentes a toda e qualquer linguística, e o fato de se inter-relacionarem é a prova mais cabal disso.

Anexo 1

Amostra da produção em Linguística Geral (1870-1933)[266]

I – Alemão

H. Steinthal (1871). *Einleitung in die Psychologie und Sprachwissenschaft.*

F. Müller (1876). *Grundriss der Sprachwissenschaft* (segundo Vendryes [1921/1968: 261], "o único grande manual que existe de linguística geral").

H. Osthoff (1879). *Das Physiologische und Psychologische Moment in der Sprachlicher Formenbildung.*

B. Delbrück (1880). *Einleitung in das Sprachstudium.*

H. Paul (1880). *Prinzipen der Sprachgeshichte.*

A.-F. Pott (1884-1890). Einleitung in die Allgemeine Sprachwissenschaft. In: *Internationale Zeitschrift für Allgemeine Sprachwissenschaft.* Vol. 1-5.

G. von der Gabelentz (1891 [1901, 2. ed. rev.]). *Die Sprachwissenschaft, ihre Aufgaben, Methoden und bisherigen Ergebnisse.*

L. Baudoin de Courtenay (1895). *Versuch einer Theorie Phonetischen Alternationen.*

W. Wundt (1900). *Völkerpsychologie, I. Die Sprache.*

F.-N. Finck (1905). *Die Aufgabe und Gliederung der Sprachwissenschaft.*

E. Richter (1912). *Wie wir sprechen.*

L. Sütterlin (1913). *Werden und Wesen der Sprache.*

W. Horn (1921). *Sprachkörper und Sprachfunktion.*

W. Schmidt (1926). *Die Sprachfamilien und Sprachkreise der Erde.*

---

266. Conforme Auroux, 2000, p. 434-435.

II – Inglês

M. Müller (1861). *Lectures on the Science of Language.*

W.D. Withney (1967). *Language and the Study of Language.*

A.H. Sayce (1874). *The Principles of Comparative Philology.*

W.D. Withney (1875). *The Life and Growth of Language.*

O. Jespersen (1894). *Progress in Language.*

H. Oertel (1901). *Lectures on the Study of Language.*

F. Boas (1911). Introductio. In: *Handbook of American Indian Languages.*

E.H. Sturtevant (1917). *Linguistic Change.*

E. Sapir (1921). *Language.*

L. Bloomfield (1914). *Introduction to the Study of Language.*

O. Jespersen (1924). *Language.*

O. Jespersen (1924). *The Philosophy of Grammar.*

L. Bloomfield (1926). A Set of Postulates for the Science of Language.
In: *Language*, II, p. 153-164.

L. Bloomfield (1933). *Language.*

III – Francês

A. Hovelacque (1876). *La linguistique.*

L. Adam (1882). *Les classification, l'objet, la méthode, les conclusions de la linguistique.*

V. Henry (1883). *Essai sur l'analogie.*

P. Passy (1890). *Étude sur les changements phonétiques et leurs caractères généraux.*

M. Grammont (1895). *La dissimilation consonantique.*

V. Henry (1896). *Antinomies linguistiques.*

M. Bréal (1897). *La semantique.*

A. Dauzat (1906). *Essai de méthodologie linguistique.*

C. Bally (1913). *Le langage et la vie.*

F. de Saussure (1916). *Cours de linguistique générale.*

A. Meillet (1921). *Linguistique historique et linguistique générale.*

J. Vendryes (1923). *Le langage, introduction linguistique à l' histoire.*

A. Meillet & M. Cohen (1924). *Les langues du monde.*

Anexo 2

Breve cronologia de estudos sobre a origem das línguas e da linguagem (séc. XVII-XX)[267]

1606 – Guichard, E. *L'Harmonie ètymologique des langues... où se démontre que toutes les langues sont descendues de l'hébraïque.*

1669 – Webb, J. *An Historical Essay Endeavouring the Probability that the Language of the Empire of China is the Primitive Language.*

1703 – Pezron, R.P. Dom P. *De l'antiquité de la nation et de la langue des Celtes, autrement applés Gaulois.*

1704 – Leibniz, G.W. *Nouveaux essais sur l'entendement humain.*

1710 – Leibniz, G.W. *Bref essai sur l'origine des peuples déduite principalement des indications fournies par les langues.*

1746 – Condillac, A. *Essai sur l'origine des connaissances humaines.*

1750 – Berington, S. *Dissertation on the Mosaical Creation, Deluge, Building of Babel and Confusion of Tongues.*

1752 – Maupertuis, P.L. *Réflexions philosophiques sur l'origine des langues et la signification des mots.*

1765 – Brosses, président Ch. *Traité de la formation mécanique des langes.*

1769 – Poinsinet de Sivry, L. *Origine des premières sociétés, des peuples, des sciences, des arts et des idiomes anciens et modernes.*

1772 – Court de Gébelin, A. *Histoire naturelle de la parole.*

1772 – Herder, J.-G. *Abhandlung über den Ursprung der Sprache.*

1773-1782 – Court de Gébelin, A. *Le monde primitif analysé et comparé avec le monde moderne.*

1775 – Condillac, A. *Cours d'étude pour l'instruction du prince de Parme.* Tomo I: *Grammaire.*

1776 – Thiébault, D. *Observations générales sur la grammaire et les langues.*

---

267. Conforme Yaguello, 2006, p. 342-346.

1781 – Rousseau, J.-J. *Essai sur l'origine des langues.*

1793 – Condorcet, J.A.N. Marquis de. *Esquisse d'un tableau historique des progrès de l'esprit humain.*

1803 – Destutt de Tracy, A.L.C. *Éléments d'idéologie.*

1808 – Nodier, C. *Dictionnaire raisonné des onomatopées françaises.*

1810 – Nodier, C. *Archéologue ou Système universel et raisonné des langues.*

1822 – Humboldt, W. *De l'origine des formes grammaticales.*

1834 – Nodier, C. *Notions élémentaires de linguistique ou Histoire abrégée de la parole et de l'écriture.*

1835 – Nodier, C. *Bibliographie des fous.*

1838 – Hennequin, A. *Essai sur l'analogie des langues.*

1847 – Bouzeran, J. *Essai d'unité linguistique raisonnée.*

1851 – O'Donnelly, A.T.-J. *Extrait de la traduction authentique des hiéroglyphes de l'Obelisque de Louqsor à Paris [...].*

1852 – Le Quen d'Entremeuse, S. *Aperçus nouveaux sur l'origine de l'idolâtrie.*

1853 – Rambosson, J. *Langue universelle. Langage mimique mimé et écrit.*

1857 – Drojat, S.F. *La maîtresse clé de la tour de Babel.*

1858 – Renan, E. *De l'origine du langage.*

1859 – Grimm, J. *De l'origine du langage.*

1863 – Benloew, L. *De quelques caractères du langage primitif.*

1864 – Baudry, F. *De la science du langage et de son état actuel.*

1867 – Müller, M. *La science du langage.*

1868 – Vertus, A. *La langue primitive basée sur l'idéographie lunaire.*

1869 – Rosny, L. *De l'origine du langage.*

1881 – Rambosson, J. *Origine de la parole et du langage parlé.*

1882 – Thessalus, F. *Traité de l'origine du langage ou formation et déformation des mots.*

1883 – Brisset, J.-P. *La grammaire logique.*

1884 – Dubor, G. *Les langues et l'espèce humaine.*

1886 – Thoron, O. *La langue primitive depuis Adam jusqu'à Babel, son passage en Amérique où elle est encore vivante.*

1890 – Timmermans, A. *Traité de l'onomatopéé ou clef des racines irréductibles.*

1900 – Marcillac, F. *Les vraies origines de la langue française, ses rapports avec l'anthropologie et la physique du globe.*

1905 – Trombetti, A. *L'unità d'origine del linguaggio.*

1928 – Callet, C. *Le mystère du langage.*

1930 – Paget, R. *Human Speech – Some Observations, Experiments, and Conclusions as to the Nature, Origin, Purpose and Possible Improvement of Human Speech.*

1933 – Marr, N. *Izbrannyje raboty* ("Oeuvres choisies", en 5 vol.).

1933 – Marr, N. *Voprosy jazyka v'osvescenije jafeticeskoj teorii* [*La linguistique à la lumière de la théorie japhétique*. Anthologie compilée par V.V. Apt ekar].

Índice de assuntos por capítulo[268]

§ Apresentação – A linguística como reflexão antropológica

A linguística (como reflexão antropológica), § II

Factum grammaticae – § II

Factum linguae – § II

Factum linguarum – § II

Factum loquendi – § II

Homo loquens (definição) – § II

Objeto da linguística (diferente do objeto da filosofia) – § II

Problemas gerais de linguística (definição) – § I

Transversalidade dos problemas – § I

§ 1 A linguagem e as línguas

Autorreferência (*sui*-referência; *sui*-reflexividade) – § 1.3.1.2

Categoria de linguagem – § 1.3.1.1

Dêixis – § 1.3.1.3

Enunciação – § 1.3.1

Formas específicas da enunciação (pessoa, espaço e tempo) – § 1.3.1.3

Indicadores autorreferenciais (pessoa; tempo; espaço) – § 1.3.1.2

Linguagem (como propriedade humana) – § 1.2

---

268. Os números após cada título remetem às seções em que o assunto é mencionado.

Línguas (diferente de linguagem) – § 1.1

Línguas, linguagem e falante – § 1.1

Línguas, linguagem, falante (Humboldt) – § 1.2.1

Línguas, linguagem, falante (Saussure) – § 1.2.2

Línguas, linguagem, falante (Benveniste) – § 1.2.3

Não pessoa – § 1.3.1

Particulares – § 1.3

Pessoa – § 1.3.1

Posição na linguagem (de locutor; de alocutário) – § 1.3.1.1

Propriedades da linguagem – § 1.1

Relação entre línguas e linguagem – § 1.1

Universais – § 1.3

Universal antropológico – § 1.3.1.2

Universal (enunciação) – § 1.4

§ 2 A língua e a realidade – O mundo da autorreferência

Ausência (categoria) – § 2.3

Autorreferência – § 2.2

Cognitivo da língua – § 2.2.1

Indicadores (pessoa, tempo, espaço) – § 2.2.3

Não pessoa – § 2.2.2

Pessoa – § 2.2.2

Presença (categoria) – § 2.3

Referência – § 2.2

Signos (plenos e vazios) – § 2.2.1

Realidade de discurso – § 2.2, § 2.2.1

§ 3 A língua, a sociedade e a cultura

Relação causal primária – § 3.1

Conexão causal explicativa – § 3.1

A língua é o interpretante da sociedade – § 3.2

A língua contém a sociedade – § 3.2

Semantismo social – § 3.2

Instituição – § 3.2.1

Cultura – § 3.3

§ 4 A língua e o pensamento

Caráter mediatizante da língua – § 4.3.1

Categorias de língua – § 4.2

Categorias de pensamento – § 4.2

Faculdade simbólica – § 4.3

Língua (expressão do pensamento) – § 4.2

Mundo – § 4.3.2

Pensamento (forma e conteúdo) – § 4.2

Pensamento (recebe expressão na língua) – § 4.2

Pensamento e linguagem (nota de Benveniste) – § 4.1

Realidade e linguagem – § 4.4

Símbolo – § 4.3

Tradução – § 4.3.3

Universais – § 4.3.3

Universal – § 4.3.2

§ 5 A língua e o *infans* – O vir-a-ser falante no universo de uma língua

Aquisição (transversalidade) – § 5.1

Autorreferência – § 5.3

Capacidade simbólica – § 5.5

Causas próximas – § 5.4

Causas únicas – § 5.4

Dados – § 5.1

Etnografia de si – § 5.1

Falante – § 5.7

Inatismo – § 5.4

Infans – § 5.1

Língua (aquisição da) – § 5.4

Língua (não toda) – § 5.3

Linguagem (aquisição da) – § 5.4

Línguas – § 5.5

Metalinguagem (não há) – § 5.2

Testemunha – § 5.2

Testemunho – § 5.3

Universo de uma língua – § 5.5, § 5.6, § 5.7

Visão de mundo – § 5.6

§ 6 O falante e a tradução – A condição tradutória

Embrayeur – § 6.3.3

Equivalência – § 6.3.3

Função cognitiva – § 6.2

Função metalinguística – § 6.2

Função poética – § 6.2

Função referencial – § 6.2

Interpretação – § 6.3.1, § 6.3.2, § 6.3.3

Intraduzibilidade – § 6.2

Operação metalinguística (inerente à faculdade de falar determinada língua) – § 6.2

Tradução interlingual – § 6.3

Tradução intersemiótica – § 6.3

Tradução intralingual – § 6.3

Tradutibilidade – § 6.2

§ 7 O falante e a voz – Uma antropologia da enunciação

Voz (na linguística) – § 7.2.1

Voz (fenomenologia vocálica da unicidade) – § 7.2.1

Voz (diferentes campos do conhecimento) – § 7.2

Contorno de sentido – § 7.3

Antropologia da enunciação – § 7.3

Voz cantada – § 7.4

Grão da voz – § 7.4

Comentário sobre a voz – § 7.4

§ 8. *O escafandro e a borboleta* ou o testemunho da fala que falta ao falante

"Hipótese do espelho invertido" – § 8.1

Afasia – § 8.4

Compreensão – § 8.3

Infans – § 8.1

Linguística (falha) – § 8.4

Locked-in – § 8.1

Metalinguagem – § 8.3

Reconhecimento – § 8.3

Semântico – § 8.3

Semiótico – § 8.3

Testemunha – § 8.2

Testemunho – § 8.2

Tradução – § 8.3

§ 9 O falante e o paradoxo da metalinguagem

Antropologia da enunciação – § 9.4

Autossemiotização – § 9.3

Comentário (como especificação da metalinguagem natural) – § 9.2, § 9.4, § 9.5

Dupla significância (semiótico e semântico) – § 9.3

Falante (como etnógrafo) – § 9.4

Função metalinguística – § 9.2

Hermenêutica natural – § 9.4, § 9.5

Interpretância da língua – § 9.3

Metalinguagem cotidiana *versus* científica – § 9.2

Metalinguagem interna *versus* externa – § 9.2

Metalinguagem linguística *versus* lógica – § 9.2

Metalinguagem natural *versus* metalinguagem formalizada – § 9.2

Paradoxo (do linguista; do gramático) – § 9.1

§ 10 A língua, o falante e os outros problemas gerais

Forma – § 10.3.6

Língua – § 10.3.2

Linguagem – § 10.3.2

Linguagem humana (*versus* comunicação animal) – § 10.3.3

Línguas – § 10.3.2

Linguística geral – § 10.2

Problemas (diferentes tipos de) – § 10.1

Semiologia – § 10.3.5

Sentido – § 10.3.6

Signo – § 10.3.4

Sistemas semiológicos – § 10.3.5

Transversalidade – § 10.4

Universais (diferentes tipos) – § 10.3.1

Referências

AGAMBEN, G. *O tempo que resta* – Um comentário à *Carta aos Romanos*. Belo Horizonte: Autêntica, 2016 [Trad. Davi Pessoa e Cláudio Oliveira].

_____. Filosofia e linguística: Jean-Claude Milner – Introduction à une science du langage. In: *A potência do pensamento* – Ensaios e conferências. Belo Horizonte: Autêntica, 2015, p. 51-69 [Trad. António Guerreiro].

_____. *O sacramento da linguagem* – Arqueologia do juramento. Belo Horizonte: Ed. UFMG, 2011 [Trad. Selvino José Assmann].

_____. *O que resta de Auschwitz* – O arquivo e a testemunha. Homo Sacer II. São Paulo: Boitempo, 2008a [Trad. Selvino José Assmann].

_____. *Infância e história* – Destruição da experiência e origem da história. Belo Horizonte: Ed. UFMG, 2008b [Trad. Henrique Burigo].

_____. *A linguagem e a morte* – Um seminário sobre a negatividade. Belo Horizonte: Ed. UFMG, 2006 [Trad. Henrique Burigo].

AGOSTINHO, Sto. *Confissões*. São Paulo: Nova Cultural, 1996 [Trad. J. Oliveira Santos e A. Ambrósio de Pina].

ALKMIM, T. Sociolinguística – Parte I. In: MUSSALIN, F. & BENTES, A.C. *Introdução à linguística* – Domínios e fronteiras. Vol. 1, 2. ed. São Paulo: Cortez, 2001, p. 21-47.

ARRIVÉ, M. *Linguística e psicanálise* – Freud, Saussure, Hjelmslev, Lacan e outros. São Paulo: Edusp, 1994 [Trad. Mário Laranjeira e Alain Mouzat].

ARISTÓTELES. *A política*. 3. ed. São Paulo: Martins Fontes, 2006 [Trad. Roberto Leal Ferreira].

AS 100 maiores vozes da música brasileira. In: *Rolling Stone Brasil*, São Paulo, n. 73, out./2012. Disponível em http://rollingstone.uol.com.br/listas/100-maiores-vozes-da-musica-brasileira/ Acesso em 15/01/2018.

ASSOUN, P.-L. *O olhar e a voz* – Lições psicanalíticas sobre o olhar e a voz. Rio de Janeiro: Companhia de Freud, 1999 [Trad. Celso Pereira de Almeida].

AUBENQUE, P. Aristote et le langage, note annexe sur les catégories d'Aristote. A propos d'un article de M. Benveniste. *Annales de la facultés des Lettres d'Aix*, Aix-en-Provence, n. 43, vol. XLIII, p. 85-105, 1965.

AUGÉ, M. & COLLEYN, J.-P. *L'anthropologie*. 3. ed. Paris: Presses Universitaires de France, 2018.

AUROUX, S. *A questão da origem das línguas, seguido de A historicidade das ciências*. Campinas: RG, 2008 [Trad. Mariângela Pecciolli Gali Joanilho].

_____. *Histoire des idées linguistiques* – Tome 3: L'hégémonie du comparatisme. Liège: Pierre Mardaga, 2000.

_____. *A filosofia da linguagem*. Campinas: Ed. Unicamp, 1998 [Trad. José Horta Nunes].

_____. La notion de linguistique générale. In: *Histoire Épistemologie Langage*, Paris, vol. 10, fasc. 2, p. 37-56, 1988.

_____. Catégories de métalangages. In: *Histoire Épistémologie Langage*, Paris, vol. 1, fasc. 1, p. 3-14, 1979.

AUSTIN, J.L. *Quando dizer é fazer* – Palavras e ação. Porto Alegre: Artes Médicas, 1990 [Trad. Danilo Marcondes de Souza Filho].

AUTHIER-REVUZ, J. Avant-propos. In: AUTHIER-REVUZ, J.; DOURY, M. & REBOUL-TOURÉ, S. *Parler des mots* – Le fait autonymique em discours. Paris: Presses Sorbonne Nouvelle, 2003, p. 7-17.

_____. *Ces mots qui ne vont pas de* soï – Boucles réflexives et non-coïncidences du dire. Tomos 1 e 2. Paris: Larousse, 1995.

BALIBAR, É. *Des universels* – Essais et conférences. Paris: Éd. Galilée, 2016.

BARBOSA, G. Entre designar e significar, o que há? Em busca de uma semântica em Benveniste. Porto Alegre: UFRGS, 2018 [Tese de Doutorado – Programa de Pós-graduação em Letras].

BARBOSA, P.A. Prosódia: uma entrevista com Plínio A. Barbosa. In: *ReVEL*, [s.l.], vol. 8, n. 15, 2010. Disponível em http://www.revel.inf.br/files/entrevistas/revel_15_entrevista_plinio.pdf. Acesso em 15/01/2018.

BAR-HILLEL, Y. Expressões indiciais [Trad. Rodolfo Ilari]. In: DASCAL, M. (org.). *Fundamentos metodológicos da linguística*. Vol. IV – Pragmática: problemas, críticas, perspectivas da linguística. São Paulo: Global, 1978, p. 23-49.

BARTHES, R. *O óbvio e o obtuso*. Lisboa: Ed. 70, 2009 [Trad. Isabel Pascoal].

_____. *Elementos de semiologia*. São Paulo: Cultrix, 1988 [Trad. Izidoro Blikstein].

_____. Por que gosto de Benveniste. In: *O rumor da língua*. Lisboa: Ed. 70, 1987, p. 149-152 [Trad. António Gonçalves].

BAUBY, J.-D. *O escafandro e a borboleta*. 2. ed. São Paulo: WMF Martins Fontes, 2009 [Trad. Ivone Castilho Benedetti].

BENJAMIN, W. A tarefa do tradutor. In: *Escritos sobre mito e linguagem*. São Paulo: Ed. 34, 2011, p. 101-119 [Trad. Susana Kampff Lages e Ernani Chaves].

_____. *Sobre arte, técnica, linguagem e política*. Lisboa: Antropos, 1992 [Trad. Maria Luz Moita, Maria Amélia Cruz e Manuel Alberto].

BENVENISTE, É. *Últimas aulas no Collège de France 1968 e 1969*. São Paulo: Ed. Unesp, 2014 [Trad. Daniel Costa da Silva et al.].

_____. *Baudelaire*. Limoges: Lambert-Lucas, 2011.

_____. *Problèmes de linguistique générale, I*. Paris: Gallimard, 2006.

_____. *Problèmes de linguistique générale, II*. Paris: Gallimard, 2005.

_____. *O vocabulário das instituições indo-europeias*. Vol. I – Economia, parentesco, sociedade. Campinas: Pontes, 1995a [Trad. Denise Bottmann].

_____. *O vocabulário das instituições indo-europeias*. Vol. II – Poder, direito, religião. Campinas: Pontes, 1995b [Trad. Denise Bottmann e Eleonora Bottman].

_____. *Problemas de linguística geral II*. Campinas: Ed. Unicamp, 1989 [Trad. Eduardo Guimarães et al.].

_____. *Problemas de linguística geral I*. Campinas: Ed. Unicamp, 1988 [Trad. Maria da Glória Novak e Maria Luisa Neri].

BERGOUNIOUX, G. L'origine du langage: mythes et théories. In: HOMBERT, J.-M. (org.). *Aux origines des langues et du langage*. Paris: Fayard, 2005, p. 14-41.

BERGSON, H. *O riso* – Ensaio sobre a significação do cômico. 2. ed. Rio de Janeiro: Zahar, 1983 [Trad. Nathanael C. Caixeiro].

BERMAN, A. *L'épreuve de l'étranger* – Culture et traduction dans l'Allemagne romantique. Paris: Gallimard, 1984.

BERWICK, R.C. & CHOMSKY, N. *Por que apenas nós* – Linguagem e evolução. São Paulo: Ed. Unesp, 2017 [Trad. Gabriel de Ávila Othero e Luisandro Mendes de Souza].

BLANCHOT, M. *Uma voz vinda de outro lugar*. Rio de Janeiro: Rocco, 2011 [Trad. Adriana Lisboa].

BLIKSTEIN, I. *Kaspar Hauser, ou a fabricação da realidade*. 9. ed. São Paulo: Cultrix, 2003.

BLOOMFIELD, L. O significado [Trad. Lígia M. Cavallari]. In: DASCAL, M. (org.). *Fundamentos metodológicos da linguística*. Vol. III – Semântica. São Paulo: Global, 1982, p. 29-41.

_____.Um conjunto de postulados para a ciência da linguagem [Trad. Lígia M. Cavallari]. In: DASCAL, M. (org.). *Fundamentos metodológicos da linguística*. Vol. I – Concepções gerais da teoria linguística. São Paulo: Global, 1978, p. 45-60.

BOLOGNA, C. "Voz". In: *Enciclopédia Einaudi*. Vol. 11. Lisboa: Imprensa Nacional/Casa da Moeda, 1987, p. 58-92.

BORSCHE, T. La thèse humboldtienne de l'individualité de la langue. In: *Les Études Philosophiques*, Paris, n. 113, p. 165-176, 2015.

BREKLE, H.E. La linguistique populaire. In: AUROUX, S. *Histoire des idées linguistiques*. Tomo 1. Liege/Bruxelas: Pierre Mardaga, 1989, p. 39-44.

_____. La "linguistique populaire": est-elle un objet possible d'une historiographie de la linguistique? In: *Histoire Épistémologie Langage*, Paris, n. 5, p. 47-59, 1984.

BRIGHT, W. As dimensões da sociolinguística [Trad. E.N. Jorge]. In: FONSECA, M.S.V. & NEVES, M.F. (orgs.). *Sociolinguística*. Rio de Janeiro: Eldorado, 1974, p. 17-24.

BROWER, R.A. (org.). *On Translation*. Cambridge: Harvard University Press, 1959.

BRUM-DE-PAULA, M. & FERREIRA-GONÇALVES, G. Léxico e gramática: Uma relação de causa e efeito? In: *Letras de Hoje*, Porto Alegre, vol. 43, n. 3, p. 69-80, 2008.

BURIGO, H. Glossário do tradutor. In: AGAMBEN, G. *Infância e história* – Destruição da experiência e origem da história. Belo Horizonte: Ed. UFMG, 2008, p. 169-186 [Trad. Henrique Burigo].

CAGLIARI, L.C. *Elementos de fonética do português brasileiro*. São Paulo: Paulistana, 2009.

CÂMARA JÚNIOR, J.M. *História da linguística*. 4. ed. Petrópolis: Vozes, 1986 [Trad. Maria Amparo Barbosa de Azevedo].

_____. *Princípios de linguística geral*. 4. ed. Rio de Janeiro: Livraria Acadêmica, 1969.

CAMPOS, H. *Transcriação*. São Paulo: Perspectiva, 2013.

_____. *Metalinguagem e outras* metas – Ensaios de teoria e crítica literária. São Paulo: Perspectiva, 2006.

_____. Comunicação na poesia de vanguarda. In: *A arte no horizonte do provável e outros ensaios*. São Paulo: Perspectiva, 1969, p. 131-154.

CARDONA, G.R. Universais/particulares. In: *Enciclopédia Einaudi*. Vol. 2 – Linguagem/Enunciação. Lisboa: Casa da Moeda, 1984, p. 345-367.

CARMO JR., J.R. Sobre a gramática da palavra cantada. In: *Cadernos de Estudos Linguísticos*, Campinas, vol. 54, n. 2, p. 205-22, 2012. Disponível em https://periodicos.sbu.unicamp.br/ojs/index.php/cel/article/view/8636602/4321. Acesso em 30/09/2018.

_____. *Melodia & Prosódia* – Um modelo para a interface música/fala com base no estudo comparado do aparelho fonador e dos instrumentos musicais reais e virtuais. São Paulo: USP, 2007 [Tese de Doutorado em Linguística – Faculdade de Filosofia, Letras e Ciências Humanas].

CASSIRER, E. *Ensaio sobre o homem* – Introdução a uma filosofia da cultura humana. 2. ed. São Paulo: WMF Martins Fontes, 2012 [Trad. Tomás Rosa Bueno].

_____. *A filosofia das formas simbólicas*. São Paulo: Martins Fontes, 2001 [Trad. Marion Fleischer].

CASTRO, M.F.P. (org.). *O método e o dado no estudo da linguagem*. Campinas: Ed. Unicamp, 1996.

CAVARERO, A. *Vozes plurais* – Filosofia da expressão vocal. Belo Horizonte: Ed. UFMG, 2011 [Trad. Flavio Terrigno Barbeitas].

CHABROLLE-CERRETINI, A.-M. *La vision du monde de Wilhelm von Humboldt* – Histoire d'un concept linguistique. Lyon: ENS Éd., 2007.

CHOMSKY, N. *Que tipo de criaturas somos nós?* Petrópolis: Vozes, 2018a [Trad. Gabriel de Ávila Othero e Luisandro Mendes de Souza].

_____. Sobre mentes e linguagem [Trad. Gabriel de Ávila Othero]. In: *ReVEL*, vol. 16, n. 31, 2018b.

_____. *Estruturas sintáticas*. Petrópolis: Vozes, 2015 [Trad. e notas Gabriel de Ávila Othero e Sérgio de Moura Menuzzi].

_____. *Language and Mind*. Nova York: Cambridge University Press, 2006.

_____. *O programa minimalista*. Lisboa: Caminho, 1999 [Trad., apres. e notas Eduardo Paiva Raposo].

_____. *Essais sur la forme et le sens*. Paris: Du Seuil, 1980a [Trad. Joëlle Sampy].

_____. Problemas e mistérios no estudo da linguagem humana. In: *Reflexões sobre a linguagem*. São Paulo: Cultrix, 1980b, p. 111-178 [Trad. Carlos Vogt et al.].

_____. *Aspects of the Theory of Syntax*. Cambridge: MIT Press, 1965.

COLOMBAT, B.; FOURNIER, J.-M. & PUECH, C. *Histoire des idées sur le langage et les langues*. Paris: Klincksieck, 2010.

CONSTANTIN, E. Linguistique générale, Cours de M. le Professeur de Saussure, 1910-1911. In: *Cahiers Ferdinand de Saussure*, Genebra, n. 58, p. 83-292, 2005.

COQUET, J.-C. & FENOGLIO, I. Anexo 1: Biobibliografia de Émile Benveniste por Georges Redard. In: BENVENISTE, É. *Últimas aulas no Collège de France 1968 e 1969*. São Paulo: Ed. Unesp, 2014, p. 197-198 [Trad. Daniel Costa da Silva et al.].

CORREA, L.M.S. O que, afinal, a criança adquire ao adquirir uma língua? A tarefa da aquisição da linguagem em três fases e o processamento de informação de interface pela criança. In: *Letras de Hoje*, Porto Alegre, vol. 42, n. 1, p. 7-34, mar./2007.

_____. Conciliando processamento linguístico e teoria de língua no estudo da aquisição da linguagem. In: *Aquisição da linguagem e problemas do desenvolvimento linguístico*. Rio de Janeiro/São Paulo: Ed. PUC-Rio/Loyola, 2006, p. 21-78.

_____. Aquisição da linguagem: uma retrospectiva dos últimos trinta anos. In: *Delta*, São Paulo, vol. 15, n. esp., 1999, p. 339-383.

COSERIU, E. Les universaux linguistiques (et les autres). In: Internation Congress of Linguists, 11, 1972, Bolonha/Florença. *Proceedings [...]*. Bolonha/Florença: Società editrice il Mulino Bologna, 1974, p. 47-73.

COURTINE, J.-J. Les silences de la voix. In: *Langages*, Paris, ano 23, n. 91, p. 7-25, 1988.

CRYSTAL, D. *Dicionário de linguística e fonética*. Rio de Janeiro: Jorge Zahar, 2008 [Trad. Maria Carmelita Pádua Dias].

_____. *A linguística*. Lisboa: Publicações Dom Quixote, 1991 [Trad. Isabel Hub Faria].

CROCE, B. *Estética como ciência da expressão e linguística geral* – Teoria e história. São Paulo: É Realizações, 2016 [Trad. Omayr José de Moraes Júnior].

CUNHA, A.P. *A emergência da hipótese do relativismo linguístico em Edward Sapir (1884-1939)*. São Paulo: USP, 2012 [Dissertação de Mestrado em Semiótica e Linguística Geral – Departamento de Linguística/Faculdade de Filosofia, Letras e Ciências Humanas].

D'OTTAVI, G. Désigner et signifier le "savoir": Pour une nouvelle entrée du *Vocabulaire des instituitions indo-europeennes* d'Emile Benveniste. In: *SHS Web of Conferences*, vol. 8, 4e Congrès Mondial de Linguistique Française (CMLF), p. 393-407, jul./2014.

DELBE, A. *Le stade vocal.* Paris: L'Harmattan, 1995.

DELEFOSSE, O. *Sur le langage de l'enfant* – Choix de textes de 1876 a 1962. Paris: L'Hartmattan, 2010.

DEPECKER, L. *Compreender Saussure a partir dos manuscritos.* Petrópolis: Vozes, 2012 [Trad. Maria Ferreira].

DERRIDA, J. *Torres de Babel.* Belo Horizonte: Ed. UFMG, 2006 [Trad. Junia Barreto].

_____. *A voz e o fenômeno.* Rio de Janeiro: Jorge Zahar, 1994 [Trad. Lucy Magalhães].

_____. *Margens da filosofia.* Campinas: Papirus, 1991 [Trad. Joaquim Torres Costa e António M. Magalhães].

DESSONS, G. *La voix juste* – Essai sur le bref. Paris: Éd. Manucius, 2015.

_____. *Émile Benveniste* – L'invention du discours. Paris: Éd. In Press, 2006.

DOR, J. *A-cientificidade da psicanálise* – A alienação da psicanálise. Porto Alegre: Artes Médicas, 1993 [Trad. Patrícia Chittoni Ramos].

DOSSE, F. *História do estruturalismo* – O canto do cisne, de 1967 a nossos dias. São Paulo: Ensaio, 1994.

_____. *História do estruturalismo* – O campo do signo, 1945/1966. São Paulo/ Campinas: Ensaio/Ed. Unicamp, 1993 [Trad. Álvaro Cabral].

DUBOIS, J. et al. *Dicionário de linguística.* São Paulo: Cultrix, 1998 [Trad. Izidoro Blikstein et al.].

DUCROT, O. *O dizer e o dito.* Campinas: Pontes, 1987 [Trad. Eduardo Guimarães].

DUCROT, O. & TODOROV, T. *Dicionário enciclopédico das ciências da linguagem.* Rio de Janeiro: Perspectiva, 1988 [Trad. Alice Kyoko Miyashiro et al.].

DUFOUR, D.-R. *Os mistérios da trindade.* Rio de Janeiro: Companhia de Freud, 2000 [Trad. Dulce Duque Estrada].

_____. *Le bégaiement des maîtres* – Lacan, Benveniste, Lévi-Strauss. Toulouse: Érès, 1999.

DURING, É. & GANJIPOUR, A. Jean-Claude Milner – L'universel difficile. In: *Critique,* Paris, n. 833, p. 823-834, 2016.

ECO, U. *Quase a mesma coisa* – Experiências de tradução. Rio de Janeiro: Record, 2007 [Trad. Eliana Aguiar].

EPSTEIN, I. *O signo.* 4. ed. São Paulo: Ática, 1991.

EVERETT, D.L. *Language* – The Cultural Tool. Nova York: Pantheon Books, 2012.

FENOGLIO, I. Benveniste auteur d'une recherche inachevée sur "le discours poétique" et non d'*un* "Baudelaire". In: *Semen,* Besançon, n. 33, p. 1-32, 2012.

FERREIRA JR., J.T.; FLORES, V.N. & CAVALCANTE, M.C.B. A teoria de Benveniste sobre a pessoalidade e seus desdobramentos na enunciação infantil. In: *Delta,* São Paulo, vol. 31, n. 2, p. 527-558, dez./2015.

FIGUEIRA, R.A. La propriété réflexive du langage: quelques manifestations du fait autonymique dans l'acquisition du langage. In: AUTHIER-REVUZ, J.; DOURY, M. & REBOUL-TOURÉ, S. *Parler des mots* – Le fait autonymique en discours. Paris: Presses Sorbonne Nouvelle, 2003, p. 193-204.

FLETCHER, P. & MACWHINNEY, B. *Compêndio da linguagem da criança.* Porto Alegre: Artmed, 1997.

FLORES, V.N. De la réception à l'actualité d'Émile Benveniste au Brésil. Aspects anthropologiques d'une théorie de l'énonciation. In: D'OTTAVI, G. & FENOGLIO, I. (orgs.). *Émile Benveniste, 50 ans après les* Problèmes de linguistique générale. Paris: Éd. Rue D'Ulm, 2019a, p. 195-217.

_____. Comentários sobre as traduções da *Nota sobre o discurso* de Ferdinand de Saussure no Brasil: Elementos para leitura da "Nota". In: *Leitura,* Maceió, vol. 1, n. 62, p. 173-190, 2019b.

_____. Teoria da Enunciação. In: ROMERO, M. et al. (orgs.). *Manual de linguística* – Semântica, Pragmática e Enunciação. Petrópolis: Vozes, 2019c, p. 145-173.

_____. *Saussure e Benveniste no Brasil* – Quatro aulas na Escola Normal Superior. São Paulo: Parábola Editorial, 2017a.

_____. A voz, "essa cabeça de Medusa". In: MALISKA, M.E. & SOUZA, P. (orgs.). *Abordagens da voz a partir da Análise do Discurso e da Psicanálise*. Campinas: Pontes, 2017b, p. 119-133.

_____. O que há para ultrapassar na noção saussuriana de signo? De Saussure a Benveniste. In: *Gragoatá* (UFF), vol. 22, 2017, p. 1.005-1.026.

_____. O falante como etnógrafo da própria língua: Uma antropologia da enunciação. In: *Letras de Hoje*, Porto Alegre, vol. 50, 2015, p. 90-95.

_____. *Introdução à teoria enunciativa de Benveniste*. São Paulo: Parábola, 2013a.

_____. Sujeito da enunciação: Singularidade que advém da sintaxe da enunciação. In: *Delta*, São Paulo, vol. 29, n. 1, 2013b, p. 95-120.

FLORES, V.N. & HOFF, S.L. Le dire des traducteurs: Une analyse de paratextes de traduction. In: *Atelier de Traduction*, Romênia, vol. 30, 2018, p. 33-48.

FLORES, V.N.; SURREAUX, L.M. & KUHN, T.Z. *Introdução aos estudos de Roman Jakobson sobre afasia*. Porto Alegre: Ed. UFRGS, 2009.

FÓNAGI, I. *La vive voix* – Essais de psycho-phonétique. Paris: Payot, 1991.

FOUCAULT, M. *As palavras e as coisas* – Uma arqueologia das ciências humanas. 6. ed. São Paulo: Martins Fontes, 1995 [Trad. Salma Tannus Muchail].

FRANCHETTO, B. & LEITE, Y. *Origens da linguagem*. Rio de Janeiro: Jorge Zahar, 2004.

FRANK, J. *Pelo prisma russo* – Ensaios sobre literatura e cultura. São Paulo: Edusp, 1992 [Trad. Paula Cox Rolim e Francisco Achcar].

GAGNEBIN, J.M. Apresentação. In: AGAMBEN, G. *O que resta de Auschwitz* – O arquivo e a testemunha. São Paulo: Boitempo, 2008, p. 9-17.

GAUDEMAR, M. Introdução. In: *Les plis de la voix*, 2013.

GINZBURG, C. Sinais: Raízes de um paradigma indiciário. In: *Mitos, emblemas, sinais* – Morfologia e história. São Paulo: Companhia das Letras, 1989, p. 143-179.

GREENBERG, J.H. *Language* Universals – With Special Reference to Feature Hierarchies. The Hague: Mouton, 1966.

GUIMARÃES, M. *Os fundamentos da teoria linguística de Chomsky*. Petrópolis: Vozes, 2017.

GUSDORF, G. *La parole*. 8. ed. Paris: Les Presses Universitaires de France, 1977.

HAGÈGE, C. *L'homme de paroles* – Contribution linguistique aux sciences humaines. Paris: Librairie Arthème Fayard, 1985.

_____. "Benveniste et la linguistique de la parole". In: SERBAT, G. et al. (eds.). *Émile Benveniste aujourd'hui I*. Lovaina: Peters, 1984, p. 105-118.

HAINZENREDER, L.S. *O fenômeno tradutório à luz da distinção semiótica/semântica na relação entre línguas* – Proposta de uma semiologia da tradução. Porto Alegre: UFRGS, 2016 [Dissertação de Mestrado – Programa de Pós-graduação em Letras/Instituto de Letras].

HARRIS, Z. *Structures mathématiques du langage*. Paris: Dunod, 1971 [Trad. Catherine Fuchs].

HEIDEGGER, M. *A caminho da linguagem*. 5. ed. Petrópolis/Bragança Paulista: Vozes/Ed. Univ. São Francisco, 2011 [Trad. Marcia Sá Cavalcante Schuback].

HELLER- ROAZEN, D. *Ecolalias* – Sobre o esquecimento das línguas. Campinas: Ed. Unicamp, 2010 [Trad. Fabio Akcelrud Durão].

HJELMSLEV, L. *Prolegômenos a uma teoria da linguagem*. São Paulo: Perspectiva, 1975 [Trad. J. Teixeira Coelho Netto].

HOFF, S.L. *A nota "La traduction, la langue et l'intelligence"* – O fenômeno tradutório na e a partir da reflexão sobre a linguagem de Benveniste. Porto Alegre: UFRGS, 2018 [Dissertação de Mestrado – Programa de Pós-graduação em Letras/ Instituto de Letras].

HOFSTADTER, D.R. *Gödel, Escher, Bach* – Um entrelaçamento de gênios brilhantes. Brasília/São Paulo: Ed. UnB/Imprensa Oficial do Estado, 2001 [Trad. José Viegas Filho].

HOLENSTEIN, E. *Jakobson* – O estruturalismo fenomenológico. Lisboa: Vega, 1975.

HOMBERT, J.-M. (org.). *Aux origines des langues et du langage*. Paris: Fayard, 2005.

HOMBERT, J.-M. & LENCLUD, G. *Comment le langage est venu à l'homme*. Paris: Fayard, 2014.

HUGO, V. *Critique*. Paris: Laffont, 1985.

HUMBOLDT, W. *Linguagem, literatura, bildung*. Florianópolis: UFSC, 2006 [Trad. Paulo Sampaio Xavier de Oliveira et al.].

_____. *Sur le caractere national des langues et autres écrits sur le langage*. Paris: Du Seuil, 2000 [Trad., apres. e coment. Denis Thouard].

_____. *Introduction à l'oeuvre sur le kavi et autres essais*. Paris: Du Seuil, 1974 [Trad. e intr. Pierre Causat].

HURTADO ALBIR, A. *Traducción y traductología* – Introducción a la traductología. 9. ed. Madri: Cátedra, 2017.

ITO, N. La nature des pronoms est-elle universelle? In: *Linx*, Paris (Nanterre), vol. 9, p. 219-223, 1997.

JAKOBSON, R.; FANT, G.M. & HALLE, M. *Preliminaries to Speech Analysis* – The Distinctive Features and Their Correlates. Cambridge: MIT Press, 1952.

JAKOBSON, R. *Essais de linguistique générale*. 1: Les fondations du langage. Paris: Du Minuit, 2003 [Trad. Nicolas Ruwet].

_____. Metalanguage as a Linguistic Problem. In: *Contributions to Comparative Mythology* – Studies in Linguistics and Philology, 1972-1982. Berlim/Nova York/ Amsterdã: Mouton, 1985, p. 113-121.

_____. *Linguística e comunicação*. São Paulo: Cultrix, 1974 [Trad. Izidoro Blikstein e José Paulo Paes].

_____. *Child Language, Aphasia and Phonological Universals*. The Hague/Paris: Mouton, 1972.

_____. *Selected Writings*. Vol. II – Word and Language. The Hague: Mouton, 1971.

_____. *Selected Writings*. Vol. I – Phonological Studies. Nova York: Mouton de Grouyer, 1962.

JESPERSEN, O. *Language* – Its Nature, Development and Origin. Londres: George Allen & Unwin, 1964.

JOSSE, G. *Des vives voix*. Paris: Le temps qu'il fait, 2016.

JUNGZO, K. *La voix* – Édute d'ethno-linguistique comparative. Paris: Éd. de L'École des Hautes Études em Science Sociales, 1998 [Trad. Sylvie Jeanne].

KRISTEVA, J. Prefácio – Émile Benveniste, um linguista que não diz nem oculta, mas significa. In: BENVENISTE, É. *Últimas aulas no Collège de France 1968 e 1969*. São Paulo: Ed. Unesp, 2014, p. 29-66 [Trad. Daniel Costa da Silva et al.].

_____. Les épistémologies de la linguistique. In: *Langages*, Paris, ano 6, n. 24, 1971, p. 3-13.

LABOV, W. Pursuing the Cascade Model. In: BRITAIN, D. & CHESHIRE, J. (orgs.). *Social Dialectology* – In Honor of Peter Trudgill. Amsterdã: John Benjamins, 2003, p. 9-22. Disponível em http://www.ling.upenn.edu/~wlabov/Papers/PCM.html. Acesso em 10/10/2018.

LACAN, J. *Escritos*. Rio de Janeiro: Jorge Zahar, 1998 [Trad. Vera Ribeiro].

_____. *O seminário* – Livro 20: mais, ainda. 2. ed. Rio de Janeiro: Jorge Zahar, 1985 [Trad. M. D. Magno].

LALANDE, A. *Vocabulário técnico e crítico da filosofia*. São Paulo: Martins Fontes, 1996 [Trad. Fátima Sá Correia, Maria Emília V. Aguiar, José Eduardo Torres e Maria Gorete de Souza].

LAMBERTERIE, C. À propos du vocabulaire des institutions indo-européennes. In: *Linx*, Paris, vol. 9, p. 355-363, 1997. Disponível em http://linx.revues.org/1083. Acesso em 23/02/2017.

LAPLANTINE, C. *Émile Benveniste, l'inconscient et le poème*. Limoges: Lambert-Lucas, 2011a.

_____. Présentation. In: BENVENISTE, É. *Baudelaire*. Limoges: Lambert-Lucas, 2011b, p. 7-21.

LARANJEIRA, M. *Poética da tradução* – Do sentido à significância. São Paulo: Edusp, 1993.

LE BRETON, D. *Éclats de voie* – Une anthropologie des voix. Paris: Éd. Métailié, 2011.

LEMOS, C. Entre o falante ideal e o sujeito falante – Por onde se move a pesquisa linguística e/ou por onde circula o linguista. In: *Conexão Letras*, Porto Alegre, vol. 3, p. 81-90, 2008.

LEMOS, M.T.G. *A língua que me falta* – Uma análise dos estudos em aquisição de linguagem. Campinas: Mercado de Letras, 2002.

LES ETUDES PHILOSOPHIQUES. *Le Pascal des philosophes* (III). Paris: Presses Universitaires de France, ano 13, n. 4, out.-dez/1958. Disponível em https://www.jstor.org/stable/i20842780. Acesso em 15/08/2018.

LESTEL, D. Comportement animal, comunication animal et langage. In: HOMBERT, J.-M. (org.). *Aux origines des langues et du langage*. Paris: Fayard, 2005, p. 74-101.

_____. Langage et communications animales. In: *Langages*, Paris, ano 36, n. 146, p. 91-100, 2002. Disponível em http://www.persee.fr/web/revues/home/prescript/article/lgge_0458-726X_2002_num_36_146_2404. Acesso em 20/09/2018.

LETT, D. L'enfance: Aetas infirma, Aetas infirma. In: *Médiévales*, Saint-Denis, n. 15, p. 85-95, 1988.

LEW, R. & SAUVAGNAT, F. *La voix* –Actes du coloque d'Ivry du 23 janvier 1988. Paris: La lysimaque, 1989.

LISPECTOR, C. *A descoberta do mundo* – Crônicas. Rio de Janeiro: Rocco, 1999.

LUNGUINHO, M. & TEIXEIRA, M.T. O problema de Humboldt. In: OTHERO, G.A. & KENEDY, E. *Chomsky* – A reinvenção da Linguística. São Paulo: Contexto, 2019.

LYONS, J. *Linguagem e linguística* – Uma introdução. Rio de Janeiro: Zahar, 1982 [Trad. Marilda Winkler Averbug].

_____. *Semântica*. Vol. 1. Porto: Presença, 1980.

MACHADO, I. *O filme que Saussure não viu* – O pensamento semiótico de Roman Jakobson. Vinhedo: Horizonte, 2007.

MALAMOUD, C. L'anthropologie d'Émile Benveniste – Remarques d'un indianiste. In: FENOGLIO, I. et al. (orgs.). *Autour d'Émile Benveniste sur l'écriture*. Paris: Du Seuil, 2016, p. 237-266.

_____. L'oeuvre d'Émile Benveniste – Une analyse linguistique des institutions indo-européennes (notes critique). In: *Annales: Économies, Sociétés, Civilisations*, Paris, vol. 26, n. 3, 1971, p. 653-663.

MALISKA, M.E. & SOUZA, P. (orgs.). *Abordagens da voz a partir da análise de discurso e da psicanálise*. Campinas: Pontes, 2017.

MANETTI, G. *Theories of the Sign in Classical Antiquity*. Bloomington/Indianápolis: Indiana University Press, 1993 [Trad. Christine Richardson].

MARCHAL, A. & REIS, C. *Produção da fala*. Belo Horizonte: Ed. UFMG, 2012.

MARTINET, A. *Elementos de linguística geral*. São Paulo: Martins Fontes, 1978 [Trad. Jorge Moraes Barbosa].

MARTINS, M.A.P. & GUERINI, A. (orgs.). *Palavra de tradutor* – Reflexões sobre tradução por tradutores brasileiros. Florianópolis: Ed. UFSC, 2018.

MAY, G.H. *Labov e o fato social*. Florianópolis: UFSC, 2011 [Dissertação de Mestrado – Programa de Pós-graduação em Linguística].

MAYR, E. *Isto é biologia* – A ciência do mundo vivo. São Paulo: Companhia das Letras, 2008 [Trad. Claudio Angelo].

MEDINA, J. La linguistique – Quel object, quelle science ? In: NORMAND, C. et al. *Avant Saussure* – Choix de textes (1875-1924). Bruxelas: Éd. Complexe, 1978, p. 11-14.

MEILLET, A. *Como as palavras mudam de sentido*. São Paulo: Edusp, 2016 [Trad. Rafael Faraco Benthien].

_____. *Linguistique historique et linguistique générale*. Paris: H. Champion, 1948.

MEILLET, A. & COHEN, M. (orgs.). *Les langues du monde*. Paris: Librarie Ancienne Édouard Champion, 1924.

MESCHONNIC, H. *Poética do traduzir*. São Paulo: Perspectiva, 2010 [Trad. Jerusa Pires Ferreira e Suely Fenerich].

_____. "Partant de Benveniste" en 1970... et en 2009. In: MARTIN, S. (org.). *Émile Benveniste* – Pour vivre langage. Essais pour la poétique 1. Mont-de-Laval: L'Atelier du Grand Tétras, 2009, p. 105-109.

_____. Penser Humboldt aujourd'hui. In: MESCHONNIC, H. (org.). *La pensée dans la langue* – Humboldt et après. Saint-Denis: Presses Universitaires de Vincennes, 1995, p. 13-50.

MILANO, L. & FLORES, V.N. Do balbucio às primeiras palavras: Continuidade e descontinuidade no devir de um falante. In: *Letras de Hoje*, Porto Alegre, vol. 59, n. 1, jan.-mar./2015, p. 64-72.

MILNER, J.-C. *Introduction à une science du langage* – Édition abrégée. Paris: Du Seuil, 1995.

_____. *L'amour de la langue*. Paris: Du Seuil, 1978.

MITTERAND, H. La Préface et ses lois: Avant-propos romantiques. In: *Le discours du roman*. Paris: Presses Universitaires de France, 1980, p. 21-34.

MONTAUT, A. La méthode de Benveniste dans ses travaux comparatistes: Son discours et son sujet. In: *Linx*, Paris, n. 26, p. 109-135, 1992.

MOREL, M.-A. & DANON-BOILEAU, L. Entretien avec David Cohen. In: *Faits de langues*, Le Mans, n. 3, mar./1994, p. 113-119.

MOUNIN, G. *Os problemas teóricos da tradução*. São Paulo: Cultrix, 1975 [Trad. Heloysa de Lima Dantas].

MOURA, H. & CAMBRUSSI, M. *Uma breve história da linguística*. Petrópolis: Vozes, 2018.

NEVEU, F. *Dicionário de ciências da linguagem*. Petrópolis: Vozes, 2008 [Trad. Albertina Cunha e José Antônio Nunes].

NIDA, E. *Toward a Science of Translation*. Leiden: Brill, 1964.

NOBELPRIZE (org.). *Physiology or Medicine 1973* – Press release. 2018. Disponível em https://www.nobelprize.org/prizes/medicine/1973/press-release/. Acesso em 22/09/2018.

NORMAND, C. *Convite à linguística*. São Paulo: Contexto, 2009a.

_____. *Saussure*. São Paulo: Estação Liberdade, 2009b.

_____. *Allegro ma non tropo* – Invitation à la linguistique. Paris: Ophrys, 2006.

_____. *Bouts, brins, bribes* – Petite grammaire du quotidien. Órleans: Le Pli, 2002.

_____. La question d'une science générale. In: AUROUX, S. *Histoire des idées linguistiques*. Tome 3 – L'hégémonie du comparatisme. Liège: Pierre Mardaga, 2000a, p. 441-448.

_____. Les thèmes de la linguistique générale. In: AUROUX, S. *Histoire des idées linguistiques*. Tome 3 – L'hégémonie du comparatisme. Liège: Pierre Mardaga, 2000b, p. 449-462.

_____. La généralité des principes. In: AUROUX, S. *Histoire des idées linguistiques*. Tome 3 – L'hégémonie du comparatisme. Liège: Pierre Mardaga, 2000c, p. 463-471.

NORMAND, C. et al. *Avant Saussure* – Choix de textes (1875-1924). Bruxelas: Éd. Complexe, 1978.

NÖTH, W. *Panorama da semiótica* – De Platão a Peirce. São Paulo: Annablume, 1995.

NUNES, P.A. *A prática tradutória em contexto de ensino (re)vista pela ótica enunciativa*. Porto Alegre: UFRGS, 2012 [Tese de Doutorado – Programa de Pós-graduação em Letras/Instituto de Letras].

OGDEN, C.K. & RICHARDS, I.A. *The Meaning of Meaning* – A Study of Influence of Language upon Thought and of Science of Symbolism. Nova York: Harcourt, Brace & World Inc., 1946.

ONO, A. *La notion d'énonciation chez Émile Benveniste*. Limoges: Lambert-Lucas, 2007.

ORTIGUES, E. Interpretação. In: *Enciclopédia Einaudi*. Vol. 11 – Oral-Escrito; Argumentação. Lisboa: Casa da Moeda, 1987, p. 218-233.

OTHERO, G.A. *Mitos de linguagem*. São Paulo: Parábola Editorial, 2017.

OTHERO, G.A. & KENEDY, E. *Chomsky* – A reinvenção da Linguística. São Paulo: Contexto, 2019.

OUSTINOFF, M. Roman Jakobson et la traduction des textes bibliques. In: *Archives de sciences sociales des religions*, Paris, vol. 147, 2009, p. 61-80.

_____. *Tradução* – História, teorias e métodos. São Paulo: Parábola Editorial, 2001 [Trad. Marcos Marcionilo].

PARRET, H. *La voix et son temps*. Bruxelas: De Boeck Université, 2002.

PAVEAU, M.-A. Les non-linguistes font-ils de la linguistique? Une approche anti-éliminativiste des théories folk. In: *Pratiques*, Metz Cedex, n. 139-140, p. 93-109, 2008.

_____. Les normes perceptives de la linguistique populaire. In: *Langage et société*, Paris, n. 119, p. 93-109, 2007.

PAZ, O. *Traducción* – Literatura y literalidad. Alicante: Biblioteca Virtual Miguel de Cervantes, 2012.

PERINI, M.A. *Sintaxe portuguesa* – Metodologia e funções. 2. ed. São Paulo: Ática, 1994.

_____. *Para uma nova gramática do português*. 4. ed. São Paulo: Ática, 1989.

PERROT, J. Benveniste et les courants linguistiques de son temps. In: SERBAT, G. et al. (orgs.). *Émile Benveniste aujourd'hui*. Louvain: Peeters, 1984, p. 13-33.

PINKER, S. *O instinto da linguagem* – Como a mente cria a linguagem. São Paulo: Martins Fontes, 2002.

PIOVEZANI, C. *Verbo, corpo e voz* – Dispositivos de fala pública e produção da verdade no discurso político. São Paulo: Ed. Unesp, 2009.

PRESTON, D.R. Qu'est-ce que la linguistique populaire? Une question d'importance. In: *Pratiques*, Metz Cedex, n. 139-140, p. 1-24, 2008.

PYM, A. *Explorando teorias da tradução*. São Paulo: Perspectiva, 2017 [Trad. Rodrigo Borges de Faveri, Claudia Borges de Faveri e Juliana Steil].

QUIGNARD, P. *Ódio à música*. Rio de Janeiro: Rocco, 1999 [Trad. Ana Maria Scherer].

QUILLIEN, J. *L'anthropologie philosophique de Wilhelm von Humboldt*. 2. ed. Villeneuve d'Ascq: Presses Universitaires de Septentrion, 2015.

RAMOS, G. *Memórias do cárcere*. Rio de Janeiro: Cameron, 2012.

RÉCANATI, F. *Les énoncés performatifs* – Contribution a la pragmatique. Paris: Du Minuit, 1981.

_____. *La transparence et la énonciation*. Paris: Du Seuil, 1979.

REDARD, G. Émile Benveniste (1902-1976). In: BENVENISTE, É. *Últimas aulas no Collège de France 1968 e 1969*. São Paulo: Ed. Unesp, 2014, p. 199-233 [Trad. Daniel Costa da Silva et al.].

REVISTA ROLLING STONE, n.73, out./2012.

REY-DEBOVE, J. Réflexions en forme de postface. In: AUTHIER-REVUZ, J.; DOURY, M. & REBOUL-TOURÉ, S. *Parler des mots* – Le fait autonymique em discours. Paris: Presses Sorbonne Nouvelle, 2003, p. 335-411.

_____. *Le métalangage* – Étude linguistique du discours sur le langage. Paris: Le Robert, 1978.

RICOEUR, P. *A memória, a história, o esquecimento*. Campinas: Ed. Unicamp, 2007 [Trad. Alain François et al.].

ROSA, M.C. *Introdução à morfologia*. São Paulo: Contexto, 2000.

ROSÁRIO, H.M. *Um périplo benvenistiano* – O semiólogo e a semiologia da língua. Porto Alegre: UFRGS, 2018 [Tese de Doutorado – Programa de Pós-graduação em Letras/Instituto de Letras].

RUHLEN, M. *L'origine des langues*. Paris: Gallimard, 2007.

RUSSELL, B. Introdução. In: WITTGENSTEIN, L. *Tractatus Logico-Philosophicus*. São Paulo: Edusp, 1993, p. 113-128 [Trad. Luiz Henrique Lopes dos Santos].

SAPIR, E. *Linguística como ciência* – Ensaios. Rio de Janeiro: Acadêmica, 1961 [Trad. Joaquim Mattoso Câmara Jr.].

SAUSSURE, F. *Escritos de linguística geral*. São Paulo: Cultrix, 2004 [Trad. Carlos Augusto Leuba Salum e Ana Lúcia Franco].

_____. *Curso de linguística geral*. São Paulo: Cultrix, 1975 [Trad. Antônio Chelini, José Paulo Paes e Izidoro Blikstein].

SCARPA, E.M. O lugar da holófrase nos estudos de aquisição da linguagem. In: *Cadernos de Estudos Linguísticos*, Campinas, vol. 51, 2009, p. 187-200.

_____. A criança e a prosódia: Uma retrospectiva e novos desenvolvimentos. In: *Cadernos de estudos linguísticos*, Campinas, vol. 47, n. 1/2, 2005a, p. 19-28.

_____. Marcado *versus* não-marcado na aquisição e na afasia. In: *Estudos Linguísticos*, São Paulo, n. XXXIV, 2005b, p. 839-844.

_____. Apresentação. In: SCARPA, E.M. (org.). *Estudos de prosódia*. Campinas: Ed. Unicamp, 1999, p. 7-15.

SCHNEIDER, V.J. Seria a afasia o espelho invertido da aquisição? In: Seminário Internacional de Aquisição da Linguagem, 1. *Anais [...]*. Porto Alegre: Ed. PUC-RS, 2011, vol. I.

SEVERO, R.T. Língua e linguagem como organizadoras do pensamento em Saussure e Benveniste. In: *Entretextos*, Londrina, vol. 13, n. 1, jan.-jun./2013, p. 80-96.

SILVA, C.L.C. *A criança na linguagem* – Enunciação e aquisição. Campinas: Pontes, 2009.

SILVA, C.L.C. & FLORES, V.N. A significação e a presença da criança na linguagem. In: *Estudos da Língua(gem)*. Vitória da Conquista, vol. 13, 2015, p. 133-150.

SILVA, M.C.F. Contracapa. In: GUIMARÃES, M. *Os fundamentos da teoria linguística de Chomsky.* Petrópolis: Vozes, 2017.

SILVA, T.C. *Dicionário de fonética e fonologia.* São Paulo: Contexto, 2011.

SILVEIRA, A.C.; LEVISKI, C.E. & CAMOZATTO, N.M. "Língua chinesa": Um estudo político-linguístico sobre sua presença no mundo. In: *ReVEL*, vol. 14, n. 26, 2016.

SLOBIN, D.I. *Psicolinguistica.* São Paulo: Nacional/Edusp, 1980 [Trad. Rossine Sales Fernandes].

SONTAG, S. Sobre ser traduzida. In: *Questões de ênfase.* São Paulo: Companhia das Letras, 2005, p. 426-442 [Trad. Rubens Figueiredo].

STEINER, G. *Depois de Babel* – Questões de linguagem e tradução. 3. ed. Curitiba: Ed. UFPR, 2005 [Trad. Carlos Alberto Faraco].

_____. *Depois de Babel* – Aspectos da linguagem e tradução. Lisboa: Relógio D'água, 2002 [Trad. Miguel Serras Pereira].

STUMPF, E.M. A noção de consciência/capacidade metalinguística em aquisição da linguagem. In: *DLCV*, João Pessoa, vol. 10, 2013, p. 87-104.

_____. *Uma proposta enunciativa para o tratamento da metalinguagem na aquisição da linguagem.* Porto Alegre: UFRGS, 2010 [Dissertação de Mestrado – Instituto de Letras/Programa de Pós-graduação em Letras].

SURREAUX, L.M. & FLORES, V.N. Passa passará: Sobre a passagem de *infans* a falante. In: *Correio da Appoa*, Porto Alegre, vol. 1, 2014, p. 1-10.

THOUARD, D. *Et toute langue est étrangère* – Le projet de Humboldt. Paris: Éd. les Belles Lettres, 2016.

_____. Comparer. In: HUMBOLDT, W. *Sur le caractere national des langues et autres écrits sur le langage.* Paris: Du Seuil, 2000, p. 49-63 [Trad., apres. e coment. Denis Thouard].

TODOROV, T. *A vida em comum* – Ensaio de antropologia geral. São Paulo: Ed. Unesp, 2014 [Trad. Maria Angélica Deângeli e Norma Wimmer].

TRABANT, J. Le Humboldt d'Henri Meschonnic. In: DESSONS, G.; MARTIN, S. & MICHON, P. (orgs.). *Henri Meschonnic, la pensée et le poème.* Paris: In Press Éd., 2005, p. 175-186.

_____. *Humboldt ou le sens du langage.* Liège: Mardaga, 1992.

TRASK, R.L. *Dicionário de linguagem e linguística.* São Paulo: Contexto, 2004 [Trad. Rodolfo Ilari].

VENDRYES, J. *Le langage* – Introduction linguistique à l'histoire. Paris: Albin Michel, 1968.

VIGOTSKI, L.S. *Pensamento e linguagem*. São Paulo: Martins Fontes, 2005 [Trad. Jefferson Luiz Camargo].

VIVEIROS DE CASTRO, E. Os pronomes cosmológicos e o perspectivismo ameríndio. In: *Mana*, Rio de Janeiro, vol. 2, n. 2, p. 115-144, out./1996.

VIVÈS, J.-M. *La voix sur le divan* – Musique sacrée, opéra, techno. Paris: Éd. Aubier, 2012a.

_____. *A voz na clínica psicanalítica*. Rio de Janeiro: Corpo Freudiano, 2012b [Trad. Vera Avellar Ribeiro].

VUILLEMIN, J. *De la logique à la théologie* – Cinq études sur Aristote. Paris: Flammarion, 1967.

WAELHENS, A. Humain. In: DICTIONNAIRE de la Philosophie. Paris: Encyclopaedia Universalis/Albin Michel, 2000, p. 736-759.

WHITE, L. *O conceito de cultura*. Rio de Janeiro: Contraponto, 2009 [Trad. Teresa Dias Carneiro].

WHITNEY, W.D. *A vida da linguagem*. Petrópolis: Vozes, 2010 [Trad. Marcio Alexandre Cruz].

WHORF, B.L. *Language, Thought and Reality* – Selected Writings of Benjamin Lee Whorf. Cambridge: MIT Press, 1959.

WILSON, E.O. A conquista social da terra. São Paulo: Companhia das Letras, 2013 [Trad. Ivo Korytowski].

WITTGENSTEIN, L. *Tractatus Logico-Philosophicus*. São Paulo: Edusp, 1993 [Trad. Luiz Henrique Lopes dos Santos].

WOLFE, T. *O reino da fala*. Rio de Janeiro: Rocco, 2017 [Trad. Paulo Reis].

YAGUELLO, M. *Les langues imaginaires* – Mythes, utopies, fantasmes, chimères et fictions linguistiques. Paris: Du Seuil, 2006.

ZUMTHOR, P. Presença da voz. In: *Escritura e nomadismo*. São Paulo: Ateliê Editorial, 2005, p. 61-102 [Trad. Jerusa Pires Ferreira e Sonia Queiroz].

Coleção de Linguística

- *História concisa da língua portuguesa*
Renato Miguel Basso e Rodrigo Tadeu Gonçalves

- *Manual de Linguística – Fonologia, morfologia e sintaxe*
Luiz Carlos Schwindt (org.)

- *Introdução ao estudo do léxico*
Alina Villalva e João Paulo Silvestre

- *Estruturas sintáticas*
Noam Chomsky

- *Gramáticas na escola*
Roberta Pires de Oliveira e Sandra Quarezemin

- *Introdução à Semântica Lexical*
Márcia Cançado e Luana Amaral

- *Gramática descritiva do português brasileiro*
Mário A. Perini

- *Os fundamentos da teoria linguística de Chomsky*
Maximiliano Guimarães

- *Uma breve história da linguística*
Heronides Moura e Morgana Cambrussi

- *Estrutura da língua portuguesa – Edição crítica*
Joaquim Mattoso Câmara Jr.

- *Manual de linguística – Semântica, pragmática e enunciação*
Márcia Romero, Marcos Goldnadel, Pablo Nunes Ribeiro e Valdir do Nascimento Flores

- *Problemas gerais de linguística*
Valdir do Nascimento Flores

- *Relativismo linguístico ou como a língua influencia o pensamento*
Rodrigo Tadeu Gonçalves

CULTURAL

Administração
Antropologia
Biografias
Comunicação
Dinâmicas e Jogos
Ecologia e Meio Ambiente
Educação e Pedagogia
Filosofia
História
Letras e Literatura
Obras de referência
Política
Psicologia
Saúde e Nutrição
Serviço Social e Trabalho
Sociologia

CATEQUÉTICO PASTORAL

Catequese
Geral
Crisma
Primeira Eucaristia

Pastoral
Geral
Sacramental
Familiar
Social
Ensino Religioso Escolar

TEOLÓGICO ESPIRITUAL

Biografias
Devocionários
Espiritualidade e Mística
Espiritualidade Mariana
Franciscanismo
Autoconhecimento
Liturgia
Obras de referência
Sagrada Escritura e Livros Apócrifos

Teologia
Bíblica
Histórica
Prática
Sistemática

REVISTAS

Concilium
Estudos Bíblicos
Grande Sinal
REB (Revista Eclesiástica Brasileira)

VOZES NOBILIS

Uma linha editorial especial, com importantes autores, alto valor agregado e qualidade superior.

PRODUTOS SAZONAIS

Folhinha do Sagrado Coração de Jesus
Calendário de mesa do Sagrado Coração de Jesus
Agenda do Sagrado Coração de Jesus
Almanaque Santo Antônio
Agendinha
Diário Vozes
Meditações para o dia a dia
Encontro diário com Deus
Guia Litúrgico

VOZES DE BOLSO

Obras clássicas de Ciências Humanas em formato de bolso.

CADASTRE-SE
www.vozes.com.br

EDITORA VOZES LTDA.
Rua Frei Luís, 100 – Centro – Cep 25689-900 – Petrópolis, RJ
Tel.: (24) 2233-9000 – Fax: (24) 2231-4676 – E-mail: vendas@vozes.com.br

UNIDADES NO BRASIL: Belo Horizonte, MG – Brasília, DF – Campinas, SP – Cuiabá, MT
Curitiba, PR – Fortaleza, CE – Goiânia, GO – Juiz de Fora, MG
Manaus, AM – Petrópolis, RJ – Porto Alegre, RS – Recife, PE – Rio de Janeiro, RJ
Salvador, BA – São Paulo, SP